DE MAGIE VAN TANTR

MARGOT ANAND

DE MAGIE VAN TANTRA

Vertaald door Ananto Dirksen

Altamira-Becht · Haarlem

Vijfde druk 2003

Oorspronkelijke titel: *The Art of Sexual Magic*

Altamira-Becht BV is onderdeel van de Gottmer Uitgevers Groep BV, Postbus 317, 2000 AH Haarlem
(e-mailadres: post@gottmer.nl)

Vertaling: Ananto Dirksen
Illustraties: Atma Priti
Omslagillustratie: Gustav Klimt; gereproduceerd met toestemming van de Österreichische Galerie, Wenen
Omslagontwerp: Ivar Hamelink, Haarlem
Druk en afwerking: Drukkerij Hooiberg/Drukkerij Wormgoor, Epe

ISBN 90 6963 422 8 / NUR 865, 728

www.altamira-becht.nl

Voor hen die weten dat de geest en de seksualiteit één zijn

DANKWOORD

Graag wil ik mijn erkentelijkheid en waardering betuigen aan de volgende personen die hebben meegewerkt aan de totstandkoming van dit boek.

Mijn uitgever, Jeremy Tarcher, voor zijn onwankelbare steun bij het schrijfproces, zijn wijze raad in persoonlijke, transpersoonlijke, professionele en spirituele zaken, zijn humor en intelligentie... en zijn geduld en vertrouwen.

Azul, de wijze bodhidarma van tantra, voor zijn vreugdevolle vriendschap, inspiratie en creativiteit bij het verfraaien van dit boek met magische citaten.

Subhuti, de beste schrijver met wie ik samengewerkt heb en die bewees dat een boek schrijven magie kan zijn: gemakkelijk en plezierig. Ik waardeer hem vooral om de geconcentreerde aandacht en de snelheid waarmee hij mij geholpen heeft bij het schrijven, corrigeren en redigeren van het manuscript.

Naomi Lucks en Laura Bellotti, voor hun fantastisch redactiewerk.

Mijn agent, Sandra Dijkstra, die altijd achter mij stond en zelfs op de meest verwarrende momenten helder en nauwkeurig bleef; voor haar geduld en haar vakbekwaamheid, en voor de hulp van haar deskundige staf.

Caroleen Green, alias Atma Priti, mijn begaafde illustratrice, voor haar enthousiasme en artistieke begaafdheid.

Atman Schroeter en Deva Kosha, voor hun deelname in tantra, voor hun magisch onderzoek en onderricht bij de SkyDancing-training voor liefde en extase, die hun weerslag hebben gevonden in mijn eerste boek, *Tantra, een weg naar intimiteit en extase*, en voor de training in seksuele magie in het onderhavige boek.

Kay Thompson, leidster van het SkyDancing-instituut in de Verenigde Staten, voor de toegewijde manier waarop zij met volharding en multidimensionaal verantwoordelijkheidsgevoel mijn kantoor en mijn trainingen georganiseerd heeft.

Betty Dodson, voor het inspirerend onderzoek naar de vrouwelijke anatomie, in haar boek *Sex for One*.

De vrienden die de aanzet hebben gegeven tot verschillende oefeningen uit dit boek: Gabrielle St. Clair en Michael Plesse voor de chakragolf, Mani Littman voor de vuurmeditatie, Terumi en Leonard Leinow voor 'chakra's wrijven' en Bob Hoffman voor zijn Quadrinity Process, dat de werkelijke aard van onze seksuele wonden kan blootleggen (zie hoofdstuk 3).

Gabrielle Roth en Constance Denby, voor hun fantastische muziek die een nieuw raakvlak betekent van sensualiteit en spiritualiteit.

Dr. Dean Ornish, voor zijn pionierswerk op het gebied van hartklachten en voor zijn uitnodiging om aan zijn hartpatiënten het idee te presenteren dat seksuele liefde, ook als je een zwak hart hebt, ontspannend en plezierig kan zijn.

Dr. Alan Brauer en zijn vrouw Donna, voor hun onderzoek naar het uitgebreid seksueel orgasme en voor hun steun bij mijn eigen onderzoek.

Marge en Lucas Hopkins, voor hun standvastigheid in de strijd met mijn weerstand tegen het uitgebreid seksueel orgasme, dat afkomstig is van mannelijke superiortiteitsgevoelens in mijn eigen beleving en psyche.

Bob Hoffman, voor zijn bijdrage in de genezing van in het contact met onze ouders opgelopen kwetsuren door middel van het Quadrinity Process.

De toegewijde vakmensen en magiërs die overal ter wereld de SkyDancing-instituten leiden, met name Yatro Werner en Christiane Thomson (Duitsland), Nital Brinkley en Achintya Vasey (Frankrijk en Zwitserland), Aman Schroeter (Zwitserland), John Hawken (Engeland), Renée Koopmans (Nederland), Robert en Lianne Baillod (Canada) en Kay Thompson (VS).

Alle leraren en leerlingen die deel uitmaken van de groeiende SkyDancing Tribes en die mijn werk overal ter wereld voortzetten en helpen de orgastische vibratie van genezing en vreugde over de aarde te verspreiden.

Op de onzichtbare niveaus van metafysisch inzicht in de aard van het bewustzijn en de magie van synchroniciteit is de grote mysticus Osho mijn grootste bron van onderricht en inspiratie geweest. Dank ook aan Kaveesha en Wadud, die in de Verenigde Staten zijn werk voortzetten.

Ten slotte wil ik mijn waardering uitspreken voor de liefdevolle bijdragen van Ramanadass en Marilena Selby, die geposeerd hebben voor de illustraties.

Voor de nederlandse uitgave gaat mijn dank uit naar Ananto Dirksen, die zorg droeg voor een voortreffelijke vertaling, naar Geerta Pluut voor haar oog voor details en de mensen van ACN voor de opmaak van deze uitgave.

INHOUD

Zoals de rivier samenvloeit met de oceaan,
is, dat wat in mij is, ook in jou ....

ROBERT BLY
The Kabir Book

VOORWOORD
Van Seksuele Extase naar Magie

Wanneer ik een seminar of een lezing geef, begin ik dikwijls met de vraag: "Wie van u heeft er wel eens een top-ervaring gehad bij het vrijen?" Vele handen gaan omhoog. Iedereen weet diep van binnen dat seks een deur kan zijn naar de meest verrukkelijke ervaringen. Als ik vervolgens vraag: "En hoe voelt dat?" krijg ik steevast het antwoord: "Het is magisch."

"Wat is er magisch aan?" vraag ik.

De mogelijke antwoorden luiden:

"Het is een gevoel van geen grenzen of beperkingen hebben."

"Het is het opwindende gevoel van oneindige mogelijkheden."

"Het is een gevoel van vreugdevolle eenheid met het goddelijke."

"Het is een gevoel van creatieve kracht."

Degenen die mijn vorige boek *Tantra, een weg naar intimiteit en extase* gelezen hebben, zullen wel weten dat seksuele energie gezuiverd en versterkt kan worden, en je kan meevoeren naar een toestand van orgastische verrukking, die een eindeloze variatie aan de heerlijkste ervaringen biedt. Dit is een soort magie, een magie die eigen is aan goede seks.

Als onderdeel van mijn zoektocht naar dergelijke magische ervaringen heb ik vele jaren overal ter wereld tradities en stromingen bestudeerd die seksualiteit als iets heiligs beschouwen en ik heb nieuwe manieren gevonden om de seksuele eenwording te transformeren tot een gelukzalige meditatie, tot iets dat lichaam en ziel met elkaar verbindt.

Een van mijn belangrijkste ontdekkingen is tantra geweest, een oude, mystieke weg die ons een allesomvattende visie van kosmische harmonie aanreikt. In de tantra-visie op het universum worden schijnbaar tegengestelde krachten, zoals geest en materie, goed en kwaad, dag en nacht, liefde en haat, beschouwd als elkaar aanvullende energieën, die zich om elkaar en door elkaar heen weven en bewegen in een eindeloze, dynamische, kosmische dans.

In het Westen is het woord *tantra* synoniem geworden met seksualiteit. De visie van tantra is echter zeer ruim en strekt zich uit tot ver voorbij het domein van liefde en seksualiteit, en omvat lichaam, geest, hart en ook het goddelijke, zelfs het gehele universum met al zijn mysteriën. Tantra is wellicht de meest allesomvattende spirituele weg die ooit heeft bestaan.

Toen ik deze heilige leer in mij had opgenomen, begon ik mijn inzichten en ontdekkingen in de vorm van workshops, seminars en trainingen te delen met mensen overal ter wereld. Hieruit ontwikkelde zich een methode die ik SkyDancing-tantra noem. SkyDancing-tantra is een inwijding in de transformerende kracht van liefde en extase - een training die weliswaar voor westerse minnaars ontwikkeld is, maar die haar wortels heeft in de oosterse, spirituele weg van tantra.

De naam SkyDancing-tantra brengt het gevoel van lichtheid en vreugde tot uitdrukking dat voortkomt uit extatisch vrijen, een gevoel te 'dansen in de lucht', dat ontstaat als wij aan onze orgastische vermogens de kwaliteit van meditatief bewustzijn toevoegen.

Door de jaren heeft mijn liefdesaffaire met SkyDancing-tantra mij gaandeweg maar onvermijdelijk in contact gebracht met de magie. Heel langzaam, bijna per ongeluk, werd ik mij ervan bewust dat orgastische energie gebruikt kon worden als magische, transformerende kracht, niet alleen op het terrein van de seksualiteit, maar ook op vele andere terreinen van mijn leven.

Eerst voorvoelde maar later ervoer ik op welke wijze de extase van een diepgaande, seksuele vereniging een vruchtbare grond kan zijn voor het zaad van creativiteit: het zaad van persoonlijke transformatie en transcendentie, het zaad van meer voldoening gevende relaties met vrienden en geliefden, het zaad van materiële overvloed... zaad dat werkelijk kan ontspruiten en werkelijkheid kan worden, vanwege het krachtige, orgastische energieveld waarin het gezaaid is, waardoor het gevoed wordt en waarin het tot wasdom komt.

Dit boek, *De magie van tantra*, is het resultaat van verschillende jaren van diepgaand onderzoek naar en intensieve beoefening van seksuele magie. Mijn benadering is ontleend aan vele bronnen, maar als methode is zij nieuw en origineel, en je zult er in boeken over magie, seksuele magie of tantra dan ook vergeefs naar zoeken. In deze training worden drie belangrijke elementen met elkaar verweven:

1. Psychologie als middel tot genezing

2. SkyDancing-tantra als weg naar gelukzaligheid

3. Seksuele magie als weg naar transformatie en verwerkelijking van doelen

De boodschap van deze training en de belofte die erin vervat ligt, is dat het *nu* tijd is - dat het nu mogelijk is - de schuldgevoelens, schaamte en kwetsuren die onze seksualiteit hebben aangetast, te helen. Wanneer deze genezing heeft plaatsgevonden, krijgt seksualiteit een enorme kracht - een kracht die de wereld, onze relaties en onszelf kan transformeren door middel van liefde, verrukking en harmonie, en die de magiër in ons tot leven doet komen.

In dit boek deel ik mijn persoonlijke ontdekkingen en bied ik een eenvoudige, praktische maar krachtige training aan in seksuele magie - een training die de bevrijdende en transformerende kracht van de magie wil schenken aan iedereen die haar wil beoefenen. Dit is waartoe ik de lezer uitnodig: mij te vergezellen in dit grootse avontuur van transformatie door middel van seksuele magie.

Hoewel dit boek als training op zichzelf staat, kan het voor de lezer een steun zijn eerst mijn vorige boek, *Tantra, een weg naar intimiteit en extase*, te lezen en ermee vertrouwd te raken.

HOE JE DIT BOEK KUNT GEBRUIKEN

Dit boek is bedoeld als handleiding voor het beoefenen van seksuele magie en het leert je stap voor stap hoe je je magische vermogens kunt ontwikkelen om je leven op een magische wijze te transformeren.

De training die ik ontwikkeld heb, is niet moeilijk. Eigenlijk is deze training zo ontworpen dat je met de minste inspanning een maximaal resultaat bereikt en op een eenvoudige manier in de gelegenheid wordt gesteld de vreugde en verrukking van seksuele magie te ervaren. Vele stellen, maar ook mensen die geen vaste partner hebben en die alleen werken, hebben de training met goed resultaat gevolgd.

Het boek is opgebouwd als een groepsseminar. Ieder hoofdstuk omvat een fase van de training en is een opstap naar de volgende fase. Het is van belang dat je de training stap voor stap volgt, want ieder hoofdstuk bevat de vaardigheden en informatie die je nodig hebt om met succes naar de volgende fase te kunnen gaan. Als je alle opeenvolgende fasen doorlopen hebt, kun je naar believen met de oefeningen uit het boek experimenteren en spelen, en ze naar behoefte aanpassen aan je eigen wensen.

Elk hoofdstuk omvat drie of vier belangrijke oefeningen, die je in de aangegeven volgorde moet uitvoeren. Elke oefening duurt een half tot anderhalf uur.

Timing

Als je de training grondig wilt doen, heb je voor de oefeningen uit één hoofdstuk ongeveer een maand nodig. Dat betekent dat de hele training in seksuele magie negen maanden vraagt.

Je kunt voor jezelf een maandschema opstellen en de eerste week de eerste oefening doen, de tweede week de tweede oefening, de derde week de derde, enzovoort. Als er maar drie oefeningen in een hoofdstuk staan, kun je de vierde week een combinatie maken van de oefeningen die je al gedaan hebt.

Als je alleen de weekenden kunt vrijmaken, probeer dan ieder weekend één oefening te doen. Op die manier werk je ook een hoofdstuk per maand af.

Om je de inhoud van een hoofdstuk eigen te maken, heb je minimaal één avond per week en één weekend per maand nodig. Als je minder tijd uittrekt, zullen de oefenperioden te ver uit elkaar liggen om de noodzakelijke voortgang van het proces te waarborgen.

Als je het intensiever en sneller aan wilt pakken, zou je elke twee weekenden een hoofdstuk kunnen doen, zodat de duur van de gehele training gehalveerd wordt. En als je werkelijk heel snel vooruitgang wilt boeken, zou je kunnen proberen elk weekend één hoofdstuk te doen.

Geduld

Voordat je aan de oefeningen gaat beginnen, wil ik je een advies geven: heb geduld met jezelf. Als je een oefening voor de eerste keer doet, vergt zij misschien meer tijd dan je denkt, omdat je tijdens de oefening steeds even moet stoppen om dingen te leren begrijpen en aandacht te geven aan zaken die gemakkelijk of juist moeilijk lijken. Dit hoort allemaal bij het aanleren van een nieuwe vaardigheid.

Als je gericht blijft op het leren van deze kunst en je gaat in je eigen tempo stap voor stap verder, zul je spoedig gaan merken dat je de principes onder de knie krijgt en op een soepele, gemakkelijke manier om leert gaan met seksuele magie.

Inzet

De eerste stap op weg naar seksuele magie is je inzet: je moet besluiten dat je deze vaardigheden leren wilt en bereid zijn daartoe de training te volgen. Als je samen met een partner werkt, moeten jullie allebei besluiten je volledig in te zetten.

Regelmatig oefenen

Het is heel belangrijk dat je een regelmatig oefenschema aanhoudt. Als je met een partner werkt, spreek dan af dat jullie ieder weekend of op gezette tijden door de week bij elkaar komen. Moedig elkaar aan je aan het schema te houden.

Als je de training grotendeels in de weekenden doet, zou ik je willen aanraden ook midden in de week, op woensdagavond, bijeen te komen. Dat zal het gevoel van continuïteit versterken en jullie energie doen toenemen, ook als de ontmoeting maar kort is. Op die manier kunnen jullie gemakkelijker de sfeer van de nieuwe wereld van de magie door de week vasthouden.

Bepalen hoe ver je bent

De eerste stap in deze training is oefenen en de tweede is genieten. Als je een oefening met voldoende discipline en concentratie hebt uitgevoerd en toekomt aan genieten en ontspanning, heb je de oefening onder de knie en ligt magie binnen je bereik.

Hoe moet je oefenen?

Aangezien sommige beschrijvingen van oefeningen tamelijk lang zijn en een groot aantal stappen omvatten, kan de vraag opkomen: hoe moet ik de oefening doen als ik alle richtlijnen uit het boek wil volgen?

Ik zal je een paar ideeën geven.

- Lees eerst het hele boek van voor tot achter door, zodat je begrijpt waar het om gaat. Begin dan bij het eerste hoofdstuk en lees dat enkele malen langzaam en zorgvuldig door.

- Als je met een partner werkt, kunnen jullie de oefeningen samen lezen. Of jullie kunnen de oefeningen aan elkaar voorlezen en vervolgens de verschillende stappen bespreken, om te kijken of jullie ze begrepen hebben.

- Je kunt korte, gemakkelijk te herlezen aantekeningen maken van de belangrijkste stappen uit een oefening, die je tijdens de oefening in één oogopslag kunt overzien.

- Leg het boek aan de kant en begin aan een oefening, stap voor stap, zoals je je het herinnert. Maak je geen zorgen als je de eerste keer een stap vergeet; de volgende keer neem je die wel mee. Je moet elke oefening toch een paar keer doen voordat je haar gemakkelijk, ontspannen en vaardig kunt uitvoeren. Juist deze herhaling zorgt ervoor dat je zelfvertrouwen ontwikkelt en leert samenwerken met je partner.

- Een andere manier om de oefeningen te doen - die heel veel plezier kan geven - is elke oefening op te nemen op een bandje en daarbij de aangegeven tijdsduur aan te houden. Vervolgens draai je het bandje af en doe je de oefening aan de hand van de ingesproken tekst.

Alleen oefenen

Omdat je veel oefeningen uit dit boek in je eentje kunt doen, kun je, ook als je geen vaste partner hebt, seksuele magie bedrijven. Je bent dan zowel de minnaar als de beminde en je onderneemt een reis in jezelf, om je seksualiteit te verbinden met je magische vermogens. Het is een dialoog tussen jou en je innerlijke magiër. En dat werkt! Maar zorg wel voor een grote spiegel en veel goede muziek!

Seksuele voorkeur

Deze training is ontworpen voor iedereen die zich aangetrokken voelt tot het beoefenen van seksuele magie, dus heteroseksuele stellen, homoseksuele stellen en eenlingen. Ik heb deze mogelijkheden gedurende de gehele training voor ogen gehouden.

Weerstand overwinnen

Er kunnen momenten komen waarop je bij een bepaalde oefening je hoofd schudt en zegt: “Mijn hemel, nee, dat kan ik echt niet!” Dergelijke reacties zijn begrijpelijk, vooral wanneer je je op kwetsbaar terrein waagt, zoals het voelen van schaamte of het uitbreiden van je orgasme.

Het is van belang dat je zover gaat als je kunt en weet dat alleen al het lezen van de tekst je nieuwe inzichten en begrip zal opleveren over je eigen seksualiteit en je vermogen magie in je leven te brengen. Het kan zijn dat je een aantal pogingen moet ondernemen, voordat je een oefening met succes kunt uitvoeren. Het kan even duren voordat je tegen jezelf kunt zeggen: “Ik heb mijn hele leven gewacht om dit te kunnen ontdekken en ik laat me nu niet meer weerhouden!”

Leraren en vrienden

Je twijfels en je angsten zijn je leraren, je vrienden - het zijn geen vijanden van je. Ze zijn er om je te beschermen. Wees dus niet zo eigenzinnig op je doel gericht dat je je grenzen forceert. Onderken je onlustgevoelens, probeer te ontdekken wat je angst precies is, praat erover, schrijf erover, totdat je zover bent dat je de hindernis kunt nemen en naar het volgende stadium kunt gaan.

Taalgebruik

In de training gebruik ik een aantal buitenlandse woorden. Ik noem de mannelijke partner bijvoorbeeld Shiva en de vrouwelijke Shakti. De penis noem ik Vajra en de vagina Yoni. Later zal ik uitleggen wat deze termen betekenen. De reden dat ik deze vreemde termen gebruik is dat ik de beperkende mentale associaties die ons normale, bekende taalgebruik met zich meebrengt, doorbreken wil.

Magisch dagboek

Als voorbereiding op deze training is het een goed idee om een dagboek bij te houden, waarin je al je ervaringen opschrijft. Houd dit dagboek altijd bij de hand. Het zal een soort reisgenoot voor je worden, die je herinnert aan al je successen en ontdekkingen. Bovendien is het een zinvol naslagwerk voor later.

Muziek en energie

Ik raad je aan tijdens deze oefeningen zo dikwijls mogelijk muziek te gebruiken. Muziek schenkt levendigheid en meer energie, en geeft aan je rituelen een speciale sfeer. In het appendix vind je een lijst met muziek die ik voor deze training kan aanbevelen.

Ik wens je een heel goede reis!

HOOFDSTUK 1

SEKSUELE MAGIE:

MIJN REIS EN JOUW REIS

Je weet waarschijnlijk al dat seks een magische ervaring kan betekenen, maar je bent je er misschien nog niet van bewust dat, omgekeerd, magie ook een seksuele ervaring kan zijn. Toch is het zo: magie die geladen is met orgastische kracht, voortgebracht door seksualiteit, verkrijgt een intensiteit en een potentieel die door geen enkele andere methode worden geëvenaard. Wanneer je de kunst van de seksuele magie beheerst, beheers je de meest krachtige vorm van magie die er bestaat.

Magie heeft de afgelopen eeuwen een slechte naam gekregen. Zij heeft zich in het geheim moeten handhaven, verborgen achter allerlei vormen van kwakzalverij. Haar reputatie is van de spiritualiteit van de sjamanen verworden tot het amusement van Las Vegas. Seksuele magie is echter niet een konijn uit een hoed toveren of met een sprookjesachtig 'abacadabra' een kikker in een knappe prins veranderen. Seksuele magie is *echte* magie: het is een vermogen waarmee doelen daadwerkelijk verwezenlijkt kunnen worden. Het is de kunst die persoonlijke en transpersoonlijke bronnen van subtiele energie benut om ideeën en wensbeelden vorm te geven en te verwerkelijken. Om het nog duidelijker te zeggen: het is de kracht van je eigen seksuele energie gebruiken als voertuig voor je wil en verbeelding, je concentreren op een persoonlijk doel en dat doel vervolgens verwerkelijken door naar hogere bewustzijnstoestanden te gaan. Seksuele magie is magie *par excellence*.

In dit boek zul je een natuurlijke, maar tegelijk heel krachtige methode aantreffen om deze schijnbaar mysterieuze kracht te benutten, die gebruik maakt van een krachtbron die heel dichtbij ligt: de oorspronkelijke energie van je eigen seksualiteit. Dit brengt de magie binnen bereik van iedereen die de tijd en het enthousiasme heeft een paar basisprincipes en -oefeningen te leren:

1. Een wensbeeld scheppen van het doel dat je verwerkelijken wilt
2. Dit beeld omzetten in een overtuigend symbool en het vermengen met je eigen, versterkte seksuele energie

3. Het symbool omhoog voeren door de zeven energiecentra in je lichaam, zodat je energie en je bewustzijn op een alchemistische wijze getransformeerd worden
4. Het symbool verbinden met universele velden van energie en intelligentie, zodat het wensbeeld zich manifesteert als een realiteit in je dagelijks leven.

Een van de belangrijkste stappen op deze reis is jezelf openstellen voor de totale kracht van je orgastische vermogen en inzien dat hoe meer seksuele energie je ter beschikking hebt, hoe krachtiger je magie zal zijn. Om deze stap te zetten moet je bereid zijn voorbij te gaan aan de seksuele normen die onze cultuur heeft gesteld. Voor de meeste mensen in de Verenigde Staten is een orgasme bijvoorbeeld een gebeurtenis die een of twee keer per week gedurende tien seconden plaatsvindt. Dat is dus hoogstens twintig seconden per week en dit komt neer op ongeveer zestien minuten per jaar.

Een minnaar weet veel meer over wat volmaakt goed is en over universele schoonheid dan welke filosoof of theoloog ook, tenzij deze laatste een minnaar in vermomming is.

GEORGE SANTAYANA
The Life of Reason: Reason in Society

Vandaar dat de ervaring van de kracht van een orgasme op z'n best een ervaring is die weer snel wegebt, ondanks het feit dat wij duizenden uren denken aan seksueel genot, ons er zorgen over maken of erover dagdromen.

Het doel van dit boek is je mee te nemen naar onbekend gebied, waar collectieve opvattingen over seksualiteit overstegen worden, naar een wereld waar jij een pionier bent, die nieuwe gebieden ontsluit en ontdekt dat je orgasme in hoge mate geïntensiveerd kan worden en dat je seksuele vitaliteit de motor kan zijn voor een magische transformatie en je kan helpen je wensen in vervulling te doen gaan.

In de volgende hoofdstukken bied ik je een volledige training aan in de kunst van de seksuele magie. Met behulp van deze training kun je alle vaardigheden leren die je nodig hebt om mee te drijven op de intense kracht van een vergroot orgasme, die door je lichaam stroomt en het beeld van het door jouw gewenste doel met zich meevoert. Als zij door de zeven energiecentra van je lichaam stroomt, zullen de orgastische sappen en het beeld zich met elkaar vermengen en een diepgaande alchemistische transmutatie ondergaan. Het is deze innerlijke alchemie, deze krachtige versmelting van je seksuele energie en je wensbeeld, die magie mogelijk maakt.

Je Magische Kracht Hervinden

We beginnen deze training met het waarderen en cultiveren van de magiër die je al in je hebt.

De magiër die uit de sociale stroom kan stappen, waarop je normaal gesproken meedrijft en die je lukraak her- en derwaarts dwingt.

De magiër die nu kan besluiten het leven bewust en weloverwogen te leven, met de duidelijke intentie te verwerkelijken wat nodig en gewenst is.

De magiër die de moed en de vastberadenheid heeft te zeggen:

Van nu af neem ik verantwoordelijkheid voor mijn eigen leven. Ik neem alle kracht terug die ik weggegeven heb vanuit het verlangen mij aan anderen aan te passen of hen te behagen, vanuit het verlangen te doen wat 'fatsoenlijk' is. Ik geef mijn kracht niet langer weg aan ouders, leraren, priesters, politici, opiniepeilingen of aan de media.
Ik beslis vanaf nu weer over mijn eigen toekomst. Met name zal ik verantwoordelijkheid nemen voor mijn liefdesleven. Ik neem het vermogen terug om mijn eigen seksualiteit te eren als de diepste bron van mijn creatieve energie en als de motor voor mijn persoonlijke transformatie. Ik eis het recht weer op deze motor te gebruiken om een totaal orgastisch mens te worden, wetende dat dit mijn ingang is tot seksuele magie en de sleutel tot de transformatie van mijn gehele leven.

Aldus spreekt de magiër, de mens die opstaat om deze fascinerende reis van zelftransformatie te gaan maken.

Hoe Ik De Seksuele Magie Ontdekte

De sleutel tot de seksuele magie werd mij niet geopenbaard, zoals je misschien verwacht, tijdens een extatisch liefdesspel, maar in een periode van mijn leven waarin ik heel vaak alleen was.

Op aanraden van een Indiase tantrische mysticus deed ik met een groep psychologen mee aan een experiment met het afsluiten van de zintuiglijke waarneming. Ik werd zeven dagen en nachten achtergelaten in een stil kamertje, met een blinddoek voor en oordopjes in. De dagelijkse voeding bestond uit water en een pond druiven, en er vond gedurende deze gehele periode met niemand enige interactie plaats.

In deze geïsoleerde toestand, afgesneden van alle prikkels van buitenaf, begon ik mij al snel naar binnen te keren en ik drong, laag na laag, steeds dieper door in mijn eigen geest. Ik kwam allengs alle mensen en stemmen tegen die in het verleden op de een of andere wijze vorm hadden gegeven aan mijn persoonlijkheid. Ik had het gevoel door kamers heen te gaan die bevolkt werden door kennissen, vrienden, leraren, priesters en minnaars, die, terwijl ze met z'n allen een reusachtig feest hielden, tegenstrijdige meningen zaten te verkondigden over hoe ik mijn leven moest leiden.

Terwijl ik door deze kamers ging, probeerde ik meditatief te blijven, zodat ik al deze mensen kon horen zonder aan een van hen vast te blijven zitten of te gaan geloven wat ze zeiden. Zo kon ik mijn tocht voortzetten en kon ik steeds dieper doordringen tot mijn eigen kern.

Na een paar dagen bereikte ik een diepe stilte en rust. Het was een vreemde, paradoxale gewaarwording, want ik kon voelen hoe er een enorme hoeveelheid energie door mijn lichaam stroomde, die mij normaal gesproken heel actief maakte - rondrennen, vrijen, een feestje bouwen, om de overmaat aan energie maar kwijt te raken. Bij deze gelegenheid voelde ik echter een diepe ontspanning; ik verkeerde in een toestand van totaal loslaten, een toestand van volkomen aanvaarding en vertrouwen.

Liefde is wat het universum samenbindt
BARBARA BRENNAN

Ik kreeg het gevoel eindelijk de diepte van mijn eigen wezen te hebben ontdekt. Het was een bewustzijnstoestand die niet alleen een authentiek gevoel van een zelf, van een essentieel 'ik' uitdrukte, maar die zich tot ver daarvoorbij uitstrekte en mij verbond met het collectieve bewustzijn van alle levende wezens, met de hele aarde, met het universum zelf. Het was een toestand die tegelijk verlicht, extatisch, universeel en vredig was.

Ik had wel eens eerder een glimp van deze toestand opgevangen, tijdens het vrijen en in meditaties, maar nu merkte ik voor de eerste keer dat er een andere kwaliteit ontstond. In deze ruimte begon ik contact te krijgen met een bron van grote wijsheid en helder inzicht. Ik kon de meest diepzinnige vragen stellen over de betekenis en het doel van mijn leven, en daarop heel wijze antwoorden krijgen. Ik kon zien waar mijn leven mij door de jaren heen geleid had en ik zag hoe ik andere mogelijkheden kon gaan benutten om een nieuwe, alternatieve toekomst te creëren en lang en innig gekoesterde wensen in vervulling kon laten gaan. Kortom, ik had het gevoel onder *Kalptaru* te zitten, de legendarische boom uit de Hindoe-mythologie, die de wensen en verlangens van mensen vervult.

Dit was mijn eerste werkelijke inzicht in magisch bewustzijn, een bewustzijn dat ik kon gebruiken om antwoorden te krijgen, om helder mijn persoonlijke doelen te visualiseren en om mijzelf en mijn relaties met andere mensen te genezen en te transformeren. Het was een bewustzijnsgebied waar verleden en toekomst leken op te lossen in het huidige moment, zodat ik de toekomst kon beïnvloeden en ervoor kon zorgen dat gebeurtenissen die in het verschiet lagen op een zo gunstig mogelijke manier zouden plaatsvinden. Dat mijn inzichten klopten, werd bevestigd toen gedurende de daaropvolgende maanden en jaren mijn leven zich precies zo ontwikkelde als ik tijdens het zevendaagse experiment gevisualiseerd had.

EEN MAGISCHE METHODE ONTWIKKELEN

Het lichaam is de hoogste tempel van transformatie, de plaats waar alle krachten van het universum samenkomen om te worden gekanaliseerd en getransformeerd in een hogere, integrale orde van natuur en geest.

JEAN HOUSTON

Als gevolg van deze diepgaande ervaring ben ik gaan begrijpen dat het experiment met het afsluiten van de zintuigen mij had geholpen een toestand binnen te gaan waarin ik heel diep ontspannen was en tegelijkertijd vervuld van een extatische energie. Het was deze ongewone combinatie van diepe ontspanning en grote energie die de vruchtbare grond voor magie had voortgebracht.

Mijn volgende stap was mijzelf de vraag te stellen: "Hoe kan ik deze toestand nu in mijn dagelijks leven opnieuw bereiken?" Het was in elk geval niet praktisch lange perioden van afsluiting van de zintuigen in mijn volle agenda in te passen. Bovendien had ik niet de garantie dat dergelijke experimenten de magische toestand die ik de eerste keer ervaren had, opnieuw teweeg zouden brengen.

De oplossing lag voor de hand. Door SkyDancing-tantra (zie het voorwoord) had ik geleerd mijn seksuele energie te transformeren, te verfijnen, te purificeren en door mijn lichaam te sturen, en extatische bewustzijnstoestanden binnen te gaan. Deze leken erg op de toestand die ik ervaren had tijdens het experiment met het afsluiten van de zintuigen.

Wat er tot nu toe ontbroken had, was het inzicht dat deze toestand ook een ingang tot magie kon zijn. Een dergelijke ruimte in mijn bewustzijn kon een onbeschilderd doek zijn, waarop ieder persoonlijk beeld getekend of geschilderd kan worden, het kon de grond zijn voor het planten van de zaden van transformatie, waaruit mijn persoonlijke doelen konden ontspruiten en tot wasdom komen. Geïnspireerd door dit inzicht begon ik met behulp van Sky-Dancing-tantra te experimenteren met het scheppen van extatische seksuele zijnstoestanden en ik plantte het zaad van een diep gevoelde wens in de verruimde bewustzijnstoestand die hierbij ontstond. Ik hoef niet te vertellen dat ik uitermate geïntrigeerd was door deze experimenten. Zouden zij resulteren in seksuele magie? Zouden zij mij de sleutel aanreiken om in mijn leven nieuwe deuren te openen? Het antwoord op deze vragen was een klinkend 'ja' en zodoende kan ik nu een volledige training in seksuele magie aanbieden. Maar voor ik over de training zelf begin, is het goed eerst te kijken naar het verband tussen magie en seksualiteit.

Magie en Seksualiteit: Parallelle Krachten

Seksualiteit en magie hebben veel parallellen, veel overeenkomsten. Ze gaan bijvoorbeeld allebei gepaard met veranderde bewustzijnstoestanden. Wat seksualiteit betreft, kan bijna iedereen dit begrijpen en zelf ervaren.

Seksualiteit is niet iets dat ons scheidt van verlichting. Seksualiteit is een kwaliteit die eigen is aan onze ervaringen op aarde en die ons doet opgaan in verlichting!

Chris Griscom

Denk eens aan je eigen liefdesleven. Je hebt misschien gemerkt dat er tijdens het vrijen, als je geniet van de seksuele prikkeling, als je elkaar streelt, je opgewonden voelt, levendig, sensueel, als je in een ritmische dans van genot meedrijft met je geliefde, speciale momenten zijn waarin je niet de persoon bent die je normaal gesproken bent.

In het vuur van de hartstocht, in de diepten van orgastisch genot, vindt er een drastische wijziging plaats in je normale denken en doen. Je wordt zo in beslag genomen door het seksuele genot, dat je uit de tijd stapt. Verleden en toekomst verdwijnen en dit ogenblik wordt alles wat er bestaat. Je wordt totaal naar het hier en nu, naar het huidige moment gezogen en dat heeft een diepgaande invloed op de manier waarop je jezelf ervaart. De gebruikelijke drukte in je geest, je altijd doorgaande gedachten - wat er gisteren gebeurde en wat er morgen zou kunnen gebeuren - het verdwijnt eenvoudig allemaal.

In diepe seksuele versmelting stopt je denken. Je bewustzijn wordt helder, onschuldig, nieuw. Je lichaam ontspant zich, het wordt opgeladen met energie en overspoeld door plezierige sensaties.

Wetenschappelijk onderzoek toont aan dat er bij een orgastisch liefdesspel in de hersenen allerlei biochemische stoffen vrijkomen, waaronder serotonine en endorfine, die een natuurlijk 'high' gevoel geven en lichaam en geest doen ontspannen, doen loslaten, zodat je wordt meegevoerd tot voorbij pijn en spanning, naar een diep gevoeld welbevinden.

In deze toestand beginnen de persoonlijke grenzen tussen jou en je geliefde op te lossen. Een warm en voedend energieveld omgeeft jullie beiden, alsof jullie samen baden in een diepe, mystieke vijver van liefde. De psychologische, emotionele en energetische barrières, die mensen gewoonlijk van elkaar scheiden, worden vaag en onduidelijk. Een van de grootste genietingen van de liefde is dat je, althans voor een korte tijd, jezelf kunt verliezen in je geliefde, dat je één kunt worden met een ander mens.

Deze versmelting kan deuren naar nog grotere mysteriën openen. Door middel van diepe seksuele vereniging kun je niet alleen de eenheid gaan ervaren met je geliefde, maar ook de eenheid met alle dingen die er bestaan. Je kunt je in harmonie voelen met de gehele kosmos, je kunt plotseling afgestemd worden op de eeuwigdurende dans van het bestaan.

In deze ogenblikken van verruimd bewustzijn kun je een wensbeeld van een persoonlijk doel, iets dat jij creëren wilt, projecteren in het harmonische weefsel van het universum dat ons omgeeft. In extase kom je heel dicht bij de universele bron, bij de kosmische baarmoeder waar alles uit voortkomt. Bestaat er een geschikter moment voor magie?

Bestudeer de magische tradities, de Afrikaanse, die van de oorspronkelijke Indianen van Amerika, de Egyptische of de joods-christelijke magie, en je zult ontdekken dat het magische proces begint met in trance raken - door middel van trommelen, dansen, reciteren, herhalen van klanken of woorden, ronddraaien of ademhalingstechnieken. In trance raken heeft tot doel een bewustzijnstoestand teweeg te brengen, waarin magie plaats kan vinden.

In seksuele magie creëer je een trance-achtige bewustzijnstoestand door je in een toestand van grote seksuele opwinding te ontspannen en je gehele lichaam over te geven aan orgastisch genot. Met behulp van speciale technieken van innerlijke, alchemistische transformatie vermeng je deze orgastische energie met jouw magische wensbeeld en breng je deze naar steeds hogere bewustzijnsniveaus, totdat je in staat bent het beeld in de kosmos zelf vrij te geven. Als dit op de juiste wijze gebeurt, zal het alchemistische proces het beeld op een rechtstreekse, specifieke en overtuigende manier in jouw leven verwerkelijken.

Magie en Seksualiteit: Creatieve Krachten

Seksuele energie is de allerhoogste creatieve kracht van de natuur, de kracht waardoor nieuw leven ontstaat. Magie is onze eigen creatieve kracht, de kracht waarmee wij nieuwe mogelijkheden in ons leven scheppen. Deze twee krachten kunnen elkaar bij de seksuele vereniging ontmoeten. Door middel van het liefdesspel kunnen wij opgaan in de bron van de grenzeloze creativiteit van de natuur, terwijl wij tegelijkertijd onze eigen magische, creatieve vermogens onderzoeken.

In trance raken door middel van trommelen en dansen

De creatieve energie van seks is niet beperkt tot het produceren van kinderen. Zij uit zich op allerlei verschillende manieren. Het is geen toeval dat grote artiesten en schrijvers, zoals Picasso, D.H. Lawrence, Anaïs Nin, Henry Miller, Isadora Duncan en Leo Tolstoy, heel seksuele mensen waren. Hun kunst, hun creativiteit, was een uiting van hun overdaad aan seksuele energie en zij gebruikten die energie om andere, nieuwe werelden om zich heen te creëren en verrijkten zo onze cultuur met hun meesterwerken.

Deze creatieve vermogens zijn voor iedereen beschikbaar. Als je volledig uiting geeft aan je seksualiteit, als je er diep induikt, krijg je toegang tot je eigen creatieve impulsen. Je zult je leven willen vernieuwen, er op een frisse, originele manier uiting aan geven, een manier die nog niet eerder bestaan heeft.

De meeste mensen leven alsof zij voor altijd zullen leven.
Ik leef alsof ik iedere dag kan doodgaan.

NIKOS KAZANTZAKIS
Zorba de Griek

Je zult niet onmiddellijk veranderen in een dichter, musicus of danser van wereldformaat, maar je daden zullen een nieuw creatief gehalte krijgen. Eenvoudige taken, zoals koken of de auto poetsen, zullen een heilige kwaliteit krijgen, alsof zij deel uitmaken van een of ander persoonlijk ceremonieel. Vrijetijdsbestedingen als luisteren naar muziek, een praatje maken met vrienden of een wandeling maken, krijgen betekenis en geven voldoening, alsof het elegante, artistieke penseelstreken zijn op jouw persoonlijke schilderdoek. Uitdagingen in je werk of je baan, die ooit hindernissen op weg naar succes leken, brengen een gevoel van vrolijkheid en triomf met zich mee, omdat je er creatieve oplossingen voor vindt.

Als je de scheppende kracht van je seksualiteit combineert met elementaire kennis van magische rituelen en gebruiken, zul je ontdekken dat je in staat bent de diepste persoonlijke wensen te vervullen. Je seksuele energie is zo creatief, zo krachtig, dat je haar kunt gebruiken om op alle gebieden van je leven positieve veranderingen te bewerkstelligen. Je hebt er alleen een beetje begrip, een beetje magie voor nodig.

SJAMANEN, HOGEPRIESTERS EN MAGIËRS

Voordat wij de kunst van de seksuele magie gaan onderzoeken, moeten wij haar eerst in een historische context plaatsen en haar oorsprong begrijpen.

De oorsprong van de magie kunnen wij vinden in de sjamanistische methoden die onze vroege voorouders ontwikkelden om de natuurlijke en bovennatuurlijke krachten die hen omringden, te benutten. Om deze krachten een menselijker gezicht te geven en toegankelijker te maken gaven de sjamanen er dikwijls menselijke persoonlijkheden aan in de vorm van goden, godinnen, demonen en geesten.

Voor de sjamaan gaan magie en spiritualiteit hand in hand. De mannen en vrouwen die het mystieke contact met de goden en godinnen tot stand moesten brengen, waren ook degenen die ten behoeve van de mensheid konden toveren, het materiële universum konden manipuleren, visioenen konden oproepen en elementaire krachten konden benutten.

Hoewel ik deze praktijken in de verleden tijd beschrijf, bestaan zij tegenwoordig ook nog, niet alleen in de sjamanistische tradities van in stamverband levende gemeenschappen die overal te wereld nog bestaan, maar ook in de Wicca-traditie van hekserij en natuurmagie, die in Europa, met name in Engeland, en ook in de Verenigde Staten wijd verbreid is.

Toen het primitieve sjamanisme plaats maakte voor meer ontwikkelde systemen van religieuze aanbidding, bleef het onderscheid tussen spiritualiteit en magie vaag en onduidelijk. De yoga-disciplines van de Hindoes waren bijvoorbeeld ontwikkeld met de bedoeling mensen te helpen spirituele verlichting te bereiken, maar ze brachten ook een hele reeks bovennatuurlijke vermogens of *siddhi's* met zich mee, onder andere het vermogen heen en weer te reizen tussen de materiële en de spirituele wereld, de toekomst plaats te laten vinden in het heden, van lichaamsverschijning te veranderen en te vliegen - allemaal pure magie, maar geplaatst binnen een spirituele context.

In de spirituele traditie van Tibet worden vandaag de dag de beroemde Boeddha Padmasambhava en zijn verlichte gezellin Yeshe Tsogyel nog steeds als grote tantrische mystici vereerd. De legenden vertellen dat zij allerlei wonderbaarlijke en magische daden verrichtten, opstandige goden en demonen onderwierpen, doden tot leven wekten, levend verbrand werden en daarna, drijvend op een lotusblad op het midden van een rivier, weer verschenen.

In de voorchristelijke culturen van Babylon en Egypte vormde ceremoniële magie een vast onderdeel van de religieuze praktijk. Priesters en priesteressen gebruikten hun magische vermogens om kwaadwillende geesten te onderwerpen en de hulp in te roepen van goedgezinde geesten, door hun naam uit te spreken - iets dat tegenwoordig in de magie nog veelvuldig voorkomt. Veel scholen van magie geloven dat het uitspreken van de naam van een geest, engel of godheid deze specifieke entiteit oproept, zodat men er één mee wordt en tijdelijk de eigenschappen en vermogens van deze entiteit verwerft.

Tegenwoordig, in onze moderne, technologische en geavanceerde samenleving, beschouwen wij religie niet als magie. Als een tovenaar of sjamaan uit een of andere oude stammencultuur naar een moderne kerk in Amerika zou worden gebracht, zouden wij het hem vergeven moeten dat hij de hele christelijke ceremonie opvat in termen van magie.

"Aha, ik zie wat er gebeurt," zou hij wellicht peinzen, "de zoon van een almachtige vader, die uit de hemel is neergedaald, is geboren zonder gemeenschap, liep over het water, veranderde water in wijn, voedde duizenden mensen met een paar broden en vissen, genas op magische wijze de zieken, wekte de doden tot leven, ontsnapte, na te zijn gekruisigd, uit een verzegelde grot en vloog terug naar de hemel. Dat is pas magie! Geen wonder dat de mensen deze machtige god aanbidden. Hij zal ze voorzeker geluk brengen!"

Heidense Goden en Heidense Magie

Vóór de komst van het christendom ontleenden de heidense godsdiensten in Europa hun spirituele energie aan de vitale levenskrachten van de aarde, aan de natuur. De goden en godinnen uit deze godsdiensten waren heel menselijk: ze kibbelden met elkaar, speelden politieke spelletjes, bedreven de liefde, hielden feesten en verwachtten van hun aardse onderdanen niet dat zij zich wezenlijk anders zouden gedragen.

Magie vormde een geaccepteerd onderdeel van deze heidense tradities en werd door een hele reeks druïden, tovenaars, orakels, helers, priesters en wijze vrouwen beoefend. Omdat de goden die zij aanbaden symbolen waren van krachten uit de natuur en omdat magie een manier was om deze krachten te benutten, ging heidense religie hand in hand met heidense magie.

Magie was de taal van de Grote Moeder, die het universum geschapen had, wier spirituele invloed vele culturen in het Europa en het Midden-Oosten van vóór de Grieken domineerde. Magie was het geschenk dat de Maenaden ontvingen, de wilde Griekse vrouwen, die zich in hun extatische aanbidding van Dionysus in trance naar de vrijheid dansten. Voor Pan, de gehoornde god, was magie een tweede natuur. Hij kon met zijn muziek wilde dieren temmen en seksuele vruchtbaarheid schenken aan degenen die hem hierover om hulp en raad vroegen.

Toen de Roomse keizers zich echter tot het christendom bekeerden, enkele honderden jaren na de kruisiging van Jezus, begon alles te veranderen. Toen de vervolgde christelijke minderheid in Rome eenmaal door de onderdrukkers gesteund werd en niet langer hoefde te leven in de angst aan hongerige leeuwen te worden gevoerd, was het haar beurt de vervolger te worden. Niet alleen het aardse en kleurrijke pantheon van Grieks-Romeinse goden viel ten prooi aan deze nieuwe en fanatieke kruistocht, ook de magie werd hiervan het slachtoffer.

De wereld is haar eigen magie

Sunri Suzuki

Jerome Antoine Romy vermeldt in zijn boek *History of Magic* dat vanaf de tijd van keizer Constantijn de christelijke keizers 'er steeds meer toe neigden geen onderscheid meer te maken tussen magie en heidense vormen van aanbidding'. Er werden wetten uitgevaardigd die beide activiteiten verboden en de weg kwam vrij voor het afslachten van zowel tovenaars als ongelovigen. Het betekende het begin van de heksenjacht, die eeuwenlang aanhield.

Onder het juk van een meedogenloze, moralistische, geheel mannelijke christelijke drieëenheid maakten vrouwen zeer moeilijke tijden door, want blijk geven van enige aanleg voor genezing of intuïtie en zelfs een opstandige intelligentie betekende reeds het risico veroordeeld te worden als heks en een gewelddadige dood door middel van verbranding, wurging of verdrinking. Het is een triest en gruwelijk feit dat alleen al in de vijftiende eeuw in Europa meer dan dertigduizend vrouwen werden verbrand als heks of tovenares, terwijl tussen 1575 en 1700 meer dan een miljoen mensen door de inquisitie voor soortgelijke 'misdaden' veroordeeld werden.

Magie Krijgt een Slechte Naam

Ondanks haar pogingen ten opzichte van haar onderdanen een monopoliepositie als spirituele autoriteit te veroveren, heeft de Christelijke Kerk geen pogingen gedaan alle magie uit te bannen. De gruwelijke heerschappij van de inquisitie lijkt daar natuurlijk wel op - een veldtocht om iedere vorm van magie, tovenarij en hekserij te verdrijven - maar dat is niet het hele verhaal.

Het doel van het leven is te leven, en leven betekent bewust zijn, op vreugdevolle, dronken, serene, goddelijke wijze bewust zijn.

Henry Miller

Op de keper beschouwd wilde de Kerk juist *rivaliserende vormen* van magie uitroeien. Zij ontkende het bestaan van magische krachten en gebeurtenissen niet, maar beweerde de enige legitieme bron van bovennatuurlijke krachten te zijn. Met andere woorden, zij had haar eigen soort magie en was vastbesloten trouw aan de eigen rituelen, bijgeloof, wonderen en goden af te dwingen.

De Kerk gaf haar leden bijvoorbeeld het advies intensief en veelvuldig te bidden om gezondheid, voorspoed, goede oogsten, wonderbaarlijke genezing van kwalen en ziekten, overwinning in de strijd en wat er al niet meer nodig was om de uitdagingen en gevaren van het leven het hoofd te bieden. Op voorwaarde dat men het juiste geloof aanhing, de juiste goden aanbad en zich hield aan de geboden van de Kerk, was de kans heel groot dat dergelijke gebeden op magische wijze verhoord zouden worden.

In feite was de Kerk dus niet tegen de principes der magie. Zij was slechts tegen niet-christelijke vormen en uitingen van deze oeroude tradities. Om tussen deze twee duidelijk onderscheid te kunnen maken werden de magische gebeurtenissen die door de Kerk onderschreven werden, zoals die uit het leven van Jezus en die welke werden toegeschreven aan bepaalde heiligen, als wonderen aangemerkt. Andere gebeurtenissen waarin het bovennatuurlijke tot uitdrukking kwam, maar die door de Kerk niet waren goedgekeurd, werden veroordeeld als magie of, als ze kwaadaardig waren, als zwarte magie.

Zodoende kreeg de magie een slechte naam. En door niet-christelijke magie te bestraffen met maatschappelijke veroordeling werden dergelijke gebeurtenissen dikwijls toegewezen aan de grote kosmische zondebok: Satan. Men zei dat ze het werk van de duivel waren.

ZWARTE EN WITTE MAGIE

Het is erg waarschijnlijk dat er in de middeleeuwen, net als tegenwoordig, mensen waren die in een poging magische vermogens te verwerven de duivel aanbaden. Maar zoals Isaac Bonewits in zijn boek *Real Magic* aangeeft, werden de beschuldigingen van 'duivelaanbidding' en 'zwarte magie' door de kerkelijke autoriteiten vooral gebruikt als middel om ongewenste minderheidsgroepen te vervolgen en uit te moorden.

Beschuldiging van het bedrijven van zwarte magie werden gericht tegen iedereen die 'niet de Christelijke God op de Christelijke Wijze aanbad (hetgeen verschilde naar gelang de plaatselijke politiek), met name tegen joden, ketters, heidenen en een ieder die impopulair of excentriek was, die bezittingen had die de Kerk verlangde of die niet met de inquisiteurs wilde slapen'. Kortom, het was een uitstekend middel om de tegenstanders van de Kerk uit de weg te ruimen.

Tegenwoordig verwijst zwarte magie meer naar het specifieke gebruik van occulte krachten, met de bedoeling mensen tegen hun wil te domineren en te manipuleren of om mensen die een invloedrijke magiër om de een of andere reden beledigd hebben, ongeluk te brengen.

Tegenover dergelijke 'zwarte' praktijken staat de traditie van de witte magie, die doorgaans beschouwd wordt als toegewijd aan goede daden, het brengen van licht, vrede en geluk op aarde en de verdediging van het goede tegen het kwade. Uitgaande van deze definities lijkt het vanzelfsprekend dat wij witte magie zouden moeten ondersteunen en zwarte magie moeten afwijzen, want daarmee houden wij de opvatting in stand dat er een juiste en een verkeerde manier is om magie te gebruiken en dat wij de juiste kunnen kiezen. Dergelijke opvattingen weerspiegelen onze algemene culturele neiging, die afstamt van het joods-christelijke idee van goed en kwaad, het leven op te vatten als een dualiteit, als een keus tussen zwart en wit.

Liever dan vast te lopen in dualistische argumenten over wat goed en fout is, over goed en kwaad of over zwart en wit, doe ik mensen die magie willen gebruiken voor hun persoonlijke groei en transformatie liever enkele neutrale principes en richtlijnen aan de hand. Ik noem drie van dergelijke principes, die zijn gebaseerd op het feit dat je als magiër drie basiskwaliteiten bezit: je bent een zoeker, een minnaar en een genezer.

De zoeker

De ware magiër onderzoekt op een open, onbevooroordeelde manier vele magische wegen en maakt een pelgrimstocht om zichzelf te ontdekken, gebaseerd op de wijsheid die hij verkrijgt door persoonlijke ervaringen.

De minnaar

Liefde dient de basis van alle magie te zijn, vooral van seksuele magie. Wanneer er liefde is, is er respect voor jezelf, voor je partner en voor anderen. Het verlangen over anderen de baas te spelen, is niets anders dan een surrogaat voor liefde.

De genezer

De ware magiër is een genezer, iemand die weet dat het geen zin heeft magie voor destructieve doelen aan te wenden, terwijl zij ook gebruikt kan worden als een fantastische creatieve, genezende en transformerende kracht, die licht, liefde en geluk brengt in het leven van degenen die erdoor worden aangeraakt.

Wanneer je erkent dat deze kwaliteiten de sleutel tot de beoefening van magie zijn, ben je al dicht bij vervulling en succes.

De Middeleeuwse Magiërs

Magie wordt tegenwoordig openlijker beoefend en geaccepteerd. Tijdens de eeuwen waarin de inquisitie het voor het zeggen had, moesten de echte magiërs - in tegenstelling tot de ongelukkige minderheden die als zodanig werden bestempeld - manieren vinden om hun kunsten verborgen te houden voor het spiedend oog van de wantrouwige autoriteiten.

Gereedschappen van de magiër, waarmee lood wordt veranderd in goud en de transformatie van begeerte in extase wordt gesymboliseerd: de magie van tantra.

Een klassieke vermomming van magie was de zoektocht van de middeleeuwse alchemist naar de omzetting van metaal in goud. Alchemisten werden doorgaans beschouwd als onschadelijke excentriekelingen en konden daardoor dikwijls aan vervolging ontkomen. Als een alchemist erin zou slagen lood te veranderen in goud, zou hij immers een nuttige medewerker van de plaatselijke machthebbers zijn. En als zij achter hun vreemde experimenten met smeltkroezen, drankjes en vergelijkingen werkelijk magie bedreven, wie zou dat dan ooit merken?

Ook hier vervaagde het onderscheid tussen mystiek en magie, want in de gelederen van de alchemisten bevonden zich ook spirituele zoekers, mannen en vrouwen die naar de allerhoogste waarheid streefden en wier bezigheden veel verder gingen dan de christelijke rituelen en gebruiken.

Een van deze geheime bezigheden was het ontsteken van het vuur van seksuele energie in de geslachtsorganen en het laten circuleren ervan door de ruggegraat en de hersenen, en vervolgens langs de voorzijde van het lichaam weer naar beneden, zodat de getransformeerde energie terugvloeide naar de geslachtsorganen, en de cirkel opnieuw doorlopen werd. Deze circulatie werd gesymboliseerd door Oeroeboeros, de gouden slang die in zijn eigen staart bijt en seksuele begeerte zuivert tot pure spiritualiteit. De metafoor van een alchemistisch vuur, dat een rondgaande stroom van gesmolten metaal teweegbrengt, vormt een volmaakte dekmantel voor deze praktijk.

Veel van de magie uit de middeleeuwen was gebaseerd op de Kabbalah, een traditie die haar oorsprong vond in oeroude Hebreeuwse geschriften. Een van de eerste leerstellingen van de Kabbalah was dat God de wereld schiep door middel van goddelijke gedachten en woorden, die werden uitgedrukt door heilige getallen en letters. Men nam aan dat kennis van deze getallen en letters grote macht verschafte over de tastbare werkelijkheid.

In de magie van tegenwoordig zijn nog steeds kabbalistische invloeden terug te vinden en dit verklaart mede waarom zoveel rituelen grote nadruk leggen op namen, getallen en de nauwkeurige herhaling van bepaalde frasen en gebaren.

Seksualiteit en Religie

Vandaag de dag is het moeilijk je een religieus gebruik voor te stellen waarbij een mooie vrouw of man je verwelkomt in de tempel en met je vrijt en door middel van deze seksuele daad de geest van de godheid die je kwam aanbidden tot uitdrukking wordt gebracht.

Toch is dat precies wat er gebeurde in op de vrouwelijke godheid gerichte religies, die bestonden vóór de verspreiding van de patriarchale godsdiensten, zoals de joodse religie, het christendom en de islam. Seksualiteit werd volkomen aanvaard als een heilige daad. Bij de aanbidding van Astarte en Ashtoreth in landen in het Midden-Oosten bedreven de priesteressen of voogdessen van de tempel vrijelijk de liefde met mannen die kwamen om de godin te aanbidden. De ervaring van spirituele vereniging met de godin werd uitgedrukt door middel van de seksuele vereniging met haar aardse voertuig, de priesteres. Door deze daad werd de godin geëerd als degene die de mensen de vreugde van heilige seksualiteit had geschonken.

Zelfs getrouwde vrouwen konden in de tempel dienen. Zij konden er voor speciale gelegenheden naartoe gaan, als daad van verering en vrijen met elke willekeurige man die langskwam. De kinderen die uit deze tempelrituelen geboren werden, werden gerespecteerd, beschouwd als 'echt' en leefden binnen de tempelmuren, omdat zij op heilige grond geboren waren en opgroeiden. De priesteressen hadden wettelijke rechten, konden onroerend goed bezitten en genoten in het algemeen dezelfde status als mannen. Zij waren bedreven in veelsoortige liefdestechnieken en konden later trouwen en een echtgenoot hebben. Zij werden in feite beschouwd als heel goede huwelijkspartners.

Soortgelijke gebruiken kwamen voor in de Kretenzische cultuur, die voorafging aan de opkomst van de Grieken. Het was de priesteres die toegang verleende tot de 'Grote Moeder', die later bekend werd als Gaia, en die door middel van seksuele vereniging of een orakelvisioen de boodschap van de godin overbracht aan degenen die om haar leiding vroegen.

In Europa werd, onder invloed van de Grieks-Romeinse beschaving, in religieuze gemeenschappen het seksuele aspect geleidelijk ingeperkt. Een priesteres of zieneres moest nu eerder een onaantastbare maagd zijn dan een gewillige minnares. Toen het christendom ten tonele verscheen, werd aan het seksuele aspect van godenverering volkomen een eind gemaakt. Zelfs populaire religieuze totems, zoals de fallische zuilen die langs Romeinse heirwegen stonden, werden van hun genitaliën ontdaan en voorzien van een kruis.

Tussen haakjes, wanneer ik het in deze context over het christendom heb, doel ik op de dogmatiek die enkele eeuwen na Christus is ontstaan en die opgesteld werd in een Romeins Rijk dat een puriteinse reactie doormaakte op zijn eigen vroegere decadentie. Dit dogma lijkt naar mijn mening in weinig of niets op de mystieke visie van Jezus zelf.

De verschuiving in morele en maatschappelijke waarden die met de verspreiding van het christendom gepaard ging, was enorm. Vrouwen werd zelfs niet meer toegestaan religieuze plechtigheden bij te wonen, laat staan zichzelf aan te bieden als seksueel medium van een heersende godheid. En wat seks betreft, die werd niet alleen ontheiligd, maar zelfs volkomen veroordeeld.

Het is geen geheim dat de vroegchristelijke priesters het leven op aarde verachtten. Het aardse, sterfelijke bestaan werd beschouwd als een periode van pijn en lijden, die men moest doormaken - en daarbij allerlei verleidingen weerstaan - om goed genoeg te worden bevonden om een eeuwig en veel aangenamer leven te beërven in het hiernamaals. Hiermee in overeenstemming werden alle aardse genoegens bestempeld als verdacht, onrein, voorbijgaand of nutteloos, dan wel als dit allemaal tegelijk.

Seks, de meest waardevolle en potentieel extatische van alle aardse genoegens, werd door de priesters schoorvoetend getolereerd als zijnde noodzakelijk voor de instandhouding van de gelovigen en daarmee van het geloof. Maar om de ongaarne verleende zegen van de Kerk te kunnen ontvangen, diende de seksualiteit ontdaan te worden van iedere vorm van extase en gereduceerd te worden tot een functionele zaak om kinderen voort te brengen. Van seks mocht niet worden genoten als plezierige ontspanning, zelfs niet door echtelieden.

> *Spiritualiteit gaat niet in de eerste plaats over andere bewustzijnstoestanden. Zij gaat over belichaming en verbondenheid met de aarde of, zoals sommige theologen zouden zeggen, de vleeswording van de geest. De uitdaging ligt er niet in het lichaam te verlaten, maar daarin dat men tot het besef komt dat het de tempel van het heilige is.*
>
> GEORGE FEUERSTEIN

Het gevolg hiervan was dat seksualiteit werd omgevormd tot het middeleeuwse strijdperk van goed en kwaad, vooral in de geest van onfortuinlijke monniken en nonnen die, terwijl zij oprecht streefden naar zuiverheid in gedachten, woorden en daden, merkten dat zij voortdurend werden afgeleid door een volmaakt natuurlijke, maar door theologen als ongewenst aangemerkte seksuele drang. Degene die aan deze drang toegaven, konden hun vleselijke genoegens alleen rechtvaardigen door te verklaren dat zij verleid en bezeten waren door de duivel.

Aldus werden seksualiteit en magie over één kam geschoren en beschouwd als een grote bedreiging voor de gevestigde religie. In de strijd tussen God en de duivel werden seks en magie als wapens in de handen van de Antichrist gelegd. Een onpartijdige waarnemer van dit conflict zou echter kunnen zien dat de Kerk, in weerwil van al haar retoriek, in feite een concurrent had: magie was eveneens een bron van spirituele kracht en vormde een bedreiging voor de monopoliepositie van de Kerk, zoals seks haar positie bedreigde als andere bron van extase.

Seks en magie hebben op wonderbaarlijke wijze de kruistocht die tegen hen gevoerd is, overleefd. Na eeuwen veroordeeld te zijn geweest om voort te bestaan in duister bijgeloof beginnen zij nu, in het licht van begrip en waardering, weer langzaam tevoorschijn te komen.

De strijd is echter nog niet gestreden, want zelfs tegenwoordig worden door aanzienlijke delen van onze maatschappij beide kunsten veroordeeld. Ik denk echter dat de dag niet ver is dat seks en magie hun verdiende plaats zullen innemen binnen een natuurlijker en liefdevoller concept van het universum:

- Een universum waarin alle tegengestelde krachten worden beschouwd als elkaar aanvullend,
- Een universum waarin extase en seksueel orgasme worden gewaardeerd als transformerende krachten,
- Een universum dat, naar zijn aard, tantrisch is.

De Houding van Tantra tegenover Seksualiteit en Magie

Men zegt dat toen de god Shiva, de belichaming van zuiver bewustzijn, in seksuele vereniging met Shakti, de belichaming van zuivere energie, versmolt, hun tantrische vereniging resulteerde in de schepping van de Aarde, de sterren, de maan, de dieren... kortom, hun liefdesspel was de aanleiding voor het ontstaan van het universum zelf.

Deze prachtige metafoor draagt een belangrijke waarheid in zich, want in ons groeiend begrip van ons mysterieuze universum is het duidelijk geworden dat alle energie en beweging, en daarmee alle leven, zich afspeelt tussen de aantrekkingskrachten van tegengestelde polen.

De beweging tussen een negatieve en een positieve pool schept elektriciteit. De aantrekkingskracht tussen man en vrouw schept nieuw leven. De krachten van het universum zijn, dialectisch gezien, schijnbaar met elkaar in conflict, maar zij manifesteren zich binnen de context van eenheid en totaliteit. Dat is het inzicht van de visie van tantra.

Tantra is in wezen de weg van aanvaarding, van het insluiten van het hogere en het lagere, van het spirituele en het aardse. Zij laat God en de duivel elkaar de hand reiken, als twee polen of twee aspecten van één enkele energie. Dit moedigt spirituele zoekers ertoe aan als middel tot zelfverwerkelijking een heilige seksualiteit te beoefenen. Zij sluit seksualiteit én magie in als waardevolle hulpmiddelen op de weg van transformatie.

Bovendien erkent tantra dat het vrouwelijke principe gelijkwaardig is aan het mannelijke, hetgeen een belangrijke stap voorwaarts betekent bij het cultiveren van seksuele energie voor magische en spirituele doeleinden. In de inleiding op zijn boek *Women of Wisdom*, een fascinerend verslag over zes vrouwelijke Tibetaanse mystici, merkt Chögyam Trungpa op: “De Westerse cultuur verdeelt vrouwen in prostituées en madonna’s; in tantra zien wij vrouwelijke beelden verschijnen die tegelijk seksueel en spiritueel zijn, extatisch en intelligent, toornig en vredig.”

In Tibet, waar de beoefening van tantra haar hoogtepunt heeft bereikt, omvatten sommige wegen van spirituele ontwikkeling, na lange perioden van voorbereiding en zuivering, de rituele seksuele vereniging van meester en leerling. In een tantrische omhelzing, de versmelting van twee lichamen, twee harten en twee geesten, werd op magische wijze door middel van woorden geheime kennis van de leraar op de discipel overgebracht.

Door verschillende vormen van ademhaling en visualisatie werd de seksuele energie opwaarts langs de ruggegraat geleid, zodat een steeds hoger bewustzijnsniveau toegankelijk werd. Op het juiste ogenblik, als beiden in extatisch samenzijn verenigd waren, werd de leer of kennis energetisch overgedragen.

Een van de bedoelingen van deze seksuele praktijken was, zoals Chögyam Trungpa het beschrijft, 'het gevoel van innerlijk en uiterlijk te laten verdwijnen en contact te maken met een gevoel van een alles doordringende en met energie gevulde ruimte, die de oerwijsheid is, en met een soort intense transcendente begeerte en gelukzaligheid'. Een ander, meer specifiek doel was een 'regenbooglichaam van licht' te creëren, dat zou blijven voortbestaan, nadat het fysieke lichaam opgehouden had te functioneren. Weer een ander doel was toegang te krijgen tot bepaalde soorten *dakini-energie* - eigenschappen van het goddelijke vrouwelijke principe - om aan de beperkingen van het menselijk ego voorbij te kunnen gaan.

Ik ben in de gelukkige omstandigheid geweest verschillende jaren intensief te kunnen werken met een leraar in tantrische seksuele magie. Hij had de gewoonte mij op onverwachte momenten te bezoeken, in donkere nachtelijke uren, om mij uit te nodigen intensieve ademhalingsoefeningen met hem te doen, die al snel een vurige energie in mijn lichaam teweegbrachten. Dan vree hij met mij op een langzame, heel bewuste manier, om mij te helpen deze energie te richten op het gebied van mijn hart.

Na verloop van tijd begon ik heel krachtige visioenen te krijgen. Ik herinner mij er een dat uitzonderlijk krachtig was, waarin ik mijzelf zag als een boeddha of een geestelijk wezen, dat me-

Mediterend in de grot van mijn innerlijk hart

ditatief en in extase in een grot zat. Terwijl ik keek, werd de grot rood en begon te pulseren, en ik werd mij er spoedig van bewust dat mijn boeddha-wezen in de grot van mijn eigen hart zat. Een gevoel van grote, diepgevoelde gelukzaligheid begon zich uit te breiden en samen met de omvang van de grot groter te worden, totdat het gehele universum ermee gevuld was. Op dat punt was ik in staat onvoorwaardelijk liefde en mededogen uit te stralen naar alle levende wezens.

Op deze manier ontving ik unieke informatie over wat mijn leraar later omschreef als 'wijsheid van het hart'. Het feit dat ik in staat was geweest deze wijsheid te ervaren, maakte dat zijn leer voor mij werkelijkheid werd, in plaats van slechts kennis te zijn.

> *Liefde is in de wereld het allermoeilijkste; je hebt werkelijke moed nodig om erin te verblijven. Daarom hebben de mensen, in naam van de religie, eeuwenlang de liefde ontvlucht.*
>
> OSHO

In seksueel overgedragen tantrisch onderricht ligt de nadruk meer op mystiek dan op magie, maar de benadering is voor beide kunsten dezelfde. Het is een kwestie van keuze: je verblijft in een toestand van mystieke eenheid met het universum of je benut de universele krachten, die je aan deze eenwording ontleent, voor zichtbare verwerkelijking op aarde.

In de tantrische traditie van Tibet kwamen magie en mystiek gezamenlijk tot bloei. Het werd overgelaten aan de ingewijde hoe hij dergelijke krachten wenste te gebruiken. Het was werkelijk een kwestie van persoonlijke integriteit en verantwoordelijkheid, een uitgangspunt dat tegenwoordig van even grote waarde is als destijds.

Seksuele Magie in het Westen

De man die moderne seksuele magie in Europa en de Verenigde Staten introduceerde, was niet, zoals men doorgaans aanneemt, de bekende Engelse magiër Aleister Crowley, maar een Amerikaan van gemengde afkomst, genaamd Pascal Beverley Randolph.

Randolph bestudeerde, voordat hij in 1870 in Boston zijn eigen Broederschap van Eulis stichtte, de magische tradities van Europa en het Midden-Oosten, en schiep een methode voor seksuele magie, waarvoor hij waarschijnlijk putte uit Tibetaanse bronnen.

In zijn verhandeling *Sex Magic* geeft Randolph, voordat hij ingaat op de magische rituelen van de seksuele vereniging, gedetailleerde aanwijzingen voor het scheppen van de juiste sfeer en energie tussen man en vrouw. Daarna wordt de magiër tijdens het vrijen aangemoedigd 'zijn begeerte naar het moment van de ejaculatie te benadrukken en voor en na de daad energetisch te denken aan het gewenste object'. Met andere woorden, Randolph beschrijft hier hoe de energie van seks gebruikt kan worden om op magische wijze een persoonlijk gewenst doel te verwerkelijken.

Ondanks zijn liberale opvattingen over seksuele vrijheid hebben Randolphs geschriften een onmiskenbare ondertoon van mannelijk superioriteitsgevoel, want hij laat er geen twijfel over bestaan dat degene die magie in praktijk brengt, de man is die de energie van de vrouw voor zijn eigen doelen gebruikt. Hij raadt bijvoorbeeld aan: "Zodra het magische gebed is afgesloten, zend de vrouw dan weg. Zij dient weg te gaan zonder een woord te zeggen."

De reden waarom in de westerse culturen de eerste pogingen om magie te bedrijven gefaald hebben, ligt naar mijn mening in het feit dat de vrouw niet als gelijkwaardig werd beschouwd. De liefde tussen man en vrouw, die samenwerken als onderzoekers en in het samenzijn delen als intieme partners, geeft de seksuele vereniging een hartskwaliteit. Zonder deze kwaliteit bestaat de neiging seksuele magie te gebruiken voor het versterken van individuele macht, overheersing en stoutmoedigheid, die dikwijls veranderen in een zelfvernietigende verslaving.

Tegenwoordig zijn vrouwen in de gelegenheid op dezelfde voorwaarden seksuele magie te gebruiken als hun mannelijke partners. Het is namelijk van belang dat beide partners gelijkelijk deel hebben aan hun beider seksuele energiestroom. Zolang een van hen een ondergeschikte rol speelt, kunnen de creatieve vermogens van hun seksualiteit niet ten volle worden aangeboord, benut en overgedragen, en kan er niet op magische wijze richting aan gegeven worden.

Niettegenstaande hun mannelijk superioriteitsgevoel hebben Pascal Randolph en Aleister Crowley beiden een belangrijke waarheid begrepen: de seksuele vereniging vormt een fantastisch middel tot magie.

Crowley kwam tot dit inzicht nadat hij bij verschillende Engelse magische ordes was geweest, die putten uit bronnen als de Rozenkruisers, de Kabbalistiek en de Vrijmetselarij. Pas toen hij zich aansloot bij de Ordo Templis Orientis, die in Duitsland was opgericht, begon hij regelmatig seksuele magie te beoefenen. Het is interessant te weten dat men aanneemt dat de Ordo Templis Orientis haar seksuele rituelen heeft ontleend aan de leer van Randolph.

Hoewel zij zich niet rechtstreeks bezighoudt met seksuele rituelen, levert de Wicca-traditie van natuurlijke magie, die op het ogenblik in Engeland en de Verenigde Staten een opleving doormaakt, een bijdrage aan een evenwichtiger houding ten opzichte van de rol van man en vrouw in magische rituelen. Wicca is een brede traditie, met verschillende vormen van magiebeoefening, en een van haar centrale thema's is de nadruk op vrouwelijke eigenschappen, zoals de gaven van intuïtie en psychisch 'zien', die ondersteuning geven bij het inroepen van de hulp van de heersende godheid van de natuur, de Grote Moeder of Aardemoeder.

Het Astraal Netwerk

Er is nog een ander element dat een belangrijke rol speelt in de alchemie van seksuele magie, dat echter onzichtbaar is en daarom niet goed begrepen wordt. Het gaat om een metafysisch fenomeen, dat ik soms de 'creatieve baarmoeder van de kosmos' noem. Door middel van deze baarmoeder staan wij in verbinding met de universele dimensie, die oneindig creatief is en de mogelijkheid heeft nieuwe werkelijkheden voort te brengen. Het is een transpersoonlijke ruimte, die onze wensbeelden, onze vragen om persoonlijke verandering, ontvangt en erop reageert.

Eliphas Levi, een van de meest vooraanstaande auteurs over magie uit de negentiende eeuw, beschrijft deze dimensie als een 'natuurlijk en goddelijk' krachtveld, dat zowel fysiek als spiritueel is en menselijke vibraties kan ontvangen en beantwoorden. Hij legt uit: "Het bestaan en de gebruikmaking van deze kracht vormen het grote geheim van praktische magie... deze kracht kan alles verwarmen, verlichten, magnetiseren, aantrekken, afstoten, verlevendigen, vernietigen, doen stollen, scheiden, verbreken en verenigen, in antwoord op de stuwkracht van onze krachtige wil."

Levi duidt deze magische kracht met poëtische woorden aan als 'verbeelding van de natuur'. Verder stelt hij dat deze kracht neutraal is en het gebruik ervan een kwestie van persoonlijke verantwoordelijkheid. Hij voegt daaraan toe: "Begrijpen hoe deze kracht gebruikt kan worden, zonder er ooit door geobsedeerd of overrompeld te worden, is als het stappen op de kop van een slang."

Deze kracht is door vele magiërs beschreven. Machig Lapdron, een verlichte vrouw uit de tantra-traditie van Tibet, die beroemd was vanwege haar magische kracht, noemt het de 'fundamentele basis' of het 'moederprincipe'. Isaac Bonewits geeft dit oeroude fenomeen een modern tintje en noemt het eenvoudig het 'schakelpaneel'.

Maar zelfs 'schakelpaneel' klinkt in deze tijd van electronische snelwegen, waarover enorme hoeveelheden informatie met een flits verzonden kunnen worden, al weer een beetje verouderd. Mijn gevoel is dat de term *netwerk* de aard van dit oneindige en onzichtbare web, dat de kosmos omspant, het best weergeeft. En om de universele dimensie tot uitdrukking te brengen zou ik er nog het woord *astraal* aan toe willen voegen. Zo kom ik aan de term *Astraal Netwerk.*

Het bestaan van een Astraal Netwerk vormt een uitdaging voor onze algemeen aanvaarde ideeën omtrent de werking van het universum. Het is niet slechts een mechanisme, niet een gigantisch uurwerk dat loopt volgens strenge wetten. Het is juist een ingewikkeld en voortdurend vibrerend web van elektromagnetische en zwaartekrachtvelden, dat niet alleen alle materiële objecten omvat, *maar ook tijd en ruimte*. Binnen deze velden is de materie geen blijvende en stabiele zaak, maar iets dat uitwisselbaar is met energie.

Het Astraal Netwerk is een multidimensionaal web van morfische velden, die trillen met verschillende frequenties.

Voortbouwend op dit inzicht biedt de vooruitstrevende bioloog Rupert Sheldrake ons een concept van morfische velden, waarin een universum met vaststaande wetten vervangen wordt door een universum van gewoonten en neigingen. In Sheldrakes universum is het niet zo dat gebeurtenissen zich op een bepaalde manier *moeten* voordoen, ze vinden juist op een specifieke manier plaats, omdat eerdere, soortgelijke gebeurtenissen op die manier plaatsvonden en een bepaalde indruk op de kosmische energievelden hebben achtergelaten. Naarmate meer van deze indrukken zich ophopen, creëren zij een morfisch veld, een energiepatroon, dat bepaalt op welke manier gebeurtenissen in het heden zich voordoen en hoe gebeurtenissen in de toekomst zullen plaatsvinden.

Morfische velden worden ook gecreëerd door mensen. Tibetaanse monniken hebben bijvoorbeeld eeuwenlang bepaalde mantra's herhaald - speciale opeenvolgingen van heilige geluiden of woorden - met het doel hogere bewustzijnstoestanden te bereiken. Een van de meest bekende mantra's is *Om Mane Padme Hum*, waarin gebruik wordt gemaakt van het beeld van 'het juweel in de lotus', om de mystieke bewustzijnstoestand tot uitdrukking te brengen.

Wanneer duizenden monniken gedurende duizenden jaren deze mantra herhalen, wordt er een krachtig morfisch veld gevormd. Als een individu tegenwoordig op juiste wijze *Om Mane Padme Hum* reciteert, zal hij meeresoneren met de vibratie of frequentie van dat morfische veld en daardoor wordt zijn of haar ervaring van de ermee samenhangende bewustzijnstoestand enorm versterkt.

Sedert het begin van de menselijke beschaving zijn er talloze morfische velden gecreëerd door mensen die meevibreren met allerlei ervaring en bewustzijnstoestanden - vreugde, gelukzaligheid en spirituele vervulling, maar ook de meest bevredigende en voedende gemoedstoestanden, zoals geliefd zijn, succes en materiële overvloed. Deze morfische velden bestaan binnen de grotere krachtvelden van het universum en kunnen op positieve wijze reageren op onze verlangens, op voorwaarde dat wij weten hoe wij een wensbeeld moeten projecteren en mee laten trillen met het juiste veld.

> *Voordat je de top van een boom kunt bereiken of de knoppen en de bloemen kunt begrijpen, moet je diep doordringen naar de wortels, want daar ligt het geheim. En hoe dieper de wortels, hoe hoger de boom.*
>
> NIETZSCHE

Je kunt het Astraal Netwerk beschouwen als een multidimensionaal web van morfische velden, die allemaal op verschillende niveaus of met verschillende frequenties vibreren en het vermogen hebben mee te resoneren met en te reageren op de wensbeelden die wij creëren. Nu wij dit weten, kunnen wij zoeken naar manieren om met grote kracht overtuigende en gecomprimeerde beelden in het Astraal Netwerk te projecteren.

Dit brengt ons op een van de redenen waarom seksuele energie in de magie zo'n grote rol speelt: seksuele energie is een natuurlijke en overvloedige krachtbron, die gebruikt kan worden om een wensbeeld te magnetiseren, op te laden met energie, zodat het met voldoende kracht in het Astraal Netwerk geprojecteerd kan worden en de gewenste en juiste resonantie teweegbrengen.

Je kunt het Astraal Netwerk ook zien zoals Deepak Chopra het opvat, een arts van Indiaanse afkomst, die in Amerika een van de belangrijkste pleitbezorgers is geworden van spiritualiteit en magie, alsmede van alternatieve geneeswijzen voor lichaam en geest.

Chopra biedt ons een nieuwe, allesomvattende visie op lichaam en geest, en stelt: "In zijn essentiële toestand bestaat ons lichaam uit energie en informatie, niet uit vaste stof. Deze energie en informatie komen tevoorschijn uit een oneindig veld van energie en informatie, dat het universum omspant... Hoewel ieder individu gescheiden en onafhankelijk lijkt, is ieder van ons verbonden met intelligentiepatronen die de gehele kosmos besturen. Ons lichaam maakt deel uit van het universele lichaam en onze geest is een aspect van de universele geest."

Wat Chopra aanduidt met 'intelligentiepatronen' en Sheldrake 'morfische velden' noemt, vat in wezen het concept van het Astraal Netwerk samen. In hoofdstuk 6 zal ik hier dieper op ingaan en het hebben over de inzichten van Carl Gustav Jung met betrekking tot het fenomeen synchroniciteit.

Als je het concept van het Astraal Netwerk verwarrend vindt, maak je daar dan niet te veel zorgen over. Net als met elektriciteit hoef je de wetenschappelijke principes niet te kunnen begrijpen om er gebruik van te kunnen maken. Als je eenmaal getraind bent in seksuele magie, zul je ervaren wat het betekent in harmonie met het leven mee te stromen, hoe het is als alles op zijn plaats lijkt te vallen en het universum sympathiek lijkt te staan tegenover jouw streven en verlangen.

Alledaagse Magie op het Astraal Netwerk

Er is een oefening die voor veel mensen in Europa en Amerika heel gewoon is en die invloed heeft op het Astraal Netwerk: het gebruik van affirmaties als middel om eigen gewoonten en gedrag te veranderen.

Iemand die bijvoorbeeld voortdurend de affirmatie 'ik ben bereid om genot te ontvangen' of 'ik ben een orgastisch persoon' herhaalt, laadt een bepaalde gedachtevorm met energie. Als gevolg hiervan kunnen er twee met elkaar verband houdende gebeurtenissen plaatsvinden:

1. De affirmatie maakt een nieuwe indruk in het onderbewuste van de persoon en vervangt daarmee oude, ongewenste en negatieve overtuigingen, die zijn of haar vermogen om genot te ontvangen of een orgasme te ervaren verhinderd hebben.

2. De affirmatie kan ook meeresoneren met het Astraal Netwerk en een passende respons creëren, zodat in het leven van die persoon gebeurtenissen gaan plaatsvinden die zijn of haar nieuwe inzicht ondersteunen.

Dit element van astrale ondersteuning is naar mijn opvatting de belangrijkste reden waarom veel mensen die met affirmaties experimenteren zulke verrassende resultaten melden, met name in het begin, als zij met deze techniek beginnen en hun enthousiasme en energie optimaal zijn. Na een aantal dagen heeft hun enthousiasme de neiging af te nemen en beginnen de oude gewoonten en overtuigingen hun plaats weer op te eisen, zodat de uitwerking op het Astraal Netwerk afneemt.

Affirmaties vormen één aspect van de algemeen verbreide opvatting dat voor het maken van positieve veranderingen in je leven een krachtige en duidelijke intentie nodig is. Dat is volkomen waar. Een krachtige intentie, een helder beeld, is van essentieel belang voor zelftransformatie en ook voor het beïnvloeden van het Astraal Netwerk.

Er is echter een belangrijke vraag waar de voorstanders van dit idee aan voorbijgaan, namelijk: hoe ontwikkel je een krachtige intentie? Waar haal je de kracht, de energie vandaan? Alleen het inzicht dat een krachtige intentie noodzakelijk is, schept op zich niet voldoende energie en stuwkracht om de gewenste verandering teweeg te brengen.

Sommige moderne magiërs propageren het gebruik van emotionele pijn en genot als een goede brandstof of energie voor magie, voor het 'aanwakkeren' van de intentie je leven te veranderen. De pijn van het beperkt worden door oude, ongewenste gedragspatronen kan zeker een prikkel tot verandering zijn, evenals het genot dat je verwacht als je van deze patronen bevrijd zult zijn. Maar hoeveel mensen zijn in staat of bereid dergelijke gevoelens gedurende een langere periode in stand te houden? Emotionele pijn en genot veranderen meestal snel en variëren in intensiteit, al naar gelang de stemming en omstandigheden van het individu. Als gevolg daarvan zal een intentie een nogal onregelmatige 'brandstofvoorziening' hebben.

In mijn ervaring is er eenvoudig geen krachtbron die het kan opnemen tegen orgastische seksuele energie, als het gaat om persoonlijke transformatie, want het gebruik ervan staat gelijk aan het benutten van de scheppende levenskracht zelf. Deze energie is de ruwe grondstof die, alchemistisch gezuiverd en getransformeerd, de gewenste nieuwe werkelijkheid kan voortbrengen.

De Beloning van Seksuele Magie

Een van de grote zegeningen van seksuele magie is dat het proces van magie bedrijven net zo verrukkelijk is als het bereiken van het doel. Door te leren hoe je je seksuele genot kunt vergroten, doe je je eigen orgastische natuur ontwaken, niet alleen in een seksuele context, maar op alle terreinen van je leven. Op de weg van seksuele magie kan iedere stap plezierig zijn en iedere oefening een avontuur in extase.

Wanneer je regelmatig seksuele magie bedrijft en met dezelfde partner hetzelfde ritueel uitvoert en je daarbij een helder beeld voor ogen houdt van wat je werkelijkheid wilt laten worden, dan wordt dit wensbeeld opgeladen met de seksuele energie die jij en je geliefde voortbrengen. Hoe meer seksuele energie jullie samen voortbrengen, hoe orgastischer je je zult voelen, hoe zoeter het genot wordt en hoe sterker je het wensbeeld maakt voor een magische transformatie.

Gemeenschap is niet in de eerste plaats een ervaring van persoonlijke liefde, maar een ervaring van de goden, die niettemin plaatsvindt door de vereniging van twee mensen. De partner wordt niet langer ervaren als beperkt tot de bekende, bewuste persoonlijkheid, maar is de poort geworden tot het oneindige mysterie van het leven.

ELEANOR BERTINE

Door gedurende een periode van dagen, weken of maanden te oefenen kun je je leven opnieuw vormgeven, er een nieuwe richting aan geven. Oude, ongewenste gewoonten en levenswijzen worden aan de kant gezet en nieuwe mogelijkheden en kansen komen dichterbij.

Je begint met kleine dingen, je ervaart dat het werkt en je gaat over naar grotere en meer ingrijpende veranderingen. Je begint te ontdekken dat seksuele magie een krachtig middel voor zelftransformatie, verwerkelijking en vervulling kan zijn. Hoe meer bedreven je raakt in deze kunst, hoe sneller de transformatie plaatsvindt.

Het is voor mij altijd een heel bevredigende ervaring in mijn werk als deelnemers aan mijn workshops in seksuele magie later over hun successen vertellen. Nancy en Brian gebruikten de technieken voor seksuele magie bijvoorbeeld om hun wens in vervulling te laten gaan om een kind te hebben. Nancy legt uit:

> Wij wilden samen een kind, mijn man en ik. We hadden al het mogelijke geprobeerd, twee jaar lang, maar... helemaal niets. Toen begonnen we, door middel van een magisch wensbeeld, het kind te vragen naar ons toe te komen. Wij gaven haar een naam - wij wilden een meisje - en maakten verschillende portretten van haar, die wij tijdens het vrijen als visualisatie gebruikten. Wij gaven onze orgastische energie aan dit beeld. Op een nacht met volle maan voerden we een prachtig magisch ritueel uit en tijdens het vrijen visualiseerden we dat zij mijn baarmoeder binnenging. Tot mijn grote vreugde en blijdschap ontdekte ik een maand later dat ik zwanger was.

Michael, een andere deelnemer aan de workshop, paste seksuele magie toe om zijn liefdesleven te verbeteren:

> Voor mij is het heel belangrijk geweest een beeld van seksuele transformatie te scheppen en dit voor ogen te houden, telkens als ik vree met mijn partner, Wendy. Het stelt mij in staat volkomen aanwezig te zijn bij de seksuele uitwisseling; ik besteed meer aandacht aan mijn ademhaling, aan mijn gevoelens en sensaties. Mijn denken drijft niet meer af naar overal en nergens, zoals gewoonlijk. Ik ben

> werkelijk aanwezig tijdens het vrijen, ik ben bij mijn partner, op elk moment. Wendy vindt dat heerlijk, want het is precies wat ze altijd van mij verlangd heeft en wat ik haar nooit heb kunnen geven, totdat ik aan seksmagie ging doen. Telkens als wij bij elkaar komen, gaat het beter. Ik kan werkelijk voelen dat mijn lichaam een draaikolk van seksuele energie wordt en ik neem het beeld van seksuele transformatie mee in deze draaikolk.

Stephanie, een studente in de rechten, paste seksuele magie toe voor een heel praktisch doel:

> Toen ik een paar maanden geleden naar San Francisco verhuisde, zat ik op zulke hoge lasten, onder meer door de huur en door de auto die ik geleased had, dat mijn inkomen ontoereikend was om alle kosten te dekken - eigenlijk had ik het al zien aankomen.
> Ik ging aan mijn nieuwe keukentafel zitten en maakte een financieel plaatje voor het komende jaar: zoveel moest ik verdienen boven op mijn salaris, dit waren mijn talenten en dit was de manier waarop ik mijn vaardigheden het best kon benutten, zonder om te komen in het werk. Ik maakte van dit plaatje een magisch symbool, dat het beeld weergaf van de manier waarop ik voldoende inkomsten kon krijgen om alles te betalen.
> Ik maakte van dit symbool een tekening op papier, kleurde hem in met verf en zei tegen mijn partner Ray: "Okay, hier gaan we voor." De daaropvolgende weken en maanden maakten we regelmatig gebruik van seksuele magie en hielden tijdens het vrijen het wensbeeld voor ogen. Ik ontdekte dat het meest magische ogenblik voor mij het diepste moment van het orgasme was. Op dat moment kon ik het magische symbool het duidelijkst zien, alsof de diepste lagen van mijn geest ermee doortrokken raakten. Op de een of andere manier steunde dit mij in de overtuiging dat mijn wensbeeld effect zou hebben, en dat deed het ook - ik werd een echte magiër. Binnen drie maanden begon mijn hele plan werkelijkheid te worden, precies zoals ik mij dat had voorgesteld, tot op de laatste cent.
> Het was opmerkelijk hoe nauwkeurig mijn oorspronkelijke wensbeeld met de werkelijkheid overeenkwam. Maar het gevoel van macht dat ik door dit experiment kreeg, was ook belangrijk. Ik had het gevoel dat het een ommekeer betekende voor de manier waarop ik naar mijzelf keek en naar mijn mogelijkheden in het leven.

Een scepticus kan gemakkelijk beweren dat het bereiken van deze doelen is toe te schrijven aan niet-magische oorzaken, zoals toeval, inventiviteit, hard werken of gewoon puur geluk; magie kan door haar aard nooit wetenschappelijk bewezen worden. De mensen die deze persoonlijke successen ervaren hebben, twijfelen er echter niet aan dat seksuele magie verantwoordelijk is voor hun geluk. Als je zelf van seksuele magie gebruik gaat maken, zul je weten waar zij het over hebben.

Nu ben je zover dat je aan de oefeningen kunt beginnen. Doe ze met plezier, oefen zo goed als je kunt en voed de creatieve impuls van de magiër die je in je hebt.

HOOFDSTUK 2

JE INNERLIJKE MAGIËR KRACHT GEVEN

Wie is een magiër? Stel je, als antwoord op deze fundamentele vraag, eens voor dat je op de top van een hoge berg of op een open plek in een bos staat. Je staat fier rechtop, je hebt een lang, soepel vallend gewaad aan en op je voorhoofd draag je een schitterende diamant, die door een zilveren band om je hoofd op zijn plaats wordt gehouden. Je ene arm is naar de hemel geheven, waar een elektrische storm ruist en trilt, en je andere arm wijst naar de aarde, naar de rijke, vochtige, leven schenkende grond onder je voeten.

Jij staat precies midden tussen hemel en aarde, als een menselijke geleider voor de energie die wil stromen tussen deze twee polen van de natuur. Jij bent de alchemist, degene die de energie die boven je trilt, kunt oproepen en kanaliseren, degene die haar naar de aarde kan sturen en haar daarmee, overeenkomstig jouw wil en jouw bedoelingen, vorm kan geven. Jij hebt de macht dat wat nog niet zichtbaar is tot een tastbare realiteit te maken en te creëren wat nog niet bestaat, want je hebt geleerd te werken in harmonie met de elementen die je omringen.

Werkelijk, dit ben jij. Het is niet slechts je verbeelding. Jij bent een magiër en je beschikt al over deze vermogens. Denk eens even terug en je zult je zeker momenten herinneren waarop je je van magie in je leven bewust was, als er iets gebeurde dat zo volkomen onverwacht en heerlijk was, dat je erdoor in een bewustzijnstoestand gebracht werd waarin niets onmogelijk leek.

De magiër, man of vrouw (of beiden!), zoals hij of zij staat te midden van de natuur, gekleed in een ceremonieel gewaad, met de rechterhand naar de hemel geheven om de hemelse energie te doen neerdalen en door de linkerhand naar de aarde te geleiden.

Dergelijke gebeurtenissen worden doorgaans niet vantevoren gepland en je kunt er niets voor doen. Ze komen als goddelijke zegeningen. Het zijn vreugdevolle gevoelens van uitbreiding en macht: een onverwachte promotie, een kans om een heel bijzonder persoon te ontmoeten, een adembenemende afdaling op de ski's, een ontmoeting met vrienden die uitmondde in een feest van vreugde en geluk. Dikwijls komen deze bijzondere momenten tijdens het vrijen, wanneer je seksuele genot en de liefde in je hart zich vermengen om in je lichaam een alchemistische stroom van extatische energie teweeg te brengen. Deze magische ervaringen bevestigen een fundamentele waarheid: wij zijn allemaal magiërs en wij zijn dat altijd geweest.

Het alchemistische proces, waarbij lood wordt omgevormd tot goud, is niets anders dan een metafoor van onze eigen transformatie tot ontwaakte meesters over onszelf. Een van de manieren om dit te bereiken is een diep verlangen en een daarmee gepaard gaande hartstocht om één te worden met onze Geliefde of met onze ziel.

- ELIZABETH KELLEY

In dit hoofdstuk begin je een avontuur waarin je de magiër in jezelf de kracht geeft zijn vermogens te ontwikkelen. Je wordt begeleid in een inwijdingsproces, dat een bevestiging is van het recht je eigen magische vermogens te mogen gebruiken, en je wordt uitgedaagd de ideeën die je over jezelf hebt uit te breiden. Je gaat de persoonlijke eigenschappen en attitudes onderzoeken die nodig zijn om magie te kunnen bedrijven en je wordt ingewijd in de rituele aspecten van deze oude kunst.

Tegen de lezer die verwacht onmiddellijk ingewijd te worden in pikante, exotische seksuele oefeningen die, toegepast in orgastisch vrijen, onmiddellijk tot magische resultaten leiden, moet ik zeggen: Wacht even. We beginnen deze reis niet met seksuele magie, maar met te leren hoe wij, onafhankelijk van de ervaring van seksualiteit, toegang kunnen krijgen tot de magiër in onszelf, zodat ons liefdesspel straks een werkelijk magische ervaring kan worden.

In mijn ervaring ligt het werkelijke geheim van magie in het totstandbrengen van een alchemistische transformatie in jezelf en in het veranderen van de manier waarop je naar je eigen leven kijkt en reageert op de uitdagingen die je in je leven tegenkomt. Wanneer deze innerlijke transformatie eenmaal op gang gekomen is, zal het niet moeilijk zijn je magische vermogens te gebruiken in de context van seksuele magie.

EIGENSCHAPPEN VAN EEN MAGIËR

Als magiër ben je een schilder, die in zijn hand een palet heeft met daarop allerlei verschillende kleuren. Je gaat een prachtig schilderij maken en de kleuren op je palet vormen de grondstof waarmee je op het nog maagdelijke doek een meesterwerk gaat scheppen.

Het materiaal dat je tot je beschikking hebt, omvat elementaire kennis van magische rituelen, ceremoniën en oefeningen, maar daarnaast moet je ook gebruik maken van persoonlijke eigenschappen, van innerlijke hulpbronnen, want die zijn voor succes van essentieel belang.

Als ik hierna deze persoonlijke eigenschappen ga opnoemen, zul je misschien denken: Deze eigenschap bezit ik wel, maar die niet. Wat moet ik nu?

Je zult ontdekken dat, naarmate je vordert in de alchemie van de training, deze eigenschappen in jezelf tot leven zullen komen en dat je vanzelf een sterker gevoel van kundigheid en vaardigheid krijgt in je benadering van seksuele magie.

Hier volgen dan enkele van de belangrijkste eigenschappen van een magiër.

1. Uitvinden en creëren

Magie is een creatieve kracht. Omdat een magiër dit begrijpt, leert hij hoe hij het leven kan helen, transformeren en verbeteren, hoe hij ervan kan genieten, hoe hij voorbij kan gaan aan beperkende ideeën, hoe hij negatieve houdingen die door gewoonte ontstaan zijn, zoals lusteloosheid, terugkrabbelen en teleurstelling, te boven kan komen. Hij is bereid zijn leven opnieuw te creëren, het onbekende na te streven, veranderingen te verwelkomen en nieuwe manieren te ontdekken om liefde, genot en extase tot uitdrukking te brengen.

2. Bewust waarnemen

Als je bewust bent, concentreer je je alertheid en intelligentie op wat er in het huidige moment gebeurt. Bijvoorbeeld: "Mijn geliefde is kwaad en gebruikt grove taal tegen mij... ik voel hoe mijn borst zich samentrekt... er komt angst boven en ik voel mij bedreigd... ik bedek mijn angst door scherp te reageren... dan merk ik wat ik doe... ik begrijp dat we verzeild zijn geraakt in een oud reactiepatroon... ik leg dit uit en mijn geliefde ziet ook wat we aan het doen zijn... we nemen afstand en laten de zaak tot rust komen... spoedig zijn wij niet meer in de greep van onze emoties en kunnen wij elkaar vergeven en op een liefdevolle en ondersteunende manier openstaan voor een nieuwe ontmoeting..."

Dit is bewustzijn. De magiër neemt alles wat er gebeurt, innerlijk en uiterlijk, waar, zonder iets als goed of slecht te beoordelen.

3. Afstemmen en meeresoneren

Dit is het vermogen één te worden met de vibratie, de stemming, de energie, de sfeer die ons omringt, of we nu alleen in het bos zijn of op een druk bezocht feest. Door ons af te stemmen op en mee te resoneren met onze omgeving worden we gevoelig en ontvankelijk voor de natuur en voor andere mensen. Meeresoneren wil zeggen geen vooropgezette ideeën, oordelen of gevoelens hebben, zodat je op een frisse en neutrale manier met nieuwe situaties kunt omgaan. Op deze manier voelt een magiër wat er werkelijk gebeurt.

4. Je niet identificeren

Een magiër weet hoe hij moet meeresoneren met zijn omgeving, maar hij of zij is er tegelijkertijd niet mee geïdentificeerd. Dit lijkt paradoxaal, maar dat is het niet.

Wij kennen allemaal momenten, met name als kind, waarop wij volkomen opgingen in wat wij aan het doen waren, er volkomen mee geïdentificeerd waren: een heerlijk spel spelen, lekker spetteren in een plas water, verrukkelijk fruit eten...

De sjamaan en de magiër bezitten deze eigenschap ook, want zij worden één met de natuurgeesten, met natuurlijke energieën en krachten, maar zij behouden een eigen gevoel van identiteit, een innerlijk weten dat zij een afzonderlijk bewustzijn vormen. Zelfs in extase verliezen zij zichzelf niet in hun ervaring.

5. Verbeeldingskracht: nieuwe mogelijkheden ontdekken

Een magiër gebruikt zijn verbeeldingskracht niet als compensatie voor wat er in zijn leven ontbreekt, maar als een krachtige creatieve impuls om al zijn mogelijkheden te verwerkelijken. De verbeelding strekt zich voor ons uit als een creatieve leidraad, die ons voert van wat wij zijn naar wat wij willen worden. Verbeeldingskracht geeft ons de mogelijkheid te denken: Hoe zou het zijn als ik mijn orgasme van tien seconden zou kunnen verlengen tot tien minuten? Hoe zou het zijn als ik mijn verlangen naar liefde kan transformeren tot een levende, stralende ervaring van liefde?

Verbeeldingskracht geeft ons een volkomen nieuwe manier van magisch denken, waarin niets van tevoren vaststaat.

6. Je wilde zelf ervaren

Als magiër heb je de moed je 'wilde zelf' te ervaren, je eigen ongeremde impulsen en energieën te onderzoeken en vrij te maken. Dit bevrijden van wilde energie brengt je in contact met je eigen vitale kracht.

Je lichaam is deel van het koninkrijk der wilde dieren. Je instincten, je verlangens en je geslachtsdrift zijn ook deel van dit koninkrijk. De magiër weet hoe hij toegang tot deze krachtige energieën kan krijgen, hij maakt ze vrij, hij geeft er, door middel van zijn creativiteit, richting aan en brengt op deze manier met tastbaar resultaat dingen tot stand. Tegelijk met je wildheid keren ook je levenslust en je enthousiasme terug en worden oude, nog aanwezige ongeïnteresseerdheid en lusteloosheid uitgebannen. Als een arend die zweeft boven steile rotsklippen of als een beer die door het bos stormt, eis je de schoonheid weer op van je eigen dierlijke levendigheid en kracht.

7. Gecenterd blijven

Hier volgt een anekdote van mijn vriendin Melanie.

> Ik herinner mij nog goed de dag dat Danny, mijn zoontje van zes, de trap af kwam rennen, struikelde, het glas dat hij in zijn handen had liet vallen en met zijn gezicht pardoes in de glasscherven viel. De andere kinderen waren hysterisch en Danny huilde. De volwassenen die erbij waren, raakten in paniek.
> Ik pakte hem voorzichtig op en droeg hem naar de badkamer, maakte de wonden schoon, troostte hem, was lief voor hem, vertelde hem dat het allemaal weer goed kwam en dat wij hem nu zo snel mogelijk naar het ziekenhuis moesten brengen... Gedurende de hele gebeurtenis voelde ik mij uitermate kalm en bedaard. Ik voelde hoe mijn hart bonsde, maar ik was uitstekend in staat te doen wat er gebeuren moest. Dit had een heel kalmerende uitwerking op iedereen om mij heen, vooral op Danny.

Een magiër leert hoe hij gecenterd kan blijven, ontspannen te midden van de roerigheid van de gebeurtenissen om hem heen.

8. De magiër als minnaar

Seksuele magie begint met liefde. Als magische minnaar ben je verliefd op vrijen. Door middel van liefde kun je versmelten met je geliefde, zodat jullie op elkaar afgestemd worden, samen bewegen en jullie energie zich kan uitbreiden op golven van orgastisch genot. En als minnaar ben je bereid alle fouten en vergissingen te vergeven, ben je bereid uit te stijgen boven wrok jegens je partner. Als je weet hoe je schoon schip kunt maken, kun je, telkens als jullie elkaar ontmoeten, opnieuw beginnen.

De beste garantie voor magisch succes is een gevoel van vertrouwen in jezelf en in je partner. Vertrouwen hebben betekent dat je contact hebt met je hart, met de bron van je liefde.

9. Inzet en vasthoudendheid

Wanneer je je richting als seksuele magiër duidelijk bepaald hebt, ben je in staat hindernissen en moeilijkheden uit de weg te ruimen. Stel je voor, je doet een magisch ritueel, je bent met je partner samen in een seksuele omhelzing en houdt een magisch wensbeeld voor ogen, je kanaliseert je orgastische energie en dan, plotseling, word je overrompeld door twijfel en pieker je erover of er eigenlijk wel iets zal gebeuren.

Normaal gesproken zou dit een moment zijn waarop je het opgeeft en je denkt: “Goed, we hebben het geprobeerd, maar het werkt niet. Laten we maar zeggen dat we onze dag niet hadden...

In seksuele magie zijn dit momenten waarop je vol moet houden, elkaar bemoedigende woordjes toe moet fluisteren en, in de wetenschap dat je inzet en je vasthoudendheid beloond zullen worden, blijft bij de oefening.

De kunst van de Seksuele Magiër

Seksuele magie is iets dat eenvoudig op jou ligt te wachten. Het is geen ingewikkelde kunst. De energiekanalen en het extatische potentieel zijn al in jou aanwezig. Het enige dat nodig is, is de bereidheid deze te onderzoeken en te ontwikkelen. Soms openbaren deze kanalen zich zonder dat jij erop uit was ze te ontdekken.

Liefde is het enige goud

Tennyson

Samuel Becket

Ik herinner mij een geval dat mij een paar jaar geleden werd verteld door twee vrienden van mij, Lester en Allison. Ze waren nog niet begonnen met seksuele magie, maar waren er wel in geïnteresseerd. Ze lagen op een ochtend in het weekend samen naakt op een groot, harig vloerkleed in de huiskamer en voelden zich, na het liefdesspel van zojuist, heel ontspannen en vredig.

Lester herinnert zich:

> Ik had geen orgasme gehad, maar dat hinderde mij niet. Ik vond niet dat er iets ontbrak. Het was gewoon heerlijk om daar te liggen, opgerold tegen Allison aan, met de zon op mijn huid en zonder nog iets te wensen.
>
> Toen begon Allison op een langzame, ontspannen manier met mijn penis te spelen, die langzaam omhoog kwam en stijf werd. Normaal gesproken zou dit voor mij een signaal zijn om weer te gaan vrijen, om iets te gaan doen, om te proberen een climax te bereiken, maar op de een of andere manier was de sfeer zo ontspannen, dat ik in een soort dromerige en passieve stemming rustig bleef liggen en genoot van dit onverwachte cadeautje.
>
> Allison gebruikte ook haar mond en likte met haar tong langs mijn penis, nam de eikel in haar mond en liet hem diep in haar keel glijden. Ik voelde hoe ik ernaar verlangde opgewonden te raken, hoe ik de aandrang voelde te stoten, hoe ik snel klaar wilde komen, uit angst dat ze zou stoppen voordat ik zover was. Maar ik deed het niet. Hoe meer genot ik ontving, hoe meer ik mezelf uitdaagde ontspannen te blijven en de dingen niet te sturen.
>
> Allison bewoog haar hoofd in een langzaam, sensueel ritme op en neer. Ik voelde hoe mijn climax zich opbouwde. Weer voelde ik de aandrang het over te nemen, het orgasme te bespoedigen en te zeggen: "Ja, ik ga klaarkomen," maar in plaats daarvan bleef ik, misschien wel voor de eerste keer, passief.
>
> Het orgasme kwam vanzelf. Het kwam opzetten als een zachte, overslaande golf van energie die door mijn geslachtsdelen kabbelde. Toen ik klaarkwam, veranderde dit kabbelende gevoel plotseling in een hevige, verfijnde orgastische im-

puls, die als een kogel door mijn ruggegraat omhoog schoot naar het middelpunt van mijn hoofd, waar hij in stilte uiteenspatte in een wolk van zacht, wit licht. Het was een enorme verrassing. Ik had over het kanaliseren van seksuele energie gelezen, maar het nooit echt onderzocht. En ik had zeker niet verwacht dat het zomaar, uit zichzelf zou gebeuren, zonder een bewuste poging ertoe mijnerzijds. Zo raakte ik dus geïnteresseerd in tantra en in het beoefenen van seksuele magie.

Lesters ervaring laat ons het natuurlijk vermogen van ons lichaam zien om seksuele energie te kanaliseren, met name omhoog langs de ruggegraat, van de geslachtsorganen naar de hersenen. Wij hoeven alleen maar te vertrouwen, te ontspannen en 'ja' te zeggen tegen deze plezierige en opwindende reis.

Seksuele magie omvat de volgende stappen.

1. Een wensbeeld van wat je bereiken wilt creëren en vasthouden
2. Het wensbeeld comprimeren tot een krachtig symbool
3. Orgastische seksuele energie opwekken
4. Het symbool opladen met orgastische seksuele energie
5. Het symbool op een golf van seksuele energie meenemen, omhoog door je lichaam, via de zeven energiecentra of *chakra's*
6. Het symbool tijdens de orgastische seksuele climax overdragen aan het universum en verbinden met het 'astraal netwerk'
7. Toestaan dat een nieuwe schepping zich in je leven manifesteert

Als seksuele magiër krijg je het vermogen je seksuele energie te vergroten, te richten en te transformeren. Hiermee bedoel ik dat je speelt met je seksuele genot, met je geslachtsdelen, met je lichaamsbewegingen, met ademhalingspatronen, verbeelding en visualisatie en dat je meester wordt over je eigen seksualiteit, als ook over de seksuele interactie tussen jou en je geliefde.

Deze vaardigheid ontwikkelt zich tot een tantrische dans, waarin jij en je geliefde jullie seksuele energie en jullie magische wensbeeld met elkaar verweven tot één creatie, één orgasme. Binnen deze orgastische ervaring treden jullie in een diepe gemeenschap met elkaar, waarin jullie zielen schitteren en jullie geesten elkaar ontmoeten, zodat jullie je orgastische energie aan een hoger doel kunt wijden, aan een beeld van wat je wilt worden, aan de vervulling van jullie diepste wensen.

Het Belang van Rituelen

Tegen mensen die mijn workshops bezoeken, zeg ik dikwijls dat magie zonder magische rituelen eigenlijk geen echte magie is. Waarom zeg ik dat? Magie werkt pas optimaal in een sfeer die het doel dat jij wilt bereiken volkomen ondersteunt en het zijn rituelen die daarvoor de juiste sfeer creëren.

Alles heeft zijn eigen, natuurlijke deugden, zodat alles het begin is van een fantastisch gevolg. Magie is de kunst die deze fantastische gevolgen teweegbrengt.

ALBERTUS MAGNUS
Book of Secrets

Met een ritueel bedoel ik een reeks symbolische gebaren, woorden, aanroepen, liederen, bewegingen en dansen, die allemaal de bedoeling hebben de heilige, spirituele dimensie van ons leven - zowel de innerlijke als de uiterlijke - naar boven te halen, zodat wij diepe, mystieke zijnstoestanden ervaren kunnen. Door dergelijke rituelen wordt de geest helder, opent het hart zich, worden de zintuigen scherp en tintelt het lichaam van levendigheid en verwachting.

In seksuele magie dient het ritueel als brug tussen seksualiteit en spiritualiteit, tussen onze tastbare zintuigen en de onzichtbare mysteriën die ons omringen. Het ritueel vormt onbewerkte seksuele energie om tot een discipline van verrukking. Rituelen geven, net als de geometrische vormen van heilige oosterse *mandala's* en *yantra's* (meditatieve symbolen), vorm en betekenis aan de menselijke energie.

Uiterlijke rituelen versterken de innerlijke bereidheid tot magie. Zo wordt het innerlijke door het uiterlijke ondersteund. Het creëren van een 'magische cirkel', het oproepen van bepaalde energieën, het dragen van ceremoniële kleding, de aanwezigheid van krachtvoorwerpen, dat alles kan een enorme stimulans betekenen voor je magische vermogens.

Later, als je een vaardig magiër geworden bent, ontdek je misschien dat je onder alle omstandigheden en in velerlei situaties magie kunt gebruiken, maar nu, nu je bezig bent te leren de latente krachten in jezelf te wekken, is het belangrijk je inspanningen te ondersteunen met rituelen.

DE MAGISCHE CIRKEL

Een van de belangrijkste rituelen voor seksuele magiërs is het creëren van de 'magische cirkel', een cirkelvormige ruimte die beschermd en ingewijd wordt door verschillende rituelen en bezweringen die een voor magie gunstige sfeer scheppen. Bij alle oefeningen uit dit boek zullen wij de magische cirkel gebruiken.

Bij wijze van inleiding wil ik je vertellen over mijn allereerste pogingen een magische cirkel te maken, een experiment dat zo geslaagd bleek, dat het mij inspireerde tot de complete ceremonie die ik verderop in dit hoofdstuk bespreken zal.

Ik geloof in het vlees en in de begeerte,
Zien, horen, voelen, het zijn wonderen en elk stukje van mij is een wonder.
Goddelijk ben ik, van binnen en van buiten, en ik maak heilig al wat ik aanraak en alles wat mij raakt,
De geur van mijn oksels, aroma verfijnder dan een gebed,
Dit hoofd meer dan kerken, bijbels en alle religies.

WALT WHITMANN
Song of Myself

Ik was verliefd op Keith, een vreselijk aantrekkelijke zakenman uit Californië, en we hadden elkaar drie maanden niet gezien. Ik was in Los Angeles bezig een boek te schrijven en Keith was op reis in Rusland. Een paar vrienden van mij wisten dat hij spoedig terug zou keren en ze vertelden mij dat ze een klein huisje aan zee hadden, dat ik kon gebruiken voor zijn thuiskomst. Ze gaven mij de sleutel en zeiden: "Alsjeblieft, geniet maar van een heerlijk weekend!"

Ik kon pas op het laatste moment naar het huisje toe. Keith kwam om vier uur 's middags op het vliegveld aan en ik geloof dat ik hooguit twee uur eerder dan hij bij het huisje arriveerde. Toen ik het huisje binnenging, was ik onthutst, want het leek wel in een andere eeuw thuis te behoren. Het was volgepakt met de vreemdste meubelen en aan de wanden hingen de meest kitscherige schilderijen. De enige concessie aan de moderne tijd bestond uit een lelijke plastic sofa, die in de huiskamer stond. Het hele huis ademde een sfeer van stof, spinnewebben, somberheid en verwaarlozing.

Ik belde mijn vrienden op en zei: "Zijn jullie wel goed bij je hoofd? Wat is dit voor huis?"

Ze zeiden: "Oh ja, dat zijn we je vergeten te vertellen. Onze grootmoeder heeft er gewoond. Ze is twee weken geleden overleden en we zijn er sindsdien niet meer geweest."

Ik dacht bij mezelf: "Nou, bedankt hoor, ik zit hier in die akelig sfeer. Wat moet ik nu doen? Hoe maak ik hier een prettig plekje van voor mij en mijn lief?"

Er was geen tijd meer om iets anders te vinden. Bovendien had ik Keith het adres van het huisje al gegeven en er zat dus niets anders op dan te proberen iets aan de plek te veranderen.

Ik kon in twee uur natuurlijk onmogelijk het hele huis renoveren, dus besloot ik al mijn aandacht op de slaapkamer te richten. Die maakte ik eerst zo grondig mogelijk schoon. Toen haalde ik de schilderijen weg en verwijderde verder alles wat mij aan de aanwezigheid van de grootmoeder deed denken. (Niet dat ik persoonlijk iets tegen haar had. Misschien was ze wel een fantastische vrouw geweest. Het stond voor mij echter als een paal boven water dat haar energie niet bevorderlijk was voor een weekend van intimiteit en hartstochtelijke liefde.)

Ik besproeide de kamer met water, waar ik geparfumeerde olie doorheen had gemengd, om de atmosfeer te reinigen. Toen creerde ik mijn eerste magische cirkel.

Eerst liep ik linksom drie keer de kamer rond, een rituele beweging om alle ongewenste negatieve energieën te verwijderen. Onderwijl sprak ik tegen de grootmoeder en zei: "Ik ben dankbaar dat ik van uw kamer gebruik mag maken en dat u mij hier welkom heet, maar ik vraag u nu te vertrekken en voor Keith en mij ruimte te maken om samen te zijn."

Ik had ramen en deuren al opengezet en maakte nu vegende bewegingen met mijn armen, met de bedoeling de energie van de grootmoeder naar buiten te sturen, samen met alles wat oud was en tot het verleden behoorde, alle emoties die hier nog hingen, elk gevoel van schaamte of schuld over de dingen die hier hadden plaatsgevonden.

De magische cirkel schept een positieve en stimulerende omgeving voor magie. Hier zie je de markeringen voor het kleed, stenen, een altaar gericht naar het oosten, krachtvoorwerpen en een brandend vuur.

Nadat ik drie keer linksom was gelopen, liep ik drie keer rechtsom, ik rinkelde met belletjes, zong en reciteerde, ik keek naar het middelpunt van de cirkel en nodigde allerlei positieve energieën uit om aanwezig te zijn. Ik zei: "Ik nodig vreugde uit hier aanwezig te zijn. Mogen liefde, vertrouwen, seksueel genot, grootse orgasmes en fantastische momenten deze kamer vullen!"

Nadat ik de rondgang had beëindigd, riep ik de vier windrichtingen met de daarbij horende elementen en eigenschappen aan:

Noord: Lucht, helderheid en inzicht

Zuid: Water, onschuld en liefde

West: Aarde, vitaliteit en kracht

Oost: Vuur, Geest en hartstocht

Ik stond in het midden van de cirkel, bracht mijn armen omhoog naar de hemel en vroeg de gidsen en leraren van de geestelijke wereld ons liefdevolle samenzijn te willen zegenen.

Ik bracht mijn armen omlaag naar de aarde en nodigde bij ons komend samenzijn een sfeer van verwondering en mysterie uit.

Ik riep de energie van het middelpunt op, de verbinding tussen Shiva en Shakti, de goddelijke archetypen van het mannelijke en het vrouwelijke principe, die elk mens in zich draagt.

Het was een oprechte en prachtige ceremonie, die ik bijna ter plekke bedacht, uitgaande van de kennis van magische rituelen die ik had. Daarna kon ik een tastbare verandering in de kamer waarnemen, een gevoel van een schone, maagdelijke ruimte, die gezegend was met de psychische bescherming van de liefde.

Mijn verhaal heeft een happy end. Keith arriveerde juist toen ik klaar was met alle voorbereidingen - ik stapte net onder de douche vandaan toen de bel ging. Wij hadden een verrukkelijk weekend samen. De energieën die ik had aangeroepen, leken inderdaad in de kamer te vibreren om ons samenzijn te beschermen en te ondersteunen.

Iemand zou kunnen beweren dat het weekend zonder het gebruik van de magische cirkel net zo goed zou zijn geweest. Het vreemde was echter dat wij, telkens wanneer we uit de slaapkamer naar de keuken of naar een ander deel van het huis liepen, direct een heel ander gevoel kregen, alsof we op een stoffige zolder kwamen vol sombere herinneringen. Ik begon dus werkelijk de kracht te ervaren van de transformerende energie die in een kamer door een magische cirkel gecreëerd wordt.

Verderop in dit hoofdstuk zal ik je begeleiden in een ritueel om je eigen magische cirkel te creëren. Hier zijn eerst een aantal zaken die je daarvoor nodig hebt.

1. Stenen om je magische cirkel te markeren

Veel magiërs adviseren het gebruik van stenen om een magische cirkel mee te maken. Stenen trillen mee met de energie van de aarde en geven een gevoel van geaard zijn en stevigheid. Bovendien zijn ze heel handig, want ze zijn overal voorhanden, gaan lang mee, kunnen gemakkelijk verplaatst en opgeborgen worden. Je kunt er vier gebruiken om de vier windrichtingen aan te geven, maar je kunt ook een volledige stenen cirkel maken.

Ik raad je aan eens langs het strand te gaan wandelen of in de bergen, in het bos of in een woestijn, en vier ronde stenen uit te zoeken die je aanspreken - stenen die je prettig vindt om vast te houden - en deze te gebruiken om het noorden, zuiden, westen en oosten van je magische cirkel mee aan te duiden. Misschien kies je een bepaalde steen voor een bepaalde windrichting of wil je ze juist onderling kunnen verwisselen. Als je meer dan vier stenen wilt gebruiken, kies dan kleine stenen om in een boog tussen de grote vier te leggen.

2. De magische cirkel markeren

Je kunt je cirkel gemakkelijk en op een vrolijk manier markeren met zeven lange zijden of katoenen lappen of sjaals. Deze moeten gemaakt zijn van natuurlijke materialen, zodat ze energie doorlaten. Deze sjaals kunnen verschillende kleuren hebben, bijvoorbeeld de kleuren van de regenboog. Vlecht de sjaals ineen, zodat de kleuren zich vermengen.

De zeven kleuren hebben de volgende symboliek:

Rood: seksuele energie

Oranje: kracht en evenwicht

Geel: macht

Groen: liefde en acceptatie

Blauw: oorspronkelijkheid en expressie

Violet: helderheid, intuïtie en inzicht

Wit: extase en kosmisch bewustzijn

Later zul je merken dat deze zeven kleuren overeenkomen met de zeven energiecentra of *chakra's* in het menselijk lichaam.

3. Een altaar op het oosten

Op het oostelijke punt van je magische cirkel, de richting van de Geest, moet je een klein altaar maken, dat jouw toewijding weergeeft aan het proces van je eigen transformatie en de exploratie van je hogere zelf. Dit altaar kan een lage tafel of kubus zijn, bedekt met een mooie stof in een kleur - goud, zilver, wit, rood of violet - die voor je gevoel past bij jouw magie.

In sommige magiescholen bestaat het gebruik hiervoor een roodwitte doek te nemen. Wit symboliseert de witte adelaar en rood de rode leeuw - alchemistische metaforen van het sperma van de man en het bloed van de vrouw. Door deze twee te vermengen, ontstond er, zo meende men, een magisch elixer, dat het wensbeeld van de magiër bezielde en hem hielp zijn doelen te verwerkelijken.

Wij leven echter in een meer verlichte tijd en hebben geen behoefte aan dergelijke elixers. Niettemin vormen de kleuren rood en wit zinvolle symbolen voor de mannelijke en vrouwelijke energieën die samenkomen om seksuele magie voort te brengen en je zou ze goed kunnen gebruiken om je altaar mee aan te kleden.

Zoek de extase in jezelf. Buiten jezelf vind je haar niet. Het is de bloei van je diepste innerlijk. Je bent op zoek naar jezelf. Jij bent de reiziger en jij bent de bestemming. Als je de extase van je eigen wezen hebt leren kennen, heb je je bestemming bereikt.

OSHO

Op het altaar plaats je een kaars, die het licht van jouw goddelijkheid symboliseert en die je aan kunt steken als je met een oefening begint.

Ook is het goed om er een kristal op te leggen. Kristallen vangen energie op en versterken die. Ik herinner me dat ik eens een hele week bij een Indiase heilige heb gezeten met een kristal in mijn schoot. Toen ik terug was in de Verenigde Staten en het kristal bij een vriend in de hand legde, was de energie zo krachtig dat hij van zijn stoel viel en bijna buiten westen raakte!

Het kristal op het altaar zal voortdurend de energie absorberen die door jouw magische processen teweeg wordt gebracht en zal deze energie al snel gaan versterken en overdragen, en je zo helpen, telkens als je je magische cirkel gebruikt, een magische sfeer te creëren.

Via kristallen kom ik vanzelf op het onderwerp van krachtvoorwerpen, een ander belangrijk aspect van rituele magie.

Krachtvoorwerpen in Magische Rituelen

Wat is een krachtvoorwerp? In feite is het ieder voorwerp dat jou een gevoel van kracht geeft. Het is een katalysator, die voor jou de deur naar je eigen energiebronnen opent. Als je een krachtvoorwerp in je handen houdt, is dat een symbolisch gebaar dat zegt: Door middel van dit voorwerp leg ik de verbinding met mijn innerlijke kracht, met mijn magische energie.

Dit is een magisch altaar, gericht naar het oosten en bedekt met een witte doek. Er staan twee bekers op, een voor een rood en een voor een wit elixer (voor hem en voor haar), een bel (voor een heldere geest), een beeldje van een paar in goddelijke vereniging, veren (voor lucht en ruimte), een kaars in een lotusvormige kandelaar (de liefde van het hart) en andere veelgebruikte krachtvoorwerpen.

Als ik in mijn workshops bij dit onderdeel ben aangekomen, stuur ik de deelnemers nogal eens naar buiten voor een ontspannen wandelingetje in de natuur, waarbij ik ze vraag 'mee te resoneren' met de omgeving en te kijken welke voorwerpen hun aandacht trekken.

Je oog valt bijvoorbeeld op een veer van een kraai, een helder gekleurde steen, een stukje witte kwarts, een stang van een gewei, een tak, een twijgje, een blad, een polletje mos... Pak het op, sluit je ogen, voel het gewicht in je hand en probeer te voelen of dit voorwerp je aanspreekt, of het voor jou kracht bezit en of het jou behulpzaam kan zijn. Resoneer met het voorwerp mee. Kijk of het beelden, kleuren, symbolen, gevoelens of boodschappen bij je oproept. Als dat zo is, heb je een krachtvoorwerp gevonden. Neem het mee en leg het in je magische cirkel, op het altaar of op een ander strategisch punt langs de rand.

Een kristal kan gebruikt worden als magisch krachtvoorwerp voor concentratie en kracht.

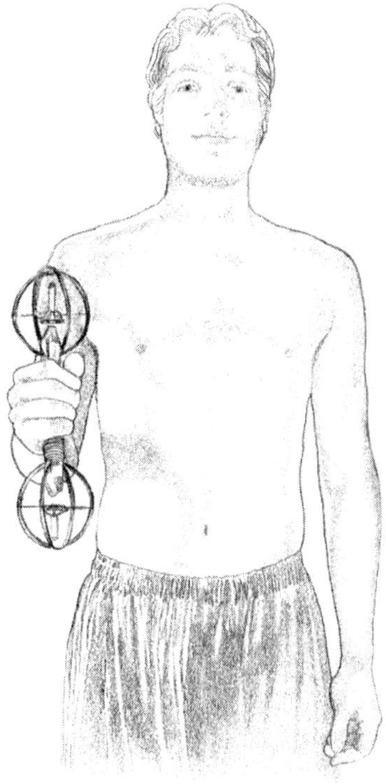

Een magische staf, gemaakt van koper, zilver en kristal, wordt gebruikt voor telepathische overdracht.

Een krachtvoorwerp uit India, dat de meditatie weergeeft om het derde oog te openen, het centrum van inzicht.

Een beeld van Boeddha en Dakini in de magische Yab Yum-vereniging. Tijdens de seksuele omhelzing worden alle zeven energiecentra verenigt. Op de voeten van Boeddha bevindt zich een kristallen bol voor helderheid en voltooiing.

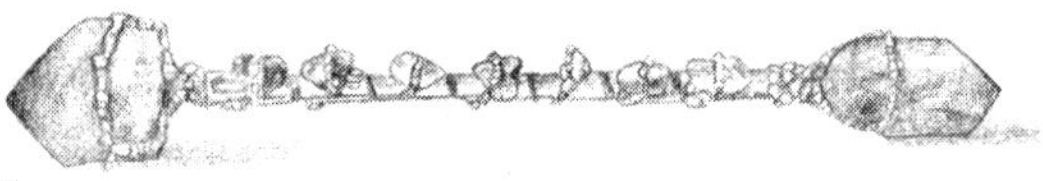

Een magische kristallen staf.

Naast voorwerpen die je in de natuur gevonden hebt, voel je je misschien aangetrokken tot kristallen bollen, magische staven, waardevolle stenen of specifieke foto's of beeldjes. Als je gaat winkelen met het doel dergelijke voorwerpen te vinden, let dan op wanneer je aandacht sterk getrokken wordt door een bepaald artikel, let op of een bepaalde steen of staf te midden van een collectie je speciaal aanspreekt, of je hart sneller begint te kloppen als je naar een bepaalde kristallen bol staart. Dit zijn aanwijzingen dat het voorwerp meeresoneert met jouw energie en dat je het gebruiken kunt om je eigen kracht te vergroten, om je een gevoel van evenwichtigheid te geven en dat het je kan ondersteunen als je ernaar kijkt of het in je hand houdt.

- Ik noem hier een paar interessante manieren om symboliek en kracht toe te voegen aan je magische cirkel.
- Schilder de symbolen van de twaalf tekens van de dierenriem op de stenen die de cirkel markeren.
- Schilder de symbolen van de zon, de maan en de sterren, de bliksem of andere natuurlijke fenomenen op de markeringen.
- Schilder of teken de symbolen van Mars, Venus, Jupiter, Pluto of andere gunstige planeten op de markeringen.
- Versier elke markering met een kleine halfedelsteen, zoals kwarts, citrien, granaat, rozekwarts, amethyst, zirkoon, jade of maansteen. Al deze stenen fungeren als katalysator van energie.
- Strooi bloemen om je magische cirkel heen - om schoonheid, kleur en geur aan je rituelen toe te voegen. Je zou een magische cirkel zelfs kunnen maken met louter bloemen.

Deze plaats, dit is het lotusparadijs.
Dit lichaam, dit is de Boeddha.

DERDE PATRIARCH

Neem de tijd om te ontdekken welke voorwerpen en symbolen goed voelen en wees niet bang om van gedachten te veranderen. Als je je ongemakkelijk voelt bij een bepaald voorwerp, verwijder het dan en zoek iets anders. Gaandeweg zul je de krachtvoorwerpen vinden die jouw magische rituelen versterken. Je belangrijkste criterium zou moeten zijn dat de voorwerpen je helpen om je machtig en sterk te voelen, maar dat je je er tegelijkertijd ontspannen en prettig bij kunt voelen.

Ik wil hier graag iets vertellen over Klaus, een Duitse zakenman, die een van mijn trainingen in seksuele magie volgde en een passie voor krachtvoorwerpen ontwikkelde. Tijdens zijn inwijding als magiër kreeg Klaus het beeld van een 'magische gereedschapskist', waaruit hij elk gewenst voorwerp kon pakken dat hij nodig had, inclusief een 'laserstraalverdeler' om zijn eigen negatieve energie weg te branden, een 'magneet-oproeper' en een 'onliner' om mensen aan te trekken die hij ontmoeten wilde, maar die erg ver weg waren, en een 'universo-meter' om bepaalde aspecten van tijd en ruimte te kunnen meten.

Als dit magie is, laat het dan een kunst zijn, net zo geoorloofd als eten.

SHAKESPEARE
The Winter's Tale

Telkens wanneer hij zich in een situatie geplaatst zag die om een oplossing vroeg, creëerde Klaus op enthousiaste wijze zijn krachtvoorwerpen uit een combinatie van natuurlijke en synthetische materialen. Hij zwoer dat ze voor hem heel behulpzaam waren, zowel in zijn privé-leven als in zijn zakelijke aangelegenheden, en het enthousiasme en het vernuft waarmee hij deze gereedschappen ontwierp, bracht de groep heel veel plezier, speelsheid en positieve energie.

De manier waarop Klaus magie benaderde, vormt een illustratie van een belangrijk aspect van dit werk. Zijn gereedschappen symboliseren het creatieve vermogen van de magiër om in iedere situatie met onverwachte oplossingen voor de dag te komen. De magiër is een uitvinder, een schepper, een bewerker, een katalysator. Ook als het leven moeilijk of problematisch lijkt, vindt de magiër onorthodoxe manieren om de knoop te ontwarren en de opgekropte energie vrij te maken. Het is slechts een kwestie van verbreden van je horizon en vertrouwen op je intuïtieve gevoelens.

Seksuele Symbolen in Magische Rituelen

In seksuele magie zijn symbolen van de mannelijke en vrouwelijke geslachtsorganen de meeste krachtige.

Een man heeft een symbool van falluskracht nodig, bijvoorbeeld een uit hout gesneden fallus, waar Afrikaanse sjamanen dikwijls mee zwaaien. Wanneer de man dit fallische krachtvoorwerp in zijn hand houdt, houdt hij symbolisch de creatieve, uitgaande kracht van mannelijke energie vast, die hij met de vrouw gaat delen. Het is een symbool van vruchtbaarheid, een magische staf, die de mannelijke seksuele kracht voorstelt.

Een dergelijk krachtvoorwerp kan ook een kristal, een stuk hout, een bot of een stuk metaal zijn dat de vorm van een fallus heeft, of zelfs een dildo. Ook de grootte is willekeurig. Waar het om gaat, is dat de man zich prettig voelt bij het idee dat dit symbool zijn seksualiteit weergeeft.

De vrouw heeft een symbool van het vrouwelijk geslachtsorgaan nodig, dat de essentie van vrouwelijke kracht weergeeft, ook wel *matrixkracht* genoemd. Hoewel matrixsymbolen in de westerse magische tradities niet algemeen gebruikt worden, kunnen wij de magie nu een injectie met seksuele gelijkwaardigheid geven.

Wanneer de vrouw een symbool van vrouwelijke seksuele energie in haar handen houdt, eert zij het geheim van haar schoot, de verleidelijke, ontvankelijke en creatieve kracht van het universum. Een krachtvoorwerp dat deze eigenschappen voorstelt, kan de vorm hebben van een schelp, van een klomp kristallen in de vorm van een grot, een glad stuk hout met een opening in het midden of iets anders dat een gevoel van vrouwelijke seksualiteit geeft. Ook hier is het weer van belang dat je je prettig voelt bij de gedachte dat dit voorwerp jouw vrouwelijke seksuele energie symboliseert.

Voor mij is het kristallen ei een krachtig symbool geweest van vrouwelijke seksuele energie. In navolging van een oude taoïstische training deed ik een kristallen ei in mijn vagina en gedurende enkele minuten maakte ik met mijn vaginaspieren samentrekkende bewegingen. Deze oefening leverde niet alleen meer gevoeligheid en kracht in mijn geslachtsdelen op tijdens het vrijen, ook het ei werd erdoor opgeladen met vrouwelijke energie. Later hield ik dit ei in mijn hand als ik lezingen of interviews gaf en ik voelde mij enorm gesterkt door dit symbool van vrouwelijke kracht.

Deze twee seksuele krachtvoorwerpen, een voor de fallus en een voor de matrix, de vrouwelijke kracht, behoren ook op het altaar te staan.

Tussen haakjes, al deze rituele voorwerpen, ook de markeringen voor je magische

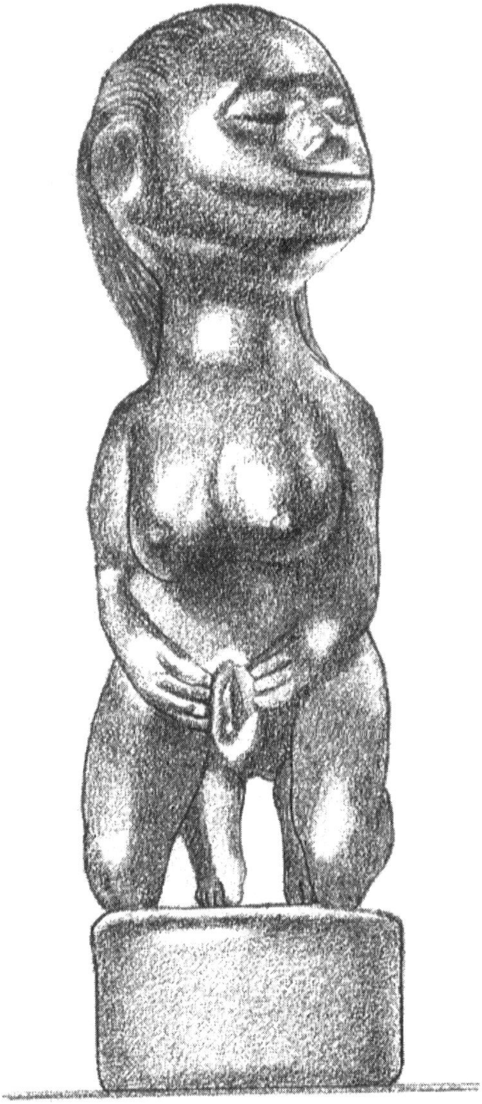

Een voorbeeld van een seksueel krachtvoorwerp: een Balinees beeldje van een vrouw die haar yoni opent.

cirkel en de andere krachtvoorwerpen, moeten alleen gebruikt worden voor jouw magische rituelen en oefeningen en nergens anders voor. Op die manier zullen ze langzamerhand de energie opnemen die wordt voortgebracht door jou ceremoniën en deze energie naar jou terugkaatsen, waardoor de magische sfeer waarin je werkt, wordt versterkt. Als je ze voor andere, meer gewone zaken gebruikt, verspil je deze energie.

Magische Gewaden

Heb je wel eens voor de spiegel gestaan met prachtige, nieuwe kleren aan? Herinner je je nog hoe je jezelf bewonderde en verzot was op dit gracieuze, fantastische beeld van jezelf?

Ik herinner mij dat, toen ik nog in de twintig was, toekeek hoe mijn vriendje in Parijs een onvoorstelbaar mooi overhemd in Renaissance-stijl, dat ik hem gegeven had, aantrok. Hij zag er zo knap uit, zo romantisch, met een open kraag, golvende mouwen en neerhangende plooien, die zijn stevige borstspieren onthulden. Voor mij was hij op dat moment volmaakt goddelijk en ik kon zien dat ook hij geraakt was, dat zijn zelfbeeld een flinke opwaardering kreeg en hij zichzelf kon zien als een aantrekkelijke minnaar, als een moedige avonturier, als een magiër.

> *Je zult het licht van de Godin gebruiken om een nieuwe wereld te scheppen, met een toekomst vervuld van magie en wonderen. Je kunt ditzelfde licht ook gebruiken om nu een betere en vrolijker werkelijkheid te creëren.*
>
> Lazarus

Zelf had ik een soortgelijke ervaring toen ik een lange, witte jurk aanhad om in Parijs voor het eerst naar een dansfeest te gaan. Ik bekeek mijzelf in de spiegel en voelde mij vreselijk trots, omdat ik er zo prachtig uitzag. Ik voelde mij als een prinses en ik voelde iets van macht, van liefde voor mijzelf en van optimisme over wat ik in het leven bereiken kon.

Het is heel zinvol je deze momenten te herinneren als je bezig bent voor jezelf een magisch gewaad te maken. Het kan je heel erg goed doen als je voor jezelf de juiste kleding kiest, de juiste stijl, de juiste kleuren en de juiste snit, die jou mooi maken, die jou een koninklijke waardigheid en gestalte geven of die iets van mysterie uitstralen, van verholen erotische en seksuele kwaliteiten.

Een magisch gewaad heeft verschillende functies. Door je gewone kleren uit te doen en speciale kleren aan te trekken bevestig je de overgang van de alledaagse realiteit naar een andere werkelijkheid, naar kostbare ogenblikken van magische oefeningen en ervaringen. Andere kleren aantrekken roept een nieuwe, ontvankelijke en magische manier van denken op.

Als je bij het beoefenen van magie steeds dezelfde kleren draagt, zullen die bovendien de energie van je magische experimenten absorberen en meeresoneren met deze bijzondere bewustzijnstoestand. Je zult spoedig gaan ervaren dat je, telkens als je deze kleren aantrekt, in een magische gemoedstoestand raakt.

Je belangrijkste magische gewaad kan een mooie jurk, toga of kimono zijn. Kies er een die je aanspreekt, die sensueel aanvoelt en jou een gevoel van magie en iets majesteitelijks geeft. Je kunt er als versiering magische symbolen op aanbrengen. En bedenk dat bepaalde kleuren in de magie een speciale betekenis hebben: wit staat voor zuiverheid, paars voor wijsheid, rood voor vitaliteit en zwart voor mysterie.

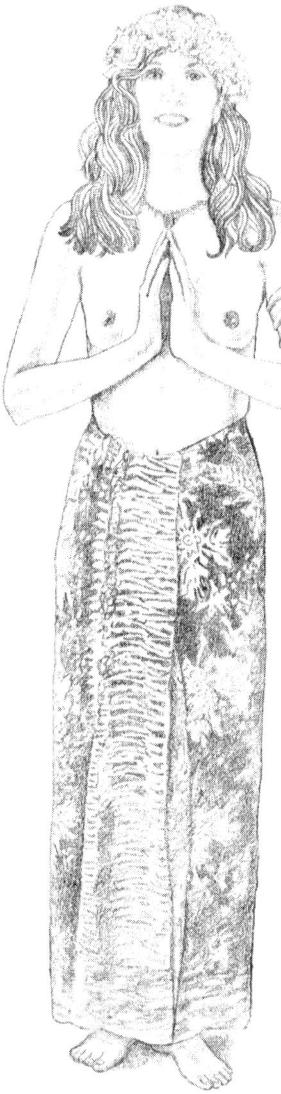

Een vrolijke, magisch-rituele sexy rok, geïnspireerd op Balinese en Polynesische tradities.

Een ander magisch gewaad. Merk op dat ze allebei 'unisex' zijn en door zowel mannen als vrouwen gedragen kunnen worden.

Het is belangrijk dat het kledingstuk van je keuze aan de voorzijde gemakkelijk opengaat. Voor veel oefeningen in dit boek is het nodig dat jij en je partner lichamelijk contact kunnen maken en daarom is het niet alleen plezierig, maar ook praktisch om iets te dragen dat je gemakkelijk los kunt doen om op suggestieve wijze delen van je lichaam te tonen, terwijl je tegelijkertijd iets mysterieus behoudt.

Een riem is in de magie erg belangrijk, vooral een met een stevige plaat van staal, ijzer of koper, die de onderbuik, het evenwichtscentrum of de *hara* bedekt. Dergelijke riemen werden gedragen door Japanse samoerai-krijgers en door de ridders van koning Arthur, om ze in de strijd een gevoel van gecenterd en geaard zijn te geven. Deze steun is van belang bij het uitvoeren van belangrijke magische experimenten.

Naast dit kledingstuk is het goed om een lap met kleurige patronen te hebben, die je voor minder formele gelegenheden om je middel kunt slaan. Dit voorwerp wordt in India een *lungi* genoemd en op Hawaii een *pareo*. Het vormt een gracieus kledingstuk, voor zowel mannen als vrouwen. Met een paar juwelen of met een bloem in je haar ziet dit eenvoudige kledingstuk er zowel exotisch als erotisch uit. Voor veel mensen die tantra beoefenen is het de favoriete kledij, want het ziet er aantrekkelijk uit en je kunt je gemakkelijk uitkleden. Op Bali, waar lungi's erg veel gedragen worden, hebben die van de mannen eenvoudige patronen in opvallende kleuren en die van de vrouwen een zachtere, bloemrijker stijl.

Het derde voorwerp dat ik je aanraad voor je magische garderobe is een joggingpak of iets dergelijks, kleren waarin je normaal sport of danst en waarin je bij oefeningen die lichamelijke activiteit vereisen voldoende bewegingsvrijheid hebt. Bovendien is het handige kleding voor algemeen gebruik. Kies iets dat gemaakt is van natuurlijke materialen.

Deze drie kledingstukken vormen een complete magische garderobe. Bewaar ze samen met je rituele voorwerpen en symbolen, gescheiden van je andere kleding, en draag ze alleen als je met magie bezig bent.

Magische Juwelen, Sieraden en Cosmetica

Het klassieke magische juweel is een diamant, kristal of halfedelsteen, die op de plaats van het 'derde oog' wordt gedragen, iets boven en tussen de wenkbrauwen. Deze geeft de verbinding weer met je innerlijke, psychische kracht. Dergelijke juwelen magnetiseren het psychisch centrum van de hersenen en beïnvloeden ons vermogen tot inzicht en concentratie. Een diamant kan het symbool zijn van een 'diamanten geest' uit de Tibetaanse boeddhistische traditie en de heldere spiegel van een meditatieve geest symboliseren, de geest die zich nergens aan vastklampt, maar alles slechts weerspiegelt. Gewoonlijk is deze diamant gevat in een gouden of zilveren band, die om het hoofd gedragen wordt.

Magiërs dragen ook wel een kroon of tiara, een symbool van het opengaan van het kruincentrum, de *chakra* boven op het hoofd, en van de verbinding met hemelse krachten.

Er bestaan nog andere juwelen die bij magie worden gebruikt, zoals amuletten en juwelen of stenen die op het hart worden gedragen en die liefde, aanvaarding en zelfvertrouwen versterken. Deze stenen kun je aan een gouden of zilveren kettinkje om je hals hangen. Aan een amulet of broche in de vorm van een slang, het symbool van wijsheid, wordt een zeer gunstige uitwerking toegeschreven.

Als je in astrologie geïnteresseerd bent, wil je misschien een symbool dragen dat verband houdt met je zonneteken, een vuursymbool voor Leeuw, Boogschutter of Ram, een watersymbool voor Vissen, Kreeft of Schorpioen, enzovoort. Daarnaast is er ook een systeem ontwikkeld dat bepaalde halfedelstenen in verband brengt met astrologische tekens. De algemene richtlijn is dat je stenen kiest die goed voelen op je lichaam en een gevoel van bevalligheid en kracht geven.

Het gebruik van cosmetica en make-up is een kwestie van persoonlijke voorkeur. Creatief gebruik van make-up kan de overgang van het dagelijks leven naar het privé-domein van mysterie en magie zeker vergemakkelijken. Ook met vingerverf symbolen aanbrengen op je lichaam kan een krachtige stimulans zijn voor magie. Je zou ook gebruik kunnen maken van kleding en make-up om een bepaalde godheid te vertolken, zoals Venus, Mars, Shiva, Shakti of Kali.

Mannen, als jullie schaamte voelen bij het dragen van aparte kleding en juwelen, denk dan eens aan de goddelijke incarnaties van oosterse goden, zoals Krishna en Rama, die prachtig versierde gewaden droegen en hun lichaam overdekten met sieraden. Zij maakten ook gebruik van make-up, vooral rond hun ogen. Sommige mannen vinden het uiterst erotisch en aanlokkelijk om zich op deze manier uit te dossen.

Het is van belang in het oog te houden dat magiërs al deze uiterlijke zaken gebruiken om hun gevoel van persoonlijke kracht en effectiviteit bij het bedrijven van magie te versterken.

EEN MAGISCHE CIRKEL CREËREN

Doel en nut van de oefening

Deze oefening is bedoeld om voor jou een beschermende omgeving vol energie te creëren, waarin je de seksuele magie kunt onderzoeken. Deze magische cirkel zul je voor alle oefeningen uit deze training gaan gebruiken, zodat je ervan verzekerd bent dat alles plaatsvindt in een positieve en magische omgeving.

Voorbereidingen

- Verzamel de materialen die je voor je magische cirkel gebruiken wilt. Je kunt een magische cirkel maken met stenen, gekleurde sjaals of met andere materialen.

- Je hebt een kussen nodig om op te zitten. Als je dat liever doet, kun je ook prima een stoel gebruiken.

- Je hebt een laag tafeltje nodig of een kistje om een altaar te maken, plus een doek om eroverheen te leggen. Als je op een stoel zit, zul je liever een altaar hebben dat hoog genoeg is om er gemakkelijk bij te kunnen, zonder te hoeven bukken.

- Zet een kaars op het altaar.

- Zet er je fallus- en matrixsymbolen op, samen met andere krachtsymbolen die het vertrouwen in je eigen magische vermogens versterken.

- Je hebt een bel, klokkenspel of gong nodig. Een kleine trommel past hier ook goed bij.

- Je kunt een magische cirkel maken samen met je partner, als een soort gezamenlijke onderneming, of je kunt het alleen doen.

- Maak de kamer waar je een magische cirkel gaat maken eerst goed schoon. Hiermee verwijder je al het 'psychische stof' dat er nog hangt van gebeurtenissen die er in het verleden plaatsgevonden hebben en versterk je het gevoel van frisheid en levendigheid in de kamer. Neem vervolgens een douche.

- Trek nog geen magische kleren aan. Deze draag je voor de eerste keer als je je inwijding als magiër hebt gehad (verderop in dit hoofdstuk). Draag losse en gemakkelijk zittende kleding, zoals een joggingpak, een kimono of een *lungi*, die je om je lichaam slaat.

- Trek voor deze oefening een uur uit en zorg ervoor dat niemand je kan storen.

Werkwijze

STAP 1: DE HOUDING VAN DE MAGIËR

Ga in het middelpunt staan van de plaats waar je je magische cirkel wilt maken. Sluit je ogen en leg je handen op je hart.

Adem een paar keer langzaam en diep in en uit en ontspan je op de uitademing. Neem even de tijd om de dagelijkse beslommeringen te vergeten en breng je aandacht volledig naar het hier en nu, naar dit moment.

Wanneer je zover bent, breng je je rechterarm omhoog, met de wijsvinger naar de hemel en laat je linkerarm langzaam naar de aarde zakken, met de wijsvinger naar de grond.

Stel je voor dat je midden tussen hemel en aarde staat en een kanaal bent waardoor de energie tussen beide heen en weer kan stromen. Deze houding noem ik de 'houding van de magiër' en ik zal er tijdens deze en andere oefeningen dikwijls naar verwijzen.

Het wordt tijd dat wij seks gaan zien als de werkelijk heilige kunst die zij is: een diepe meditatie, een heilige gemeenschap en een dans met de krachten van de schepping.

MARCUS ALLEN

Stel je voor dat er energie, in de vorm van het gouden licht van de zon of het zilveren licht van de maan, neerdaalt uit de hemel, je rechterhand binnengaat, door je lichaam heen stroomt, het via je linkerhand weer verlaat en in de aarde verdwijnt. Doe dit gedurende enkele seconden en besef dat je eigenlijke doel als magiër is een verbinding tot stand te brengen tussen het ongemanifesteerde en het gemanifesteerde, tussen Geest en materie, tussen hemel en aarde.

STAP 2: DE MARKERINGEN PLAATSEN

Blijf staan in de houding van de magiër en maak hardop het doel van deze magische oefening bekend:

"Ik, ...(je naam), creëer nu een magische cirkel."

Als je samen met je geliefde een magische cirkel maakt, kun je ook samen het doel formuleren:

"Wij, ...(jullie namen), creëren nu een magische cirkel."

De overige formuleringen kun je eveneens samen met je partner uitspreken.

Leg nu de vier stenen ter markering van de cirkel op de posities van noord, zuid, west en oost.

Terwijl je een steen neerlegt, zeg je hardop:

"Ik,................. (je naam), wijd deze steen aan het noorden."

"Ik, ... (je naam), wijd deze steen aan het zuiden," enzovoort.

Het verwijderen van negatieve invloeden uit de magische cirkel en het oproepen van stimulerende, positieve energieën.

Doe dit kalm en bewust, zodat je aan elk gebaar inhoud en betekenis kunt geven. Er is geen reden om je te haasten.

Wanneer de vier markeringen op hun plaats liggen - stenen, sjaals of andere door jou gekozen materialen - maak je de cirkel verder af.

Als de cirkel klaar is, ga dan weer in het midden staan, neem de houding van de magiër aan en zeg hardop:

"Ik, ... (je naam), wijd deze magische cirkel aan het wekken van mijn innerlijke magiër."

Stap 3: Het Altaar en de Krachtvoorwerpen Inwijden

Pak de spullen voor je altaar en stel het op op het oostpunt van de cirkel. Bedek de kist of het tafeltje met een doek van je keuze en zet er dan een kaars op. Leg een bel of een gong op het altaar en, als je wilt, een kristal. Leg er ook een paar verse bloemen bij. Zorg ervoor dat het geheel er mooi uitziet.

Ga voor je altaar staan. Steek de kaars aan. Ga in de houding van de magiër staan, zodat je rechterhand in de lucht wijst en je linkerhand het altaar aanraakt, en herhaal drie keer:

"Ik,................ (je naam), wijd dit altaar aan het stimuleren van mijn magische krachten en tot hoeksteen van mijn magische ceremoniën."

Pak nu je krachtvoorwerpen, ook je fallus- en matrixsymbolen, en leg ze voorzichtig op het altaar.

Ga staan, kniel neer of ga zitten - wat voor jou het meest aangenaam is - breng je rechterhand omhoog en leg je linkerhand afwisselend op elk voorwerp en wijd het aan je macht als magiër. Bijvoorbeeld:

"Ik, ... (je naam), wijd dit matrixsymbool aan je macht als magiër."

Op deze manier wijd je elk voorwerp in.

Stap 4: Energie in de Magische Cirkel Brengen

Zorg ervoor dat de ramen open staan voordat je met de volgende stap begint. Ga op het oostpunt van je cirkel staan, neem de bel of gong van het altaar en begin langzaam tegen de klok in rond de cirkel te lopen. Voor dit deel van de oefening kun je ook een trommel gebruiken.

Terwijl je rondloopt, stel je je voor dat alle oude, ongewenste en negatieve energieën uit de kamer worden weggezogen, naar buiten toe de ruimte in. Luid de bel, sla op de gong of op de trommel en zeg hardop: "Laten alle ongewenste energieën van deze plaats verdwijnen! Laten alle ongeduld, woede, verdriet, twijfel en andere negatieve gedachten deze kamer verlaten!"

Loop de cirkel drie keer rond en ga weer voor je altaar staan.

Nu ga je de andere kant op en loop je drie keer rond, met de klok mee. Terwijl je rondloopt, stel je je voor dat allerlei positieve energieën, zoals licht, vreugde, liefde, vriendschap en seksueel genot in de magische cirkel getrokken worden. Luid de bel, sla op de trommel en zeg hardop: "Laten verwondering, mededogen, geduld, schoonheid en harmonie hier in deze cirkel aanwezig zijn! Laten deze energieën zich hier verzamelen en onze magie ondersteunen!"

Stap 5: De Vier Elementen Aanroepen

Ga nu in het midden van je magische cirkel staan.

Terwijl je met je gezicht naar het noorden staat en op je trommel slaat, zeg je hardop:

"Ik, ... (je naam), doe een beroep op de beschermer van het noorden, de kracht van lucht, wind en adem. Kom, grote adelaar, beschermer van de hemelen, open mijn geest voor helderheid, inzicht en begrip. Geef mijn ziel vleugels. Leer mij de zuiverheid van mijn wezen kennen."

Wend je nu tot het zuiden, laat je muziekinstrument klinken en zeg:

"Ik, ... (je naam), doe een beroep op de beschermer van het zuiden, de kracht van water, van de oceaan, van emotie, plooibaarheid en gevoelens. Kom, grote dolfijn, beschermer van de zeeën, open mijn hart voor speelsheid, vreugde en onschuld. Geef mij de moed om mijn gevoelens te laten stromen. Leer mij de diepten van mijn wezen kennen."

Wend je dan naar het westen, sla op je ging of je trommel en zeg:

"Ik, ... (je naam), roep de beschermer van het westen aan, de kracht van Moeder Aarde, van vruchtbaarheid en geaard zijn. Kom, zachtmoedig hert en machtige bizon, beschermers van de heuvels en de bergen, schenk mijn lichaam gezondheid, kracht en seksuele vitaliteit. Leer mij de heiligheid van mijn wezen kennen."

Wend je vervolgens naar het oosten en zeg:

"Ik, ... (je naam), roep de beschermer van het oosten aan, de kracht van vuur, van warmte, hartstocht en het goddelijke. Kom, grote leeuw en machtige draak, beschermers van het vuur, breng mij de vlam van het leven en van de lust, zodat mijn goddelijkheid helder mag stralen en gereinigd en getransformeerd mag worden. Leer mij de hartstocht van mijn wezen kennen."

Stap 6: Aanroeping van Boven, Beneden en Midden

Blijf in het middelpunt van je cirkel, leg je muziekinstrument op de grond voor je neer en ga staan in de houding van de magiër, je rechterhand naar de hemel en je linkerhand naar de aarde gericht.

Terwijl je omhoog kijkt, roep je de krachten van je hogere zelf aan en je zegt:

"Ik, ... (je naam), doe een beroep op mijn leraren, gidsen en meester-helers. Mogen zij spiritualiteit en vrede in deze cirkel brengen."

Terwijl je naar beneden kijkt, roep je de krachten van je eigen onderbewuste aan en je zegt:

"Ik, ... (je naam), verwelkom intuïtie, inzichten, visioenen en alle verborgen aspecten van mijzelf, die mij geopenbaard mogen worden op mijn reis."

Leg ten slotte je beide handen zachtjes over je hart, sluit je ogen en zeg:

"Ik, ... (je naam), doe een beroep op Shiva en Shakti, de goddelijke principes van de tantrische vereniging, de mannelijke en vrouwelijke aspecten van mijn wezen. Mogen zij zich in vreugde en extase verenigen, als de twee opgaan in het ene."

Stap 7: Zegening: De Innige Omhelzing

Sta een paar minuten in het middelpunt, ogen gesloten, en voel de kracht en de stimulans van deze prachtige magische cirkel. Dit is de eerste stap op jouw weg door de seksuele magie.

Als je partner bij je is, is dit het moment om jouw magische cirkel te zegenen met liefde, in de vorm van een innige omhelzing.

De hartegroet is een rituele manier om een magisch proces te beginnen en te beëindigen. Hij betekent: "Ik respecteer jou als een aspect van mijzelf. Ik respecteer het goddelijke in jou."

Draai naar elkaar toe en kom langzaam naar elkaar toe, leg zachtjes je armen om je geliefde heen en houd elkaar vast in een warme, voedende omhelzing. Zorg ervoor dat jullie lichamen elkaar raken - borst, buik, bekken en heupen - zonder onnodige druk of ongemak.

Adem samen op een ontspannen, harmonieuze en gemakkelijke manier, en verwelkom de liefde van je partner. Voel hoe de warmte van jullie verbondenheid zich in je borst uitbreidt en zich over je lichaam verspreidt. Laat de innige omhelzing zo lang duren als voor jullie beiden prettig is.

Reciteren uit de heilige geschriften, citeren uit heldendichten en toneelstukken, gedichten schrijven of goud en zilver bewerken zijn fantastische hulpmiddelen voor seks.

KAMA SUTRA

Wanneer je zover bent, ga je weer rustig uit elkaar en doe je een klein stapje terug. Kijk liefdevol in elkaars ogen en wees dankbaar voor de liefde die jullie door de versmeltende omhelzing met elkaar hebben gedeeld. In dit boek zal ik je dikwijls uitnodigen om elkaar op deze manier te omhelzen.

Ook als je alleen bent, kun je je magische cirkel met liefde zegenen. Ga in het middelpunt staan, leg je handen op je hart en sluit je ogen. Adem langzaam en diep, voel je hart en wees dankbaar voor de liefde die je voor jezelf hebt.

STAP 8: VOLTOOIING: DE HARTEGROET

Beëindig de ceremonie met de 'hartegroet'. Dit is een traditionele manier om eer te betuigen aan de goddelijke aanwezigheid in ieder mens.

Als je met je partner de hartegroet brengt, sta je met het gezicht naar elkaar toe in het midden van de magische cirkel, ongeveer een halve meter van elkaar vandaan. Breng je handen voor je borst en druk de handpalmen zacht tegen elkaar. Buig naar je partner toe, naar voren buigend vanuit je middel, totdat jullie voorhoofden elkaar net raken.

Houd in deze houding even halt en voel achting en liefde voor dit prachtige, goddelijke wezen, waarmee je je samen op het pad van de seksuele magie waagt. Kom dan weer langzaam overeind.

Als je alleen bent, kun je deze afsluitende ceremonie doen door een hartegroet aan jezelf te brengen. Sta voor je altaar, breng je handen bij elkaar, palmen licht tegen elkaar gedrukt voor je borst, buig langzaam naar voren en erken de goddelijke aanwezigheid in je eigen hart.

Iedere oefening in dit boek zullen we afsluiten met de hartegroet.

Opmerkingen

Het ritueel dat ik zojuist beschreven heb, is een algemene aanwijzing voor het creëren van een magische cirkel, waar je je niet krampachtig aan vast hoeft te houden. Als je andere elementen wilt toevoegen of iets weg wilt laten, dan is dat prima. Vertrouw hierin op je eigen oordeel.

Het is niet nodig het hele ritueel te herhalen telkens als je voor een oefening een magische cirkel maakt. Je kunt gewoon de markeringen, de stenen, de sjaals, het altaar en de andere voorwerpen neerzetten en beginnen. Misschien wil je een ander ritueel creëren als de oefeningen in seksuele magie zich beginnen te verdiepen en vrucht gaan afwerpen.

Bewaar de spullen voor je magische cirkel in een aparte doos of la, waar ze niet met andere zaken in aanraking komen, zodat ze de energie van je rituelen behouden, en wikkel je magische voorwerpen in zijde.

Nu je een magische cirkel gecreëerd hebt, kun je hem gaan gebruiken voor magische lessen en oefeningen.

MAGISCHE GEBEURTENISSEN UIT HET VERLEDEN

Doel en nut van de oefening

Deze oefening doe je om te erkennen dat er momenten van magie in je leven zijn geweest. Op deze manier overwin je de neiging van het huidige, sceptische denken om het bestaan van magie en persoonlijke magische krachten te ontkennen.

Door je momenten van magie te herinneren verdiep je het inzicht dat wij allemaal magiërs zijn. Wij beschikken allemaal over een magische dimensie, waarvan wij ons bewust kunnen worden en waaraan wij betekenis kunnen geven.

In de tweede stap van deze oefening nodig ik je uit een magische ervaring voor je partner te gaan spelen en zo je eigen magische vermogens te bevestigen.

Voorbereidingen

- Richt je magische cirkel in.
- Verzamel je krachtvoorwerpen.
- Trek iets aan dat gemakkelijk en prettig zit.
- Deze oefening kun je het best met je partner doen, al is het ook mogelijk haar alleen te doen.
- Trek voor deze oefening 30 tot 40 minuten uit.

Werkwijze

STAP 1: JE EEN MAGISCH MOMENT HERINNEREN

Ga je magische cirkel binnen.

Ga in het midden staan, in de houding van de magiër, met je rechterarm naar de hemel gericht en je linkerarm naar de aarde.

Maak hardop het doel van deze oefening bekend:

"Ik,................ (je naam), herinner mij magische momenten uit mijn leven."

Ga gemakkelijk in je magische cirkel liggen of zitten. Misschien wil je als steun voor je lichaam een *zafu* gebruiken, een traditioneel meditatiekussentje, of iets anders, een stoel bijvoorbeeld. Het is belangrijk dat je prettig zit of ligt en dat je ontspannen bent, maar wel alert kunt blijven.

Sluit je ogen en haal een paar keer langzaam en diep adem.

Neem de tijd om tot jezelf te komen en richt je aandacht op het huidige moment. Laat al je gedachten en de dingen die je in beslag nemen van je af glijden. Wees je alleen maar bewust van je ademhaling, van het rijzen en dalen van je buik.

Wanneer je zover bent, laat je geest dan teruggaan in je leven en herinneringen oproepen. Probeer, zonder je te haasten, te kijken of er herinneringen zijn aan magische momenten.

Deze momenten kunnen iets te maken hebben met een andere persoon of het kunnen gebeurtenissen zijn die plaatsvonden in aanwezigheid van verschillende mensen. Waar het om gaat, is jouw persoonlijke indruk van dat magische ogenblik.

Het zou iets heel eenvoudigs kunnen zijn, zoals het volgen van een impuls om naar een winkel te gaan en daar dan, schijnbaar bij toeval, iemand ontmoeten die in jouw leven van groot belang werd.

Het zou ook iets heel dramatisch kunnen zijn, zoals het op wonderbaarlijke wijze ontsnappen aan een ongeval of het te boven komen van een traumatische gebeurtenis.

Het kan een ogenblik van krachtige zelfbevestiging en opleving zijn, zoals deelnemen aan een vuurloop - met blote voeten over een bed met brandende kolen lopen, zonder je te branden.

Het zou een gevoel van vreugde en verwondering kunnen zijn dat door je heen ging terwijl je naar een prachtige zonsondergang keek.

Het zou een heel intense ervaring van hartstocht of gelukzaligheid kunnen zijn terwijl je aan het vrijen was.

Neem de tijd om herinneringen aan dergelijke gebeurtenissen in je geest wakker te maken. Laat je geest zich op z'n gemak de details herinneren van die gevallen waarin jij in je leven met magie in aanraking kwam.

Wanneer je het gevoel hebt dat je voldoende gebeurtenissen uit je verleden de revue hebt laten passeren, richt dan je aandacht op één situatie, waarvan je het gevoel had dat jij verantwoordelijk was, of gedeeltelijk verantwoordelijk, voor het magische van dat moment. Misschien drong je erop aan dat een vriend met je meeging naar een bepaalde plaats, waar jullie samen een wonderbaarlijke ervaring hadden. Misschien had je een sterk intuïtief gevoel dat je iets moest doen, dat later precies het juiste bleek te zijn.

Roep de herinnering op met alle bijbehorende details en herinner je hoe het voelde een magiër te zijn: het gevoel van trots over wat je bereikt had, wat je uitstraalde, het gevoel van verwondering en creatieve kracht, het vertrouwen in je eigen, onbeperkte mogelijkheden je eigen leven te creëren en te transformeren.

Ook al zag je jezelf destijds niet als magiër, sta jezelf toe dat nu wel te doen. Erken jouw magische invloed op die specifieke situatie, op welk moment die ook in je leven plaatsvond.

Geniet een paar minuten van de ervaring een magiër te zijn.

Daarna, als je het gevoel hebt dat je klaar bent, ga je rechtop zitten en bereid je je samen met je partner voor op de tweede stap, waarin je de magische ervaring die je zojuist opgeroepen hebt, gaat spelen.

STAP 2: MAGIËR SPELEN

Bepaal met je partner wie A en wie B is.

Partner A gaat eerst.

Partner A: ga in het midden van de magische cirkel staan.

Neem de houding van de magiër aan en zeg hardop wat het doel van deze oefening is:

"Ik, ... (je naam), speel nu de magiër."

Laat je armen langs de zijkant van je lichaam hangen. Sluit je ogen, adem diep in je buik in en ontspan je schouders.

Laat de herinnering aan het magische moment bovenkomen en voelbaar worden in je lichaam, in je zintuigen. Beleef het moment opnieuw. Neem alle details in je op. Roep de bijbehorende gevoelens weer op.

Begin de magische situatie die je je herinnert te spelen. De uitdaging ligt erin zo theatraal mogelijk te zijn. Loop door je magische cirkel en wees de magiër die je destijds was.

Wees vrij om te overdrijven. Leg jezelf geen beperkingen op en gebruik al je verbeeldingskracht en kundigheid in het verhalen vertellen, om duidelijk te maken wat er destijds gebeurde.

Zorg ervoor dat jouw aandeel in de gebeurtenis benadrukt wordt, zodat het duidelijk is dat jouw magische vermogens aan het resultaat hebben bijgedragen. Wees niet bang om op te scheppen - dat is waar het in theatraliteit op aankomt.

Zeg: "Ik ben een magiër, omdat ik de sfeer rond de ontmoeting volkomen getransformeerd heb en de deal van de eeuw heb afgesloten!"

Of: "Ik ben een magiër, omdat ik in m'n eentje een ongeluk voorkomen heb, waarbij verschillende mensen ernstig gewond hadden kunnen raken."

Of: "Ik heb deze magische kracht omdat ik, zodra ik de kamer binnenkwam en deze aantrekkelijke vreemde dame in de ogen keek, wist dat wij een afspraakje zouden maken."

Partner B: luister met je volle aandacht naar het verhaal van partner A. Moedig hem aan, wees hartelijk en enthousiast. Wees opgewekt, geef applaus en zeg: "Ja, goed zo! Je bent echt een magiër! Je bent een groot ziener! Je hebt me helemaal overtuigd!"

Partner A: als je klaar bent, kun je gaan zitten.

Partner B: feliciteer partner A met zijn of haar optreden en zeg: "Ik erken en respecteer de magiër in jou."

Wissel de rollen nu om. Partner A luistert, terwijl partner B zijn of haar magische ervaring speelt.

Wanneer jullie beiden klaar zijn, breng je de hartegroet.

Opmerkingen

Als de oefening heeft gewerkt, kun je dat merken aan een gevoel van kracht in je zonnevlecht, aan een opborrelend gevoel van vreugde in je hart en aan een hervonden vertrouwen in je eigen creatieve vermogens. Het is zoiets als een kind zijn tijdens Kerstmis, dat kijkt naar al die cadeautjes onder de kerstboom en het gevoel heeft dat op dit magische moment alles mogelijk is.

Als je merkt dat je met je gewone stemgeluid op een alledaagse manier een verhaaltje vertelt, schep dan moed en maak er theater van. Durf eens te overdrijven.

Als je geen waar gebeurd verhaal weet, bedenk er dan een of kom op en zeg hardop een aantal malen: "Ik geniet ervan op een magische manier mezelf te zijn!"

Als je deze oefening alleen doet, kan het je helpen als je je voorstelt dat je de magiër speelt voor een publiek van honderden mensen, die allemaal enorm geboeid zijn door jouw verhaal.

Nu je weet dat magie voor jou mogelijk is, kun je doorgaan naar de volledige ceremonie van je inwijding tot magiër.

DE INWIJDING TOT MAGIËR

Doel en nut van de oefening

Bijna alle magische tradities verlangen van de novice dat hij of zij, als demonstratie van de kracht van zijn of haar wens de geheime, heilige wegen der magie te leren kennen, aan een inwijdingsceremonie deelneemt. Dergelijke ceremoniën scheiden de lafhartigen en degenen die alleen maar nieuwsgierig zijn van de zielen die werkelijk de moed hebben onbekend gebied te betreden, die iets op het spel durven zetten, die datgene wat de leden van een bepaalde magische orde op hun weg plaatsen, onder ogen durven zien.

In deze oefening stel je op symbolische wijze deze heilige inwijding opnieuw in en ga je de uitdaging aan van de vier elementen, die je overwinnen moet om als magiër kracht te verwerven. Ook kom je je 'innerlijke magiër' tegen en aanvaard je zijn of haar wijsheid. Bovendien ontvang je een magische talisman, als bevestiging van het feit dat jij nu zelf een magiër bent.

Aan het slot van de inwijdingsceremonie verwerf je het recht voor de eerste keer je magische gewaad te dragen, hetgeen aangeeft dat je bent toegelaten tot de mysterieuze wereld van de seksuele magie.

Voorbereidingen

- Deze oefening kun je alleen doen of met je partner.

- Breng je magische cirkel in gereedheid.

- Leg je magische gewaad in de cirkel, maar trek het nog niet aan.

- Draag losse, gemakkelijk zittende kleding.

- Deze oefening heeft de vorm van een geleide fantasie. Je kunt de instructies inspreken op een bandje en dat voor jezelf afspelen, je kunt elkaar in de ceremonie begeleiden of je kunt alles uit je hoofd doen.

- Neem voor deze oefening drie kwartier.

- Zorg ervoor dat je niet gestoord wordt; het is belangrijk dat je deze inwijdingsceremonie in één keer voltooid.

In het heiligdom ontmoet je je innerlijke magiër.

Werkwijze

STAP 1: AANKOMST BIJ DE POORT

Ga je magische cirkel binnen.

Sta in het midden van je cirkel, in de houding van de magiër, en maak het doel van deze oefening bekend:

"Ik, ... (je naam), word nu een magiër."

Ga gemakkelijk zitten of liggen. Sluit je ogen en haal een paar keer langzaam, diep en ontspannen adem. Bij elke uitademing laat je de zorgen en de dingen die je in beslag nemen oplossen en verdwijnen. Breng je aandacht geheel in het hier en nu.

Stel je voor dat je langs een pad loopt door de natuur. Het is een prachtige morgen en je loopt met een lichte maar doelgerichte tred, en je geniet van de zon en het briesje dat over de velden waait.

Na een poosje kom je bij een lange en hoge muur, die een of andere geheime plaats omsluit. Vlak voor je bevindt zich een poort. Aan de poort hangt een bordje met de woorden: Heiligdom van de Magiër.

Voorzichtig duw je tegen de poort en hij zwaait open. Jij bent de magiër. Dit is jouw tuin. Dit is jouw verborgen heiligdom.

STAP 2: HET HEILIGDOM BINNENGAAN

Terwijl je naar binnen loopt, worden je ogen verblind door de levendige kleuren van de schitterendste bloemen, die dansen in de wind: paars, geel, roze, goud. Deze plek is een paradijsje. Je neusgaten vullen zich met verrukkelijke bloemengeuren. Je hoort het lieflijke gezang van vogels in de takken boven je hoofd. Vlakbij kabbelt zacht een beekje. Dankbaar ga je zitten op het zachte mos langs de oever en je voelt hoe de verende ondergrond je lichaam draagt. Je plukt een overheerlijke vrucht van een boom vlakbij en neemt een hap. Het sap, dat aan nectar doet denken, brengt je smaakpapillen in vervoering. Je huid straalt in het gouden ochtendlicht. Je voelt je hier uitermate op je gemak en helemaal thuis.

Na een poosje sta je op om door het heiligdom een wandelingetje te gaan maken. Je voelt hoe de aarde veert onder je voeten, je kijkt naar de dansende vlinders in het kreupelhout en je luistert naar de vrolijke trillers van zangvogels. Je voelt je licht, ontspannen en gelukkig. Hier zou je voor altijd kunnen blijven, zo aangenaam is het, zo op je gemak voel je je hier, met je omgeving en met jezelf.

Je loopt verder en je komt ten slotte bij een klein grasveldje, waarop twee elegante stoelen tegenover elkaar staan opgesteld. Je gaat op een van de stoelen zitten, je sluit je ogen en wacht. Je weet dat iemand je wil ontmoeten.

STAP 3: DE ONTMOETING MET JE INNERLIJKE MAGIËR

Plotseling voel je de aanwezigheid van een stralend wezen, dat in de verte nadert. Van verwachting begint je hart sneller te kloppen en terwijl dit wezen dichterbij komt, voel je innerlijk een duidelijk 'ja'. Je hoort iemand over het gras lopen, het geritsel van kleding en het moment van stilte als deze persoon stopt en in de stoel tegenover je plaatsneemt.

Plotseling realiseer je je: dit is mijn gids, mijn hogere zelf, die mij zal inwijden in mijn eigen verborgen krachten. Dit is degene naar wie ik altijd op zoek ben geweest. Dit is de spiegel van mijn eigen magische zelf. Dit is mijn 'innerlijke magiër'.

Doe langzaam je ogen open en kijk het wezen tegenover je aan. Misschien zie je in het begin niet meer dan een stralend licht, een schitterende gloed - goud, zilver of gekleurd als de regenboog - maar dan, als je ogen eraan gewend raken, begin je de omtrekken en de vormen van dit wezen te zien.

Neem de tijd en laat het beeld van je innerlijke magiër langzaam tevoorschijn komen. Laat de details zich langzaam en geleidelijk aan je openbaren. Dit is je vriend, je bondgenoot, degene die je zal helpen de kunst van de seksuele magie te leren.

STAP 4: DE UITDAGING VAN DE VIER ELEMENTEN

Wanneer het beeld volkomen helder is geworden, begint je innerlijke magiër tegen je te spreken en zegt:

"Ik ben hier om je te helpen bij je inwijding als magiër. Ben je klaar om de uitdaging van de vier elementen aan te nemen?"

Je knikt. Langzaam staan jullie op en de magiër neemt je bij de hand en leidt je door de tuin naar een open plek tussen een paar bomen. Daar zul je getest worden en zul je door de vier elementen worden uitgedaagd.

Vuur

De innerlijke magiër maakt een plotselinge beweging en onmiddellijk verschijnen er overal vlammen, die vlak voor je uitgroeien tot een enorme muur van vuur. De hitte is zo intens, dat je je gezicht bijna brandt.

Je innerlijke magiër zegt: "Stap in de vlammen en geef je over aan het innerlijk vuur, aan je hartstocht. Dit is je inwijding in moed."

Langzaam loop je naar de vlammen toe en je ziet de reële mogelijkheid onder ogen levend verbrand te worden. Dan spring je impulsief in de vlammen en terwijl je dat doet, voel je hoe er binnen in jezelf een vuur oplaait. Nu is er alleen nog maar vuur, binnenin en buiten, dat je loutert, versterkt en heelt. Dit vurige moment lijkt eindeloos, tijdloos, alsof je altijd zo geweest bent, in je diepste wezen een vlam...

Dan, heel abrupt, merk je dat je door het vuur heen bent en de innerlijke magiër er weer is om je te verwelkomen.

Lucht
Je innerlijke magiër maakt opnieuw een gebaar en je staat plotseling op een hoge bergtop, op een kleine richel boven een enorme afgrond. De magiër zegt: "Spring en ontdek je innerlijke ruimte. Dit is je inwijding in vrijheid."

In goed vertrouwen waag je het erop, springt van de richel af in het onbekende en valt voorover door de lucht. Je voelt hoe een enorme windvlaag door je lichaam trekt en in je sprong los je op in de lucht. Je valt, je vliegt, je verdwijnt. Nog nooit heb je je zo vrij gevoeld, zo grenzeloos. Dit oplossen in lucht lijkt zich tot de eeuwigheid uit te strekken...

Zachtjes wordt je snelheid minder, alsof je wordt vastgehouden door de touwen van een parachute en je landt veilig op de grond. Je innerlijke magiër wacht op je.

Water
Je innerlijke magiër maakt weer een gebaar en je ziet dat de plaats waar je staat omgeven is door een wilde, uitgestrekte en onpeilbaar diepe oceaan.

Zoek niet naar meesters. Jij bent de allerhoogste meester-magiër van je leven.

THE BOOK OF MAGIC

De magiër zegt: "Duik in de oceaan en ontdek de vormloosheid. Vloei en los op in de oceaan van het leven. Dit is je inwijding in liefde."

Een enorme golf rijst vlak voor je op. Je duikt erin en wordt meegevoerd in kolkende, eindeloos stromende wateren, die geen oevers hebben, geen grenzen. Terwijl je ontspant, voel je hoe je lichaam begint mee te stromen en mee te dansen met de onderstromen, alsof je vloeibaar wordt, als water, vormeloos. Nog nooit heb je je zo open gevoeld, zo bereid om mee te gaan en te veranderen, zo verliefd op de eindeloze stroom van het leven. Ook dit moment wordt tijdloos, eeuwig...

Dan voel je de zachte aanraking van de aarde onder je voeten en onmiddellijk trekt het water zich terug. Je blijft achter bij de ingang van een diepe, donkere grot.

Je innerlijke magiër staat op je te wachten.

Aarde
De innerlijke magiër gebaart naar de tunnel die voor je ligt en zegt: "Daal af in de aarde. Laat je lichaam je leiden naar de wortels van het leven. Dit is je inwijding in kracht."

Je loopt de vochtige, baarmoederachtige tunnel in, waar het volkomen donker is. Alleen je intuïtie leidt je. Je kunt voelen dat de tunnel smaller wordt. Je kunt de rijke, donkere aarde voelen, die zich rond je sluit.

Terwijl je verdergaat, voel je hoe je lichaam zwaarder wordt, massiever, zoals de aarde. Je wordt één met de aarde. Je bent teruggekeerd tot de aarde, tot de grond van het leven zelf. Je verblijft in de eeuwige, oorspronkelijke, stille moederschoot van de aarde...

Stap 5: De Ontvangst van de Talisman

Plotseling, alsof je ontwaakt uit een droom, voel je hoe een hand zachtjes je voorhoofd aanraakt. Je opent je ogen en ontdekt dat je weer terug bent in je heiligdom en tegenover je innerlijke magiër zit. Deze glimlacht en zegt: "Ik groet je onmiskenbare verlangen jezelf als magiër te leren kennen. Nu geef ik je dit geschenk. Dit zal je talisman zijn, het sieraad dat jou geluk brengt. Het symboliseert de onzichtbare, universele intelligentie die in alle dingen verborgen ligt. Houd hem, telkens wanneer je mij nodig hebt, in je hand en ik zal bij je zijn."

Je innerlijke magiër geeft je nu de talisman, je neemt hem dankbaar aan en je voelt de kracht en het licht die ervan uitgaan. Het zou een steen kunnen zijn, een kristal of een juweel. Kijk er goed naar en zie wat het is.

Breng de talisman nu langzaam naar je hart en laat hem in je borst zinken en een deel van jou worden.

Bedank je innerlijke magiër. Kijk hem in stilte even in de ogen. Dan staan jullie beiden op en komen bij elkaar in een innige omhelzing.

Terwijl jullie in deze omhelzing versmelten, voel je hoe je één wordt met je innerlijke magiër. Houd deze mysterieuze eenwording niet tegen. Nu weet je: mijn innerlijke magiër is niemand anders dan ikzelf. Nu ben je volledig toegerust om als magiër door het leven te gaan en ben je in staat de grootste en meest creatieve krachten van transformatie te gebruiken om succes en harmonie in je leven te brengen.

Stap 6: Je Magische Gewaad Aantrekken

Verlaat nu langzaam de tuin, het heiligdom, en keer terug naar je eigen wereld, naar deze wereld, deze kamer. Haal eens diep adem, rek je eens helemaal uit, zoals een kat dat doet, en kom terug uit deze fantasie.

Ga rechtop zitten. Als je zover bent, ga je naar je magische gewaad en je brengt het met een gevoel van waardigheid en ceremonieel naar het middelpunt van je magische cirkel. Daar trek je het aan. Dit magische gewaad is een teken dat je bent ingewijd in de magie.

Ga staan in de houding van de magiër en zeg drie keer:

"Ik, ... (je naam), ben een magiër!"

Maak je partner deelgenoot van het verhaal van je innerlijke reis. Als je alleen bent, schrijf het dan op in je dagboek.

Opmerkingen

Wanneer je je innerlijke magiër ontmoet, kunnen er dingen gebeuren die ik hier niet beschreven heb. Een geleide fantasie kan de aanleiding zijn voor onverwachte boodschappen en intuïtieve inzichten, die vanuit je onderbewuste naar boven komen, net als dromen. Wees niet bang deze boodschappen ter harte te nemen.

> *Wij zullen elkaar beminnen en kunst voortbrengen, en wij zullen liefhebben als kunstenaars.*
>
> MARIANNE WILLIAMSON

Ik wil je een voorbeeld geven. Een deelnemer aan een van mijn workshops, Roberta, voerde in haar fantasie een seksueel ritueel uit met de god Pan. Ze beschrijft haar ontmoeting als volgt.

> Toen ik, na te zijn ingewijd in de vier elementen, in het heiligdom was en mijn ogen opende, zag ik voor mij de onmiskenbare figuur van Pan. Hij glimlachte en streelde zijn enorme, rechtopstaande penis. Eerst verwierp ik dit beeld en ik sloot mijn ogen weer. Ik dacht: Dit is niet het soort innerlijke magiër waar ik naar op zoek ben.
> Maar toen dacht ik bij mezelf: Daar staat een wezen dat zijn seksualiteit aanvaardt, zijn recht op genot. Dit is voor mij altijd een moeilijk punt geweest.
> Ik begon mezelf af te vragen: "Wordt het niet eens tijd dat je jezelf leert overgeven aan genot? Hoe lang wil je daar nog mee wachten?" En bij die gedachte bezweek ik al een beetje voor het beeld van Pan en ging ik het verlangen voelen mezelf open te stellen voor nieuwe ervaringen. Het volgende moment voelde ik hoe Pan met zijn penis zachtjes tegen mijn dijen aaide en de ingang van mijn vagina aanraakte. Het was uitermate plezierig, maar ik kon dit gevoel niet langer dan een paar seconden verdragen en ik sloot mij er weer voor af.
> Toen ontspande ik weer en stond ik mijzelf opnieuw toe te ontvangen, en weer voelde ik hoe Pan met zijn penis mijn vagina streelde. Deze keer had hij, na enkele ogenblikken, een krachtige zaadlozing en zijn sperma spoot over mijn buik. Zijn penis was buiten mijn lichaam, maar ik kon toch voelen hoe een zoete energie mijn lichaam binnendrong en mijn buik en bekken vulde. Het voelde goed.
> In ontspande weer en gaf mij over aan het genot. Deze keer duwde Pan zijn penis bij mij naar binnen en hij vulde mij. Even aarzelde ik, maar toen besloot ik mijzelf helemaal aan de ervaring over te geven. Pans penis zwol op en drong helemaal door tot mijn hart. Ik voelde mij volkomen in bezit genomen door zijn kloppende penis en toen hij klaarkwam, werd mijn hele lichaam van zijn sperma verzadigd, dat in al mijn ledematen prikkelde, gloeide en bruiste. Het was een heerlijk gevoel van overgave aan mijn eigen genot en aan de dans van het leven. Toen het voorbij was, had ik het gevoel te zijn ingewijd in de seksuele magie en bovendien dat er iets in mij geheeld was.

Seksuele Wonden Helen

Nu je bent ingewijd als magiër, is de tijd gekomen om de 'smeltkroes van de magiër' in te gaan om alle wonden en blokkades, die een vrije stroming van je orgastische energie kunnen verhinderen, te helen. Deze belangrijke stap op de weg van de seksuele magie komt in het volgende hoofdstuk aan de orde.

HOOFDSTUK 3

DE SMELTKROES VAN DE MAGIËR

(SEKSUELE WONDEN HELEN)

Telkens als ik voor een gehoor of voor deelnemers aan een workshop een inleiding geef op de kunst van de seksuele magie, verbaas ik mij weer over de verscheidenheid aan reacties. Sommige mensen beschouwen seksuele magie als een weg naar steeds hogere en gelukzaliger bewustzijnsgebieden. Sommigen zien het als een manier om een orgastische, tantrische relatie met hun geliefde te krijgen. Maar voor sommigen heeft het ook iets duisters, iets gevaarlijks. Voor anderen roept het beelden op van onbeperkte macht en weer anderen beschouwen het als een krachtige methode voor hun persoonlijke groei en ontwikkeling.

In feite kan seksuele magie al deze dingen zijn, en zelfs meer. Bovendien is het van belang het geheel in ogenschouw te nemen en naast de lichte ook de 'donkere kanten' van je innerlijke pelgrimstocht te begrijpen.

Een seksuele magiër is iemand die weet hoe hij zijn bewustzijn kan verruimen door zijn seksuele kracht bewust te gebruiken en te sturen. Een toestand van verruimd bewustzijn is echter bijna onmogelijk te bereiken als wij de donkere kant van onszelf, de 'schaduwkant' van ons wezen, willen vermijden. Het is alsof wij, voordat wij op kunnen stijgen naar gebieden van hemelse gelukzaligheid en verlichting, eerst af moeten dalen in de onderwereld en onszelf confronteren met de demonen die zich verborgen houden in onze kelder, het onderbewuste gebied van onze geest. Anders zullen, op het moment dat wij onze afweermechanismen loslaten, de demonen hun lelijke gezicht laten zien en onze reis naar magie en gelukzaligheid verhinderen.

Om te ontdekken wie of wat deze demonen precies zijn en waarom zij besloten hebben naar de kelder te verhuizen, nodig ik je uit eens te kijken naar de manier waarop magie in populaire romans, in fantasieverhalen, films en op de TV doorgaans wordt voorgesteld.

Een favoriet thema van magische verhalen is de honger naar bovennatuurlijke kracht van individuen die in de categorie 'bad guys' vallen. Deze figuren worden afgeschilderd als gestoorde mensen, die in de greep zijn van een krankzinnige obsessie en die volkomen gewetenloos zijn in hun pogingen magische vermogens te verwerven.

Het stereotiepe beeld van deze magische ondersoort is dikwijls een aan grootheidswaanzin lijdende stakker, met woeste ogen, onverzorgd haar en een zwaar buitenlands accent, die demonische machten oproept om een aanzienlijk deel van de beschaafde wereld te vernietigen. Ondertussen wacht in een nabijgelegen hoekje een hulpeloos en wellustig meisje, vastgebonden en met een prop in haar mond, een afschuwelijk lot in de handen van deze door macht waanzinnig geworden magiër.

Maar wacht! Alles is nog niet verloren. Het meisje en de wereld worden nog net op tijd gered door tussenkomst van een uitermate aantrekkelijke en dappere 'good guy' of 'witte magiër'.

Menselijke liefde is een edel surrogaat voor goddelijke liefde en de kracht van de liefde dient als brug tussen de wereld der fenomenen en de spirituele werkelijkheid.

JEAN HOUSTON

Culturele archetypen van deze strijd tussen witte en zwarte magie zijn bijvoorbeeld de stripfiguren Batman en Robin en hun kleurrijke vijanden, zoals de Joker. Maar misschien is de beste - en waarschijnlijk de meest populaire - versie van deze mythologische strijd wel *Starwars*, de filmtrilogie waarin de geheimzinnige zwarte magiër Darth Vader de intriges van een Duivels Rijk organiseert en bovendien probeert Luke Skywalker, de held van de witte magie, over te halen de 'donkere kant van de macht' te kiezen.

Voor mij duidt de fascinatie die voor het grote publiek blijkbaar uitgaat van figuren als Darth Vader op een wijdverbreide overtuiging dat een van de belangrijkste 'demonen' die zich in onze gezamenlijke kelder verbergt onze neiging is misbruik te maken van macht. Deze neiging blijft absoluut niet beperkt tot de magie. Iedereen weet dat de meest welgemanierde bediende of klerk na een promotie razendsnel kan veranderen in een kleine Hitler en dit schijnbaar alomtegenwoordige verschijnsel kan ons ertoe brengen in te stemmen met Lord Actons opmerking dat 'alle macht corrupt maakt en absolute macht volkomen corrupt'. Dit is de reden dat mensen bang zijn voor magie, want magie versterkt in hoge mate de macht van het individu, en macht is een tweesnijdend zwaard: je kunt er zowel constructief als destructief gebruik van maken.

Als je vrijt, laat het dan een gebed zijn tussen jou, God en je Geliefde. Praat met je minnaar en vrij met hem, zoals je dat met God zou doen.

ELIZABETH KELLEY

Betekent dit dat iedere poging om de gesloten deuren naar onze magische kracht te openen eindeloos moet worden uitgesteld, uit angst dat er allerlei agressief, manipulatief of anderszins corrupt gedrag ontstaat?

Ik denk van niet. Bovendien heb ik het gevoel dat het belangrijk is dat mensen die een oprechte interesse in magie hebben en zich bevrijden willen van de beperkingen die hen door het algemeen verbreide bijgeloof wordt opgelegd, beter leren begrijpen wat er in henzelf verborgen ligt.

De neiging van mensen macht te misbruiken is op zichzelf niet werkelijk een kwaal. Het is slechts een symptoom van een probleem dat dieper ligt. In mijn ervaring is het verlangen naar macht over anderen in werkelijkheid een compensatie voor een gevoel van onvermogen of minderwaardigheid. Het is een openlijke demonstratie van kracht om gevoelens van onzekerheid te verbergen.

Deze onderliggende twijfel aan onszelf is de werkelijke wond. Als wij wijze en machtige magiërs willen worden, moet die wond geheeld worden. Als wij eenmaal een goed gevoel over onszelf hebben, als wij eenmaal geleerd hebben van onszelf te houden en onszelf hebben geaccepteerd, zal er geen sprake meer zijn van misbruik van onze magische krachten.

Wanneer deelnemers aan mijn workshops over seksuele magie hun angst tonen over het bevrijden van demonen die zich in hen schuilhouden, begeleid ik hen in een reeks oefeningen die hen helpen te zien wat er eigenlijk aan de hand is.

De volgende ervaring, die mij werd verteld door Roland, een jongeman die voor het eerst experimenteerde met magie, is kenmerkend voor wat een dergelijk zelfonderzoek kan opleveren.

> Toen ik mijn vooroordelen aan de kant had gezet en naar mijn diepste motieven en angsten keek, was ik verrast een tamelijk verontschuldigend kijkend individu te ontdekken dat, van top tot teen in verband gewikkeld, op krukken rondstrompelde, niet in staat ook maar een vlieg kwaad te doen.
> Ik herkende hem onmiddellijk: ik was het zelf. Het was mijn gewonde zelf, een symbolische weergave van alle twijfels en angstige voorgevoelens over mijzelf, die ik jarenlang zo zorgvuldig mogelijk voor anderen verborgen gehouden had. En toen ik eens wat beter naar dat gewonde individu keek, werd ik diep ontroerd. Ik wilde mij naar hem uitstrekken en hem helpen beter te worden, want ik kon zien dat onder al dat verband alleen maar een klein, hulpeloos en gewond jongetje zat.

Rolands beeld van een gewond kind is veelbetekenend, want ook al kunnen onze demonen allerlei vormen en iedere omvang aannemen - verlangen naar macht, woede, gewelddadigheid, hebzucht, angst, seksuele obsessie, listigheid, bedrog, enzovoort - allemaal hebben zij hun oorsprong in negatieve ervaringen die werden opgedaan gedurende de jaren dat wij nog kind waren. In die periode, toen wij nog heel jong, gevoelig en kwetsbaar waren, is de schade aangericht en is de wond ontstaan.

Om een magiër te worden, dienen wij onze wonden te onderkennen, ze te omarmen, ze naar het licht van begrip te brengen en ze te helen. Alleen dan zullen onze energiebronnen beschikbaar zijn voor magie.

In dit hoofdstuk gaan wij ons bezighouden met deze innerlijke genezing, zodat je, als je je innerlijke magiër kracht hebt gegeven om te handelen en je wonden zijn geheeld, klaar zult zijn om met volle overtuiging seksuele magie te bedrijven.

Gewond zijn: Goed Nieuws en Slecht Nieuws

Eerst het goede nieuws: wij zijn geboren in extase. Als baby zijn wij open, gevoelig en volledig in harmonie met onze eigen emoties. Wij zijn orgastische wezens en leven in een toestand van evenwicht met onszelf en het universum dat ons omringt.

Nu het slechte nieuws: deze gelukzalige zijnstoestand houdt niet lang stand. Binnen een paar jaar hebben wij het contact met onze natuurlijke extase verloren. We worden gespannen, gesloten en angstig. Onze energie raakt verstrikt in kunstmatige gedragspatronen, die liefde, vreugde en spontaniteit onmogelijk maken. Wij verliezen onze onschuld. Wij zijn uit de Hof van Eden van ons kind-zijn verstoten.

Waarom gebeurt dit? Robert Hoffman, stichter van het 'Hoffman Quadrinity Process' en een pionier op het gebied van de studie naar de oorsprong van onze negatieve gedragspatronen, stelt dat de oorspronkelijke kwetsuur bij ieder van ons dezelfde is: een diep gevoel dat er niet van je gehouden wordt. Hoffman zegt dat dit gevoel stamt uit onze jeugd en niet zozeer ontstaan is door verkeerde intenties van onze ouders, alswel door het feit dat zij dezelfde problemen hebben. Ook zij voelen dat er niet van hen gehouden wordt. En als zij geen liefde hebben, hoe kunnen zij die ons dan geven?

Als je terugkijkt op je eigen jeugd, zul je je waarschijnlijk allerlei manieren herinneren waarop je als kind de pijn van het niet geliefd zijn ervaren hebt: gebrek aan aandacht op belangrijke momenten, kritiek die opbouwend bedoeld was, maar die je eigenlijk kwetste, onuitgesproken of openlijke vijandigheid tussen je ouders, in ongunstige zin vergeleken worden met andere kinderen, enzovoort.

Als kind was je zo gevoelig en kwetsbaar, dat de pijn die door deze gebeurtenissen veroorzaakt werd, verwoestend werkte. Je zoog de negatieve boodschappen op als een spons die in het water valt. Zelfs als deze boodschappen niet direct aan jou gericht waren, pikte je ze toch op.

"Er komt van jou nooit iets terecht."

"Je doet nooit iets goed."

"Jij verdient het niet aardig gevonden te worden."

"Zit niet met je handen in je broek. Schaam je je niet?"

"Je zusje deed het veel beter."

"Jouw broer is veel slimmer."

"Jij deugt gewoon niet."

Dit overkomt ons allemaal. Als kind raken wij, telkens als wij opnieuw de pijn ervaren van niet geliefd te zijn, van niet geaccepteerd te worden zoals we zijn, in een shocktoestand. In een instinctieve reflex om de pijn te stoppen krimpen wij lichamelijk, emotioneel en energetisch ineen. Spieren worden gespannen, emoties worden weggeduwd en onze energiestroom raakt gestremd of geblokkeerd. Na verloop van tijd, na herhaalde kwetsuren, wordt deze toestand van verkramping chronisch.

Bovendien hebben wij een wanhopige behoefte aan de liefde van onze ouders en al snel verloochenen wij onze ware identiteit en schamen wij ons voor wie wij werkelijk zijn. In plaats daarvan proberen wij, om de liefde van onze ouders te herwinnen, te voldoen aan een of ander beeld van het 'ideale kind' - misschien proberen we net zo te zijn als een ouder broertje of zusje, als een held uit een kinderverhaal of als een buurmeisje. Hierdoor raken wij nog meer van onszelf, onze emoties en onze natuurlijke energiebronnen vervreemd.

Blokkades in de Seksuele Energiestroom

De beproevingen en trauma's die wij als kind doormaakten hebben een grote invloed op ons gedrag als volwassene, met name op een gevoelig gebied als onze seksualiteit. Stel je voor, jij en je geliefde hebben op een avond besloten te gaan vrijen en in het begin lijkt alles prachtig te gaan. De seksuele energie stroomt, het genot verdiept zich en jullie genieten van het liefdesspel dat zich ontvouwt.

Dan gebeurt er iets - een verkeerd woord, een verkeerde beweging of gebaar, afleiding in de vorm van de telefoon die gaat of lawaai in een andere kamer - en alle elektrische stromen van jullie beider seksuele energie worden plotseling geblokkeerd. Jullie houden elkaar nog vast, maar de energiestroom is door een onzichtbare hand afgesloten. Schijnbaar om de meest onbenullige reden is de hele sfeer, de hele seksuele stemming waarin jullie verkeerden, abrupt verdwenen.

Is jou dit ook wel eens overkomen? Zo ja, dan ben je niet de enige. Het is een van de meest voorkomende problemen bij paren waar ik mee werk.

Door op een liefdevolle manier het volledige spectrum van onze ervaringen - menselijke en goddelijke - te accepteren, kunnen wij de scheiding opheffen die bestaat tussen Geest en vorm, zowel in onszelf als individu, als in de wereld als geheel.

SHAKTI GAWAIN

Veel geliefden weten niet waarom dit gebeurt en bij vergissing geven ze elkaar de schuld van de onderbreking of zij voelen zich er persoonlijk verantwoordelijk voor en gaan het zichzelf verwijten. De waarheid is echter dat niemand er schuld aan heeft. Beide partners zouden juist moeten leren begrijpen dat een of andere innerlijke wond is aangeraakt, waardoor de kanalen waardoor de seksuele energie stroomt, geblokkeerd raken.

Een andere veelvoorkomende vorm van verwonding openbaart zich in de vorm van negatieve mentale instellingen die mensen hebben voordat ze gaan vrijen. Deze zijn bijvoorbeeld: 'ik ben bang dat zij niet opgewonden raakt' of 'ik kan hem niet voldoende prikkelen' of 'het zal wel niet veel worden, want ik ben te moe'. Ons denken fabriceert allerlei excuses en scenario's om de onderliggende angst te rechtvaardigen dat 'er niet veel van terecht zal komen'.

Veel mensen raken in de war en gefrustreerd door deze mentale sabotage, want ze willen vrijen, ze verlangen naar plezierige ervaringen, maar juist als het vooruitzicht van seksueel genot er is en ze de opwinding daarover gaan voelen, is daar opeens die negatieve houding. Zij realiseren zich niet dat de seksuele energie die in hen wakker wordt diepgewortelde angsten en twijfels over henzelf in beweging brengt, die zij al sinds hun kind-zijn met zich meedragen.

Als wij volledig toegang willen krijgen tot onze seksuele energie en deze willen gebruiken voor magie, dan dienen deze seksuele blokkades en negatieve houdingen, die afkomstig zijn van de 'schaduwkant van ons wezen', geheeld te worden.

Een Holistische Benadering Van Magie

Er zijn natuurlijk veel mensen geweest die seksuele magie bedreven hebben zonder hun demonen, hun schaduwkant, te helen. Als ik echter even denk aan enkelen van de meeste bekende seksmagiërs, zoals Pascal Beverly Randolph en Aleister Crowley, dan is het duidelijk dat zij hun magische vermogens ontwikkeld hebben, althans gedeeltelijk, als compensatie voor onopgeloste innerlijke conflicten, gevoelens van minderwaardigheid of tekortschieten die zij niet onder ogen wilden zien.

Hier schuilt het gevaar dat je verslaafd raakt aan magie of er afhankelijk van wordt, omdat zij je het gevoel van macht geeft, dat je mist. Het is een feit dat Crowley duidelijke eigenschappen van een verslaafde persoonlijkheid vertoonde en voor de handhaving van zijn verruimde bewustzijnstoestand afhankelijk was van drugs. En Randolph verviel in depressie en wanhoop toen zijn magische organisatie door negatieve publiciteit in diskrediet was gebracht, een aanwijzing voor het feit dat zijn status als magiër van groot belang voor hem was en een compensatie vormde voor een fundamenteel gebrek aan eigenwaarde.

Als seksuele magie op de juiste wijze beoefend wordt, omvat zij een holistische benadering van het leven, die lichaam, hart, geest en spiritualiteit integreert en de genezing van alle aspecten van de menselijke geest inhoudt. Er is dan geen noodzaak voor je gevoel van eigenwaarde of welzijn afhankelijk te worden van magie. In plaats daarvan wordt de weg door de seksuele magie een authentiek gebaar van zelftransformatie.

Vanuit deze holistische basis kan seksuele magie de deur openen naar wat ik 'hogere seks' noem, de kunst om op een natuurlijke manier 'high' te worden, het bewustzijn uit te breiden, zodat seks een uiting wordt van onze spiritualiteit. Op die manier kunnen wij de kunst leren beheersen waardoor onze seksualiteit weer vergeestelijkt kan worden; dat is ware magie.

Rolpatronen: Zelfverkrachting en 'Angstige Presteerders'

Allerlei negatieve ervaringen kunnen in verband gebracht worden met aangeleerde rolpatronen, die een sterke invloed hebben op ons vermogen seksueel genot en orgasmen te ervaren.

Een veel voorkomend negatief patroon bij vrouwen is de neiging hun eigen seksuele gevoelens te negeren ten gunste van de man, vooral om zijn ego, zijn gevoel van viriliteit en zijn mannelijke kracht te bevestigen. Dit gaat ten koste van haar genot, dat op de tweede plaats komt te staan. Dit doet onvermijdelijk afbreuk aan de natuurlijke seksuele energiestroom van de vrouw en ontneemt haar haar orgastische genot en ontlading.

De meest voorkomende seksuele wonden bij vrouwen, zo merk ik in mijn werk, zijn verkrachting, incest en seksueel misbruik in de kindertijd en overheersing door een agressieve vriend of echtgenoot. Maar ook als een vrouw 'ja' zegt tegen de daad, kan zij problemen voor zichzelf scheppen. Als regel kan men stellen dat een vrouw, elke keer als zij, zwichtend voor kracht of om andere redenen, voortijdig gemeenschap heeft en daardoor haar eigen bereidheid en genot negeert, zich schuldig maakt aan een soort zelfverkrachting, die waarschijnlijk de gevoeligheid van haar geslachtsdelen vermindert en de stroom van haar seksuele energie inperkt.

Daarnaast kunnen ervaringen met een moeilijke geboorte of een pijnlijke abortus haar geslachtsorganen en zelfs haar hele bekkengebied onder zware druk zetten, zodat haar gevoeligheid en haar vermogen tot orgasme verminderen.

Om niet de indruk te wekken dat man zijn, vergeleken met de risico's van het vrouw zijn, een fluitje van een cent is, zijn er de laatste jaren verschillende schrijvers geweest die met steekhoudende argumenten komen voor het tegendeel en de aard van wijdverbreide mannelijke seksuele problemen aan het licht brengen.

Bernie Zilbergeld beweert in zijn boek *The New Male Sexuality* dat mannen in onze cultuur over een gevaarlijk smal richeltje langs een diepe afgrond moeten lopen, willen zij hun gevoel van mannelijkheid niet verliezen. Hij zegt: "Er is niet veel voor nodig - misschien maar één foutje of één teken van zwakte - om je plaats in de onaantastbare kring der mannen te verliezen."

Zilbergeld laat de mannen voor zichzelf spreken. Een man van zesendertig vertelt:

> Ik hoorde dat meisjes het moeilijker hadden, maar ik was het daar niet mee eens. Opgroeien was een hel: voortdurend die gigantische druk, presteren op school, goed zijn in sporten, het beeld van mannelijkheid ophouden en nooit een gevecht uit de weg gaan, en het later goed doen bij de meisjes - net doen alsof je alles van seks weet en 'het' regelmatig doet. Ik heb vaak gewild dat iedereen me met rust liet. Ik weet niet hoe ik het anders had moeten doen, maar alles was beter geweest dan dit.

Een van de meest voorkomende verwondingen bij mannen wordt door Zilbergeld aangeduid met 'angstige presteerder': hij is bang dat hij het 'niet goed kan', zodat hij heel gespannen raakt, vooral rond zijn geslachtsdelen, zich uitsluitend concentreert op de prestatie en zichzelf daarmee afsnijdt van zijn eigenlijke, seksuele energie. Daarnaast is er tegenwoordig een trend bij mannen om zich zoveel zorgen te maken over het orgasme van hun partner, dat zij totaal vergeten aan hun eigen genot te denken.

De Crimineel en de Politieman

Voordat ik op de specifieke patronen van seksuele verwonding inga, zou ik twee verhalen willen vertellen die mij door deelnemers aan mijn workshop seksuele magie verteld werden. Deze verhalen werpen licht op het terrein dat wij gaan betreden.

> *Wie kan geliefden de wet stellen?*
> *De liefde stelt zichzelf de hoogste wet.*
>
> Boëtius
> *De troost der wijsbegeerte*

Het eerste verhaal gaat over George, een journalist van zevenendertig jaar, die seksuele problemen had in zijn relatie met Lynne, zijn partner in de seksuele magie. Toen ik in de groep waarin hij zat het delicate onderwerp van seksuele verwonding aansneed, gaf George dapper toe dat hij nooit het gevoel had bij het vrijen helemaal betrokken te zijn. Hoe goed het ook ging, ergens had hij het gevoel dat zijn energie de kop werd ingedrukt, werd tegengehouden. George meende dat het niets met Lynne te maken had, maar met zijn eigen instelling en opvoeding.

Gedurende de daaropvolgende dagen begeleidde ik de groep in een reeks oefeningen, die de bedoeling hadden krachtige energie op te wekken in het bekken en deze energie door het lichaam te laten circuleren. Tijdens de tweede nacht werd George rond half vier wakker uit een heel levendige droom.

Hij droomde dat hij vocht met een crimineel, die ergens onder de grond in een soort riool leefde. Toen hij op een avond langs een slecht verlichte straat liep, besprong de crimineel hem en ze vochten lang en hevig met elkaar. Na een poosje had George het idee dat hij de crimineel de baas was, maar dat bleek niet zo te zijn: zodra hij de man er niet meer met fysieke kracht onder hield, werd hij opnieuw gevaarlijk.

Plotseling zag George aan het andere eind van de straat een politieman staan. Hij riep hem om hulp en de politieman kwam aangerend. De crimineel zette het op een lopen en de politieman zette de achtervolging in. Tot zijn grote verbijstering zag George hoe de crimineel zich toen omdraaide, een mes trok en de keel van de politieman doorsneed, die dood neerviel. Toen voelde George dat hij geen enkele bescherming meer had tegen de crimineel en vroeg zich af wat hij zou doen als.... Hij werd wakker.

George zat in bed en voelde zich bedreigd, angstig. Hij ademde snel en zweette. Hij had het gevoel dat hij innerlijk gespleten was.

Toen de indruk die de droom op hem gemaakt had, wat wegebde, sloot hij zijn ogen en werd zich al snel bewust van een gloeiende warmte in zijn geslachtsdelen. De warmte verspreidde zich door zijn bekken en zijn buik, waar een scherpe pijn ontstond, alsof er een pijl in zijn maag stak. De pijn werd zo hevig dat hij Lynne, zijn vriendin, wakker maakte. Zij masseerde zachtjes zijn maag en na een paar minuten nam de pijn af, maar tot zijn spijt ook het warme gevoel van zich uitbreidende energie in zijn geslachtsdelen.

George kreeg een paar dagen later een inzicht en het werd hem duidelijk dat de crimineel en de politieman twee aspecten waren van zijn eigen seksuele energie, die met elkaar in conflict waren. De politieman stelde de strenge, puriteinse houding voor die hij had aangenomen tijdens zijn fundamentalistisch religieuze opvoeding in Texas, terwijl de crimineel het symbool was van zijn verlangen diep en in alle vrijheid in de seksualiteit te duiken.

> *Liefde en meditatie zijn als twee vleugels. Een vogel kan met één vleugel niet vliegen, maar dat is precies wat de mens gedurende eeuwen geprobeerd heeft. Hij heeft voor de liefde gekozen en meditatie vergeten, of hij heeft meditatie gekozen en de liefde verworpen.*
>
> OSHO

Georges seksualiteit was tijdens zijn puberteit zwaar veroordeeld en onderdrukt, zodat deze als een crimineel ondergronds moest voortleven. Toen kwam het bij hem op dat de crimineel niet met hem vocht om hem te doden, maar om geaccepteerd en erkend te worden als iemand die het recht heeft te leven buiten het riool waartoe hij veroordeeld was. Vanuit dit gezichtspunt was de dood van de politieagent geen bedreiging maar een bevrijding, een gelegenheid om zijn eigen seksualiteit te aanvaarden - vandaar het gevoel van gloeiende, warme energie dat zich door zijn bekken verspreidde.

Ik feliciteerde George met zijn nieuwe inzicht en moedigde hem aan door te gaan met de oefeningen die hij in de workshop geleerd had en die hem hielpen zijn seksuele energie de vrijheid te geven en tot uitdrukking te brengen. Het resultaat was een indrukwekkende ommekeer en een blijvende verbetering in zijn vermogen seksueel genot te geven en te ontvangen.

DE ECHTGENOOT EN DE MINNAAR

Mijn tweede verhaal gaat over Camille, een uit Frankrijk afkomstige schoonheidsspecialiste van eenendertig, en Mark, haar Amerikaanse echtgenoot. Ze kwamen naar een van mijn workshops tijdens de naweeën van een hevig emotionele situatie, die was ontstaan doordat Camille, ondanks haar gehechtheid aan Mark, tijdens een bezoek aan haar familie in Zuid- Frankrijk, had gevreeën met een andere man.

Camille was helemaal weg van Jean-Paul, een vriend van haar broer, en op een avond, na afloop van een gezellig diner bij haar ouders thuis, kon ze de verleiding niet meer weerstaan. Camille herinnert zich:

> Ik had me die avond enorm goed vermaakt en alles leek heel onschuldig en plezierig. Jean-Paul lokte mij heel vaardig weg van de anderen, naar de studeerkamer van mijn vader. Tijdens het begin van een vriendschappelijke omhelzing had hij de bandjes van mijn jurk al van mijn schouders geduwd en weldra streelde en kuste hij mijn borsten. Ik was al halfnaakt voordat ik er erg in had en hoewel ik omstandig probeerde Jean-Paul weg te duwen, wilde ik eigenlijk niet dat hij ophield. Mijn lichaam tintelde van dezelfde seksuele opwinding die ik tijdens mijn eerste ontmoetingen met Mark had gevoeld.
> Ik had wat gedronken, maar ik hield Jean-Paul lang genoeg af om hem te kunnen vragen een condoom te gebruiken. Hij verzekerde mij dat hij dat doen zou, pakte me toen op, legde me pardoes op het eikehouten bureau van mijn vader en trok de rest van mijn kleren uit. Op dat moment liet ik al mijn gereserveerdheid varen, sloeg mijn benen om zijn middel en hielp hem zelfs bij mij naar binnen. Ik denk dat hij geen erg attente minnaar was, maar de opwinding van het moment - vrijen in het huis van mijn ouders, terwijl de deur van de studeerkamer niet eens op slot was - maakte dat meer dan goed.

De volgende dag vertrok Camille naar Seattle, waar Mark haar op het vliegveld opwachtte. Eerst wilde ze er niet met hem over praten, maar tijdens de rit naar huis begon ze zich zo bezwaard te voelen, dat ze in tranen het hele verhaal eruit gooide.

"Ik werd overmand door onvoorstelbare gevoelens van angst, schaamte en schuldgevoel toen ik Mark uitlegde wat er gebeurd was," zei Camille. "Mark luisterde rustig, maar ik kon zien dat hij behoorlijk overstuur was. En ik voelde me dubbel ellendig, omdat ik besefte hoezeer ik hem gemist had en hoe blij ik was weer thuis te zijn."

Op het eerste gezicht is dit geen verhaal over seksuele verwonding, maar over een voorbijgaande seksuele impuls. Toen ik Camille aanmoedigde de kwestie dieper te onderzoeken, veranderde het plaatje.

Hoewel Camille heel veel van Mark hield, moest ze toegeven dat hun liefdesleven haar al een jaar niet meer seksueel bevredigde. Meestal had ze het gevoel dat het vrijen te snel plaatsvond en haar niet voldoende tijd gaf om haar genot 'van de grond te krijgen', omdat Mark al weer 'geland' was.

Toch voelde ze zich niet in staat om over dit probleem met Mark te praten. In plaats daarvan verviel ze in de gewoonte te proberen het hem naar de zin te maken en in bed 'ja' tegen hem te zeggen, in de hoop dat haar eigen verlangens uiteindelijk toch vervuld zouden worden. Maar dat werkte niet. Ze wist zich door Mark bemind, maar seksueel raakte ze steeds meer gefrustreerd.

"Het duurde een poosje eer ik mij realiseerde dat onder dat alles mijn eigen onvermogen lag Mark te vragen wat ik wilde," zei Camille. "Mijn vader was vroeger erg overheersend en ook tamelijk gewelddadig, en het was bijna onmogelijk mijn eigen verlangens, behoeften en meningen duidelijk te maken. Feitelijk gaf ik het op hem ergens om te vragen, hoewel ik als een gek zijn goedkeuring probeerde te krijgen door kleine dingetjes te doen waarvan ik wist dat hij ze prettig vond.

Mijn moeder gaf mij het voorbeeld van een grote onderwerping, plaatsmaken voor de man, alles verdragen voor de lieve vrede in huis en ik moet deze rol onbewust hebben overgenomen toen ik met Mark trouwde."

Toen zij verder zocht, realiseerde Camille zich ook dat zij bang was voor Mark, ook al was hij een vriendelijke, zachtaardige en attente man, die zelden zijn geduld verloor en nooit gewelddadig was. Ook dit kon zij terugvoeren op de gekwetste relatie met haar vader.

De enige manier om aan verleiding te ontkomen, is eraan toegeven.

OSCAR WILDE

Toen het patroon eenmaal was blootgelegd, was Camille met hulp van Mark in staat een begin te maken met het helen van de wond. Ze begon met het uiten van haar seksuele behoeften en verlangens, en dat was voor Mark een aanmoediging om duidelijker te zijn ten aanzien van zijn eigen behoeften. Na een periode van een aantal weken bereikten zij een nieuw niveau van intimiteit, dat gepaard ging met een hernieuwd seksueel enthousiasme.

Ze besloten ook een tantrisch ritueel te doen, dat ik hun voorstelde als manier om hun seksuele wonden te helen en als magische minnaars hun liefde en steun voor elkaar tot uitdrukking te brengen. Dit belangrijke en uitdagende genezingsritueel, dat ik de 'schaamteoplosser' noem, komt verderop in dit hoofdstuk aan bod.

NEGATIEVE PATRONEN IN SEKSUELE RELATIES

Om je een idee te geven van de verbanden die er bestaan tussen negatieve ervaringen als kind en seksueel gedrag op volwassen leeftijd zal ik een aantal kenmerkende patronen van verwonding beschrijven. Deze voorbeelden vormen absoluut geen volledige lijst - die zou een heel boek beslaan, misschien zelfs meer - maar ze bieden je wel een globale leidraad bij het onderzoeken van je eigen vroege ervaringen en hoe die je latere liefdesleven beïnvloed hebben.

1. Niet totaal aanwezig zijn

Als je bent opgegroeid in een gezin waar een van beide ouders niet zorgzaam of liefdevol was - er niet zijn als je ze nodig had, geen tijd nemen om echt naar je te luisteren, de hele dag afwezig zijn in verband met werk. Dit kan resulteren in het onvermogen met je hele wezen betrokken te zijn bij seksuele ervaringen.

Het kan er de *schijn* van hebben dat je betrokken bent bij het vrijen, maar mentaal en emotioneel houd je afstand. In wezen vertrouw je je partner niet voldoende om er dieper in te gaan.

Volkomen opgaan in de plezierige gewaarwordingen van het vrijen houdt in dat je met je geliefde versmelt, dat je in de ander opgaat, maar dat voelt bedreigend, want pogingen om als kind je hart open te stellen werden afgewezen door de ouder die niet beschikbaar was. Als gevolg hiervan ben je gekwetst. Nu voel je: "Ik moet goed op mezelf passen. Ik moet er niet te veel bij betrokken raken."

2. Eigen seksuele behoeften ontkennen

Als je als kind door je ouders werd afgewezen, zal het resultaat daarvan onvermijdelijk een gering gevoel van eigenwaarde zijn.

Misschien ben je als meisje geboren, terwijl je vader en moeder een jongetje wilden. Of misschien ben je geboren als jongetje, maar heb je nooit kunnen voldoen aan de verwachtingen die je ouders van je hadden. Onder dergelijke omstandigheden voel je instinctief dat je ouders in je teleurgesteld zijn en probeer je hun liefde te winnen door steeds behulpzaam, gedienstig en beschikbaar te zijn.

In je latere leven uit zich dit in de gewoonte te willen zorgen voor je partner, terwijl je je eigen behoeften en verlangens onderdrukt en ieder gevoel van ontevredenheid ontkent. Tijdens het vrijen zeg je tegen jezelf: "Nee hoor, ik vind het niet erg om geen orgasme te krijgen," of "Als je vanavond niet wilt vrijen, is mij dat best," terwijl je het heerlijk zou vinden naar de hoogste toppen van hartstocht en seksuele voldoening gevoerd te worden.

Je vindt het moeilijk om emotioneel gevoed te worden door anderen. Als je ergens om geprezen wordt of overstelpt wordt met liefde, kun je je acuut onbehaaglijk gaan voelen.

3. Problemen met aangeraakt worden

Als je bent opgegroeid in een gezin waar elkaar aanraken taboe was of zeer mondjesmaat werd toegestaan, zul je je later waarschijnlijk niet op je gemak voelen bij de lichamelijke nabijheid van iemand anders en bij langdurig sensueel contact, zoals omhelzingen en kussen.

Wanneer het vrijen een climax beleefd heeft, heb je de neiging het lichamelijk contact te verbreken of je dwingt jezelf lichamelijk dichtbij te blijven, terwijl je mentaal afstand neemt.

Lichamelijke intimiteit betekent voor jou een lastig parket, waardoor andere vormen van intimiteit eveneens problematisch worden. Het belangrijkste afweermechanisme is hier onverschilligheid laten zien. Eigenlijk zeg je nog steeds tegen je ouders: "Kijk eens, ik vind het helemaal niet erg dat je me niet vastpakt. Het doet me niets." Deze houding schept een beschermend omhulsel, waar je partner moeilijk doorheen kan dringen.

4. Passief maar verslaafd aan vrijen

Als je bent opgegroeid in een gezin waar je dikwijls het gevoel werd gegeven tekort te schieten, kun je een gedragspatroon ontwikkeld hebben dat bekend staat als 'passief/actief'.

In antwoord op vroegere boodschappen die zeggen dat 'er nooit iets van je terecht zal komen', dat je 'niet deugt', dat je niet eens 'je best doet' of 'het helemaal niet waard bent', geef je de strijd om te slagen op en trek je je terug achter een muur van passiviteit. In een seksuele context breng je zelden naar voren wat je nodig hebt of wat je wilt. Je strategie is de ander alles te laten doen.

Tegelijkertijd ben je verslaafd aan seksueel contact en wil je er steeds meer van. Je wilt de seksuele ervaring voortdurend herhalen, omdat jouw passiviteit je nooit de gelegenheid geeft volledig bevredigd te worden. Zo kun je een seksmaniak worden, die voor zijn genot afhankelijk is van zijn partner, terwijl je de eerste stap om genot voor jezelf te 'nemen', nooit zetten wilt.

Als je goed luistert, kun je ergens diep in je hoofd een stemmetje horen dat zegt: "Was dat een signaal? Gaat hij een stap zetten? Laat ik maar wachten tot hij duidelijk maakt wat hij wil."

5. Ik ben niet goed genoeg

Dit is een veel voorkomend patroon - ik noem het een basispatroon - waaruit verschillende zelfdestructieve gedragspatronen kunnen voortkomen.

Als kind ontwikkel je het gevoel 'ik ben niet goed genoeg' als reactie op de pijnlijke ervaring vergeleken te worden met andere kinderen of doordat je niet voldoet aan het beeld van een 'ideaal kind' dat je ouders je voorhouden.

In een seksuele context manifesteert dit basispatroon zich als het onvermogen te vragen om wat je wilt - het verhaal van Camille vormt hier een illustratie van. Dit patroon blijkt ook uit de angst om je over te geven aan je eigen genot, die voortkomt uit een vooropgezet idee dat het wel weer niets zal worden.

Je hebt een diepgeworteld gevoel van berusting, van 'ach, zo is het nu eenmaal en het heeft geen zin te proberen er iets aan te veranderen; ik zal wel nooit een orgastisch persoon worden en daarmee is de kous af'.

Je patroon is: vanuit gewoonte teleurgesteld zijn. En daarmee versterk je je kijk op het leven, de benadering van de 'arme ik', van de 'martelaar'. In je denken ligt altijd ergens een seksueel fiasco op de loer en de kans dat er iets misgaat, wordt daardoor aanmerkelijk groter.

6. Seks benaderen vanuit angst

Als je bent opgegroeid in een gezin waarin de sfeer werd bepaald door angst en zorgen of waarin je ouders lichamelijk ruw waren of altijd tegen elkaar schreeuwden, dan kun je het moeilijk vinden je ontspannen over te geven aan de natuurlijke stroom van het vrijen.

Je steekt heel veel energie in 'je best doen'. Je kunt overactief zijn of overmatig bezorgd over je techniek, zodat je in het vrijen mechanisch wordt en nogal star. Ook kun je geobsedeerd worden door de vraag of je partner wel een orgasme heeft gehad en zo aan je eigen behoefte aan genot voorbijgaan.

Zelfs als je partner straalt van genot en bevrediging kun je jezelf zorgelijk horen zeggen: "Ja, maar misschien kon het nog beter zijn, als ik..." of "De volgende keer moet ik eraan denken dat..."

Je hebt over het algemeen het gevoel dat je, om seksuele bevrediging te vinden, obstakels moet overwinnen. Mannen hebben de neiging te vroeg klaar te komen, omdat ze gevangen zitten tussen het sterke verlangen naar ontlading en een onvermogen hun opwinding vast te houden.

Het Niet Waard Zijn: Een Obstakel voor Seksuele Magie

Hoewel dit hoofdstuk gaat over het helen van seksuele wonden om je orgastisch vermogen te vergroten, is er nog een reden waarom deze genezing zo belangrijk is.

Een van de grootste struikelblokken voor het verwezenlijken van doelen met behulp van magie is een fundamenteel gevoel van 'het niet waard zijn', het basispatroon van niet goed genoeg zijn, dat ik zoëven beschreven heb.

Deze hindernis is van grote betekenis, want meer dan iets anders kan juist dit magie onmogelijk maken.

Je verlangen je leven te transformeren kan nog zo sterk zijn, je magische rituelen en ceremoniën kunnen met de grootste precisie worden uitgevoerd, maar als je niet gelooft dat je waard bent wat je wilt verwezenlijken, saboteer je zonder meer al je magische pogingen.

Waarom? Omdat de innerlijke gespletenheid tussen wat je wilt en wat je denkt te verdienen je energie verdeeld houdt. Die gespletenheid voorkomt dat je al je energiebronnen kunt benutten en kunt concentreren op een doelgerichte creatieve daad. Een deel van je energie zal tegen je wensbeeld ingaan en het je onmogelijk maken het verlangde doel te bereiken.

Dit probleem wordt nog verergerd door het feit dat het deel van onze psyche dat ons magische wensbeeld saboteert - "Het is niet goed; het lukt mij nooit" - doorgaans verborgen blijft voor ons onmiddellijke bewustzijn en zich schuilhoudt in de diepere lagen van ons onderbewuste.

De Smeltkroes van de Magiër

Hoe kunnen wij deze wonden, deze negatieve patronen genezen? Waar moeten wij beginnen als wij de schade die ons in onze jeugd is toegebracht, willen verhelpen?

De eerste stap is in alle eerlijkheid en oprechtheid kijken naar de manier waarop de negatieve patronen ons leven hebben aangetast. Wij dienen te zien op welke manier wij onszelf afsnijden van onze gevoelens en onze seksuele energie, als middel om ons tegen pijn te beschermen. Wij moeten de moed opbrengen op een spontanere, natuurlijker en oorspronkelijker manier uiting te geven aan wie wij werkelijk zijn.

Dit betekent dat wij moeten erkennen wat wij voelen en het delen, het uiten, ongeacht of wij dan bang worden, ons ervoor schamen of ons erdoor in verlegenheid gebracht voelen. Wij moeten het risico durven nemen weer kwetsbaar te zijn, door de beschermende lagen van ons pantser heen breken en niet langer bereid zijn op safe te spelen, want safe spelen in deze context staat gelijk aan emotionele en seksuele afsluiting.

Alleen door deze risico's te nemen kunnen wij onszelf weer verbinden met onze natuurlijke, orgastische energiebronnen en die weer activeren, zodat de energie weer in beweging kan komen en ons kan helen. Daardoor kan onze levensvreugde weerkeren en kunnen wij stap voor stap opnieuw verbonden worden met het extatische zelf dat wij kenden toen wij voor het eerst op deze wereld kwamen.

Ten slotte moeten wij leren begrijpen dat alle ingesleten weerstanden tegen liefde, seksualiteit en genot in feite weerstanden zijn tegen onze ware aard.

Het zuiveringsproces: het helen en transformeren van onzuiverheden (gesymboliseerd door hagedissen en slangen) in licht en helderheid

Ik heb dit hoofdstuk 'de smeltkroes van de magiër' genoemd, omdat die je kan helpen bij het scheppen van een intense, spannende en provocerende situatie. Deze situatie heeft - net als de borrelende ketel van de heks of de oven van de alchemist - ten doel je oude angsten, schaamte en schuldgevoelens naar boven te halen en weg te branden, zodat je seksuele energie weer beschikbaar komt voor orgasme en magic.

De smeltkroes kan je met name helpen de drie meest voorkomende gebieden te helen die de stroom van je seksuele energie belemmeren:

- Ontkenning van je seksuele behoeften
- De neiging bij het vrijen niet totaal aanwezig te zijn
- Het gevoel niet goed genoeg te zijn

Dit ingrijpende, krachtige proces wordt gepresenteerd in de vorm van drie oefeningen, waarvan de volgende steeds op de voorafgaande voortbouwt.

Eerst zal ik je begeleiden in het 'verankeren van je magische zijnstoestand', zodat je je gemakkelijker herinnert dat je in je leven al magische momenten van extase hebt meegemaakt. Dit geeft je de steun en de moed om naar de schaduwkant van je wezen te kijken.

Vervolgens nodig ik je uit voor je partner een striptease te doen en de moed te hebben je lichaam op een seksuele, erotische manier aan je partner te tonen, zodat je gevoelens van schaamte, schuld of angst die je met lichamelijkheid en seksualiteit associeert, doorbreekt.

Ten slotte doen we een oefening die ik de 'schaamteoplosser' noem, waarin je je geslachtsdelen aan je partner toont en negatieve gevoelens blootlegt die verband houden met je geslachtsdelen en met het ontvangen van genezing, waardering en respect.

Via deze drie oefeningen ga je in opeenvolgende stappen van het goddelijke in je naar je lichaam en van je lichaam naar je geslachtsdelen, en creëer je een intense, alchemistische smeltkroes voor magische transformatie en genezing.

JE MAGISCHE ZIJNSTOESTAND VERANKEREN

Doel en nut van de oefening

Deze oefening zal een brede basis leggen van positieve ervaringen, van waaruit je negatieve houdingen en gevoelens kunt onderzoeken.

In sommige tantra-scholen bestaat een basisleer die zegt dat zoekers op het pad van zelftransformatie aangemoedigd dienen te worden zich extatische ogenblikken en magische momenten uit hun leven te herinneren.

> *In de liefde bestaan geen vragen en worden geen vragen gesteld. Liefde is spontane vreugde.*
>
> ANONIEM

Als je een positieve ervaring uit het verleden verankert in het heden, geef je jezelf het vermogen en de mogelijkheid op elk gewenst moment deze ervaring op te roepen, zodat je gemakkelijker een goed gevoel kunt creëren over jezelf en je eigen seksualiteit, en gemakkelijker kunt voelen dat je magisch, creatief en vol vertrouwen bent. Bovendien geeft de wetenschap dat je het vermogen tot extase bezit je de moed minder aangename ervaringen die je op de innerlijke reis kunt tegenkomen, onder ogen te zien.

Deze oefening heeft de vorm van een geleide fantasie en neemt je mee terug in de tijd naar een moment waarop je in je leven diepe tevredenheid, grote extase of grootse magie ervaren hebt.

Je treedt op je eigen manier met deze magische ervaring in contact. Die manier kan kinesthetisch zijn, door middel van gevoelens en gewaarwordingen in je lichaam, of visueel, door middel van mentale beelden en imaginatie, maar het kan ook door middel van gedachten, smaak of reuk. Wat je ook kiest, het is jouw manier en daarom is hij voor jou de juiste.

Voorbereidingen

- Je kunt deze oefening alleen doen of met je partner.
- Breng je magische cirkel in gereedheid.
- Trek je magische gewaad aan.
- Je kunt de oefening doen door een bandje te maken van de richtlijnen en dat af te spelen, terwijl je zelf de oefening doet.
- Je kunt met je partner afwisselen en elkaar begeleiden.
- Je kunt de richtlijnen ook memoriseren door ze twee of drie keer door te lezen.
- Je kunt zachte, kalmerende achtergrondmuziek gebruiken.
- Trek voor deze oefening vijftien tot twintig minuten uit.

Werkwijze

Stap je magische cirkel binnen.

Ga gemakkelijk zitten, sluit je ogen en begin diep en langzaam adem te halen. Met iedere uitademing voel je dat je spanningen en mentale bezigheden loslaat.

Naarmate je lichaam zich ontspant, stel je je voor dat je in een bioscoop zit, vlak voordat de voorstelling begint. Je zit voor een wit doek, dat je zou kunnen zien als de neutrale, witte of zwarte ruimte achter je gesloten ogen.

Terwijl je diep ademhaalt en helemaal ontspannen bent, vraag je aan je geheugen beelden, gevoelens en gedachten voort te brengen die verband houden met een speciale gelegenheid waarbij je aan het vrijen was. Als je je een dergelijke gelegenheid niet herinneren kunt, laat het dan een herinnering aan een andere intens sensuele, plezierige gebeurtenis zijn die je alleen of samen met iemand anders ervaren hebt.

Laat het een waarachtig magisch moment zijn waarvan je intens genoten hebt.

Ga je herinneringen langs, totdat je de juiste gevonden hebt.

Terwijl je je op deze zoete herinnering concentreert, laat je de beelden ervan op het doek voor je verschijnen.

Misschien liep je naakt door een veld bij een rivier. Misschien was je op huwelijksreis of was het je eerste seksuele ervaring. Misschien was je op vakantie aan zee en werd je onverwacht verliefd op een charmante vreemdeling. Misschien was je aan het vrijen met je partner zonder dat je verwachtte dat er iets speciaals zou gaan gebeuren, toen plotseling alles op zijn plaats viel en er een magische synthese van orgastisch genot ontstond.

Maak contact met de scène die voor jou van bijzondere betekenis is.

Neem er de tijd voor; je hoeft je niet te haasten.

Terwijl je diep ademhaalt en volkomen ontspannen bent, vraag je je geheugen beelden, gevoelens en gedachten voort te brengen die verband houden met een bijzondere, liefdevolle en sensuele ervaring.

Dan, als je naar die scène op het doek kijkt, zie je hoe je langzaam opstaat uit je stoel en naar het doek loopt.

Zie hoe je bij het doek aankomt, erin stapt en op dat moment weer deelneemt aan het verrukkelijke, erotische spel.

Terwijl je nog dieper ademhaalt, laat je jezelf volkomen meevoeren in dit fantastische ogenblik van liefde.

Voel weer de plezierige gewaarwordingen in je lichaam, je hart dat sneller gaat kloppen, het bloed dat door je aderen wordt gepompt, de elektrische stroompjes die door je geslachtsdelen gaan, door je bekken, door je benen.

Met je innerlijk oog zie je hoe de scène zich in al haar details ontvouwt. Neem de omgeving in je op... de kamer, het landschap... de tijd van de dag, het flakkerende licht van een kaars, de kleur van de lakens.... de prachtige vormen van het lichaam van je geliefde.

Hoor de geluiden van dat moment: het gefluister, de tedere uitingen van liefde... het zachte kreunen en zuchten... misschien hoor je weer de muziek die er gespeeld werd... of het geluid van de vogels in het bos of aan het strand. Hoor het allemaal opnieuw. Het is er voor jou, op dit moment. Geniet ervan.

Ruik weer de geuren van dat moment. De geur van de huid van je geliefde... de wierook die er brandde... de geuren van het land, van het gras waarop je lag of van het bos.

En de smaak, de zoetheid van de lippen van je geliefde... de kusjes, het water dat je dronk, het fruit dat je at... de krachtige smaak van de seksuele sappen die jullie uitwisselden. Proef het allemaal opnieuw.

Omarm al deze sensuele en seksuele gewaarwordingen en laat je er volkomen door meevoeren. Versterk ze door een diepe ademhaling. Beleef de magie opnieuw, beleef haar totaal.

Wanneer je klaar bent, wanneer je het gevoel hebt dat je jezelf volledig hebt ondergedompeld in deze vroegere ervaring, raak dan met je hand - je linker- of je rechterhand - je lichaam aan op een plaats die goed voor je voelt. Misschien raak je je hart aan, je buik of je andere hand.

Voel die aanraking nu.

Laat deze aanraking een verankering zijn voor de ervaring die je zo levensecht uit je herinnering hebt teruggehaald.

Laat deze aanraking een manier zijn om deze ervaring in te prenten in de neurologische structuur van je hersenen.

Laat deze aanraking een bevestiging zijn van de magie die in jezelf ligt te wachten om geactiveerd te worden.

Laat deze aanraking alle gevoelens van liefde vastleggen, zodat je, elke keer als je opnieuw bevestiging nodig hebt van het feit dat je genot, extase en magie gekend hebt, die ervaring kunt oproepen door jezelf met deze hand op deze plaats aan te raken.

Vervolgens, als je zover bent, neem je een diepe ademhaling, laat je je hand weer rusten langs je zij en laat je de beelden langzaam vervagen. Kom langzaam terug in de kamer, in je magische cirkel en open je ogen weer. Schud eens met je hoofd, met je lichaam, om jezelf terug te brengen in het heden.

Neem een paar minuten om de ervaring die je zojuist hebt gehad, met je partner te delen. Of schrijf je ervaring in je dagboek, als je alleen bent.

Sluit dit gedeelte af met de hartegroet.

Opmerkingen

Nu je een magische, extatische zijnstoestand verankerd hebt, zul je merken dat je in staat bent deze ervaring naar behoefte op te roepen. Wanneer je die behoefte voelt, neem dan even de tijd om prettig te gaan zitten of liggen, raak je lichaam aan op dezelfde plaats waar je dat eerder deed en laat je geest, je lichaam en je emoties weer overspoelen door deze ervaring.

Zolang de mens adem en ogen heeft,
Zolang leeft dit, wat jou nieuw leven geeft.

SHAKESPEARE
Sonnet xviii

Behalve als voorbereiding op magisch seksuele rituelen kun je deze oefening ook goed gebruiken als je nerveus bent of je onzeker voelt over jezelf.

Ik vroeg je daarnet je magische ervaring met je partner te delen, maar dat kan een delicaat probleem met zich meebrengen: wat moet je doen als de ervaring die je op het 'filmdoek' hebt geprojecteerd iemand anders betreft dan je partner?

Veel hangt hier af van de aard van jullie relatie en van hoeveel liefde en vertrouwen er tussen jullie is. Om de harmonie te bevorderen kun je van tevoren afspreken dat je je concentreert op magische ervaringen die jullie samen gehad hebben. Als je je gezichtsveld wilt uitbreiden en ook ervaringen met anderen erin opnemen, dan kunnen jullie dat doen in het onderlinge vertrouwen dat je deze magische situaties op zult nemen in jullie gezamenlijke liefdesspel.

Drie Sleutels tot Succes: Ademhalen, Bewegen en Geluid maken

Voordat we overgaan tot de stripteasedans voor je partner en de schaamteoplosser, wil ik je drie sleutels geven voor succes in deze oefeningen.

1. Ademhalen: denk eraan dat je diep ademhaalt, helemaal tot in je buik. Dit zal je in contact brengen met je gevoelens.

2. Bewegen: laat je ademhaling de begeleider zijn voor de bewegingen van je lichaam, zodat het lijkt alsof de adem je bewegingen draagt. Dit helpt je de gewaarwordingen en opwinding over je lichaam te verspreiden.

3. Geluid maken: gebruik je stem om je gevoelens tot uitdrukking te brengen. Dit wekt vitale energie op en brengt je partner op de hoogte van wat je voelt.

Deze drie sleutels geven je de kracht om door alle moeilijkheden heen te gaan en wekken seksuele opwinding op. Ik zal je in veel oefeningen uit deze training aanmoedigen deze sleutels te gebruiken.

STRIPTEASE VOOR JE PARTNER

Doel en nut van de oefening

Deze heerlijk erotische, suggestieve, speelse en uitdagende oefening heeft vier bedoelingen:

Je te helpen je op je gemak te voelen als je jezelf laat zien - je lichaam, je seksualiteit, je schoonheid

Energie op te wekken in je lichaam en sterke emoties, opwinding en plezier voort te brengen

Een gevoel van gecenterd en geaard zijn in je eigen lichaam te bevorderen

De kunst van het verleiden te ontwikkelen, waarbij je op kunstige wijze verborgen aspecten van jezelf onthult, van het verlegen meisje tot de slet, van de keurige heer tot de gigolo.

De oefening heeft twee delen: een dans voor de 'warming-up', gevolgd door een striptease. In deze striptease sta je jezelf toe je controle helemaal los te laten, jezelf te laten zien en verleidelijk, speels, ondeugend en erotisch te zijn.

Voorbereidingen

- Richt je magische cirkel in. Maak hem groot, zodat je voldoende bewegingsvrijheid hebt.

- Zoek een interessant thema uit voor de warming-up, de dans die aan de striptease voorafgaat. Als je vrouw bent, zou je bijvoorbeeld kunnen verschijnen als een exotische tempelgodin, die een heilig ritueel danst. Als je man bent, zou je een oorspronkelijke sjamaan kunnen spelen, die op oerritmes danst, of een popster met een enorme seksuele uitstraling.

- Breng je kleding in overeenstemming met het thema van je keuze. Een tip: verberg sexy kleding onder de kleren die je aan hebt voor de warming-up, zodat je snel en schalks kunt overstappen op de striptease.

- Vrouwen: voor jullie striptease kun je veren boa's gebruiken, zijden ondergoed, hoge hakken, jarretelles en flinke make-up. Mannen: zie het als een uitdaging om er sexy uit te zien. Wikkel kleurige sjaals om je middel, beschilder je huid, trek een tangaslip aan en gedraag je schandelijk.

- Let erop dat je je bij deze oefening niet haast. Ervaren vrouwelijke stripteasedanseressen weten dat, als ze te snel uit de kleren gaan, de mannen minder interesse tonen. Hetzelfde geldt voor de omgekeerde situatie.

- Kies je muziek met zorg. Sensuele geluiden met een stevig ritme, buikdansmuziek, folk- of Afrikaanse oerwoudmuziek zullen je in de juiste stemming brengen.

- Je partner is het publiek, dus zorg voor voldoende kussens of een sofa, waarop hij of zij zich prettig kan neervlijen en op een comfortabele manier van het schouwspel kan genieten.

- Spreek van tevoren af wie van jullie eerst gaat. In de volgende beschrijving van de oefening ga ik ervan uit dat de vrouwelijke partner eerst gaat. Ik zal haar Shakti noemen en de man Shiva.

Oefening

STAP 1: SHAKTI'S WARMING-UP

Shiva, ga de magische cirkel binnen en neem plaats om naar de dans van Shakti te gaan kijken. Open je hart voor je partner, voel opwinding over het feit dat je haar in een nieuwe rol gaat zien: als verleidster.

Shakti, als je er klaar voor bent, ga dan de magische cirkel binnen en begin met de dans. Begin langzaam, eerst met je ogen dicht, zodat je contact kunt

Shakti, laat de sensualiteit van je lichaam in een dans, in een striptease tot uitdrukking komen...

maken met je innerlijke gewaarwordingen. Neem je tijd ervoor. Laat je meedrijven op de muziek.

Beweeg je lichaam op een gracieuze manier. Laat jezelf het lichaam *worden*.

Als je nerveus bent of als je aarzelt, richt je aandacht dan op je onderbuik. Laat je bewegingen uit dit gebied komen, dat het zwaartepunt van je lichaam is. Dans vanuit je buik. Beweeg vanuit je buik.

Creëer een ritmische beweging, die gestaag toeneemt in kracht en intensiteit. Maak gebruik van de drie sleutels die ik zoëven genoemd heb en laat je ademhaling je bewegingen dragen, zodat je lichamelijke gewaarwordingen sterker worden. Maak er geluid bij - zucht, steun of zing.

Laat het ritme geleidelijk helemaal bezit van je nemen. Word wild, hartstochtelijk, losbandig. Laat jezelf helemaal gaan in de dans, zodat je lichaam verzadigd raakt van energie.

Stap 2: Shakti's striptease

Shakti, wanneer je zover bent, laat je dans dan erotisch worden, seksueel. Dit kan geleidelijk gebeuren, maar ook plotseling, net wat voor jou goed voelt.

Voel hoe sensueel je lichaam is als het op de muziek beweegt. Geef je over aan de gevoelens van te verwachten seksueel genot. Voel de zachte stof van de kleding tegen je huid. Voel de warmte in je buik, in je geslachtsdelen.

Open je ogen en kijk je partner aan, terwijl hij naar jou kijkt. Misschien voel je angst in je maagkuil. Laat deze ingehouden opwinding deel zijn van het spel. Dans je erdoorheen. Denk eraan dat je diep ademhaalt door je mond en dat je ademhaling je bewegingen draagt.

Naarmate je in de stemming raakt, begin je stuk voor stuk je kleren uit te trekken. Raak jezelf op een erotische manier aan en trek onderwijl de rits van je jurk langzaam open. Wieg met je billen, terwijl je uit je rok of broek glijdt.

Trek met je vingers zachtjes een spoor over je huid, terwijl je je van een kledingstuk ontdoet. Trek langzaam je kousen uit, laat ze langs je benen glijden en gooi ze op een speelse manier naar je partner.

Voel de verrukkelijke sensatie van je in aanwezigheid van iemand anders helemaal uitkleden. Sta elk gevoel van schaamte, verlegenheid of twijfel aan jezelf toe. Probeer niets te verbergen. Maak er een onderdeel van je show van. Geniet van de spanning van het blootgeven en geef toe aan wat verboden is en afgekeurd wordt.

Ja, misschien vraag je je wel af of je lichaam aantrekkelijk genoeg is om op zo'n gedurfde manier getoond te worden, maar hier tellen de maatschappelijke opvattingen over wat een aantrekkelijk figuur is niet. Het gaat om jouw bereidheid jezelf lief te hebben en te accepteren zoals je bent en dat tot uitdrukking te brengen.

Houd contact met je seksuele gevoelens.

Streel jezelf. Leg je handen om je borsten en breng ze omhoog om ze te laten zien. Knijp in je tepels met precies voldoende druk om elektrische stroompjes van seksualiteit door je lichaam te sturen. Reik naar achteren en laat je hand langs je onderrug en over je billen glijden.

Speel met een lange sjaal, trek hem over je huid en tussen je benen door...

Het doet er niet toe wat iemand anders ervan vindt. Jij bent veel belangrijker. Geef jezelf voor één keer toestemming volkomen schaamteloos te zijn. Het enige dat telt, is jouw genot. Laat dat nu zien.

Trek het laatste kledingstuk uit. Laat je zijden kousen naar beneden glijden, langs je benen en over je voeten. Wees helemaal naakt.

Angst is onze grootste moordenaar; hij scheidt ons van de liefde en verhardt ons hart.
CHRIS GRISCOM

Zak naar de vloer en beweeg je als een slang of als een vrouw die ineenkrimpt van extase, in bezit genomen door een orgastische trance. Raak jezelf aan. Bemin jezelf. Dit is het moment om met alle regels te breken.

Shiva, wees een enthousiaste en aanmoedigende toeschouwer voor Shakti. Klap in je handen en roep: "Ja, ga door! Je bent fantastisch! Ik ben gek op je!" Help Shakti door de verlegenheid, het schuldgevoel, de angsten of de schaamte die deze oefening op zou kunnen roepen, heen te breken.

Shakti, als de muziek wegebt en de striptease voorbij is, blijf dan rustig staan en sluit je ogen een paar minuten. Leg je ene hand op je hart en de andere op je geslachtsdelen.

Shiva, wanneer het goed voelt, ga dan naar Shakti toe en beloon met een omhelzing haar moed. Vertel haar wat je mooi vond aan haar dans: "Ik genoot enorm van de sexy manier waarop je uit je jurk gleed... ik werd echt opgewonden toen je met die sjaal speelde..." enzovoort. Wees edelmoedig.

Haal eens diep adem en draai de rollen dan om.

STAP 3: SHIVA'S WARMING-UP

Shakti, ga de magische cirkel binnen en ga zitten of liggen om naar Shiva's dans te kijken. Open je hart voor je partner en kijk ernaar uit hem op een nieuwe manier te zien.

Shiva, zet de muziek van je keuze aan, ga de magische cirkel binnen en begin je dans. Je kunt een sjamaan zijn, een medicijnman of een toverdokter, die door zijn dans in trance raakt. Misschien ben je een machtige magiër, die door middel van dans en beweging een rituele aanroeping doet.

Je kunt in het begin je ogen sluiten om je goed af te stemmen op je lichaam. Stamp met platte voeten op de grond en houd je knieën gebogen om jezelf een gevoel van sterke verbondenheid met de aarde te geven.

Blijf met je aandacht bij je buik; dit zal je een gevoel geven van kracht en gecenterd zijn.

Steek je armen omhoog en kijk naar de hemel, terwijl je de machten aanroept die je nodig hebt om je dans uit te voeren, maar blijf via je voeten geworteld in de aarde.

Laat het ritme van je dans in intensiteit toenemen. Gebruik de drie sleutels van ademhalen, bewegen en geluid maken om je lichaam op te laden met energie.

Voel hoe je lichaam warmer wordt. Voel hoe de energie in je benen, je armen en je romp begint te stromen.

Slaak een oorlogskreet. Doe spontaan magische aanroepingen: "Dit is de macht van Shiva, die ik verheerlijk!"

Laat het ritme van de dans je in vervoering brengen.

Laat de dans wild worden. Stop er al je energie in.

STAP 4: SHIVA'S STRIPTEASE

Shiva, wanneer je op dreef bent, vol van energie en opgewonden, laten je dans, je lichaam en je bewegingen dan een seksueel tintje krijgen.

Misschien wil je, als inleiding op deze nieuwe fase van je dans, je bekken ritmisch naar voren duwen, om je mannelijke seksuele kracht te benadrukken. Of je begint misschien te dansen met langzame, slangachtige, erotische bewegingen.

Bevrijd jezelf van alle beperkende ideeën over hoe je aan je seksualiteit uiting zou moeten geven. Misschien voel je je het ene moment vrouwelijk en sensueel, en het volgende moment mannelijk en agressief.

Geef jezelf toestemming te doen wat je wilt, wat dat ook is. Laat de dans een seksuele ontdekking worden, een spontane gebeurtenis.

Maak oogcontact met je partner, terwijl zij naar je kijkt.

Begin langzaam je kleren uit te trekken. Je kunt dat op een sexy manier doen, maar ook directer en onbeschaamder, als een uiting van mannelijke seksuele arrogantie. Voel je vrij om hierin te veranderen. Volg je gevoel.

Houd contact met je lichamelijke gewaarwordingen terwijl je je kleren stuk voor stuk uittrekt; zij zullen je leiden en je vertellen wat je moet doen.

Seks wordt wel de erfzonde genoemd, maar er is niets erfelijk aan en evenmin iets zondig.

OSHO

Laat steeds meer van je naaktheid zien. Toon je borstkas, je benen, je billen. Geniet van het gevoel van seksuele bevrijding, van de vrijheid je op de meest provocerende manier te gedragen.

Trek ook je laatste kleren uit en laat je mannelijkheid zien. Raak jezelf aan. Toon jezelf. Laat je handen over je lichaam glijden. Voel de vrijheid van het volkomen naakt en onbedekt zijn.

Als je een erectie hebt, dans er dan mee, laat hem zien. Streel jezelf. Rol over de grond. Beeld je in dat je aan het vrijen bent. Verlies jezelf in de gewaarwordingen van je lichaam.

Wanneer de striptease voorbij is, blijf dan een poosje rustig op de grond liggen en neem de tijd om deze ervaring in je op te nemen. Laat je ene hand op je hart rusten en de andere op je geslachtsdelen.

Shakti, als het goed voelt, ga dan naar Shiva toe en beloon zijn moed met een omhelzing. Vertel hem wat je mooi vond in zijn dans: "Ik genoot enorm van de kracht van je dans... de grappige manier waarop je je billen liet zien... de manier waarop je naar me keek..." enzovoort.

Opmerkingen

Hoe meer je tijdens de warming-up je lichaam oplaadt met energie, hoe gemakkelijker het zal zijn in de striptease aan je seksuele energie uiting te geven.

Als je de oefening voor het eerst doet, merk je misschien dat je geen volledige striptease kunt doen. Verlegenheid kan je dat onmogelijk maken. Misschien verstijf je plotseling en verlies je het contact met je energie, zoals een acteur ten overstaan van de hele zaal zijn grootste angst kan ervaren en een 'black-out' kan krijgen.

Als dit jou overkomt, hoef je niet het gevoel te hebben dat je gefaald hebt. Ga zo ver als je kunt, wacht dan een paar dagen en probeer het vervolgens opnieuw. Heb de moed de oefening te herhalen, totdat je het gevoel hebt dat je haar beheerst. Als je in staat bent de oefening tot het eind te doen, zul je een heel sterke genezing ervaren.

Wanneer je publiek bent, voel je je misschien opgewonden en zou je samen met je partner willen dansen. Geniet van dat gevoel, maar blijf alsjeblieft waar je bent. Het gaat hier om een belangrijk proces van zelfopenbaring, dat ontwikkeld is om seksuele angsten, schaamte en schuldgevoel op te roepen en te transcenderen en iedere verstoring, hoe aangenaam ook, zal de uitwerking van de oefening verminderen.

Je kunt deze oefening ook alleen doen en je voorstellen dat je voor publiek danst. Je kunt ook een spiegel gebruiken om jezelf te kunnen zien terwijl je danst.

Er is geen noodzaak aparte kleren aan te doen. Je kunt gewoon aantrekken wat je anders ook draagt. Naar mijn ervaring versterkt een sexy outfit echter zowel je seksuele gevoelens als het plezier dat je aan deze oefening kunt beleven.

Je Geslachtsdelen een Naam Geven: Vajra en Yoni

Voordat we verdergaan met de derde en laatste oefening in deze reeks wil ik je vragen enkele ogenblikken na te denken over de manier waarop wij omgaan met onze genitaliën. In bijna alle talen bestaan er grove en vernederende uitdrukkingen voor deze lichaamsdelen, hetgeen een weerspiegeling is van de afwijzende houding die wij tegenover seksualiteit aannemen.

In de volgende oefening krijg je de gelegenheid een mooie naam te bedenken voor je geslachtsdelen, een naam die je verder in dit boek steeds weer kunt gebruiken als gebaar van verzoening en genezing. Dit zal je helpen je geslachtsdelen op een nieuwe en positieve manier te benaderen.

Bij wijze van voorbeeld heb ik voor het mannelijke orgaan de naam Vajra gekozen, een Tibetaanse term die 'bliksemschicht' betekent, en voor het vrouwelijke orgaan Yoni, een term uit het Sanskriet die 'schoot der schepping' betekent. In de volgende hoofdstukken zal ik deze namen veelvuldig gebruiken.

Nu kunnen we verdergaan met de schaamteoplosser.

DE SCHAAMTEOPLOSSER

Doel en nut van de oefening

Deze oefening heeft een krachtige uitwerking en is bedoeld om kwetsuren te helen die je geslachtsdelen betreffen. Het is een voorbereiding op een groter orgastisch vermogen.

In deze oefening geef je je geslachtsorganen een naam, een stem en een persoonlijkheid, zodat ze van zich kunnen laten horen als onafhankelijke individuen. Als man kun je je penis Vajra noemen, Gouden Staf, Bliksemschicht, Vrolijke Frans of een andere naam die je aanspreekt. Als vrouw zou je voor je vagina de naam Yoni kunnen kiezen, of bijvoorbeeld Lotusbloem, Verborgen Tuin of Wilgekatje.

Wanneer je je geslachtsdeel laat spreken, zal het je vertellen hoe het is een deel van jou te zijn, in jouw lichaam te leven en deel te nemen aan jouw seksuele ervaringen.

Je zult merken dat deze eenvoudige opzet heel effectief is voor het blootleggen en helen van mogelijke conflicten tussen jou en je natuurlijke seksuele energie.

Deze oefening leert je ook hoe je een intieme taal voor het vrijen ontwikkelen kunt, die de emotionele lading en druk rondom seks kan verminderen en jou en je partner kan helpen humoristischer, liefdevoller en in een betere verstandhouding met elkaar over seks te communiceren.

Voorbereidingen

- Zorg voor ruim voldoende massage-olie

- Wees in deze oefening om beurten passief en actief. In mijn voorbeeld begint Shiva.

- De actieve partner is naakt. De passieve partner kan ook naakt zijn, maar dat hoeft niet.
- Trek voor deze oefening ongeveer veertig minuten uit.

Werkwijze

STAP 1: SHIVA'S ZELFMASSAGE

Ga samen de magische cirkel binnen.

Begin deze sessie met een langdurige innige omhelzing en breng daarmee een diepe verbinding van hart tot hart en een positieve sfeer tot stand.

Ga gerieflijk tegenover elkaar zitten.

Shiva, trek al je kleren uit en begin zachtjes je lichaam te strelen. Sluit je ogen en richt je aandacht volledig op de gevoelens die er ontstaan doordat je jezelf streelt.

De 'schaamteoplosser': Shiva toont zijn genitaliën aan Shakti, die liefdevol toekijkt.

Shakti, blijf rustig zitten, sluit je ogen en haal op je gemak herinneringen naar boven van de keren dat Vajra, het geslachtsorgaan van je partner, bij jou binnenkwam. Herinner je hoe het voelde: de keren dat je vochtig en opgewonden was en ernaar verlangde Vajra binnen in je te voelen. Herinner je de eerste keer, de beste keer en de laatste keer. Vergeef Vajra iedere ruwheid of onvoorzichtigheid en apprecieer het genot dat hij je geschonken heeft.

Shiva, neem wat massage-olie en wrijf je huid ermee in; begin bij je voeten en werk dan naar boven toe.

Misschien ben je er niet aan gewend jezelf hierop te trakteren. Misschien ben je er meer aan gewend dat je partner je aanraakt. Gebruik deze gelegenheid om je aandacht op je eigen gewaarwordingen te richten, terwijl je jezelf streelt en masseert. Adem diep en verbind je strelingen met je ademhaling.

Stap 2: Shiva maakt contact met Vajra

Shiva, als je je hele lichaam gemasseerd hebt, laat je handen dan over je buik glijden en vervolgens langs de binnenkant van je benen omlaag. Begin je Vajra te masseren, je mannelijke orgaan.

Beweeg je handen over de volle lengte langs je penis, over je testikels, druk op het zachte perineum de plek tussen je anus en je scrotum. Neem je ballen in je handen, druk ze zachtjes en streel vervolgens je Vajra van onder tot boven.

Er is geen enkele noodzaak jezelf te bewijzen door een erectie te krijgen. Laat Vajra zijn eigen stemming bepalen. Hij is goed zoals hij is.

Als je het gevoel hebt dat je contact hebt gemaakt met Vajra, zeg dan tegen Shakti dat ze haar ogen kan openen.

Shakti, kijk liefdevol in Shiva's ogen en laat je blik dan over zijn lichaam glijden.

Kijk naar zijn mannelijke organen. Observeer Vajra van alle kanten. Kijk naar de schacht, de top, de ballen. Kijk onder de ballen, naar het perineum. Kijk in stilte en eerbied.

Shiva, leun achterover en spreid je benen, zodat Shakti goed zicht heeft op je mannelijke organen. Sta jezelf toe open en kwetsbaar te zijn. Tijdens deze oefening kun je heel veel verschillende emoties ervaren. Je kunt je in verlegenheid voelen gebracht of je kunt schaamte voelen. Misschien voel je angst. Je lichaam kan het koud of klam krijgen. Je kunt zelfs het enthousiasme verliezen om met de oefening door te gaan.

Wanneer deze dingen gebeuren, adem dan diep en wieg zachtjes heen en weer met je bekken. Hierdoor zal de energie in beweging blijven.

Blijf je partner in de ogen kijken, accepteer je emoties, accepteer alle moeilijkheden en angsten als behorend bij dit diepgaande reinigings- en genezingsproces.

STAP 3: VAJRA SPREEKT

Shiva, van nu af schenk je je stem aan Vajra en laat je hem door jou spreken. Laat dit zo eerlijk en oprecht mogelijk gebeuren.

Shakti, kijk naar Vajra, spreek hem aan alsof hij een eigen persoon is en vraag: "Hoe heet je?"

Hij zou kunnen zeggen: "Ik heet Vajra" of "Ik heet Snoepjesdief" of "Ik heet Toverstaf."

Als Vajra eenmaal een naam heeft, vraag hem dan iets over zijn leven met Shiva te vertellen en nodig hem uit vrijuit te spreken.

Het bestaan is een spel van licht en schaduw, van hoop en wanhoop, van geluk en verdriet, van leven en dood. Het bestaan betekent dus dualiteit. Het is het spanningsveld tussen twee tegengestelde polen - muziek in contrapunt.

OSHO

Hij zou kunnen zeggen: "Shiva is een aardige vent, maar wij hebben wel eens moeilijkheden gehad. Het heeft Shiva bijvoorbeeld heel wat tijd gekost om erachter te komen dat hij op mij kon vertrouwen voor wat betreft het juiste moment om seksueel te worden. Hij dacht altijd dat ik rechtop moest gaan staan en weer moest zakken volgens allerlei vreemde ideeën. Dat heeft het leven voor ons allebei niet gemakkelijk gemaakt. Ik herinner me een keer..."

Vajra zou verder kunnen zeggen: "Hij maakte zich zorgen dat ik te klein was. Dat voelde niet goed, want ik heb precies de juiste omvang en alles functioneert precies zoals het moet. Hij was werkelijk verbaasd toen een vrouw voor het eerst tegen hem zei dat ze zijn penis mooi vond..."

Shakti, moedig Vajra aan alles over zijn seksuele verleden te vertellen en daar open over te zijn, en momenten te beschrijven die hij zich levendig herinnert.

Vraag of hij voldoende aandacht heeft gekregen, of zijn 'baas' luistert naar zijn raad of dat hij zich ontkend voelt.

Je zou Vajra kunnen vragen: "Wil je nog iets vertellen over de manier waarop Shiva en ik vrijen?"

Vajra, breng tot uitdrukking hoe je je voelt over dit delicate onderwerp.

Shakti, luister vol waardering naar Vajra. Zijn reactie kan belangrijke aanwijzingen bevatten voor meer extase in jullie liefdesleven.

Je zou hem ook kunnen vragen: "Is er iets dat je van Shiva zou willen ontvangen, dat jullie verhouding harmonieuzer zou maken?"

Vajra zou kunnen zeggen: "Ja, ik zou willen dat Shiva mij elke dag een half uur zijn volledige aandacht gaf" of "Ik zou willen dat Shiva in plaats van katoenen slips zijden ondergoed ging dragen" of "Ik wil dat Shiva mij tijdens het vrijen laat praten met Shakti's Yoni en dat hij zegt wat ik verlang en wat ik ervaar."

Als Vajra zijn zegje gedaan heeft, kan hij besluiten met: "Vajra wil nu stoppen met praten. Tot ziens."

Shakti, zet je handpalmen tegen elkaar en breng de hartegroet. Adem diep in en uit en maak zachtjes de klank 'Om', terwijl je langzaam vooroverbuigt, totdat je voorhoofd rust op Shiva's schaambeen. Herhaal in deze houding de Om-klank, om Shiva's geslachtsorgaan te zegenen.

Als je weer rechtop zit, vertel Shiva dan wat je mooi vindt aan zijn penis. Je zou kunnen zeggen: "Ik vind de kleur van de huid mooi; ik vind de stevige, ronde, paddestoelvormige top aantrekkelijk; ik houd van de manier waarop je jezelf aanraakt..."

Shiva, als Shakti klaar is, leg dan je beide handen over je penis, sluit je ogen en blijf enkele ogenblikken in stilte zitten. Dit wordt 'de deur sluiten' genoemd en brengt, na de uitdaging van deze oefening, de energie in je geslachtsdelen tot rust.

Neem even pauze en draai de rollen dan om.

STAP 4: SHAKTI'S ZELFMASSAGE

Begin met een langdurige innige omhelzing.

Shakti, nu is het jouw beurt om actief te zijn.

Trek je kleren uit en ga gemakkelijk zitten, met Shiva tegenover je.

Begin jezelf zachtjes te strelen.

In onze donkerste ogenblikken liggen onze grootste schatten verborgen.

MARCUS ALLEN

Shiva, blijf rustig zitten, sluit je ogen en probeer je de gelegenheden te herinneren waarbij je Shakti's geslachtsdelen bezocht hebt. Herinner je de keren dat het magisch en extatisch was, wanneer het leek op het binnengaan van een donkere, warme, voedende baarmoeder. Herinner je de moeilijke tijden, toen je je afgewezen of verkeerd begrepen voelde, of toen je je in haar verloren voelde. Herinner je de eerste keer, de beste keer en de laatste keer. Vergeef Shakti's vagina haar fouten en waardeer het genot dat ze je verschaft heeft.

Shakti, terwijl Shiva in zijn herinnering teruggaat, neem je wat massageolie en masseer je zacht je hele lichaam. Begin bij je voeten en werk helemaal naar boven toe.

Als je jezelf aanraakt, voel dan dat je jezelf liefde en verzorging geeft. Raak jezelf liefdevol aan.

STAP 5: SHAKTI MAAKT CONTACT MET YONI

Shakti, als je klaar bent met de massage, breng je je aandacht naar je Yoni. Laat je handen over je buik glijden, tussen je dijen en leg ze dan over je geslachtsorganen.

Adem diep en laat de energie van je ademhaling helemaal door je lichaam naar beneden, naar je Yoni stromen en deze plek liefde en kracht geven.

Tot nu toe was Yoni bijna altijd verborgen en leefde zij achter gesloten deuren, als een mysterieuze, gesluierde vrouw die zichzelf niet waardevol genoeg vond om zichzelf openlijk te laten zien. Dat gaat veranderen, want voor haar is nu de tijd aangebroken om trots op zichzelf te zijn en zichzelf openlijk te tonen.

Zeg tegen Shiva dat hij zijn ogen kan openen.

Shiva, kijk Shakti in de ogen en laat je blik dan langzaam over haar lichaam gaan naar haar Yoni.

Shakti, leun achterover en spreid je benen, zodat Shiva goed zicht heeft. Spreid de lippen van Yoni uiteen en laat de binnenkant van je geheime tuin zien. Misschien wil je je liever omdraaien en jezelf op een sexy manier van achteren laten zien. Als er pijnlijke emoties bovenkomen, zoals verlegenheid of schaamte, sta jezelf dan toe die te laten zien. Laat alles zijn zoals het is. Adem diep in en uit. Schommel zachtjes met je bekken; houd je energie in beweging.

Shiva, kijk naar Yoni. Neem haar in al haar aspecten waar. Herinner je met eerbied dat je uit een dergelijke Yoni geboren bent.

STAP 6: YONI SPREEKT

Shakti, nu geef je Yoni je stem en laat je haar door jou spreken, alsof zij een werkelijk persoon is.

Shiva, vraag aan Yoni: "Hoe heet je?"

Ze zou kunnen zeggen: "Ik heet Yoni", "Ik heet Kostbare Parel", "Ik heet "Verrukkelijke Zoetheid" of "Ik heet Vochtige Grot."

Als Yoni haar naam noemt, vraag haar dan iets te vertellen over haar leven met Shakti en moedig haar aan daar openlijk over te spreken.

Yoni zou kunnen zeggen: "Mijn leven met Shakti is vol avonturen geweest. Ik herinner mij dat we het een fantastische ervaring vonden toen we de eerste keren vreeën en dat zij onmiddellijk begreep dat ik, als ik op de juiste manier benaderd word een deur naar uitermate groot genot kan zijn."

"Maar het is ook wel moeilijk geweest. Lange tijd heb ik het gevoel gehad dat ze zich voor mij schaamde en niet wilde dat iemand mij zag. Dat voelde helemaal niet goed. En toen ze een spiraaltje gebruikte, voelde ik mij helemaal niet op m'n gemak en had liever gehad dat ze iets anders gebruikte. Maar ze wilde helemaal niet luisteren. En toen werden we toch zwanger!"

"Er is ook een periode in haar leven geweest dat ze allerlei afspraakjes had en van de een naar de ander ging. Ze liet zich door mannen nemen die op mijn gevoeligheid inbeukten. Soms genoot ik wel van dat wilde gedoe, maar het voelde echt niet altijd goed. Ik ben blij dat ze zich uiteindelijk realiseerde dat ik, om te kunnen ontspannen, vertrouwen en op te kunnen gaan in extase, behoefte had aan een gevoeliger benadering..."

Shiva, je zou Yoni kunnen vragen: "Wil je misschien iets zeggen over de manier waarop Shakti en ik vrijen?"

Luister met waardering naar Yoni. Dit is een gelegenheid om nieuwe inzichten te krijgen in jullie manier van vrijen, zodat er een nieuw besef kan ontstaan.

Als Yoni uitgesproken is, vraag haar dan: "Is er iets dat Shakti je zou kunnen geven, dat jullie leven harmonieuzer zou kunnen maken?"

Yoni zou kunnen zeggen: "Ze zou mij wel eens wat vaker aan de zon mogen blootstellen en mij wat vaker naakt laten zijn" of "Ze zou meer kunnen letten op wat ik zeg. Ik wil graag dat ze luistert als ik roep, zodat ze weet dat, als ik van binnen kriebel, dat voor haar een gelegenheid is om voor vrijen in de stemming te komen..."

Yoni, als je het gevoel hebt dat je je zegje gedaan hebt, zeg dan: "Yoni vindt het zo wel voldoende. Tot ziens."

Shiva, zet je handpalmen tegen elkaar en breng Yoni de hartegroet. Haal een keer diep adem, vorm de klank 'Om' en buig voorover, totdat je hoofd op Shakti's schaambeen rust. Zing in deze houding 'Om' en zegen Shakti's geslachtsorgaan.

Seksuele verwonding is als een klauw die vastzit in het web
dat tussen man en vrouw geweven is.

ANICCA

Kom terug in de zithouding en vertel Shakti wat je mooi vond aan haar geslachtsdelen. Je zou kunnen zeggen: "Ik vind de vorm mooi. Die is zo verfijnd, zo sierlijk en mooi roze... Ik vind het prachtig om te zien hoe verlegen ze zich overgeeft aan je aanraking... Ik houd van de gebogen lijnen van de buitenste schaamlippen; ze zien eruit als de vleugels van een vlinder..."

Shakti, als Shiva is uitgesproken, leg dan je beide handen over je geslachtsdelen en blijf enkele ogenblikken in stilte zitten om 'de deur te sluiten' en je seksuele energie de gelegenheid te geven tot rust te komen en te ontspannen.

Beëindig de oefening met de innige omhelzing.

Opmerkingen

Dit is een krachtige oefening, die sterke emoties kan losmaken. Seksuele genezing wordt mogelijk als wij onszelf toestaan in een sfeer van vertrouwen, liefde en acceptatie deze gevoelens te laten zien.

Als je het op een bepaald moment van de oefening echter onmogelijk vindt om door te gaan, dwing jezelf daar dan niet toe. Stop en vertel je partner wat er gebeurt en vraag om een innige omhelzing. Wacht een paar uur, of een paar dagen, en probeer de oefening dan opnieuw.

De partner die luistert, kan in moeilijke ogenblikken steun geven door te zeggen: "Ik ben ontroerd door je moed en je eerlijkheid. Dit is een prachtige oefening en ik weet dat je je heerlijk zult voelen als je hem hebt gedaan. Laten we doorgaan. Ik hou van je, ik ben bij je..."

Het is van groot belang dat de partner die toekijkt tijdens en na de oefening niet iets zegt dat kritisch of negatief is.

Van het Helen van Wonden naar het Genieten van je Wildheid

Het helen van je seksuele wonden geeft je het vertrouwen dat je nodig hebt om je verborgen wildheid te onderzoeken. In het volgende hoofdstuk zul je manieren ontdekken om contact te maken met de volle kracht van je eigen wilde energie en deze op een opwindende en aangename manier vrij te maken. Dit opent dan weer de deur naar het ontwikkelen van een volledig orgastisch vermogen in seksuele magie.

HOOFDSTUK 4

HET WILDE ZELF WEKKEN

Wanneer ik bij mensen het idee van het bestaan van een wild zelf introduceer, begin ik bijna onvermijdelijk over de goddelijke dwaas Drukpa Kunley - en als ik over hem praat, moet ik altijd glimlachen. Drukpa Kunley is de personificatie van een waarlijk wild wezen en sommige manieren waarop hij zijn wilde energie tot uitdrukking brengt, zijn werkelijk zeer opmerkelijk.

Drukpa Kunley is een Tibetaanse mysticus, magiër en volksheld, die leefde in de vijftiende eeuw. Zelfs tegenwoordig worden in Tibet, Bhutan en Nepal zijn heldendaden bezongen en doorverteld. Hij zwierf rond in het noordelijk deel van de Himalaya en verspreidde daar een soort 'crazy wisdom', hielp spirituele zoekers verder op hun pad, shockeerde volgelingen van gevestigde religies, versloeg demonen en bedreef met een werkelijk enorm aantal vrouwen de liefde.

Boeddhistische geleerden beschouwen hem als een verlicht meester, als een vertegenwoordiger van de boeddha-natuur en als een reïncarnatie van de tantra-meester Saraha. Als ik echter hun commentaren lees op Drukpa Kunley's seksuele optreden en exceptionele gedrag voel ik achter hun pogingen om aan de activiteiten van deze wilde en ongetemde geest een orthodoxe, wetenschappelijke uitleg te geven een grote verbijstering en verlegenheid. Toch bevat het excentrieke en schijnbaar schandelijke gedrag van Drukpa Kunley enkele belangrijke aanwijzingen om te komen tot aanvaarding van het wilde zelf, zoals je uit de drie volgende anekdotes zelf kunt afleiden.

Doe wat je wilt, dat zal de gehele wet zijn.

Aleister Crowley

In een van deze verhalen wandelt Drukpa Kunley over een marktplein in Lhasa, de hoofdstad van Tibet, waar vanuit alle delen van Centraal-Azië mensen naar toe komen, onder wie pelgrims, monniken en nonnen. Plotseling schreeuwt hij: "Luister allemaal! Ik ben Drukpa Kunley en ik ben, vervuld van mededogen, hier vandaag aanwezig om jullie te helpen spirituele verlossing te bereiken. Vertel mij eens even snel, waar kan ik hier de beste wijn en de mooiste vrouwen vinden?"
Er valt een gespannen stilte. Dan vertelt een oude vrouw de goddelijke dwaas dat in het Land van Kongpo de mooiste vrouwen wonen, onder wie de lieftallige jonge maagd Sumchok. Drukpa Kunley vertrekt onmiddellijk naar dat koninkrijk en treft er Sumchok aan, die juist het eten opdient voor een machtig stamhoofd.
Hij zingt liedjes met verborgen boodschappen voor haar en belooft haar grote spirituele inzichten. Zij zingt een enthousiast antwoord en geeft uiting aan haar grote verlangen door te dringen in het gebied voorbij *Samsara*, de wereld der illusies, en boeddhaschap te bereiken. Nadat hij het stamhoofd heeft weggelokt met verhalen over jachtgebieden, kan Drukpa Kunley de mooie Sumchok ontmoeten. Zij biedt hem thee aan, maar hij heeft iets anders in gedachten...

> 'En hij nam haar bij de hand, legde haar neer op het bed van het stamhoofd, deed haar rok omhoog en staarde naar haar onderste *mandala*. Hij legde zijn orgaan tegen de witte lotusbloem, tussen het boterzachte witte vlees van haar dijen en, na gezien te hebben dat er tussen hen een solide verbinding tot stand gekomen was, voltooide hij hun vereniging. Door met haar de liefde te bedrijven, verschafte hij haar meer genot dan zij ooit ervaren had.

Toen Drukpa Kunley later op het punt stond weer te vertrekken, smeekte Sumchok hem haar mee te nemen. Hij stemde toe, bracht haar naar een nabijgelegen grot, instrueerde haar hoe zij moest mediteren en liet haar toen alleen. Sumchok wijdde zich geheel aan de meditatie en na vier dagen 'werd zij in een Lichaam van Licht bevrijd van alle frustratie en verwierf zij boeddhaschap'.

Demonen en Lama's

Men zegt dat Drukpa Kunley op deze manier vele vrouwen verlicht maakte, tijdens of vlak na hun seksuele vereniging, maar hij bezat ook andere talenten, zoals het vermogen demonen te onderwerpen. In het Tibet van de vijftiende eeuw werden doorgaans alle ontbering, moeilijkheden, tegenvallers en ongelukken toegeschreven aan boosaardige demonen - bovenmenselijke wezens die elke vorm of gestalte konden aannemen - en Drukpa Kunley besteedde, als hij niet aan het vrijen was, een groot deel van zijn tijd aan het bedwingen ervan met zijn magische vermogens.

Hij had een unieke manier om demonen te overwinnen. Hij ramde zijn 'vlammende bliksemschicht van wijsheid', de term die aan zijn penis gegeven werd, in hun mond of hij besproeide hen met een stroom van zijn sperma. Deze plotselinge aanval met de totale energie van deze goddelijke dwaas maakte altijd met kracht een eind aan een lastige demon en transformeerde deze soms zelfs volledig.

In een van deze vrolijke anekdotes smeekt een gezin, waarvan de woning door demonen belaagd wordt, Drukpa Kunley om hulp. Hij stemt toe en draagt hun op een gat in de voordeur te boren, ongeveer ter hoogte van zijn bekken, en vraagt hun vervolgens het huis te verlaten en hem er alleen achter te laten met enkele vaatjes wijn. 's Nachts bedrinkt Drukpa Kunley zich flink en hij begint luid en rauw te zingen. Al snel wordt de aandacht van de demonen getrokken. Drukpa Kunley heeft echter een magisch ritueel uitgevoerd en de demonen kunnen de deur van het huis niet in.

Vele wateren kunnen de liefde niet blussen en rivieren spoelen haar niet weg.
Al bood iemand alles wat hij bezit voor de liefde, smadelijk zou men hem afwijzen.

HOOGLIED

De demonen beginnen op de deur te bonzen: "Laat ons erin! Dit is ons huis!" Als de demonen ten slotte smeken om naar binnen te mogen, gebiedt Drukpa Kunley ze om zich voor de deur te verzamelen. Vervolgens stoot hij zijn 'vlammende bliksemschicht van wijsheid' door het gat en hij besproeit ze met zijn mystieke sperma. Doordat ze bedekt zijn met deze stralende, goddelijke vloeistof, veranderen de demonen onmiddellijk in vredelievende en hulpvaardige schepsels, en het gezin kan veilig naar de woning terugkeren.

Veel van de verhalen die over Drukpa Kunley verteld worden, hebben een oneerbiedige en rebelse ondertoon, en geven met name de orthodoxe boeddhistische priesterorden een steek onder water. In een van deze verhalen mag Drukpa Kunley niet op audiëntie bij een beroemde Lama, omdat hij niet genoeg geld heeft voor een offergave. Onze onverschrokken held zorgt snel voor een grote hoeveelheid goud, klopt wederom aan bij de tempel van de Lama en wordt direct binnengelaten.

De Lama geeft hem de traditionele rode draad, die om de hals gedragen wordt, maar Drukpa Kunley bindt hem om zijn penis, rent naar de markt en schreeuwt: "Kijk nou toch eens! Voor vijftig goudstukken kunnen jullie dit ook van de heilige Lama ontvangen!"

Wat is de betekenis van dit buitensporige gedrag? In de eerste plaats is het duidelijk dat de oorsprong van Drukpa Kunley's macht in zijn seksuele energie ligt. Om deze vitale kracht te kunnen benutten is een positieve houding tegenover seks nodig, die dwars ingaat tegen de conventionele moraal van veel grote religies, zoals het boeddhisme en het christendom.

Dit is de reden dat het gedrag van Drukpa Kunley zo anti-autoritair is en ingaat tegen de gevestigde orde. Door dit gedrag bevrijdt hij het 'wilde zelf' van de verstikkende morele gedragscodes, die de expressie van onze seksualiteit aan banden leggen, de vrije stroom van onze energie indammen en onze spontaniteit en hartstocht belemmeren. Hij moedigt ons aan tegen deze beperkingen in opstand te komen en onze wilde energie, die wezenlijk is voor onze groei en vervulling, vrij te maken.

Bovendien vormt het vermogen van deze dwaas demonen te onderwerpen een volmaakte metafoor voor het onder ogen zien en transformeren van die krachten in onszelf die veroordeeld zijn als slecht, misdadig of ongewenst. Onze demonen zijn werkelijk niets anders dan ontkende krachten, ontkende stukken van onszelf. Als wij complete, geïntegreerde mensen willen worden, moeten wij opnieuw in contact komen met deze afgekeurde stukken en ze weer accepteren.

Veel van wat er over Drukpa Kunley wordt verteld, is natuurlijk legende. Maar ik ben gek op deze man, want hij laat ons zien hoe wij het leven weer in zijn totaliteit kunnen aanvaarden, met alle genoegens die daarbij horen. Ik raad overigens niemand aan overal jonge maagden te gaan verleiden, demonen te onderwerpen en rode lintjes om zijn geslachtsdelen te knopen, maar ik zeg wel dat, als wij al onze oorspronkelijke krachten in ere willen houden om er uiteindelijk seksuele magie mee te kunnen bedrijven, wij net als Drukpa Kunley ons wilde zelf, dat in ons verborgen ligt, moeten wekken.

Wilde Vrouwen

Er bestaat geen vrouwelijke tegenhanger van Drukpa Kunley, want de patriarchale samenlevingen stonden vrouwen niet toe hun seksuele wildheid met dezelfde mate van vrijheid te beleven als mannen.

Er bestaan echter wel vrouwelijke archetypen die elementen van wildheid bevatten, zoals de Hindoe-godheid Kali, een onvoorstelbaar krachtige, vuurspuwende godin, die een wilde dans uitvoert op het lichaam van de mannelijke god Shiva, terwijl zij het afgehouwen hoofd van een man in de ene hand houdt, een zwaard in de andere en een ketting met vijftig menselijke schedels om haar hals draagt.

In dit schrikwekkende beeld wordt Kali gezien als vertegenwoordigster van de vitale principes van het zichtbare universum, van de cycli van geboorte en dood, als de geefster van het leven, maar ook als vernietigster ervan - gracieus en wreed, scheppend en destructief, liefhebbend en onverschillig. Deze wilde, ongeremde godin lijkt overigens heel ver af te staan van de gedweeë, onderdanige rol van vrouwen in de Indiase samenleving.

In Europa lijken wilde vrouwen in mythen en legenden altijd op een negatieve manier te worden afgebeeld. In het klassieke Griekse drama *De Bacchanten* van Euripides bijvoorbeeld, danst een groep wilde vrouwen, de Maenaden genaamd, in extatische overgave en aanbidding voor Dionysos, de god van de extase. Door middel van hun dans ervaren zij vrijheid, vreugde en vervulling, en zij brengen er ook hun magische kracht mee tot uitdrukking. Aan zichzelf overgelaten vormen zij een schitterende uiting van onbeteugelde vrouwelijke hartstocht, zoals zij blootsvoets dansen in het bos, eer bewijzen aan de kracht van het leven en mystieke, orgastische bewustzijnstoestanden binnengaan.

Pentheus de koning van Thebe, keurt hun gedrag echter af en probeert vrouwen ervan te weerhouden zijn stad te verlaten om zich bij de Maenaden aan te sluiten. In antwoord op deze bemoeienis van de koning verandert de wilde en extatische energie van de vrouwen in woede en waanzin. Geleid door Agave, de moeder van de koning zelf, grijpen zij Pentheus, als hij hun geheime rituelen bespioneert en trekken hem een voor een de ledematen uit. Pas naderhand realiseert Agave zich wat zij haar zoon heeft aangedaan en door berouw overvallen gaat zij vrijwillig in ballingschap.

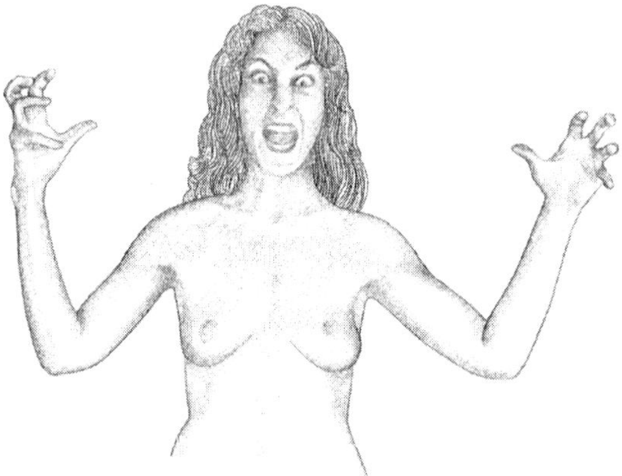

De 'Kali' in een moderne vrouw: zij brengt woede en wilde kracht tot uitdrukking, om die te bevrijden en te transformeren.

De godin Kali. De lotus is het symbool van de schepping. Het afhouwen van het hoofd symboliseert het zwaard der waarheid, dat de illusies van het ego vernietigt.

Medea is een ander Grieks archetype van de wilde vrouw. Zij is de schone tovenares, die tot over haar oren verliefd wordt op Iason, een der Argonauten. Met haar magische krachten helpt zij Iason bij het vervullen van de meest onmogelijke opdrachten, die haar vader, koning Aeëtes, stelt als voorwaarde voor het verkrijgen van het legendarische Gulden Vlies. Zonder haar hulp zou Iason zijn zoektocht nimmer tot een goed einde kunnen brengen.

Wanneer Iason triomfantelijk met het Gouden Vlies naar Corinthe terugkeert, is hij Medea echter ontrouw en vat hij liefde op voor de dochter van de koning. Door woede en verdriet bevangen eist Medea een vreselijke tol en in een orgie van bloeddorstige wraak vermoordt zij de koning, zijn dochter en haar twee eigen kinderen.

Gezien vanuit het wilde zelf draait het in deze tragedies om de hartstocht, de extase en de magische krachten van zowel Medea als de Maenaden, die eerst uitermate levendig en creatief waren, totdat zij mannelijke afwijzing en onderdrukking ontmoeten. Pas toen hun wildheid werd gedwarsboomd, veranderde die in destructiviteit en waanzin.

De les is niet, zoals sommigen misschien menen, dat vrouwen hun hartstochten zorgvuldig in bedwang moeten houden, maar dat zij niet weerhouden moeten worden door middel van wildheid te streven naar vrijheid, liefde en extase. Tot nu toe heeft deze boodschap geen gehoor gevonden - noch bij mannen, noch bij vrouwen. De vrouwenemancipatie heeft echter een sfeer gecreëerd waarin deze dingen eindelijk uitgesproken kunnen worden.

De Oorsprong van het Wilde Zelf

Als wij kijken naar archetypen zoals Drukpa Kunley, Medea en de Maenaden, dan kijken wij naar de weerspiegeling van ons eigen wilde zelf, een zelf dat ons vanaf onze geboorte heeft vergezeld, binnen in onszelf. Dit zelf weet hoe het in extase dansen moet, hoe het hartstochtelijk kan liefhebben, hoe het totaal kan leven en hoe het er onstuimig 'op los kan leven'.

Als heel jong kind was je in volmaakt evenwicht met deze natuurlijke uiting van wildheid. Als je twijfelt aan wat ik nu zeg, kijk dan eens een paar minuten naar spelende jonge kinderen en je zult zien hoeveel energie die ter beschikking hebben, genoeg om elke volwassen atleet die zou willen proberen hun bokkesprongen te volgen, uit te putten.

Sekten en cultussen van geliefden zijn anders dan alle andere.
Geliefden hebben een eigen religie, een geloof dat hun volkomen eigen is.

Azul

Of kijk eens naar de stemmingen van een kind en je zult zien wat er gebeurt als menselijke energie volkomen verbonden wordt met lachen, woede, tranen, schreeuwen of ontspanning. Het is alsof deze krachten van het lichaam spontaan in actie komen en voortvloeien uit een verborgen bron, die geen enkele beperking kent.

Het wilde zelf heeft zijn oorsprong in deze kinderlijke energie, in deze onstuimige, onschuldige en vitale kracht, zoals die op een natuurlijke manier tot uitdrukking komt voordat hij gefilterd en bijgeschaafd wordt door de opvoeding. Deze ingreep in onze spontaniteit kan op allerlei manieren plaatsvinden. Een kind dat aan het spelen is, krijgt bijvoorbeeld van zijn ouders te horen dat het binnen moet komen om te eten. Misschien heeft het helemaal geen honger, of misschien heeft het wel honger, maar geniet het zo van zijn spel, dat het er helemaal niet mee stoppen wil. Toch wordt het gedwongen zijn natuurlijke impulsen te negeren, naar binnen te gaan, rustig aan tafel te gaan zitten en met goede tafelmanieren te eten. Op dergelijke eenvoudige manieren wordt de wilde energie getemd en gestuurd.

Met de beste bedoelingen wordt kinderen geleidelijk geleerd elke natuurlijke impuls eerst te overdenken en de gevolgen ervan af te wegen voordat het eraan toe kan geven: 'Is het nu wel het juiste moment om te lachen, om te huilen of om te zeggen wat ik ervan vind? Moet ik mijn plas ophouden tot aan het eind van de les of zal ik vragen of ik nu naar de WC mag? Zal ik nu gaan rennen en springen of zal ik dan een vermaning krijgen?'

Spoedig maakt elke spontane impuls die uit de wilde energie van het kind voortkomt een gedwongen omweg via verklarende en analytische denkprocessen. Een natuurlijke aandrang om een gevoel of een emotie moet zich door een labyrint van door ouders opgelegde geboden en verboden heen worstelen voordat hij naar buiten kan komen.

Deze overgang van kinderlijke onschuld naar volwassen gekunsteldheid doet de kracht van de *Eros*, de positieve levenskracht die in ons allemaal aanwezig is, samentrekken.

In feite is de *Eros* een seksuele kracht, een creatieve en dynamische drijfkracht, die vanuit zichzelf tegen het leven onvoorwaardelijk 'ja' zegt. Deze kracht komt echter in botsing met de samenleving en de spontaniteit verwordt tot 'Ja, maar...'

Toch is niet al onze wildheid verloren gegaan. Zelf heb ik altijd een sprankje van dit oude vuur kunnen bewaren, hetgeen mij ervoor behoed heeft volkomen gecastreerd te worden door de regeltjes en de etiquette waaronder ik in mijn opvoeding werd bedolven. Als ik alleen door de bergen zwierf en ijskoude, schuimende bergbeekjes overstak, als ik tussen de bomen achter een hert aan rende, dan kon ik weer iets van mijn ongebonden levenskracht ervaren en heroveren, en voelde ik een plotselinge golf van opgetogenheid en verzet door mijn lichaam gaan, die mij ertoe bracht hardop door het bos te schreeuwen: "Dit is wat ik werkelijk ben en niemand kan het van mij afpakken!"

Later, toen ik bijna twintig was, ontdekte ik dezelfde opwindende kracht tijdens het vrijen. De rijzende golven van mijn eigen vitale, seksuele kracht zetten mij ertoe aan alle regeltjes over wat een 'net meisje' is te tarten. Ik wilde alles over mijn *Eros* te weten komen, over mijn sensualiteit, over mijn libido. En hoe meer ik durfde die te onderzoeken, hoe meer ik ervan overtuigd raakte dat het element van wilde spontaniteit van wezenlijk belang was voor mijn seksuele voldoening.

Op een middag, nadat ik heerlijk gevreeën had en met succes gevoelens van schaamte of schuld over mijn eigen seksualiteit, die ik ergens voelde, onder ogen had gezien, lag ik tevreden in mijn bed en wist mij enorm gesterkt in het gevoel wie ik werkelijk was en wie ik wilde zijn. Een paar jaar later, nog steeds bezig tantra en het wilde zelf te onderzoeken, kwam ik een hedendaagse versie van Drukpa Kunley tegen, een Indiase, controversiële 'crazy wisdom'-leraar, genaamd Osho Rajneesh, die allerlei nieuwe methoden bedacht om mensen te helpen uit hun geciviliseerde keurslijf te breken en de kracht en de hartstocht van hun natuurlijke wildheid te laten hervinden.

Hoewel hij alom als 'seksgoeroe' veroordeeld werd, gaat Osho's visie veel verder dan de slaapkamer. Voor hem is de dwangmatige manier waarop men in het Westen met seks omgaat het gevolg van eeuwenlange onderdrukking en ontkenning. Het bevrijden en helen van onze seksuele energie gaat samen met het uiting geven aan ingehouden emoties, de benen uit je lijf dansen, energiek ademhalen, onzin uitkramen, onbeheersbaar lachen... kortom met iedere methode die de belemmeringen voor onze natuurlijke energie uit de weg ruimt. Alleen als die energie onbelemmerd stroomt, is een mens volgens Osho eraan toe te gaan zitten, zijn of haar ogen te sluiten en aan de innerlijke reis der meditatie te beginnen.

Ik herinner mij nog heel helder een ontmoeting met deze non-conformistische mysticus. Terwijl ik voor hem zat en in zijn glinsterende, lachende ogen keek, voelde ik plotseling het gerommel van een lachbui, die diep uit de aarde omhoog leek te komen en op een heerlijke manier mijn lichaam binnendrong. Zonder dat ik er iets aan kon doen, barstte ik onbeheersbaar in lachen uit en al snel moesten anderen ook lachen. Mijn lachbui was zo aanstekelijk, dat iedereen die aanwezig was ten slotte meelachte.

Er gingen minuten voorbij. Ik kon maar niet ophouden en werd ten slotte voorzichtig naar mijn plaats teruggebracht. Daarna kwam deze lachbui een maand lang iedere dag op dezelfde tijd - zeven uur 's avonds - terug. Wat ik ook aan het doen was - lezen, bidden, dansen, vrijen, eten koken - deze onbeheersbare lach borrelde in mij omhoog.

Deze ervaring onthulde mij de genezende werking van lachen, want telkens als mij dit weer overkwam, had ik geen andere keus dan mijzelf niet langer serieus te nemen. Waarover ik me ook zorgen maakte, het lachen brak er gewoon totaal doorheen en schiep afstand tot dat wat mijn denken zo in beslag nam. Ik kon lachen om mijn leven en heel duidelijk zien: 'dit ben ik niet echt, dit zijn de dingen waarmee ik mij geïdentificeerd heb, maar in werkelijkheid ben ik zuiver bewustzijn, onafhankelijk, vrij, ongenaakbaar, ver uitgaand boven al deze dingen'.

Het betekende voor mij een heel indrukwekkende ervaring, een geschenk van een unieke mysticus, die veel mensen geholpen heeft met meditatief bewustzijn de dimensie van het wilde zelf binnen te gaan.

Is het Wilde Zelf Gevaarlijk?

Bijna iedere cultuur waarover in onze geschiedschrijving iets bekend is, ook de onze, heeft het wilde zelf opgevat als iets dat gevaarlijk en bedreigend is. In zekere zin is deze opvatting juist, want elke samenleving heeft getracht ten koste van onze natuurlijke, 'beestachtige' aard een zogenaamd geciviliseerde mens te creëren.

Het uiteindelijke resultaat is dat, telkens als onze fundamentele driften erin slagen door het vernisje van onze beschaving heen te breken, zij zich op een negatieve en destructieve manier manifesteren. Langdurige opsluiting heeft deze natuurlijke energie zodanig geperverteerd, dat zij zich niet gemakkelijk meer in een creatieve richting laat sturen.

Het is geen toeval dat geweld in films en op TV zo populair is, want door middel van deze media leven de mensen indirect hun onderdrukte wildheid uit en in een geromantiseerde opstand tegen een sociale moraal, die hen heeft gecastreerd en opgesloten in een keurslijf van vriendelijkheid en beleefdheid, kunnen zij zich uitleven, kunnen zij moorden en anderen verminken. In zijn fantasie kan de geciviliseerde mens de sleur van zijn gedienstige leventje-van-negen-tot-vijf tenminste doorbreken en zijn vrijheid ervaren.

Wie de waarheid van het lichaam beseft, is in staat de waarheid van het universum te kennen.

RAT NAS TANTRA

In de afgelopen jaren zijn mannen- en vrouwenbewegingen in Amerika en Europa de erkenning van de waarde van het wilde zelf dicht genaderd. In hun zoektocht naar de authentieke waarde van de seksen hebben deze bewegingen begrepen dat beide seksen zichzelf beroofd hebben van hun oorspronkelijke, vitale kracht en dat dit verlies voor een deel de oorzaak is van de frustratie en het onbevredigde gevoel dat tussen de seksen bestaat.

Traditioneel wordt alleen een man toegestaan op het gebied van de seksualiteit een bepaalde mate van wildheid tot uitdrukking te brengen, met name als hij 'zijn wilde haren' nog niet kwijt is, maar daarna komt hij al spoedig tot rust in de huiselijkheid van het huwelijk.

Vrouwen kampen echter, zelfs in onze onstuimige tijd van relatieve bevrijding, met grotere taboes rond seks. Een van de meest voorkomende problemen die ik bijvoorbeeld tegenkom als ik vrouwen help hun orgastisch vermogen te ontdekken, is de angst die zegt: 'Als ik mij werkelijk laat gaan en tijdens het vrijen mijn orgastische zelf tot uitdrukking breng, dan word ik veel te veel voor hem en wordt hij bang en zal hij zich voor mij afsluiten.' Liever dan dit risico te lopen onderdrukken vrouwen iedere impuls in de richting van wilde seksuele vrijheid.

Veel mensen zijn bang voor het uiten van wilde emoties, zoals woede. In mijn workshops komt er af en toe bij iemand woede naar boven en wordt er, bijvoorbeeld als deelnemers elkaar feedback geven, plotseling geschreeuwd: "Hou je mond! Ik wil niet dat je dat zegt!" Onmiddellijk beginnen de meeste aanwezigen zich ongemakkelijk te voelen of zelfs bang te worden en eigenlijk wil iedereen het liefst dat het incident maar zo snel mogelijk weer voorbij is.

Zowel mannen als vrouwen hebben, zelfs in workshops, de neiging de expressie van wat zij als onplezierige emoties ervaren, te vermijden. Zij beseffen dikwijls niet dat dergelijke uitbarstingen verwijzen naar een werkzame bron van natuurlijke, vitale energie.

Gezonde mystiek is pantheïstisch.

MATTHEW FOX

Er is een manier om uit deze moeilijkheden te geraken. Ik ben blij dat ik kan zeggen dat het heel goed mogelijk is de energie van het wilde zelf op een creatieve en speelse manier vrij te maken, een manier die de intimiteit en de liefde tussen man en vrouw versterkt, zonder daarbij ook maar iets van de kracht en de hartstocht, die de essentiële kwaliteiten van het wilde zelf zijn, te ontkennen. Mijn methode hiervoor vormt de basis van dit hoofdstuk en biedt je een aantal intrigerende en stimulerende oefeningen die speciaal voor dit doel ontwikkeld zijn.

SEKSUELE WILDHEID ONTDEKKEN

Voordat ik hieraan begin, wil ik een heel fundamentele vraag stellen: Waarom moet een seksuele magiër het wilde zelf ontdekken? Wat is het verband tussen magie en wildheid?

In hoofdstuk 1 heb ik gezegd dat ieder wensbeeld of verlangen dat jij in je leven werkelijkheid wilt laten worden, moet worden opgeladen met orgastische seksuele kracht. Deze orgastische lading kan niet gecreëerd worden als je niet eerst contact gemaakt hebt met je eigen wilde energie. Je kunt een zaadlozing hebben, je kunt een seksuele climax bereiken, maar als je werkelijk een orgasme wilt hebben, dan is deze wildheid nodig om je lichaam op te laden met extatische energie.

Laat ik uitleggen wat ik in een seksuele context bedoel met 'wildheid'. Als tijdens het vrijen de seksuele opwinding begint, kan die, met behulp van bepaalde technieken, geholpen worden zich langzaam, in een voortdurend opgaande lijn van intensiteit, op te bouwen, waardoor je lichaam steeds meer energie en genot ontvangt. Als deze toename van opwinding door kan gaan zonder tot ontlading te komen, komt er een moment waarop de seksuele energie zich beweegt voorbij het punt waarop jij er nog controle over hebt.

De seksuele lading wordt zo sterk, dat de energie zelf de zaak overneemt. Er beginnen seksuele gevoelens door je geslachtsdelen te stromen en misschien wel door je hele lichaam, in een reeks onvrijwillige, extatische responsen, die niets te maken hebben met 'doen', maar alles met 'gebeuren'. Dit is een ervaring van je wilde energie.

Er is nog een ervaring die in verband wordt gebracht met wildheid, een ervaring die veel mensen wel kennen. Deze vindt plaats als twee geliefden elkaar ontmoeten zonder zich speciaal te richten op seksuele vereniging, en er plotseling een golf van seksuele energie door hen heen trekt en hen meesleurt in het liefdesspel. De impuls kan zijn opgeroepen door een lichte aanraking op de rug of de nek, door een omhelzing of een zachte kus, of misschien door een of andere verborgen elektrische stroom die tussen hen beweegt, zonder dat zij daar erg in hebben. Ook dit maakt deel uit van het wilde zelf.

Ik herinner mij het verhaal van Jenny en Ken, twee ervaren tantra-leermeesters, die al verschillende jaren vrienden, collega's en geliefden zijn. Er kwam een moment waarop Ken, om verschillende persoonlijke redenen, niet langer de minnaar van Jenny wilde zijn. Maandenlang probeerde Jenny zich met tegenzin aan de nieuwe situatie aan te passen, terwijl zij haar partnerschap met Ken handhaafde.

Ongeveer een jaar later, vlak voordat zij samen een grote workshop zouden begeleiden, ging Jenny naar het appartement van Ken om samen met hem in drie of vier dagen het nieuwe programma voor te bereiden. Iedere dag namen zij alle oefeningen door, waaronder de drie oefeningen die ik in dit hoofdstuk zal bespreken: het 'lachende bekken', de 'vuurmeditatie' en 'je verbinden met je wilde dier'.

Jenny werd heen en weer geslingerd tussen de zielepijn en extase, en wist eigenlijk niet goed of ze zich in de diepste hel of in de hoogste hemel bevond. Ze was vierentwintig uur per dag in aanwezigheid van de man die ze met heel haar hart liefhad. Ze praatten met elkaar, raakten elkaar aan, dansten, speelden, omhelsden elkaar... ze deden alles samen, behalve vrijen. Jenny vertelde mij later dat ze ernaar smachtte Ken, zoals vroeger, naar zich toe te trekken, haar armen en benen om hem heen te slaan, zijn mannelijke seksuele kracht te voelen toenemen en haar vervolgens binnendringen, haar vullen, haar overweldigen... maar Ken hield koppig voet bij stuk: ze waren geen minnaars meer.

Op een avond, toen hun plannen voor de workshop bijna rond waren, zaten ze bij elkaar zonder speciaal iets te doen - een beetje tv-kijken, kletsen over ditjes en datjes. Het gesprek kwam op het uitbeelden van dieren als manier om gezonde seksuele agressie op te wekken en al snel begonnen ze wolfje te spelen en naar elkaar te schreeuwen en te happen, rond te dartelen op het vloerkleed, elkaar speels en op een onschuldige manier weg te duwen.

Plotseling, als uit het niets tevoorschijn komend, begon er een seksueel vuur te gloeien in hun bekken, een vuur zo wild, onverwacht en zuiver, dat zij er geen weerstand aan konden bieden. Jenny vertelde later:

> Een enorme warmte begon zich in mijn geslachtsdelen en over mijn lichaam te verspreiden, als een vuurtje dat 's zomers door het dorre gras ijlt. Ik kon aan Ken merken dat er bij hem hetzelfde gebeurde. Ik dacht dat al de oefeningen die wij samen hadden voorbereid ons op de een of andere manier gereinigd hadden, ons hadden opgeladen en het mogelijk hadden gemaakt dat deze fantastische, nieuwe energie door ons heen begon te stromen. Wij konden het op geen enkele manier ontkennen, beheersen of beoordelen. Het enige dat wij nog konden doen, was het bed induiken!
>
> Zinderend van opwinding, elkaar najagend en duwend snelden wij de slaapkamer in. Mijn God, wat was ik blij dat ik mijn kleren kon uittrekken! Ik scheurde ze zowat van mijn lijf. Toen greep ik Ken vast, die nog maar half uitgekleed was, en duwde hem neer op het bed. Hij gromde en sprong omhoog, duwde mij omver en probeerde mij als het meest dominante mannetje van de kudde op het bed te houden, terwijl hij de rest van zijn kleren uittrok. Ik raakte vreselijk opgewonden, greep naar zijn jeans, grauwde als een opgewonden wolvin en sprong naakt op het bed in het rond.
>
> Toen sprong hij op mij af en wij rolden snauwend, grommend en bitsend over elkaar heen, haakten in fantasie onze klauwen in elkaars lijf en grepen elkaar met de tanden bij het nekvel. Het was allemaal vreselijk opwindend! Hij probeerde mij van achteren te bestijgen, maar ik gaf hem de kans niet. In plaats daarvan probeerde ik hem te bestijgen! Ik snakte ernaar om te gaan vrijen, maar tegelijkertijd was ik zo afgestemd op dit sterke, dierlijke gevoel, dat... nou ja, als je ooit naar wilde dieren gekeken hebt, weet je wat ik bedoel: het wijfje staat niet toe dat het mannetje haar bestijgt voordat hij er een enorme show van maakt, trots heen en weer stapt en laat zien wat hij in huis heeft. Op die manier maakt zij hem werkelijk gek van opwinding.
>
> Ik bleef mij dus verleidelijk en gewillig gedragen, alsof ik wilde dat Ken mij nam, maar op het laatste moment rolde ik dan weg of ik draaide mij om en probeerde hem omver te gooien. Als het erop leek dat hij het wilde opgeven of gefrustreerd begon te raken, jankte ik zachtjes, likte zachtjes zijn lichaam op de meest erotische plekjes, zodat zijn geestdrift voor het liefdesspel onmiddellijk weer oplaaide en dan begon het weer. Het leek een eeuwigheid door te gaan. Toen had hij mij eindelijk te pakken. Hij drukte mij neer in de kussens, duwde mijn dijen uit elkaar en wij konden ten slotte met zo'n totaal gevoel vrijen, met zo'n intensiteit, dat het leek alsof wij allebei een volkomen nieuw niveau van orgastische energie hadden bereikt. Ik was natuurlijk vreselijk opgelucht dat wij weer terug waren in die heerlijke stroom van seksuele hartstocht die wij van eerder zo goed kenden.

Ik ontdekte God in mijzelf en ik had haar lief. Ik had haar onstuimig lief.

NTOSAKE SHANGE

Jenny en Ken vreeën de hele avond, voortgedreven door een intens en wederzijds verlangen elkaar opnieuw te leren kennen en zichzelf op een nieuwe en onschuldige manier, vrij van het verleden, opnieuw te ontdekken. Jenny vertelde later dat het een van de meest uitzonderlijke seksuele ervaringen van haar leven is geweest, want zij slaagden erin allebei op het punt te blijven waar de agressie dreigt te groot te worden, maar nog net genot betekent, waar hartstocht dreigt te exploderen, maar toch steeds groter en groter wordt.

"Ik realiseerde me dat liefde mensen in staat stelt wild te zijn terwijl zij hun agressie onder controle houden," legde Jenny uit. "Als er tussen twee mensen een sterke hartsverbintenis is, dan kunnen zij volkomen wild worden en tegelijkertijd voldoende sensitief blijven om het speels te houden en elkaar geen pijn te doen."

Het verhaal van Jenny en Ken illustreert het wilde zelf in actie, dat zijn natuurlijke expressie vindt binnen een seksuele context. Dit wordt mogelijk als het denken niet langer plannen maakt, beheerst en berekent, als het individu volkomen opgaat in zijn of haar lichamelijke gewaarwordingen en de energie als een authentieke en spontane uiting van wildheid onbelemmerd kan stromen.

CATHARSIS: DE VEILIGE EXPLOSIE

Het vrijmaken van onze wilde kracht is geen gemakkelijke zaak, want wij moeten ons veilig voelen en tegelijkertijd een innerlijke explosie van energie ontketenen en alle controlemechanismen loslaten die dergelijke energieën normaal gesproken onder de duim houden. In de volgende oefeningen wil ik je uitnodigen je energie en emoties op een speelse manier vrij te maken, want naar mijn ervaring schept speelsheid een sfeer waarin de wilde energie in een positieve richting kan stromen.

Hoe dan ook, een catharsis is een soort explosie en hoe veilig wij de situatie ook maken, je dient wel bereid te zijn je controle te verliezen, voorbij het bekende, het veilige, het zekere te stappen en, om met D.H. Lawrence te spreken, 'je lichaam en je bloed en je geest, je bekende zelf te riskeren en steeds meer het zelf te worden dat je nooit gekend of ervaren hebt'. Dat kan een fantastische, louterende ervaring worden, maar ook heel griezelig zijn. En het kan ook allebei tegelijk zijn.

Sommige vertegenwoordigers van moderne therapieën stellen dat een catharsis geen werkelijke waarde heeft, omdat 'ze nergens toe leidt'. Als je bijvoorbeeld woede boven voelt komen en je gooit die woede eruit, dan heb je geen enkele garantie dat je morgen niet opnieuw woede zult voelen. Dit klopt, maar daar gaat het niet om. Of zij nu geuit of onderdrukt wordt, woede zal blijven bestaan als een deel van ons leven. Net als wolken voor de zon trekken en vandaag regen brengen, zo kunnen zij ook morgen voor regen zorgen, dat is gewoon een onderdeel van de cycli van het leven. Hetzelfde geldt voor woede en elk ander menselijk gevoel.

Stel je voor dat je de harige, bokachtige, mannelijke god Pan geworden bent en een enorme erectie hebt.

Bovendien ben ik ervan overtuigd dat onderdrukking van een sterke emotie bijdraagt aan het verstikken van onze levensenergie, terwijl een catharsis, als zij spontaan is, een element van wildheid heeft, dat ons energiesysteem kan reinigen en versterken, en ruimte kan scheppen voor een groter gevoel van vitaliteit en levensvreugde. Emotionele expressie, indien op creatieve wijze gehanteerd, kan een uiterst leven bevestigende getuigenis zijn, terwijl onderdrukking bijna altijd getuigt van zelfontkenning.

Nu ben je klaar om aan de drie oefeningen te beginnen die je zullen helpen je wilde zelf te ontdekken en tot uitdrukking te brengen.

HET LACHENDE BEKKEN

Doel en nut van de oefening

In deze oefening ga je op een zachte en speelse manier contact maken met je wildheid en je gebruikt lachen daarbij als middel om de verborgen energiebronnen in trilling te brengen en wakker te schudden. In een bepaalde fase van de oefening stuur je het lachen naar het bekkengebied, waar het kan helpen de 'psychologische kuisheidsgordel' te verbreken, het pantser dat zich rond je oorspronkelijke seksuele energie gevormd heeft - ideeën over wat verboden, onfatsoenlijk of onzedelijk is.

Voor sommige mensen lijkt het misschien vreemd lachen te gebruiken om met demonen in contact te komen en onderdrukte emoties los te maken. Als je deze oefening echter met welgemeend enthousiasme doet, zul je ervaren dat lachen een heel effectieve en krachtige methode is om lagen van sociale conditionering te doorbreken en nieuwe energiebronnen aan te boren.

Je zult de heidense god Pan ontmoeten, die in een toestand leeft waarin hij altijd klaar is om seks te bedrijven, en je ontmoet zijn Griekse tegenhanger, de godin Baubo, een seksuele grappenmaakster, die kijkt door haar tepels en praat door haar kruis. Beide archetypen zijn aardse geesten, die mensen in contact brengen met hun seksuele energie. Ze kunnen je ook helpen seksualiteit te verbinden met humor, vreugde en plezier.

Pan en Baubo zullen je helpen te ontdekken dat uitdrukkingen die wij normaal gesproken afwijzen als vulgair, in de juiste context geplaatst een bevrijding en genezing van onderdrukte energie kunnen betekenen. Door 'te doen waar je zin in hebt' zul je gaan ervaren hoe gezond het is alles onvoorwaardelijk te accepteren en leer je reeds lang vergeten aspecten van je wezen weer te omhelzen.

Dit onderdeel van de oefening is met name erg geschikt voor vrouwen die doorgaans zijn opgevoed met de overtuiging dat ze altijd lief, bedaard, netjes en sexy moeten zijn en nooit mogen toestaan dat de 'grove', 'vulgaire' kant van de menselijke natuur zichtbaar wordt.

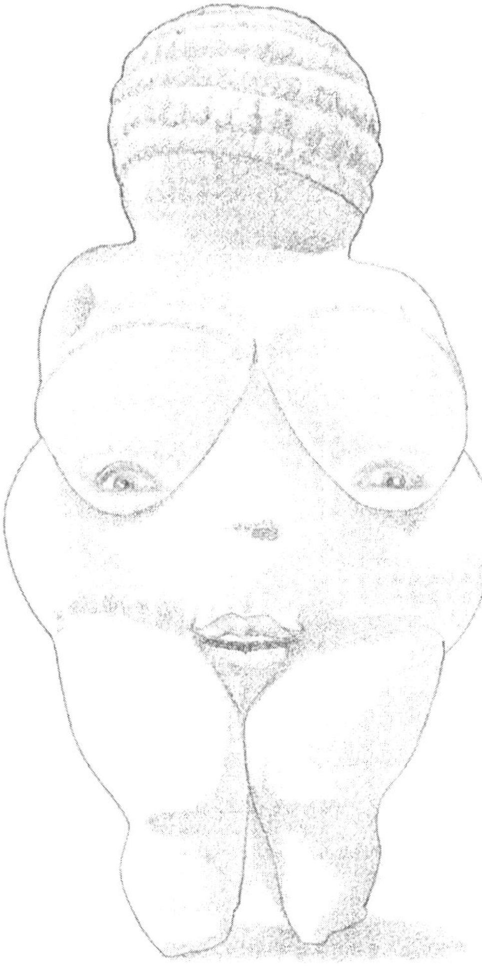

Stel je voor dat je de godin Baubo geworden bent, die kijkt door haar tepels en praat door haar vagina: de gekscherende, zorgeloze godin van de obsceniteit.

Voorbereidingen

- Het lachende bekken kun je alleen doen, maar de oefening werkt beter als je haar samen met een partner doet.
- Maak je magische cirkel klaar.
- Draag losse, gemakkelijk zittende kleding.
- Begin alle dingen bij elkaar te leggen die jou waarschijnlijk aan het lachen kunnen maken. Je kunt bijvoorbeeld een video huren met geestige scènes

of je weet misschien foto's, ansichtkaarten of passages uit een boek die op je lachspieren werken. Misschien heb je een paar favoriete moppen, een bandje van een komiek of van iemands lach die aanstekelijk werkt - mijn favoriete manier om te kunnen lachen. Alles wat je grappig vindt, verzamel je eerst en je legt het in je magische cirkel.

- Hier is een mop om aan je verzameling toe te voegen.

> Een slimme New Yorkse carrièremaakster trouwt met een knappe jonge boer uit Vermont. Omdat ze vindt dat het hem ontbreekt aan de grootsteedse manieren waaraan zij gewend is, begint het meisje zijn gedrag bij te schaven, zelfs al tijdens het bruiloftsfeest, en ze vertelt hem wat hij tegen de gasten moet zeggen, hoe hij netjes moet eten, met vork en mes, enzovoort. De jongeman gehoorzaamt welwillend zijn bruid, maar haar adviezen beginnen langzaam maar zeker aan zijn zelfvertrouwen te knagen. Als het feest voorbij is en de huwelijksreis begint, trekt het paar zich terug in de slaapkamer. Als ze naakt in bed liggen, vraagt de jongeman aarzelend: "Uh... schat, z-zou je m-me alsjeblieft even het p-poesje aan willen geven?"

- Maak je geen zorgen als je lach aan het begin van de oefening een beetje geforceerd en onecht klinkt. Dat is begrijpelijk, want lachen wordt doorgaans spontaan ervaren, terwijl je in dit geval opzettelijk een situatie creëert waarin er van je verwacht wordt dat je gaat lachen. Bovendien zijn veel mensen niet gewend vaak te lachen, omdat het leven voor hen een tamelijk serieuze aangelegenheid is geworden.

- Je zult snel in de gaten krijgen dat alles een reden kan worden om te gaan lachen. Bijvoorbeeld: je ziet het kolderieke van de hele situatie in - lachen als oefening... wie heeft er ooit zoiets belachelijks gehoord! - en je kunt er hartelijk om lachen. Wees creatief, enthousiast en je zult verbaasd zijn hoe gemakkelijk het is om te lachen.

- Trek voor de oefening twintig tot vijfentwintig minuten uit.

Werkwijze

STAP 1: SAMEN LACHEN

Ga met je partner de magische cirkel binnen.

Begroet elkaar met de hartegroet.

Ga gemakkelijk zitten en begin naar manieren te zoeken om jezelf en je partner aan het lachen te maken. Vertel moppen, kijk naar humoristische scènes uit films of lees passages uit een boek die grappig zijn.

Grijp iedere gelegenheid aan om te gaan lachen. Steun elkaar hierin. Trek malle gezichten. Kietel elkaar.

Besteed hier ongeveer vijf minuten aan. Als je vindt dat je lach aardig begint los te komen, ga hier dan mee door zo lang als je prettig vindt.

Lach vijf minuten lang in je bekken.

Stap 2: Je Lach naar Binnen Brengen

Als jullie allebei zover zijn, ga dan staan, nog steeds in de magische cirkel. Zet je voeten op schouderbreedte en houd je knieën licht gebogen. Ontspan de spieren rond je bekken en je geslachtsdelen. Sluit je ogen.

Begin nu in jezelf te lachen en breng al je aandacht in je lichaam. Voel wat er in je lijf gebeurt als je lacht. Voel de energiegolfjes, waar ze naartoe gaan, welke lichaamsdelen trillen. Geef je aan die trillingen over en sta toe dat ze zich uitbreiden.

Experimenteer met de manieren waarop je kunt lachen, van luid en theatraal 'ho, ho, ho' naar een zachte en vriendelijke lach. Lachen kan allerlei eigenschappen hebben en een scala aan menselijke ervaringen uitdrukken. Kijk eens hoeveel verschillende typen lach je kunt voortbrengen. Doe dit zo'n drie minuten lang.

Stap 3: Lachen in Je Bekken

Na een paar minuten breng je je aandacht naar je bekkengebied, dat je geslachtsdelen, je heupen en je onderbuik omvat. Voel het lachen in dit gebied. Misschien voel je maar een lichte trilling, maar dat is prima. Laat die er zijn. Moedig die aan, versterk die en adem er diep bij. Stel je voor dat de lucht op je inademing helemaal tot onder in je bekken stroomt en dit gebied doet opengaan en ontspannen.

Terwijl je in je bekken lacht, laat je herinneringen of beelden bovenkomen van situaties waarin je natuurlijke, wilde energie op de een of andere manier werd geblokkeerd of afgekeurd. Het kunnen vroegere ervaringen zijn die verband houden met zelfbevrediging of zindelijkheidstraining, het kunnen herinneringen zijn aan strenge verboden van je ouders over seksualiteit of herinneringen aan situaties waarin je niet mocht lachen.

Sta jezelf toe om deze beelden te lachen, zodat de psychologische en energetische pantsering kan smelten. Voel je vrij om deze oude scènes te veranderen, zodat ze je nu absurd en belachelijk voorkomen. Gebruik je verbeeldingskracht.

Blijf ongeveer vijf minuten lachen in je bekken.

Stap 4: Wees zo Schandelijk Seksueel als Pan

Om je voor te bereiden op de volgende stap, open je je ogen en maak je contact met je partner. Het is nu tijd om je op een werkelijk schandalige manier te gaan gedragen.

> *Wij moeten ervoor waken dat wij door de duivel te verwerpen niet het beste in onszelf verwerpen.*
>
> Nietzsche

Blijf lachen en stel je voor dat je de god Pan geworden bent. Het doet er niet toe of je man of vrouw bent, stel je gewoon voor dat je even de harige, bokachtige, mannelijke god Pan geworden bent en dat je een enorme erectie hebt.

Laat je partner met behulp van gebaren en bewegingen de enorme omvang van je gereedschap zien - de lengte en de dikte ervan. Hoe voelt het om met zo'n enorme penis rond te lopen? Hoe voelt het om zoveel seksuele energie in je bekken te voelen zinderen? Blijf ondertussen lachen.

Als je vrouw bent, is dit een schitterende gelegenheid om, in overdreven vorm, te ervaren wat het is lid van het andere geslacht te zijn. Voel hoe de mannelijke energie vibreert tussen je benen. Voel de mannelijke lach die ermee gepaard gaat. Als er gevoelens van schaamte of schuld boven komen, of gedachten als 'Dit wordt te gek', grijp die dan aan om te lachen.

Speel drie minuten lang de god Pan.

STAP 5: WEES ZO SCHANDELIJK SEKSUEEL ALS BAUBO

Stel je nu voor dat jullie allebei veranderd zijn in de godin Baubo. Zij is de godin die kijkt door haar borsten en spreekt en lacht door haar vagina. Word dit vreemde, ontuchtige archetype van dwaze, zorgeloze vrouwelijkheid, deze godin van de obsceniteit.

Voel tijdens het lachen dat je gezegend bent met enorme borsten, waarmee je naar de wereld kijkt en dat er een grote opening tussen je benen is, waar je lach door naar buiten kan golven. Laat elkaar met gebaren en toneelspel zien wat het is om Baubo te zijn.

Mannen, dit is voor jullie een uitstekende gelegenheid te ervaren wat het is om, in komische vorm, vrouw te zijn. Loop als een vrouw, voel de rondingen en maak overdreven vrouwelijke gebaren.

Beide partners moedigen elkaar aan wulps, grof en vulgair te zijn, en blijven allebei lachen. Doe waar je zin in hebt; houd je op geen enkele manier in.

Doe dit drie minuten lang.

STAP 6: BRENG DE LACH NOGMAALS NAAR BINNEN

Keer terug naar je magische cirkel en ga op je rug liggen, met je knieën opgetrokken. Sluit je ogen en voel het lachen van binnen. Richt je aandacht op je bekken. Kijk of er verschil is in de gevoelens die door dit deel van je lichaam gaan nu je als een clown voor seksuele god en godin gespeeld hebt.

Laat het lachen na een paar minuten langzaam afnemen.

Blijf nog even stil liggen, met je ogen gesloten, en geniet van de gevoelens in je lichaam. Je voelt misschien dat er een grote reiniging heeft plaatsgevonden en het lachen van binnen veel oude stofnesten heeft schoongespoeld.

Ga rechtop zitten en deel met je partner wat je in de oefening ervaren hebt.

Sluit af met een innige omhelzing en een hartegroet.

Opmerkingen

In de beginfase van deze oefening wil je misschien korte pauzes nemen tijdens het lachen. Het is echter van belang dat je voortdurend blijft lachen. Wees totaal in deze oefening. Houd je aandacht gericht op de sensaties die je in je lichaam voelt. Je zult merken dat het lachen gemakkelijker wordt naarmate je het langer doet.

Een waardevolle sleutel om je lach los te krijgen ligt in het motto: 'Doe alsof, totdat het lukt'. Met andere woorden, blijf gewoon lachen en maak je geen zorgen over hoe het klinkt. En als je er toch over inzit, lach dan om het feit dat je erover inzit!

Nu je je bekken hebt losgeschud, kun je de hierdoor opgewekte energie in je hele lichaam gaan onderzoeken.

Het leven is wild. De liefde is wild. En God is helemaal wild!

OSHO

DE VUURMEDITATIE

Doel en nut van de oefening

In de vuurmeditatie maak je contact met een vurige energie, die je lichaam heelt, reinigt en verlevendigt, en de energie van het wilde zelf opwekt. Je gaat krachtige ademhaling combineren met visualisatie om een gevoel van een oprijzend vuur in je lichaam te creëren. Dit vuur voert genezende energie met zich mee, zodat energiekanalen zich kunnen openen, geblokkeerde of onderdrukte energie kan worden weggebrand en je wildheid en kracht vrij kunnen komen.

Deze oefening biedt je ook een gelegenheid om door middel van je stem, door te schreeuwen en te brullen, jezelf te ontladen en belemmeringen voor een goed gevoel over jezelf uit de weg te ruimen.

Wanneer ik in een workshop mensen in deze oefening begeleid, merk ik dat velen van hen tijdens de meditatie visioenen van het wilde zelf krijgen, beelden en impressies van zichzelf zien als vrije en onbelemmerde mensen. Verwelkom dergelijke visioenen als je ze tijdens de oefening - mogelijk ook daarna - bemerkt, want ze kunnen je helpen de smaak te pakken te krijgen van de levendigheid en vreugde die het wilde zelf je kan geven.

Deze oefening is heel geschikt als voorbereiding op het openen van het 'geheime kanaal', dat door de zeven energiecentra van het lichaam loopt. Dit komt in hoofdstuk 6 aan de orde.

Voorbereidingen

- Breng je magische cirkel in gereedheid.
- Draag zo min mogelijk kleding, want je zult het tijdens deze oefening waarschijnlijk flink warm krijgen.
- Het helpt als je deze oefening met muziek doet (zie voor suggesties het appendix).
- Je kunt deze oefening alleen of samen met je partner doen.
- De meditatie duurt een half uur.

Werkwijze

STAP 1: SCHUDDEN MET JE LICHAAM

Ga je magische cirkel binnen.

Zet levendige muziek op en dans daar een paar minuten stevig op. Beweeg je hele lichaam, rek je uit, spring op en neer, schud jezelf, maak je gewrichten en spieren los en adem door je mond om je energie te activeren.

Als de muziek voorbij is, ga je gemakkelijk staan, met je voeten op schouderbreedte. Zet je knieën niet op slot, maar houd ze licht gebogen. Ontspan je schouders en laat je armen losjes hangen. Als je je bekken naar achteren houdt, laat het dan naar voren vallen in een meer ontspannen houding. Voel hoe je voeten stevig op de vloer staan.

Begin op een ontspannen, losse manier te schudden. Begin met je handen, laat dan je armen en schouders meedoen en maak intussen hardop de klank 'Aaaah'.

Laat na enkele ogenblikken ook je nek en je hoofd meedoen met het schudden.

Begin nu te schudden bij je knieën. Hierdoor zal je hele lichaam gaan schudden. Maak alles los. Laat alles schudden.

Stop. Ontspan. Wees een ogenblik stil.

STAP 2: BEGIN DE VUURADEMHALING

Als je ervoor klaar bent, ga je diep en langzaam ademhalen door je mond.

Beweeg je handen ritmisch met je ademhaling mee. Op de uitademing open je je handen en op de inademing sluit je ze tot vuisten.

Laat de rest van je lichaam in het ritme meedoen. Op de uitademing laat je je schouders naar voren en je buik naar beneden vallen, en op de inademing voel je hoe je lichaam zich weer opricht.

Breng je hoofd weer in beweging. Op de uitademing laat je je hoofd naar voren vallen en op de inademing richt je het op en kijk je naar de hemel.

Laat het ritme van je ademhaling en je lichaam in kracht toenemen.

STAP 3: VUUR VISUALISEREN

Wanneer je zover bent, betrek je je verbeeldingskracht erbij.

Op de uitademing stuur je een stroom van energie van je borst en buik naar beneden, door je benen en je voeten in de aarde beneden je. Neem de tijd om een krachtig beeld of idee te vormen van een energiestroom die op de uitademing de aarde in gestuurd wordt.

Laat de energie met iedere uitademing dieper in de aarde verdwijnen, de bodem binnendringen, door gesteentelagen heen, alsof je diepe wortels krijgt.

Ga door totdat je de vurige kern van de aarde bereikt hebt, totdat je contact maakt met het vloeibare, gesmolten vuur dat eeuwig brandt in het middelpunt van onze planeet. Zie de rode, gesmolten lava, brandend, murmelend, als een enorme bal van vuur in de buik van de aarde.

Geliefden komen elkaar niet uiteindelijk ergens tegen. Zij zijn altijd al in elkaar.

RUMI

Terwijl je contact maakt met de kern van de aarde, roep je een beeld, een herinnering of een gevoel van vuur op. Herinner je wanneer je voor het laatst bij een brandend vuur hebt gestaan, wanneer je tongen van vuur de lucht in hebt zien schieten of de hitte van een vuur je huid voelde binnendringen en je botten verwarmen. Herinner je hoe door de warmte begon te zweten. Zie de rode en oranje vlammen voor je geestesoog.

Herinner je ook het vuur van je eigen hartstocht, het aanstormen van grote woede, het vuur van seksuele passie, de warmte die gloeide in je geslachtsdelen... laat al die herinneringen zich vermengen tot een geconcentreerd beeld van vuur.

STAP 4: VUUR IN JE LICHAAM BRENGEN

Nu kun je beginnen het vuur van onze planeet omhoog te brengen.

Adem in en zuig het vuur door de aarde heen omhoog, naar de plaats waar jij op het aardoppervlak staat.

Adem uit en stuur je eigen warmte naar beneden om de oprijzende vlammen te ontmoeten.

Adem in, voel hoe het vuur het aardoppervlak bereikt en de vlammen aan je voetzolen beginnen te likken. Dit is zuivere, vurige energie. Dit is het levensvuur zelf.

Adem uit, stuur je energie naar beneden om het opstijgende vuur te ontmoeten en voel hoe je voetzolen warmer worden.

Adem in, voel het rode, gesmolten vuur in je voeten, enkels en onderbenen stromen. Laat je benen warm worden. Voel hoe de warmte naar je knieën stijgt.

Voel hoe je energie de aarde in zakt, alsof je wortels krijgt. Maak contact met het vuur in het middelpunt van de aarde, laat het groeien en zich door je lichaam verspreiden en je wezen reinigen.

Blijf diep ademhalen en maak lichaamsbewegingen om de energiestroom te ondersteunen. Op elke inademing laat je het vuur verder omhoog komen, tot in je dijen, je bekken, je heupen, je billen. Stel je een vurige kleur rood voor, die zich door dit gebied verspreidt, het zuivert, heelt en versterkt.

Als je deze energie in je bekken voelt branden, begin je geluid te maken. Geef aan je instinctieve zelf een stem, aan de vurige energie van je wilde, oorspronkelijke wortels. Grom, knor en schreeuw uit jezelf op een manier die natuurlijk voelt en past bij wat je ervaart.

Voel hoe het vuur oprijst tot in je buik en de dierlijke energie in je darmen tot leven wekt. Adem diep, wakker het vuur van je hartstocht aan, ontsteek een gloeiend vuur in je buik. Je kunt plotseling een glimp opvangen of een beeld krijgen van je wilde zelf, of er een inzicht in krijgen. Gebruik dat om nog totaler in de oefening te gaan.

Voel hoe het vuur oprijst naar je zonnevlecht en je borst, je longen vult, je kracht geeft en hoe je romp warmte begint uit te stralen. Voel hoe deze energie in je hart emoties van vreugde of verdriet losmaakt. Laat je armen en handen vrij bewegen en deze gevoelens tot uitdrukking brengen.

Je lichaam verandert in een kolom van vuur en zet je met onbekende energieën in brand. Verwelkom deze gevoelens van nieuwe kracht, van nieuw leven. Geef er geluid aan, een stem. Blijf ademhalen.

Laat het vuur naar je keel en je mond rijzen. Nu adem je vuur, als een draak. Adem de vlammen door je mond uit en geef uiting aan deze energie door middel van geluid uit je keel. Laat het wilde zelf naar buiten komen in kreten en andere stemgeluiden. Misschien wil je wel brabbeltaal gebruiken, onzin uitkramen. Geef jezelf volledig de vrijheid aan deze energie uiting te geven op de manier die voor jou goed voelt.

Nu rijst het vuur op tot boven in je hoofd. Hier wordt het misschien subtiel, als kleine blauwe vlammetjes in je voorhoofd, die alle mentale spanning wegbranden - alle opgesloten gedachten, zorgen, twijfels, duisternis en verwarring. Laat het vuur je hersens vitaliseren, je hoofd schoonspoelen en je geest van nieuwe energie voorzien.

Laat de vlammen ten slotte oprijzen tot je kruin en daarbovenuit, steeds hoger en hoger. Laat de vlammen jou verbinden met het universum, dat je omgeeft.

Stap 5: Vuur Worden

Je hele lichaam is nu een vuurkolom geworden, van top tot teen. Adem in en voel hoe de vlammen door je lichaam omhoog laaien en je helemaal zuiveren. Je bent een open kanaal, een holle bamboestengel, waardoor het vuur van de aarde helemaal naar de hemel kan stromen.

Geniet van deze wilde energie die nu door je heen stroomt. Laat het vuur je lichaam louteren en alle onzuiverheden en oude, vastzittende energie wegbranden. Nu word je genezen. Je voelt je steeds lichter worden, stralender, als van goud. Stel jezelf open voor visioenen, beelden, symbolen die in het vuur bovenkomen.

Improviseer een 'vuurdans' om deze loutering te vieren. Beweeg je lichaam, maak geluid, dans en wees wild.

Wanneer je het gevoel hebt dat het vuur ieder hoekje van je wezen bereikt heeft, laat je je ademhaling langzaam tot rust komen. Voel hoe het vuur nu weer geleidelijk wegtrekt uit je lichaam en langzaam je hoofd, je nek, je borst en je buik verlaat. Stel je voor hoe de vlammen zich terugtrekken uit je bekken en je benen, hoe ze wegstromen uit je voeten en in de bodem wegzakken, naar het middelpunt van de aarde, waar ze vandaan gekomen zijn.

Voel hoe het vuur alle oude opvattingen en blokkades die je niet langer mee wilde dragen, weggenomen heeft. Laat ze los. Geef ze terug aan de aarde.

Ga op de grond liggen en ontspan je een minuut of tien.

Als je deze oefening met een partner gedaan hebt, ga dan rechtop zitten en deel je ervaringen. Als je de oefening alleen gedaan hebt, kun je je ervaringen opschrijven in een dagboek.

Sluit de oefening af met de hartegroet.

Opmerkingen

De vuurmeditatie is in mijn groepen en workshops een populaire oefening, want mensen vinden het een uitdaging en niet moeilijk om te doen, en het levert concrete resultaten op.

"Ik zag mezelf als een slapende vulkaan, waarin kleine aardbevinkjes mijn slapende energie begonnen wakker te maken," vertelt een deelnemer. "In mijn verbeelding kwam er door spleten in de aardkorst lava omhoog en deze spleten strekten zich uit tot in mijn lichaam, als kanalen van vuur. Plotseling, toen het vuur mijn hoofd bereikte, leek het alsof ik uitbarstte!"

Misschien heb je het gevoel dat er in de beginstadia van de oefening helemaal niets gebeurt, maar laat je niet ontmoedigen. Wees alert op kleine trillingen van energie en andere lichamelijke gewaarwordingen, met name in je benen en heupen, en breng deze in verband met beelden van warmte en vuur. Versterk de gewaarwordingen met je ademhaling en stel je voor dat het vuur zich in je lichaam uitbreidt en steeds intenser brandt.

Ritmisch ademhalen is hiervoor de sleutel: hoe krachtiger je ademhaalt, hoe meer je de vlammen van je vuurmeditatie aanwakkert.

JE VERBINDEN MET JE WILDE DIER

Doel en nut

Deze oefening lijkt op wat de sjamanen doen om zich te verenigen met een 'krachtdier', met het doel energie, wijsheid en geheime kennis van occulte en natuurlijke krachten te verkrijgen,

Mijn oefening is echter een klein beetje anders. De meeste rituelen vau sjamanen zijn gebaseerd op de overtuiging dat er een diersoort is die nauw verwant is aan jouw geest en dat, als je dat dier - een wolf, een beer of een arend - eenmaal ontdekt hebt, deze verbintenis blijvend is. Je gaat met van het ene dier naar het andere.

In mijn oefening wil ik je uitnodigen contact te maken met het dier dat je op dit ogenblik aanspreekt, in de oefening van dit moment, zodat je het beeld ervan gebruiken kunt om wilde, instinctieve energieen, die latent in jou aanwezig zijn, wakker te maken.

> *Ook is het heel plezierig dieren na te doen, zoals honden, herten en geiten, en hun bewegingen en geluiden over te nemen, abrupt aan te vallen als een paard of je rug te krommen als een wellustige kat.*
>
> KAMA SUTRA

Als je de oefening bij verschillende gelegenheden herhaalt, roep je misschien verschillende dieren op. Misschien ga je rennen als een wolf, vliegen als een arend en dan door het bos struinen als een grizzly-beer. Sta open voor deze verschillende mogelijkheden, maar onderzoek met meer dan een type dier tegelijk, want dat zou verwarring kunnen wekken en de uitwerking van de oefening kunnen verminderen.

Door je te verbinden met je wilde dier krijgen jij en je partner een groter gevoel van vrijheid en speelsheid, schep je nieuwe mogelijkheden voor je relatie en maak je op een veilige en creatieve manier opgekropte agressie vrij.

In deze oefening begin je met visualisatie, met verbeelding, maar daarna ga je over op echt toneelspel en geef je uiting aan je dierlijke zelf.

Voorbereidingen

- Deze oefening kun je alleen doen, maar in de beschrijving wordt zij door twee mensen samen gedaan.

- Breng je magische cirkel in gereedheid.

- Draag losse, gemakkelijk zittende kleding, die de diedijke bewegingen die je tijdens de oefening zou willen maken, niet hindert.

- Je kunt muziek opzetten, het liefst zware, ritmische trommelmuziek, maar je kunt de oefening ook zonder muziek doen. Het een is niet beter dan het ander.

- Weersta de verleiding om op voorhand een dier uit te zoeken, zodat je openstaat voor dieperliggende, onverwachte gevoelens en ervaringen. Sta helemaal open voor het onbekende.

- De oefening heeft de vorm van een reis of geleide fantasie, die ik heb verdeeld in zes stappen. Doodoop elke stap, speel de ro31en die ik erin beschrijf en laat zo het verhaal zich ontvouwen. Jij en je partner zijn acteurs in een toneelspel. Geniet van het drama!

- Om deze oefening te doen kun je bijvoorbeeld mijn richtlijnen opnemen en het bandje, dat ongeveer 45 minuten duurt, afdraaien, terwijl jij de verschillende onderdelen speelt.

- Deze reis begint op dezelfde manier als de inwijdingsceremonie in hoofdstuk 2, maar zoals je spoedig zult merken, is het einde heel anders!

Werkwijze

Ga je magische cirkel binnen.

Steek een kaars aan, brand wierook en dim de verlichting - om een stemming van mysterie en verwondering op te roepen.

Ga gemakkelijk liggen of zitten en sluit je ogen.

Haal een paar maal diep adem, ontspan je lichaam, laat alle spanningen los en breng jezelf helemaal in het hier en nu,

STAP 1: DE ZOEKTOCHT

Stel je voor dat je langs een pad door de natuur loopt, door open gebied. Het is een heldere, zonnige dag en je geniet van het briesje op je gezicht en de warmte van de zon op je lichaam. Je loopt met een rustige pas en geniet van de bewegingen van je armen en benen. Het pad klimt steeds hoger en als je omkijkt, merk je dat je de beschaving achter je laat. De keurig omgeploegde akkers, de snelweg die er dwars doorheen loopt, de stad in de verte... je laat het allemaal achter je. Je richt je ogen weer op het pad dat voor je ligt,

In de slaap ga je het lichaam binnen van jouw krachtdier. Hier is dat een wolf.

Al snel komt het pad uit bij de eerste bomen van een prachtig bos. Zonder te aarzelen loop je het bos in en op dat moment krijg je het fascinerende gevoel dat er hier iets heel moois gaat gebeuren, iets dat voor jou een grote, persoonlijke betekenis heeft.

Seks ligt aan de basis van het leven en wij kunnen nooit leren respect te hebben voor het leven als wij niet leren onze seksualiteit te respecteren.

HAVELOCK ELLIS

Je blijft tussen de bomen door het pad volgen. In het westen gaat de zon langzaam onder. Je kunt vogels horen fluiten en af en toe hoor je geritsel in de onderbegroeiing, maar je ziet geen dieren. Je volgt het slingerende pad, dat door dit eeuwenoude bos loopt.

Het wordt donker en je begint moe te worden. Als je een uitnodigende holte opmerkt tussen drie oude bomen, besluit je halt te houden, te gaan liggen en uit te rusten. Je voelt geen angst bij de gedachte dat je de nacht hier door zult brengen. De lucht is walm en het bos voelt mysterieus, maar ook gastvrij. Spoedig worden je oogleden zwaar en val je in slaap.

STAP 2: DE DROOM

In je slaap hoor je een stem, een stem als van een wijze, oude leemmeester, die rustig en kalm tot je spreekt. Hij legt iets uit dat je voor je gevoel eigenlijk wel weet: dat je in dit magische bos al eens eerder bent geweest, heel, heel lang geleden, en dat je vele levens als mens hebt geleefd, maar dat je daarvoor een wijs en sterk dier geweest bent...

De stem sterft weg en in je droom lijk je van je warme holletje tussen de bomen naar de ingang van een donkere tunnel te zweven, die je als een diepe baalmoeder opslokt. Terwijl je met grote vaart door de steeds dieper wordende tunnel wordt gezogen, zie je in de schaduw allerlei menselijke gezichten oplichten, gezichten die met je samen zijn geweest, in een andere tijd, in een ander leven, gezichten die van steeds vroeger lijken te komen, die steeds primitiever lijken te worden, steeds dierlijker... en dan heerst er plotseling een volkomen stille, vredige duistemis.

Geef je over aan deze oerstilte, want er begint zich een magische, mysterieuze transformatie te voltrekken...

(Vanaf hier ga je visualisatie combineren met actie en begin je het dier dat je geworden bent te spelen en tot uitdrukking te brengen.)

STAP 3: DE TRANSFORMATIE

Je hoort het geluid van een vogel en vervolgens voel je het flikkeren van het vroege ochtendlicht op je oogleden. Je weet dat je terug bent in de holte tussen de bomen en je weet ook dat er iets ingrijpends heeft plaatsgevonden. Dit is geen menselijk lichaam meer waarin je nu woont.

Wees stil, houd je ogen gesloten en begin langzaam het gevoel te onderzoeken van dit nieuwe, vreemde lichaam. Wat voor lichaam is het? Is het groot? Is het klein? Heeft het een vacht? Heeft het veren? Heeft het vier poten? Een staart?

Spreek zachtjes tegen jezelf en beschrijf de verschillende delen van het lichaam dat je nu hebt. Geef zoveel mogelijk details weer.

Voel de spieren van dit lichaam, hoe zij zullen bewegen als je straks helemaal wakker bent. Ruik de geur van dit lichaam, van bont of veren. Haast je niet, want dit is een waardevol, creatief moment. Er ontstaat begrip en erkenning; je bent een dier geworden. Dit is jouw werkelijkheid. Dit ben jij.

Het morgenlicht wordt gestaag helderder en spoort je aan je ogen te openen. Langzaam sta je op, je rekt je uit, misschien lik je je poten, krab je je rug, pik je met je scherpe snavel in je verenpak en poets je jezelf op voor de nieuwe dag. Je kijkt rond, ruikt de wind en luistert naar het ontwakende bos om je heen. Je voelt dorst in je buik: je hebt behoefte aan water. Het is tijd om je leger te verlaten en naar de rivier te gaan voor een ochtenddronk.

Op jouw dierlijke manier bereik je de rivier. Als je een grote beer bent, kuier je voort, je ruikt aan van alles en nog wat, zonder je zorgen te maken over andere levende wezens in de omgeving. Als je een kleiner dier bent, een hert bijvoorbeeld, beweeg je je misschien veel alerter en speur je voortdurend naar roofdieren of rivalen. Als je een vogel bent, vlieg je misschien van tak naar tak. Voel, terwijl je naar het water loopt, de natuurlijke gratie van het dier dat je bent en de kracht die door je aderen stroomt.

Vergeet niet dat dit meer is dan een visualisatie. Doe je ogen open en beweeg je lichaam alsof je dat dier geworden bent. Kruip over de vloer, stel je voor dat je op weg bent naar de poel of de beek, terwijl je partner hetzelfde doet.

Stap 4: De Ontmoeting

Poelen en drinkplaatsen worden door allerlei diersoorten gebruikt en op deze ochtend zul je hier een ander dier ontmoeten. Kijk, daar tussen de struiken is een ander dier op weg naar de rivier (dit is je partner, op wie je nu gaat reageren).

Drink, maar blijf heel alert. Dit is jouw poel en misschien wil je een waarschuwend gegrom, geblaf of gekrijs laten horen.

Aha! Het andere dier blaft terug! Nu voel je dat het tijd is om te laten zien hoe sterk je bent, om je dierlijke kracht te tonen.

Ga tegenover de indringer staan. Laat je tanden zien, je klauwen. Toon de kracht van je lichaam. Maak dreigende geluiden. Blaf, grom, knor, krijs. Doe alsof je aanvalt, maak schijnbewegingen, doe een plotselinge uitval, maar raak het andere dier niet daadwerkelijk aan. Voel je kracht, laat je kracht zien, maar gebruik hem niet om te vechten.

Het paringsritueel begint.

Na een paar minuten is je bedoeling wel duidelijk. De indringer weet met wie hij of zij te maken heeft! Nu je enig respect hebt afgedwongen, kun je wat vriendelijker worden. Misschien is er op deze drinkplaats toch wel plaats voor twee dieren.

STAP 5: DE PARINGSDANS

Laat je geluiden, je gedrag, minder dreigend worden, meer verzoenend. Ruik eens aan het andere dier. Onderzoek zijn geur, snuif zijn lucht op. Duw je neus in zijn nek. Geef hem eens een duwtje tegen de schouder.

Plotseling merken jullie dat er een muskusachtige geur van jullie geslachtsorganen af komt. Er worden hormonen geproduceerd. In je onderbuik beginnen lustgevoelens zich heftig te roeren. Ja, dit is het paringsseizoen en in dit magische bos kunnen zelfs dieren van verschillende soort een gezonde seksuele interesse voor elkaar hebben.

Het paringsritueel begint. Het ene dier is het mannetje en het andere het wijfje (je begint met je eigen geslacht, maar je krijgt gelegenheid beide rollen te spelen).

Het wijfje staat in vuur en vlam. De geur van haar geslachtsklieren doet een beroep op het mannetje en wekt zijn begeerte. Kijk, hij snuffelt al aan haar achterwerk en zijn eigen hormonen reageren op de uitnodiging.

Nu kan de paringsdans een aanvang nemen. Het mannetje paradeert heen en weer, steekt zijn borst naar voren, toont zijn mannelijkheid, zet zijn veren op, maakt luide, veroverende geluiden en danst een ballet, dat bedoeld is om indruk te maken op het wijfje.

Het wijfje heeft interesse, maar ze kijkt niet of nauwelijks rechtstreeks naar het mannetje. Ze doet of ze haar poot likt of op een stukje voedsel kauwt, met de bedoeling het mannetje uit te lokken zich nog meer in te spannen om indruk op haar te maken.

Nu komt hij dichterbij en is klaar om het vrouwtje te bespringen. Zij snauwt of krijst en wijst hem af, waardoor zijn opwinding nog groter wordt. Het gaat er flink aan toe als het mannetje voor het wijfje heen en weer blijft paraderen, op theatrale wijze zijn wellust laat zien en op haar af springt, terwijl zij, hoewel zij heel goed weet hoe het af zal lopen, hem grommend, krijsend of keffend blijft verdrijven en hem op die manier alleen maar meer opgewonden maakt.

Hij voert een ander ballet uit en probeert het opnieuw, grijpt het wijfje bij de nek in een poging haar op haar plaats te houden, terwijl hij haar bespringt. Aha! Dit keer lukt het hem! Hij zit schrijlings op het wijfje en beukt op haar in met heftige spierbewegingen vanuit zijn bekken.

Ga diep in deze gevoelens. Sta jezelf toe deze dierlijke energieën ten volle te ervaren, ook al heb je kleren aan. Speel het gewoon. Wees volkomen seksueel, totdat het paringsritueel voorbij is.

STAP 6: DRAAI DE ROLLEN OM

Nadat de paring voorbij is, gaan de twee dieren uit elkaar en rusten een poosje uit. Ga liggen en sluit je ogen. Haal een paar maal diep adem.

Stel je in dit moment van ontspanning voor dat je van geslacht verandert. Het wijfje wordt nu het mannetje en het mannetje het wijfje.

Langzaam begint de paringsdans opnieuw en ervaren jullie de andere seksuele pool.

Voel als vrouw het plezier van een penis te hebben. Onderzoek hoe dat voelt. Stap trots in het rond met je nieuwe gereedschap. Wees trots op je nieuwe seksualiteit.

Geniet als man van de nieuwe ervaring een vrouwelijk dier te zijn. Kijk of je de aandacht van dat verwaand uitziende mannetje kunt trekken, maar behaag hem niet te snel.

Bewust groeien, bewust leven betekent wijzer worden, intelligenter, meer voldaan, sterker en gelukkiger.

OSHO

Het nieuwe mannetje paradeert en danst voor zijn aanstaande wijfje en probeert haar vervolgens te bespringen. Misschien biedt zij een of meer keren weerstand voordat zij op zijn avances ingaat. Geniet van het grommen, grauwen, kakelen en krijsen. Maak geluiden die je nog nooit gehoord hebt en vul je lichaam met puur dierlijke lustgevoelens.

STAP 7: DE TERUGKEER

Als de lustgevoelens van de paring bekoeld zijn, kunnen de twee dieren ontspannen en ze liggen lui en vredig tegen elkaar aan; ze hebben hun krachten gebruikt. Na een poosje sluiten ze hun ogen en drijven gemakkelijk weg naar dromenland, een vreemd dromenland voor dieren, want zij zien hoe ze door een lange donkere tunnel snellen en door de tijd worden meegevoerd naar een verre toekomst, totdat ze weer aan het andere eind van de tunnel zijn, in het zachte daglicht.

Slaperig openen zij hun ogen en ontdekken dat zij, als door een wonder, een menselijke gedaante hebben gekregen en samen in een magische cirkel liggen. Wat een verrassing! Ze zijn seksmagiërs en doen oefeningen uit een magisch boek!

Wanneer je zover bent, ga dan rechtop zitten en deel je ervaringen met je partner.

Sluit af met een hartegroet.

Opmerkingen

In het begin heb je misschien het gevoel dat de verbinding met je wilde dier niet echt is, dwaas lijkt of je niet het krachtige gevoel geeft dat je ervan verwachtte. Als dat het geval is, bedenk dan dat ons geleerd is op safe te spelen, om nooit onze beheersing te verliezen, om sceptisch te zijn en dingen die vreemd en onbekend lijken van ons af te zetten.

Heb de moed jezelf totaal aan deze nieuwe oefening over te geven en een doorbraak te bewerkstelligen, zodat je op een speelse en enthousiaste manier je dierlijke wildheid ervaren kunt. Vergeet niet dat wij in onze cellen allemaal de genetische herinnering aan ons dierlijke erfgoed met ons meedragen.

Ga op in je eigen wilde energie, maar zo dat je de kwetsbaarheid van je partner respecteert. De uitdaging is hier om precies op de grens te blijven: wild zijn zonder je partner bang te maken of te kwetsen.

Tijdens de paringsrituelen heb je misschien zin om echt te gaan vrijen. Als dat het geval is, geniet dan van de onschuldige wellust van het opgewonden wilde dier in jezelf, maar blijf in de sfeer en verval niet in oude, bekende manieren van vrijen. Als je geen zin hebt om echt te vrijen, dan is dat prima.

Zorg ervoor dat je in de paringsrituelen werkelijk beide rollen ervaart, de vrouwelijke zowel als de mannelijke. In mijn workshops vertellen veel vrouwen dat ze een sterke bevrijding van wilde energie ervaren en ook een krachtig gevoel van seksuele genezing als zij zichzelf permissie geven de mannelijke rol totaal te spelen en hun partner te bestijgen.

Sommige mensen vinden het prettig om tijdens de visualisatie vissen te worden, maar dat kan de zaak tamelijk problematisch maken voor wat het paringsstadium betreft. Het is bijvoorbeeld moeilijk voor te stellen dat een beer het water in duikt om met een dolfijn te paren of dat een orka aan land kruipt om een rendier te verleiden. Als er voor jou van dergelijke situaties een uitdaging uitgaat, ga dan gerust je gang. Doorgaans begeleid ik mensen zo, dat ze voor deze oefening eerder een landdier of een grote vogel kiezen.

Als je de oefening alleen doet, kun je je voorstellen dat een dier zich toegang verschaft tot jouw drinkpoel en dat je daarop reageert. Je zou zelfs met een denkbeeldige partner een paringsdans uit kunnen voeren - als je dan een nieuwe levensgezel ontmoet, heb je iets om in het echt uit te proberen.

Van wilde energie naar een helder beeld

In dit hoofdstuk heb je, door de kracht van je wilde zelf wakker te maken, contact gemaakt met een belangrijke energiebron. Door dit te doen, heb je kunnen ervaren hoe er een versterkende, opwekkende en genezende energie vrijkwam. Deze wilde energie heeft van zichzelf echter geen richting. Je moet er een doel voor vinden, een richting, een bestemming.

In het volgende hoofdstuk zal ik je laten zien hoe je een duidelijk beeld van je doelen kunt creëren en hoe je je kunt voorbereiden op het moment waarop je een wensbeeld met behulp van al je energie kunt opladen en door je lichaam omhoog kunt sturen, met behulp van een alchemistisch proces van zuivering en transformatie.

Als je leert hoe je zo'n wensbeeld creëren kunt, betreed je het gebied van de ware magie en dring je door in de mysteriën van deze kunst. Dan kunnen je wensbeelden werkelijkheid worden.

HOOFDSTUK 5

MAGISCHE WENSBEELDEN

De Deur naar Seksuele Magie

Nu je de magiër in jezelf kracht gegeven hebt, je lichaam gezegend hebt en je wilde zelf hebt gewekt, ben je klaar om een volgende belangrijke vaardigheid aan te leren voor het verwerkelijken van je doelen: een magisch wensbeeld creëren en in je geest vasthouden.

Het beeld dat jij van je wensen en verlangens vormt, geeft richting aan je magische vermogens en concentreert ze op de gewenste doelen. Je dient nauwkeurig te weten welke terreinen van je leven je transformeren wilt. Je dient je persoonlijke doelen duidelijk vast te stellen. En als je een wensbeeld gecreëerd hebt van wat je verlangt, moet je leren dit te comprimeren tot een krachtig magisch symbool, dat opgeladen kan worden met de kracht van je seksuele energie.

Een eeuw geleden dreef een wensbeeld van wraak de legendarische Tibetaanse yogi Milarepa ertoe zich te verdiepen in wat nu zwarte magie wordt genoemd. Toen hij magische vermogens verworven had, kon Milarepa, vanwege zijn hartstochtelijk verlangen zijn vijanden te zien lijden, een wensbeeld in gedachten houden dat zo krachtig en helder was, dat hij er met behulp van occulte krachten in slaagde huizen te laten instorten en hele dorpen te verwoesten.

Milarepa stond later versteld van de destructieve aard van zijn macht en hij realiseerde zich dat deze negatieve krachten uiteindelijk tot hun schepper zouden terugkeren. Hij was zo wijs zijn energie een positieve richting te geven en een beeld van spirituele transformatie na te streven. Zo werd hij ten slotte een verlicht mysticus.

Oh nacht, die mij leidde,
Oh nacht, lieflijker dan de dageraad,
Oh nacht, die Geliefde verenigde met minnaar,
Minnaar transformeerde tot Geliefde!

Johannes van het Kruis

Om de aard van een wensbeeld te begrijpen, hoef je echter niet terug te gaan in de tijd naar legendarische figuren als Milarepa. Een wensbeeld scheppen en in gedachten houden is voor ons iets heel gewoons. Wij doen dat allemaal, bewust of onbewust, iedere dag.

Het is bijvoorbeeld laat in de middag, je zit op kantoor en je begint honger te krijgen. Wat doe je dan? Je begint een beeld van het avondeten te creëren. Terwijl je aan je bureau zit, kilometers van huis, ga je na wat je nog in huis hebt, in de koelkast, en je pakt in gedachten de dingen die je voor het avondeten wilt gebruiken.

Vervolgens zie je jezelf champignons, uitjes en paprika's snijden, en ze bij elkaar doen om een kruidige saus te maken, terwijl de pasta al in een grote pan op het fornuis staat te koken. Mmm, dat ruikt lekker! In een flits spring je naar het eindprodukt en je ziet het hoofdgerecht in alle details voor je, smaakvol gegarneerd op een schaal, gereed om de honger, die het hele creatieve proces heeft uitgelokt, te stillen.

Nog een alledaags voorbeeld. Je hebt een sollicitatiegesprek. Het is een belangrijk gesprek, dus het ligt voor de hand dat je vooraf de hele situatie overziet. Wat ga je aantrekken, welke vragen kun je verwachten, welke antwoorden zul je geven en welke onderwerpen ga je zelf te berde brengen? Waarschijnlijk kies je voor een bepaalde benadering of strategie om een bepaald resultaat te bewerkstelligen, waarbij je je van tevoren voorstelt hoe degenen met wie je het gesprek zult hebben, zich zullen opstellen en hoe je die situatie gaat aanpakken. Misschien vorm je zelfs een beeld van de goede afloop en hoe je die viert.

Ook dit is een vorm van wensbeelden scheppen.

Op dezelfde manier neem je, voordat je een verre vriend gaat opbellen, even tijd en vraag je jezelf af: "Is dit wel het juiste moment om te bellen?" Terwijl je je dat afvraagt, heb je een beeld van je vriend voor ogen en stel je je voor wat hij op dit moment aan het doen is, zodat je beter kunt voelen of je op dit ogenblik wel of niet op moet bellen. Ook dit is het creëren van beelden.

Op het gebied van de gezondheidszorg is gerichte visualisatie bezig bestaansrecht te verwerven als hulpmiddel voor de conventionele geneeskunde. Er zijn artsen die zich specialiseren in het gebruik van verbeelding bij het behandelen van kwalen. Dr. Martin Rossman, schrijver van *Healing Yourself*, noemt bijvoorbeeld een reeks ziekten, van aandoeningen van de urinewegen en rugpijn tot kanker, die verbeterd of verholpen zijn met behulp van verschillende vormen van verbeelding. Dr. Rossman is ervan overtuigd dat gedachten het vermogen van het lichaam om zichzelf te genezen kunnen activeren en hij heeft met succes een scala aan methoden ontwikkeld voor het behandelen van lichamelijke kwalen met behulp van verbeelding en visualisatie.

Wanneer je in de magie verbeelding gebruikt, pas je haar toe als een krachtig middel om je magische vermogens een richting en een doel te geven, en zo de door jou gewenste verwerkelijking van je verlangens te definiëren. Daarom moet je je wensbeelden zo nauwkeurig en helder mogelijk maken, want daarin schuilt de alchemie waarmee je al je energieën benut, en er kracht en een duidelijke richting aan geeft.

Vormen van Creatieve Verbeelding

Als ik mensen tijdens een workshop vraag een wensbeeld te creëren, zijn zij geneigd te denken dat ik hun vraag in hun gedachten een plaatje te maken, een visueel beeld. Als ik ze bijvoorbeeld vraag een wensbeeld te scheppen van een bevredigde, orgastische toestand, probeert de meerderheid van de deelnemers zichzelf in een dergelijke toestand te `zien' en een visueel beeld op te roepen waarin zij er gelukkig en seksueel bevredigd uitzien.

De liefde is de tweede zon van de natuur.

George Chapman

Dit is zeker een goede manier om een wensbeeld te creëren, maar er is geen reden tot bezorgdheid als je geen visueel ingesteld mens bent. Het vermogen te denken in beelden is maar één vorm van verbeelding; verbeeldingskracht kan zich manifesteren in de vorm van plaatjes, gedachten, gevoelens, geluiden en geuren.

Een wensbeeld kan bijvoorbeeld de vorm van een affirmatie hebben: "Ik ontspan en stel mijzelf open voor genot. Ik nodig orgastisch genot uit door mijn lichaam te stromen." Je kunt met jezelf een dialoog beginnen om tot een woordelijke beschrijving van je wensbeeld te komen of je kunt van binnen een intuïtieve stem horen die zich, als een innerlijke gids, uitdrukt in woorden, gevoelens of impulsen.

Het fysieke lichaam heeft een opmerkelijk vermogen om te reageren op verbeelding. Stel je eens voor dat je in de keuken een citroen in plakjes snijdt, een schijfje naar je mond brengt en het scherpe, zure sap opzuigt. Waarschijnlijk zal er in je mond onmiddellijk speeksel geproduceerd worden, vooral onder je tong.

In dit voorbeeld creëert een gedachte of een beeld een lichamelijke sensatie, maar het omgekeerde is ook mogelijk. Door je op lichamelijke gewaarwordingen te concentreren, kun je een gepast beeld creëren. Door gewoon op je bed te gaan liggen, je lichaam op een sensuele en erotische manier te bewegen en je naakte huid over de lakens te voelen glijden, kun je een krachtig wensbeeld van seksuele voldoening oproepen.

Er is ook een belangrijk verband tussen verbeelding en geluiden en geuren. Bij religieuze ceremoniën wordt overal ter wereld gebruik gemaakt van wierook en klokken of bellen. Dit gebruik is gebaseerd op het inzicht dat de zintuigen voor geur en geluid een bepaalde spirituele sfeer kunnen oproepen, zoals een sfeer van meditatie, devotie of innerlijke vrede. Maar dit geldt ook op het gewone, alledaagse vlak: de geur van verse appeltaart of pannekoeken kan een stroom van plezierige jeugdherinneringen oproepen.

Geluiden en geuren van buiten stimuleren niet alleen innerlijke toestanden en herinneringen. Je zult ontdekken dat je een wensbeeld sterker en levenskrachtiger kunt maken door je je een geluid of een geur *voor te stellen*. Kortom, je kunt voor het creëren van een persoonlijk wensbeeld gebruik maken van het hele spectrum van zintuiglijke waarneming, evenals van woorden en gedachten.
Je hoeft je niet te beperken tot één ervan.

Twee Typen Wensbeelden

Er bestaan twee basistypen van wensbeelden: beelden die wij als openbaring ontvangen en beelden die wij in onze verbeelding zelf scheppen.

Het idee van openbaring door middel van beelden komt in alle spirituele tradities voor. Heiligen uit India en Tibet beschrijven dikwijls hoe er tijdens hun meditatie of als zij vasten een god of 'deva' verschijnt, die hun de essentiële les of het inzicht komt brengen waar zij naar zochten.

In de joodse traditie ontving Mozes de openbaring van de Tien Geboden door dit type verbeelding en er zijn veel christelijke heiligen die gesproken hebben over een goddelijke openbaring als zij Christus of Maria zagen of een stem of hemelse muziek hoorden.

De 'vision quest' van de oorspronkelijke Indianen van Amerika heeft een soortgelijk thema. Hierin streeft de zoeker naar een visioen dat dient als hulpmiddel bij de overgang naar de volwassenheid. Dit gebruik is door sommige moderne Amerikaanse zoekers met enthousiasme overgenomen. Het gaat hier steeds om beelden waarvoor de zoeker ontvankelijk is. De openbaring wordt overgelaten aan de krachten van het universum, die buiten de gewone macht en kennis van de mens liggen.

In sommige Indiase spirituele tradities treffen wij een meer doelgerichte verbeelding aan. Hier concentreert de zoeker of ingewijde zich op een bepaalde godheid, wiens goddelijke eigenschappen hij verwerven wil. Het beeld van de deva wordt geladen met energie - door heilige mantra's te reciteren, bepaalde offers te brengen of ascese - totdat de zoeker voelt dat hij de gewenste eigenschappen belichaamt. In de meeste gevallen moet de zoeker een beeld van de deva voortdurend in zijn geest vasthouden, totdat de overdracht heeft plaatsgevonden.

Een Sadhu of spiritueel ingewijde ontvangt goddelijke openbaring in een grot in de Himalaya.

Ook in de magie handel je doelbewust en creëer je een beeld van wat je verwerkelijken wilt. Je bepaalt wat je bereiken wilt en vervolgens concretiseer je je wens door middel van visualisatie en andere technieken, die in dit hoofdstuk beschreven worden. Hoe helderder, krachtiger en gedetailleerder het wensbeeld is, hoe groter de kans dat het zich zal manifesteren in je leven.

Magie, Seks en Wensbeelden

- Seksuele magie is op verschillende niveaus werkzaam en kan allerlei wensen vervullen, zoals:
- Persoonlijke genezing en transformatie
- Nieuwe liefdesrelaties
- Grotere intimiteit en harmonie in bestaande relaties
- Verwerkelijking op het materiële vlak, zoals financiële overvloed, een nieuwe huis of een nieuwe baan

De zon, de uitstraling en kracht van meditatie

Nog niet zo lang geleden heb ik twee geliefden, Jeffrey en Laura, geholpen bij het creëren van een seksueel-magisch ritueel, dat bedoeld was om Jeffrey kans op een betere baan te geven. Hij had vijf jaar in het produktieteam van een filmmaatschappij in Los Angeles gewerkt. Het was een goede baan, maar hij bood Jeffrey weinig creatieve mogelijkheden.

Bovendien was zijn partner, Laura, begonnen als adviseuse bij een heel interessant videoproject van een andere maatschappij.

De wildheid van Kali, geschilderd door mevrouw Ajit Mookerjee, een hedendaags kunstenares

Het yin-yangsymbool van evenwicht en harmonie, dat voorkomt uit het idee dat tegenpolen, zoals mannelijk en vrouwelijk, elkaar aanvullen.

"Zou het niet heerlijk zijn," droomden zij, "als Jeffrey op de een of andere manier een baan kon krijgen in het produktieteam waarin Laura werkte?"

Ze hadden Laura's werkgever benaderd, maar dat had niets opgeleverd; hij was niet geïnteresseerd in Jeffrey.

Met mijn hulp begonnen zij heel nauwgezet een wensbeeld te creëren, waarin Jeffrey werd voorgesteld als zijn oude baan opgevend en werkend voor de andere maatschappij. Ik zei dat hij de voorwaarden voor de transfer heel specifiek moest maken, zoals een hoger salaris en een nieuwe, creatieve functie, waarin hij al zijn geestdrift en talenten kwijt kon.

Toen hun wensbeeld duidelijk vorm had aangenomen, begeleidde ik Jeffrey en Laura in het creëren van een magisch symbool dat uiting gaf aan hun wensbeeld en in het opladen van dit symbool met hun seksuele energie. Ze begonnen dagelijks seksuele magie te beoefenen. Na ongeveer een week gebeurde er iets totaal onverwachts: een regisseur die voor Laura's maatschappij werkte, benaderde de baas en raadde hem aan Jeffrey in te huren.

Er gebeurde verder niets, maar Laura en Jeffrey voelden zich aangemoedigd om door te gaan met seksuele magie. Een week later kreeg Jeffrey een telefoontje: hij was aangenomen. Ik hoef niet te vertellen hoe uitzinnig van vreugde zij beiden waren.

Een Wensbeeld Comprimeren tot een Symbool

Een van de sleutels tot succes in magie ligt in het vermogen een beeld van het gewenste doel te vertalen of te comprimeren in een symbool. Symbolen zijn een soort steno dat de essentie weergeeft van iets dat uitgebreider of ingewikkelder is. Als zodanig kunnen symbolen buitengewoon krachtig zijn.

Wij kennen in ons leven heel veel symbolen, zoals het kruis dat het christendom symboliseert en de vlag die een bepaald land symboliseert. Symbolen bezitten het vermogen diep door te dringen in het onderbewuste. Zij fungeren als een soort basistaal, die ideeën en mensen met elkaar verbinden kan. Als je bijvoorbeeld op de TV het nieuws ziet en je ziet hoe bij een demonstratie de vlag van jouw land door vreemdelingen wordt verbrand, kun je je beledigd voelen, je kunt woedend worden of agressief, terwijl het slechts gaat om een gekleurde lap. Als dezelfde vlag bij een officiële plechtigheid gehesen wordt, omdat een atleet bijvoorbeeld het Olympische goud veroverd heeft, voel je een golf van trots door je heen gaan. In beide gevallen gaat het niet om de lap, maar om wat die lap symboliseert, dat zulke sterke emoties in jou wakker maakt.

Op esoterisch, spiritueel en magisch terrein wordt nog veel meer gebruik gemaakt van symbolen: astrologische tekens, runetekens, tarotkaarten, hexagrammen, het yin-yangsymbool uit het taoïsme, de kelk als symbool voor de Heilige Graal, het Indiase rad van leven en dood, het medicijnwiel uit sjamanistische rituelen, enzovoort.

Een van de meest gebruikte en krachtigste symbolen in de magie wordt gevormd door het *zegel*, dat de distillatie of essentie is van een magisch wensbeeld dat door middel van woorden geuit wordt.

Als je bijvoorbeeld niet tevreden bent met je baan, kun je een wensbeeld creëren van een meer voldoening gevende betrekking. Als dit beeld eenmaal duidelijk is, kun je een zegel maken dat deze diepgevoelde wens symboliseert. Om een zegel te maken, neem je pen en papier, en geef je in één zin weer wat jouw wens is:

Ik wil een baan waarin ik mij gelukkig en bevredigd voel.

Terwijl ik uitleg hoe je hiervan een zegel maakt, kun je alvast wat experimenteren. Neem pen en papier en probeer het gewoon uit.

Breng deze zin terug tot een korte formulering, bij voorkeur niet langer dan twee of drie woorden, zoals 'goede baan'.

God is de liefde, de minnaar en de geliefde, alles in één.

SOEFI-LIED

Vervolgens laat je alle letters die meer dan één keer voorkomen weg. In 'goede baan' zijn dat de *e* en de *a*. Schuif nu de overgebleven letters ineen, zodat je 'goedban' krijgt.

Nu kun je je artistieke talenten gaan gebruiken om met deze letters een symbool te vormen, zoals een bedrijf een logo creëert. Je bent helemaal vrij om op je eigen manier een symbool te maken dat jouw verlangen weergeeft. (Verderop in dit hoofdstuk vind je enkele voorbeelden van dergelijke symbolen.)

De letters hoeven niet allemaal even groot te zijn. Je kunt een grote 'B' maken en er de andere letters omheen rangschikken. Je kunt ook de 'G' nemen als basis voor het hele symbool. Waar het om gaat, is dat je een zegel creëert waar jij je prettig bij voelt, dat het gevoel of de essentie van jouw wens in zich draagt.

Zegels spreken vooral mensen aan met een scherp verstand, die het leuk vinden om te spelen met woorden en letters. Anderen geven de voorkeur aan abstracte, intuïtieve symbolen. Als jij tot de laatsten behoort, kun je gebruik maken van een alternatieve en even effectieve manier om een symbool te creëren: je kunt van het gewenste doel een tekening of schilderij maken. Het kan een letterlijk, levensecht beeld zijn van wat je verlangt, maar het kan ook een abstracte weergave zijn, die een gevoel overbrengt in plaats van een vorm - misschien niet meer dan een aura van licht, die een stralend, warm, roze middelpunt van energie omgeeft. Het belangrijkste is dat de afbeelding meeresoneert met jouw wensbeeld.

Het kan helpen als je bekende symbolen aan je tekening of schilderij toevoegt, zoals cirkels, vierkanten, driehoeken, planeten of sterren. Dergelijke symbolen hebben bepaalde elementaire betekenissen en kunnen behulpzaam zijn bij het tot uitdrukking brengen van wat je wenst.
Hier volgen een aantal veelvoorkomende symbolen.

- Cirkel: voleinding, heelheid, levenscycli, onafhankelijkheid
- Vierkant: kracht, veiligheid en bescherming, evenwichtigheid, structuur, mogelijkheden
- Driehoek: opstijgende energie, beweging van een stevige basis naar een gericht resultaat, transformatie, alchemie
- Sterren: magie, licht, goedheid, spiritueel verlangen
- Zon: hart, warmte, vuur, weelde, uitbreiding, mededogen
- Maan: de innerlijke wereld, mysterie, vrouwelijke eigenschappen, koelte, diep inzicht, onderbewuste drijfveren
- Water: gevoelens, emoties, diepte
- Dolfijn: speelsheid, voorspoed, harmonie, geluk
- Leeuw: moed, kracht, macht
- Draak: vuur, energie, vruchtbaarheid, macht
- Slang: wijsheid, intelligentie, seksuele energie
- Arend: heldere waarneming, allesomvattende visie, vrijheid, ruimte

Een derde mogelijkheid is de combinatie van een zegel en een schilderij of tekening. Je kunt een zegel maken en er een schilderij omheen maken of je kunt een schilderij maken en er vervolgens een zegel aan toevoegen.

Nu wij de basisconcepten voor het creëren van een wensbeeld en het comprimeren ervan in een symbool besproken hebben, kunnen wij even stilstaan bij de vraag waarom wij eigenlijk een wensbeeld creëren. In feite bestaat daar maar één reden voor: verlangen.

Dolfijn, symbool van onschuldige speelsheid
en van het innerlijk kind

Arend, symbool van allesomvattende
visie en heldere waarneming

Draak, symbool van macht en vruchtbaarheid

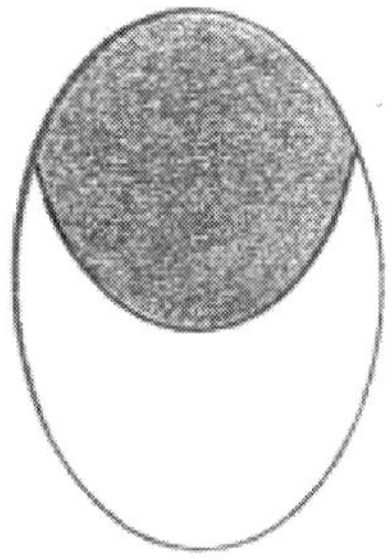

Maan en de hemel,
elkaar weerspiegelend

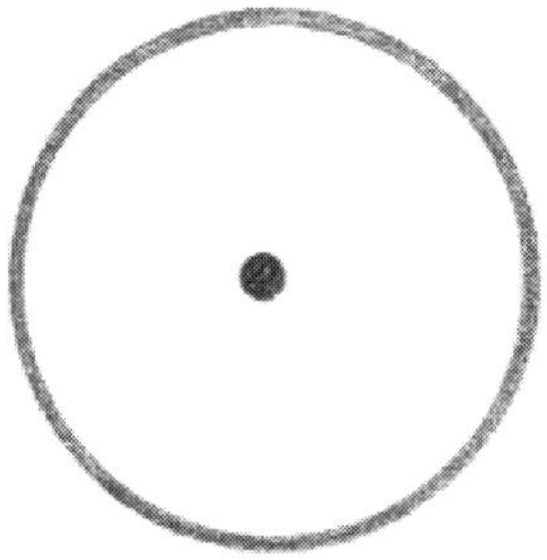

Zon, symbool van warmte,
vuur en wilskracht

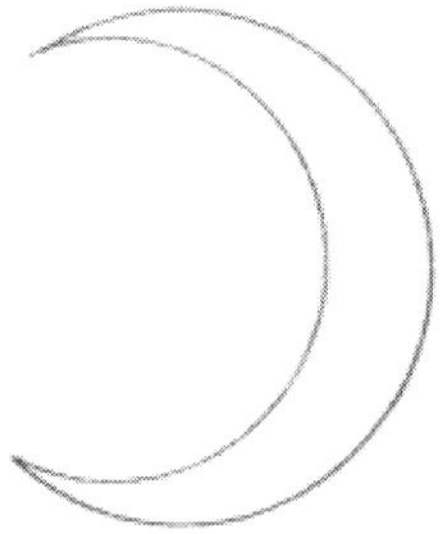

Maan, symbool van
ontvankelijkheid,
reflectie en inzicht

Verlangen, Het Motief voor Magie

Verlangen is de motiverende kracht achter magie. De reden dat wij de hulp inroepen van magische vermogens ligt in onze diepgevoelde verlangens.

Verlangen heeft in de geschiedenis van de spiritualiteit echter een slechte reputatie. Verlangen wordt dikwijls beschouwd als een belemmering voor verlossing of verlichting. Menige heilige heeft geklaagd over de 'begeerten van het vlees', die hem ketenden aan het aardse bestaan, terwijl hij volgens de Heilige Boeken in staat zou moeten zijn dergelijke verleidingen te weerstaan en zich moet ontdoen van aardse gebondenheid.

Naar mijn ervaring is vechten tegen verlangens of het onderdrukken ervan geen verdienste. Volgens de veel geroemde hirarchie van behoeften van Abraham Maslow, de grondlegger van de humanistische psychologie, krijgen wij pas belangstelling voor hogere zaken - intellectuele, esthetische en spirituele zaken - als aan onze fundamentele behoeften aan voedsel en onderdak is voldaan.

Verlangen is onlosmakelijk verbonden met het aardse leven. En zelfs een asceet, die de verleidingen van het bestaan achter zich probeert te laten, doet dit vanuit een verlangen naar spirituele beloning. Het voorwerp van onze begeerte kan veranderen, maar de energie blijft dezelfde. Daarom hoef je je niet schuldig te voelen over je verlangens. Je kunt al je verlangens accepteren en ervan genieten, en als we er genoeg van hebben, kunnen we ze weer loslaten.

Drie Soorten Verlangens

In de context van magie kunnen wij drie soorten verlangen onderscheiden.

1. Het Verlangen Jezelf te Transformeren

Hier ben je gericht op het helen van negatieve psychologische of emotionele toestanden en het vergroten van je bewustzijn, het veranderen van je zijnstoestand, meer liefdevol worden, gevoeliger, intelligenter, sterker, orgastischer.

2. Het Verlangen naar Bevredigende Relaties

Dit verlangen omvat het creëren van nieuwe menselijke relaties, alsook het vergroten van intimiteit, diepgang en liefde in bestaande relaties.

3. Het Verlangen je Omgeving te Veranderen

Dit verlangen kan zijn: een grotere financiële onafhankelijkheid en materiële overvloed, nieuwe kansen op werk, het op bevredigende wijze benutten van persoonlijke vaardigheden en talenten, de verwerkelijking van specifieke materiële doelen zoals een nieuw huis of een nieuwe auto.

De derde categorie, het verlangen je omgeving te veranderen, is het meest geschikt om te leren hoe je een wensbeeld creert. De andere twee typen van verlangen vragen speciale aandacht en komen verderop in dit hoofdstuk aan bod.

Nu zeg je misschien: "Maar ik heb helemaal niet het sterke verlangen mijn omgeving te veranderen. Mijn interesse gaat uit naar het helen en transformeren van mijzelf of naar het verbeteren van mijn relatie met anderen."

Dit is begrijpelijk, vooral omdat je in de vorige twee hoofdstukken zoveel tijd en energie hebt gestoken in het helen van seksuele wonden en het wekken van je wilde zelf. Deze plotselinge overschakeling naar materiële zaken kan in het begin vreemd overkomen.

Een van de kwaliteiten van een magiër is echter dat hij op verschillende niveaus kan werken en dat hij snel van het ene naar het andere niveau kan gaan. Naarmate je vaardigheden in de seksuele magie toenemen, zal er van je worden verlangd in lichamelijk en seksueel opzicht uitermate levendig te worden en tegelijkertijd een helder beeld voor ogen te houden van wat je verlangt. Deze twee zo verschillende dimensies vormen de alchemie van seksuele magie. Daarom is het goed als je leert omschakelen tussen de verschillende niveaus van de magie.

Richt je op Wat Mogelijk Is

Een van de obstakels voor magie is het onderliggende gevoel iets niet waard te zijn: enerzijds verlangen wij heilzame veranderingen in ons leven, terwijl wij anderzijds menen dat wij die niet waard zijn. Dit schept een innerlijke verdeeldheid, waardoor wij niet al onze energie ter beschikking hebben.

De oefeningen uit hoofdstuk 3 kunnen ons wat dit betreft een heel eind op weg helpen. Er is echter nog een andere, net zo effectieve manier om dit probleem op te lossen: begin seksuele magie met kleine wensen en richt je op veranderingen die geen innerlijke verdeeldheid uitlokken.

In termen van materiële verlangens zul je je bijvoorbeeld veel meer op je gemak voelen als je nog geen wensbeelden creëert van grote welstand, een plotselinge aanstelling als directeur, een villa in Zuid-Frankrijk en een privévliegtuig - dingen die voor de geest uit de fles heel eenvoudig zijn, maar waartoe een leerling-magiër wellicht nog niet in staat is. Begin met kleine, realistische doelen, zoals het kunnen afbetalen van een lening, een nieuw huis vinden in een prettige buurt, op vakantie kunnen gaan naar de zon of een promotie op je werk.

Als je deze doelen bereikt hebt en je gesterkt voelt in je magische vermogens, zul je ontdekken dat je je wensbeelden kunt uitbreiden zonder op innerlijke weerstanden te stuiten.

Het gaat erom dat je begint op een manier die je de smaak van succes oplevert, want daardoor gaat de deur open naar omvangrijker resultaten.

Nu kunnen we gaan beginnen met de oefeningen. Je gaat leren je een helder beeld te vormen van je verlangens en dit beeld te vertalen in een krachtig magisch symbool.

EEN WENSBEELD OM JE OMGEVING TE VERANDEREN

Doel en nut van de oefening

Deze oefening helpt je stapsgewijs en op een zorgvuldige, gedetailleerde manier bij het creëren van een wensbeeld. Vervolgens leer je hoe je dit wensbeeld moet comprimeren tot een magisch symbool, dat je zal helpen je verlangen te verwerkelijken.

Als je er voldoende mee geoefend hebt, kan het creëren van een wensbeeld voor het transformeren van je omgeving een fluitje van een cent worden. In het begin is het echter goed rustig aan te doen, stap voor stap, zodat je vertrouwen krijgt in je eigen magische vermogens.

Voorbereidingen

- Je kunt deze oefening alleen doen of met je partner.
- Breng je magische cirkel in gereedheid.
- Zorg voor voldoende tekenpapier, pennen, potloden en verf. Deze materialen moeten nieuw zijn en voor geen ander doel gebruikt worden. Alle zaken die je in magische ceremoniën gebruikt, moet je gescheiden houden van je andere spullen. Hierdoor worden ze gemakkelijker opgeladen met energie en krijgen ze een bijzondere betekenis.

- Trek je magisch gewaad aan.
- Trek voor deze oefening een uur uit.

Werkwijze

STAP 1: EEN WENSBEELD KIEZEN

Ga je magische cirkel binnen.

Ga gemakkelijk zitten, sluit je ogen en haal een paar maal diep en langzaam adem. Ontspan met elke uitademing je lichaam. Neem de tijd om tot rust te komen.

Begin te denken aan je verlangens. Stel jezelf de vraag: "Wat heb ik nodig om mijn gevoel van welzijn te vergroten? Waaraan heb ik het meest behoefte?"

Voor sommige mensen zal het antwoord op deze vraag gemakkelijk komen. Misschien denk je al een poosje aan een bepaald doel: een andere baan, een nieuwe vaardigheid, een huis in een andere buurt, een bepaald type computer, auto of hifi-systeem.

Voor anderen kan deze vraag lastiger zijn. Hebben wij niet ontzettend veel wensen? Hoe maak je daar nu een keus uit? Zoals voor een kind in de snoepwinkel kan het voor ons een onmogelijke opgaaf lijken er één uit te kiezen.

Hier is een manier om dit probleem op te lossen. Stel je voor dat je werkelijk een kind bent in een snoepwinkel vol verlangens of, als je dat prettiger vindt, een volwassene op een enorme vlooienmarkt vol verlangens. Stel je voor, op een zonnige zaterdagmiddag loop je ontspannen van kraam naar kraam, je pakt een verlangen op, legt het weer terug, pakt weer een ander, in de wetenschap dat je alle tijd van de wereld hebt en gerust terug kunt komen om een verlangen te nemen dat je eerder teruglegde.

Maak voor jezelf zo gaandeweg een lijstje met zaken die je wel aanspreken. Schrijf dit op een vel papier. Als je klaar bent, kun je een rustig hoekje opzoeken om te gaan zitten en het verlangen uit te zoeken waarmee je wilt gaan werken. Dat zal het materiële doel worden dat je in je leven verwerkelijken wilt.

STAP 2: JE VERLANGEN IN EEN ZIN UITDRUKKEN

Verwoord nu je verlangen in een positieve uitspraak:
"Ik, ... (je naam), verlang naar een nieuwe baan."
Of:
"Ik, ... (je naam), verlang naar een nieuw huis."

STAP 3: BEN IK HET WAARD?

Als je je doel eenmaal helder verwoord hebt, ga dan na of je het gevoel hebt het waard te zijn dat deze wens in vervulling gaat. Stel jezelf de vraag: "Ben ik het waard?" of, als je het liever anders formuleert, "Ben ik hier klaar voor?"

Als het je moeite kost een wensbeeld van je verlangen te creëren, als het beeld vaag of verward is, als je merkt dat je pogingen gepaard gaan met veel mentale onrust of met een subtiel gevoel van pessimisme of twijfel - 'zoveel invloed heb ik niet op mijn leven' of 'die wens zal ik nooit kunnen vervullen, hoe ik er ook mijn best voor doe' - dan is dat een aanwijzing voor weerstand in je onderbewuste.

Vecht daar niet tegen. Erken alleen maar het feit dat je een doel gekozen hebt dat je innerlijk verdeelt en ga terug naar de vlooienmarkt om nog wat verder te neuzen. Ga op deze manier door, totdat je een verlangen gevonden hebt waarover je een werkelijk goed gevoel hebt.

STAP 4: EEN UITGEBREIDE VISUALISATIE

Neem nu de tijd om in je verbeelding een gedetailleerd beeld te vormen van datgene waarnaar je verlangt. Als je bijvoorbeeld een nieuw huis wilt, vorm dan voor je geestesoog een beeld van hoe het eruitziet. Zie je nieuwe huis tot in alle details. Staat het op vlakke grond of op een heuvel? Staan er bomen omheen of maakt het deel uit van een huizenblok? Hoeveel verdiepingen heeft het? Heeft het een oprit? Is het van hout of van steen? Loop eens door het interieur, alsof je rondgeleid wordt door een makelaar. Zie de hele inrichting: de huiskamers, de slaapkamer, de badkamer, de keuken, het ligbad... Haast je niet. Geniet van deze rondleiding en neem alles in je op.

Gebruik er al je zintuigen bij. Raak de kussens van de sofa aan, de sprei op het bed, de handdoeken in de badkamer, snuif de geur op van de dennebomen rond het terras. Hoor hoe je nieuwe computer zoemt in de studeerkamer of geniet van de muziek uit je nieuwe stereotoren.

Als je verbeeldingskracht niet onmiddellijk reageert op zintuiglijke prikkeling kun je het voorwerp misschien beter omschrijven met woorden en gedachten, bijvoorbeeld: "Ik loop mijn huisdeur uit en de tuin in, draai me om en zie het huis in zijn geheel voor me. Het is gemaakt van hout, heeft twee verdiepingen..."

Stap 5: Ja, Het Is Gelukt!

Als je eenmaal een uitgebreid wensbeeld gecreëerd hebt, is de volgende stap te voelen, zo diep mogelijk, dat de verwerkelijking ervan al heeft plaatsgevonden. Dit wordt wel 'het uitlokken van het resultaat' genoemd en is van groot belang. Door te voelen dat je je doel al bereikt hebt, geef je je wensbeeld levensechtheid. Je creëert een emotionele gemoedstoestand waarin de verwerkelijking van je verlangen kan worden vertaald in een magisch symbool.

Zeg tegen jezelf: "Ja, het is gelukt!"

Vervolgens kun je vragen: "Hoe voel ik mij nu ik mijn doel bereikt heb?"

Sluit je ogen en laat jezelf voelen wat het is het voorwerp van je verlangen te bezitten. Je voelt je natuurlijk blij, opgewonden, enthousiast, voldaan en dankbaar. Laat deze gevoelens bovenkomen.

Stel je voor dat je in je nieuwe keuken staat, dat je de telefoon opneemt om een vriendin op te bellen en dat je zegt: "Oh Linda, dit huis is magnifiek! Het is precies wat we altijd hebben gewild..." En beschrijf voor je vriendin hoe het is om in je nieuwe huis te wonen.

Of stel je voor dat je in het luxe interieur van je nieuwe auto zit en door je favoriete straat rijdt. Voel het plezier dat voortkomt uit het feit dat je wens in vervulling is gegaan. Misschien zit je partner of een goede vriend naast je en heb je het opgewonden over de kwaliteit van je nieuwe auto: "Weet je, de manier waarop deze jongen een bocht neemt, is werkelijk te gek. Hij glijdt er gewoon doorheen!"

Beleef het resultaat zo intens mogelijk. Overtuig jezelf ervan dat het werkelijk gebeurd is. Het is hier niet de bedoeling dat je toeschouwer blijft. Je moet hierin zo totaal mogelijk deelnemen en diep van binnen voelen wat het is je doel bereikt te hebben.

Voel hoe je rondloopt op je werk, net gepromoveerd en op de positie die je altijd al ambieerde, hoe je gefeliciteerd wordt en jaloerse blikken krijgt van je collega's, hoe je de glimlach van je secretaresse beantwoordt met een vriendelijk knikje, terwijl je je prive-kantoor binnengaat en geruisloos over het hoogpolig tapijt naar je bureau loopt...

Wat je verlangen ook is, stel je het plezier en de opwinding voor die je zult voelen als je wensbeeld werkelijkheid geworden is en geef uiting aan die gevoelens. Dans door de kamer, gniffel, glimlach van voldoening - geniet ervan!

Wanneer je het gevoel hebt dat je deze ervaring ten volle doorvoeld hebt, kom dan langzaam terug uit deze visualisatie en laat je gevoelens tot rust komen. Haal eens diep adem, ontspan jezelf en kom terug naar de realiteit van het huidige moment.

Nu je je het resultaat hebt voorgesteld, ben je klaar voor de volgende stap: een magisch symbool creëren.

Stap 6: Een Magisch Symbool Creëren

Je magisch symbool kan een zegel zijn, een schilderij of een combinatie van deze twee.

Als je ervoor gekozen hebt een zegel te maken, schrijf dan op een vel papier een zin die duidelijk en helder jouw verlangen weergeeft. Als je je bijvoorbeeld hebt voorgesteld dat je in een prachtig huis woont, zou je kunnen opschrijven: "Ik wil wonen in een prachtig huis."

Als je de zin hebt opgeschreven, breng je hem terug tot een eenvoudige formulering van hooguit drie woorden, zoals 'pracht huis'. Schrijf deze formulering op.

Verwijder vervolgens alle letters die in deze formulering meer dan één keer voorkomen. In dit geval is dat de 'h'. Schuif de overgebleven letters in elkaar, zodat je 'prachtuis' krijgt.

Maak uit deze letters een symbool en geef je creativiteit daarbij alle ruimte. Bedenk dat je sommige letters groter kunt maken dan andere. Allerlei stijlen en vormen zijn mogelijk. Creëer een symbool dat voor jou goed voelt.

Als je dat liever doet, kun je ook een schildering maken van je wensbeeld, met verf of kleurpotloden. Schilder je nieuwe huis bijvoorbeeld. Je kunt jezelf in het schilderij opnemen om te laten zien hoe je ervan geniet.

Je kunt ook een combinatie maken van een zegel en een schildering.

Als ik niet vóór mij ben, wie zal dan vóór mij zijn? Als ik dat nu niet ben, wanneer dan wel?

Fritz Perls

Stap 7: Het Symbool Accepteren

Als je een magisch symbool gecreëerd hebt dat jouw wensbeeld weergeeft, kijk dan of je er tevreden over bent. Zet het rechtop in het midden van je magische cirkel of houd het met twee handen voor je en kijk ernaar.

Voelt dit symbool goed voor jou? Geeft het je verlangen goed weer? Als dit het geval is, kun je dat tot in je botten voelen, als een bevestiging of als een golf van creativiteit uit een onbekende bron. Je voelt duidelijk een innerlijk ja.

Als je je hier niet zeker over voelt, gooi het symbool dan weg en begin opnieuw en maak een nieuw symbool dat wel goed voelt.

Als je een symbool hebt dat je aanspreekt, gooi dan alle voorafgaande schetsen en probeersels weg.

Ga in het midden van je magische cirkel staan en kijk er opnieuw naar. Dan, als je er klaar voor bent, houd je het symbool omhoog en je zegt hardop: "Dit is mijn magisch symbool. Ik accepteer het als uiting van mijn verlangen."

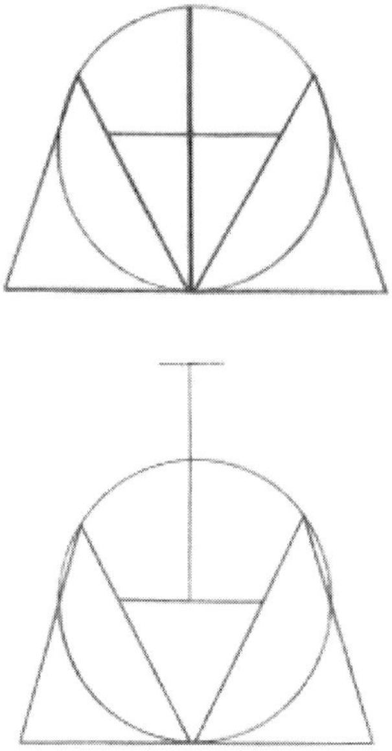

I AM THE MAGICIAN
I AM THE MAGICIAN
MAGI

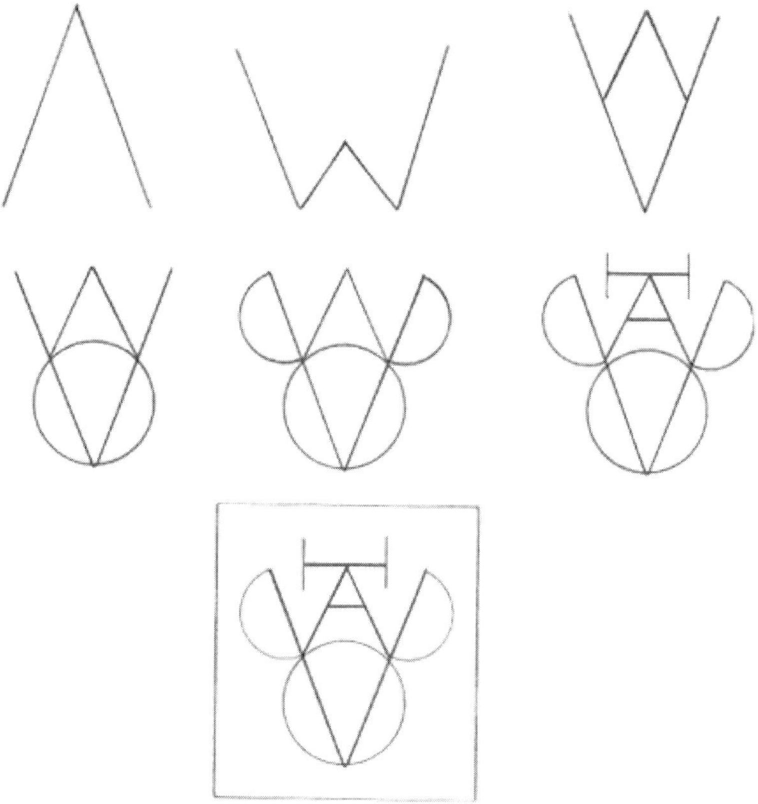

I CREATE AN AWARD-WINNING VIDEO
A WARD WINNIN VIDEO
A WIN VIDEO
A WIN VO

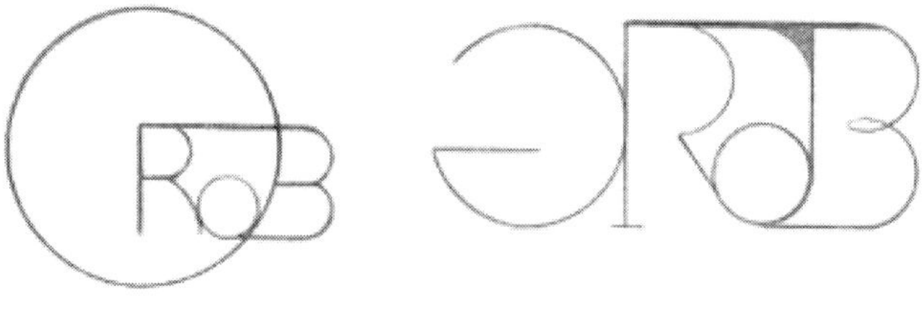

I CREATE A GREAT JOB
CREATE GREAT JOB
GREATJOB

STAP 8: JE HET SYMBOOL INPRENTEN

Nu je dit magisch symbool hebt geaccepteerd, kun je het gaan inprenten in de diepere lagen van je geest.

Zet het symbool op je altaar, zo, dat je het kunt zien als je in je magische cirkel zit.

Begin op een kalme, zachte manier te staren naar je symbool, alsof je naar een vriend kijkt of naar een voorwerp dat je een goed gevoel geeft.

Doe dit zo'n twee tot drie minuten. Misschien vind je het interessant om te weten dat wat je nu doet, sterk lijkt op het oosterse gebruik te staren naar tanka's, mandala's en andere spirituele patronen, die een indruk achterlaten op de diepere lagen van de menselijke psyche.

Sluit nu je ogen en stel je voor dat het magisch symbool groter en groter wordt. Ga door totdat het symbool groter is geworden dan je eigen lichaam.

Stel je voor dat je naar voren zweeft of loopt, totdat je in het magisch symbool bent. Verblijf daar in alle rust. Voel je er op je gemak. Ontspan in deze nieuwe relatie met het symbool van je verlangen.

Dit is een krachtige manier om je magisch symbool in je op te nemen en een deel van jezelf te laten worden. Je creëert in jezelf een blauwdruk voor iets nieuws, voor een resultaat dat zich in je leven gaat manifesteren.

Als je zover bent, loop dan weer uit je symbool en laat het kleiner worden, totdat het nog maar een speldeknopje is en verdwijnt.

Sluit deze oefening af met een hartegroet en buig naar je magisch symbool.

Opmerkingen

Er kunnen verschillende sessies nodig zijn eer je helemaal tevreden bent met je symbool. Neem er de tijd voor. Wees geduldig en ga door met het experiment totdat je er zeker van bent dat het magisch symbool dat je gecreëerd hebt de essentie van jouw wensbeeld tot uitdrukking brengt.

Misschien ontdek je dat je liever met een heel eenvoudig symbool beginnen wilt, om er vervolgens elke dag elementen aan toe te voegen, totdat je het gevoel hebt dat het compleet is.

Denk eraan dat je het eenvoudig houdt, zodat je het symbool met je geestesoog gemakkelijk vast kunt houden.

Het Magisch Symbool Kopiëren

Om het symbool nog beter in je op te kunnen nemen, kun je er kopieën van maken om op strategische plaatsen in huis neer te zetten of op te hangen: naast je bed, in de badkamer en in de keuken.

Kijk er vaak naar. Je houding tegenover het symbool dient gekenmerkt te worden door vriendelijkheid, acceptatie en samenwerking.

Neem elke dag een paar minuten om je het symbool voor te stellen op plaatsen die op enige afstand liggen. Als je bijvoorbeeld op je veranda zit, stel je dan voor dat het symbool is gekerfd in de bast van een boom achter in de tuin, dat het afgebeeld staat op een heuvel in de verte of op een grote, witte wolk.

Telkens als je het symbool ziet of het visualiseert, wordt het dieper in je geest ingeprent en krijgt het een grotere betekenis en meer energie. Dit proces van inprenten zal je enorm steunen als je begint je magisch symbool te laten versmelten met de energie van je orgasme.

Een Symbool Vernietigen

Je kunt een magisch symbool vernietigen door het te verbranden. Door het vuur wordt de kracht van het symbool tenietgedaan en is de magische invloed ervan verdwenen.

Dit verbranden moet op dezelfde doelbewuste, rituele manier worden gedaan als waarmee je een symbool creëert. Maak voor dit doel een speciale ijzeren bak of haard, in huis of buiten, en maak er een magische cirkel omheen. Leg je magisch symbool erin, steek het aan, doe een stap terug, breng je armen omhoog en zeg: "Ik verklaar dat de kracht die in dit symbool is geïnvesteerd, nu oplost."

Overigens neemt de kracht van een symbool meestal vanzelf af als het gewenste doel gerealiseerd is.

Een Ander Resultaat Aanvaarden

Bij het creëren van een symbool is het van groot belang zoveel mogelijk details uit te werken. Maar je dient tegelijkertijd open te staan voor de mogelijkheid dat het resultaat er anders uitziet dan je je had voorgesteld.

Dit lijkt paradoxaal. Je vraagt je misschien af: "Waarom moet ik me bij het visualiseren zo druk maken over de details als de werkelijkheid toch anders wordt?" Hierop kan ik alleen maar antwoorden: zo werkt magie. Je energie moet volledig gericht worden op het scheppen van het wensbeeld en dit beeld moet zo helder en gedetailleerd mogelijk zijn, zodat je een symbool krijgt met een groot potentieel voor seksuele magie. Maar tegelijkertijd dien je flexibel te blijven. Een verstarde houding kan de sfeer van creativiteit waarin je werkt, tenietdoen. De essentie van magie is transformatie, de mogelijkheid van een creatieve verandering die spontaan en onverwacht plaats kan vinden. Het is dus van belang dat je, in dienst van de magie, open en flexibel bent en de verleidelijke maar foutieve opvatting dat je de resultaten altijd in de hand hebt, vermijdt. Het universum heeft misschien een heerlijke verrassing voor je in petto! Wees bereid die te aanvaarden.

Nu je weet hoe je een symbool moet maken om je omgeving te transformeren, kunnen we verdergaan met een dieper, meer innerlijk verlangen te onderzoeken: het verlangen jezelf te transformeren.

EEN WENSBEELD OM JEZELF TE TRANSFORMEREN

Doel en nut van de oefening

Met behulp van deze oefening kun je leren jezelf te transformeren zoals jij dat wenst: je kunt je bewustzijn vergroten, je kunt meer begrip en wijsheid krijgen in het omgaan met jezelf, je kunt liefdevoller of orgastischer worden.

Het verlangen jezelf te transformeren zou omschreven kunnen worden als een verlangen naar 'zelfgenezing', want juist het feit dat je liefdevoller wilt worden, moediger of orgastischer, geeft aan dat deze kwaliteiten op dit moment in jouw leven ontbreken. Met andere woorden, er is sprake van een negatieve toestand die geheeld wil worden, zodat zich een positievere en bevredigende toestand kan manifesteren.

Als je er bijvoorbeeld naar verlangt orgastischer te zijn, kun je de negatieve toestand aanduiden met 'ik voel niet veel als ik vrij' of 'ik heb niet dikwijls een orgasme' of 'ik schijn maar niet te kunnen ontspannen in genot'.

Het genezen van een negatieve toestand en het verankeren van een positieve zijn belangrijke stappen voor een magische persoonlijke transformatie.

In deze oefening maak je weer contact met je innerlijke magiër, die je ook in hoofdstuk twee ontmoet hebt, en roep je zijn of haar hulp in.

Je innerlijke magiër zal spreken namens de verborgen delen van jezelf - je verborgen demonen, je gekwetste kind, de diepere lagen van je onderbewuste - zodat deze worden meegenomen in je verlangen naar transformatie. Dit vormt een krachtige manier om je energieën te integreren.

Voorbereidingen

- Je kunt deze oefening alleen of met je partner doen.
- Breng je magische cirkel in gereedheid.
- Je hebt pen en papier nodig.
- Draag je magische gewaad.
- Trek voor deze oefening een uur uit.

Werkwijze

STAP 1: KIES EEN TOESTAND DIE JE WILT HELEN
Ga je magische cirkel binnen.

Ga prettig zitten, sluit je ogen en haal een paar keer diep adem.

Breng jezelf naar het huidige moment en laat alle mentale bezigheden en dagelijkse beslommeringen los.

Als je zover bent, begin dan de verlangens en persoonlijke doelen te identificeren die verband houden met je transformatie. Wie ben jij? Welke eigenschappen wil je verbeteren? Wil je liefdevoller zijn? Sensueler en seksueler? Gelukkiger? Wil je meer zelfvertrouwen, meer kracht? Wil je meer begrip voor de mensen die je lief zijn? Wil je hogere, gelukzaliger bewustzijnstoestanden bereiken?

Neem de tijd om je verlangens na te gaan en schrijf ze op. Na een paar minuten, als je een klein lijstje hebt samengesteld, kies je één verlangen om nu mee te gaan werken. Schrijf dit verlangen op een apart vel.

Kijk nu of je de negatieve toestand kunt identificeren die overeenkomt met dit verlangen.

Als je bijvoorbeeld meer liefde in je leven ervaren wilt, zou de negatieve toestand als volgt kunnen worden aangeduid: 'ik voel mij niet erg geliefd' of 'ik voel mij niet in staat liefde te geven en te ontvangen'.

Als je meer zelfvertrouwen wilt, zou de negatieve toestand kunnen zijn: 'ik voel mij niet in staat de uitdagingen van het leven aan te gaan'.

STAP 2: PRATEN MET JE INNERLIJKE MAGIËR
Nu ga je contact maken met je innerlijke magiër.

Sluit je ogen en herinner je het moment uit je inwijding tot magiër waarop je voor de deur van je innerlijk heiligdom stond. Zie hoe je de deur nu weer openduwt en door de tuin loopt naar de open plek waar twee stoelen staan. (Je kunt je geheugen opfrissen door de beschrijving van de inwijdingsceremonie in hoofdstuk 2 nog eens te lezen.)

Als je heel opmerkzaam bent, zal je eigen hart je antwoord geven.

DE LUBIEZ

Neem plaats op een van de stoelen en nodig in stilte je innerlijke magiër uit naar je toe te komen. Voel hoe hij of zij naderbij komt, hoor het geluid van het gewaad als hij of zij in de andere stoel plaatsneemt en laat het beeld van je innerlijke magiër voor je geestesoog verschijnen. Je innerlijke magiër zit nu voor je.

Voel de sterke band van liefde en vertrouwen die tussen jullie bestaat.

Vraag je innerlijke magiër: "Ben je bereid te spreken namens alle verborgen delen van mijzelf, namens mijn verborgen demonen, mijn gekwetste kind, de diepste lagen van mijn onderbewuste? Ik heb hun volledige medewerking nodig om een helder wensbeeld van transformatie te creëren."

Hoogstwaarschijnlijk stemt je innerlijke magiër onmiddellijk in met je verzoek. Maar misschien stelt hij of zij een paar vragen om meer inzicht te krijgen in je verlangen. Neem dan de tijd om uit te leggen welke delen van je wezen je transformeren wilt.

Als je innerlijke magiër bijvoorbeeld 'nee' zegt op je verzoek om hulp, beschouw dit dan als een aanwijzing dat je niet oprecht bent in je verlangen. Kijk goed naar wat er in je gebeurt. Misschien heb je wel haast om de oefening af te krijgen, misschien word je eigenlijk door iets anders in beslag genomen en ben je niet met al je aandacht bij de oefening.

Sta dan op, haal een paar maal diep adem, schud je lichaam, maak je geest helder en ga weer zitten. Sluit je ogen, keer terug naar je heiligdom en stel de vraag opnieuw. Als je oprecht bent, zal je innerlijke magiër zeker ja zeggen.

STAP 3: JE GOEDE BEDOELINGEN LEREN KENNEN

Als je medewerking hebt gekregen van je innerlijke magiër, laat hem of haar dan het vel papier zien waarop je je verlangen en de negatieve toestand genoteerd hebt.

Vraag je innerlijke magiër licht te werpen op deze negatieve toestand.

Deze toestanden hebben een bepaalde functie, waarvan je je misschien niet bewust bent. Je hebt ze, waarschijnlijk al heel vroeg in je leven, toen je hulpeloos en kwetsbaar was, met de beste bedoelingen in het leven geroepen, als manier om te overleven.

Vraag je innerlijke magiër: "Wat is de goede bedoeling achter deze negatieve toestand?"

Luister heel goed naar het antwoord. Het kan komen in de vorm van woorden, als een gevoel of als een woordenloze mededeling. Of je innerlijke magiër neemt je mee terug naar je kindertijd, zodat je opnieuw kunt ervaren van waaruit je deze toestand gecreëerd hebt.

Als je bijvoorbeeld tijdens het vrijen te weinig sensitiviteit en gevoelens ervaart, zou je innerlijke magiër kunnen antwoorden: "Toen je nog heel jong was, schonken je gevoelens je heel veel genot, maar ze brachten je ook veel pijn. Jij besloot toen dat het beter was niet meer gekwetst te worden en je leerde jezelf niet meer zo diep te voelen. Nu ben je bang je in het vrijen helemaal te laten gaan. Je denkt dat je dan te kwetsbaar wordt. Je bent bang dat je opnieuw gekwetst zult worden. Je probeert nog steeds jezelf te beschermen."

Het herkennen van de goede bedoeling die je negatieve toestand tot gevolg heeft gehad, is een belangrijke stap op weg naar genezing en transformatie. Luister met aandacht als je innerlijke magiër je uitlegt waarom en hoe je dit negatieve patroon gecreëerd hebt.

Als je innerlijke magiër is uitgesproken, kun je vragen: "Je spreekt namens de verborgen stukken van mijzelf, waarmee ik soms moeilijk in contact kan komen. Je spreekt namens mijn innerlijk kind, je spreekt namens mijn demonen, namens mijn onderbewuste. Is het voor hen goed als ik op zoek ga naar nieuwe, andere manieren van gedrag, naar alternatieve oplossingen? Kan ik ook dan op hun steun rekenen?"

En weer, als je oprecht bent, zul je van je innerlijke magiër een bevestigend antwoord krijgen.

Stap 4: Een Toestand van Kracht Oproepen

De volgende stap is een wensbeeld te creëren van het verlangen dat je in je leven vervuld wilt zien.

In de magie staat dit bekend als het 'oproepen van een toestand van kracht'.

Sluit je ogen en begin langzaam en diep adem te halen.

Beschrijf hardop voor jezelf de getransformeerde toestand zoals je die wenst. Je zegt bijvoorbeeld: "Ik wil liefdevoller zijn," of "Ik wil tijdens het vrijen orgastischer zijn."

Vraag je innerlijke magiër je een periode uit je leven te laten zien waarin je deze toestand ervaren hebt. Deze herinnering kan heel behulpzaam zijn bij het genezingsproces.

Als je geen vroegere ervaring hebt met de gewenste toestand, vraag je innerlijke magiër dan je een tijd aan te wijzen waarin je iets ervaren hebt dat er heel erg op lijkt.

Zoek in je herinneringen naar een moment waarop je je bijvoorbeeld tijdens het vrijen orgastisch hebt gevoeld of waarop je liefde voelde stromen in je hart.

Gebruik al je zintuigen om in deze herinnering te duiken. Laat die gevoelens in het heden opnieuw werkelijkheid worden. Laat je er helemaal door meevoeren - net als in hoofdstuk 3, waar je leerde een magische zijnstoestand te verankeren.

Als het een moment van seksueel genot was, laat je lichaam dan weer bewegen zoals het volgens je herinnering destijds bewoog. Ga dieper ademhalen. Gebruik je stem om weer te hijgen. Misschien associeer je bepaalde geuren met deze ervaring of waren er bepaalde geluiden. Roep de sensaties op die met dit waardevolle moment verband houden.

Wanneer je voelt dat je bij het hoogtepunt van deze ervaring aankomt, raak je lichaam dan aan op een manier die prettig voelt en die past bij de situatie, en zo dat je je er geaard en gecenterd bij voelt. Misschien leg je je hand op je hart of op je buik, of je raakt met je vingers zacht de rug van je hand aan.

Door deze aanraking veranker je de ervaring.

Maak een affirmatie, een positieve verklaring, zoals: "Ik voel mij in mijn lichaam ontspannen en orgastisch" of "Ik word overstroomd met liefde."

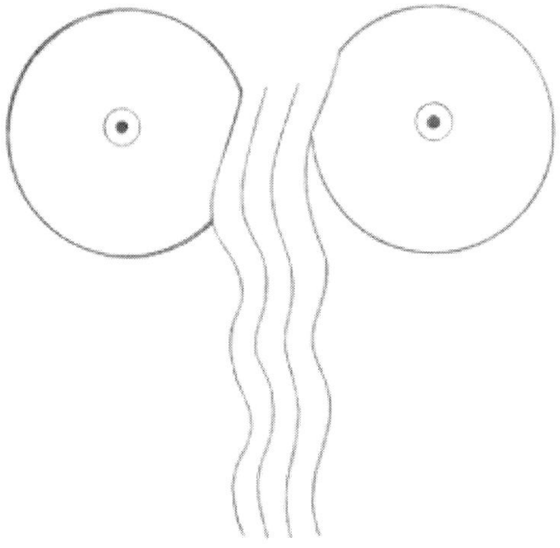

IK BEN EEN ORGASTISCHE VROUW

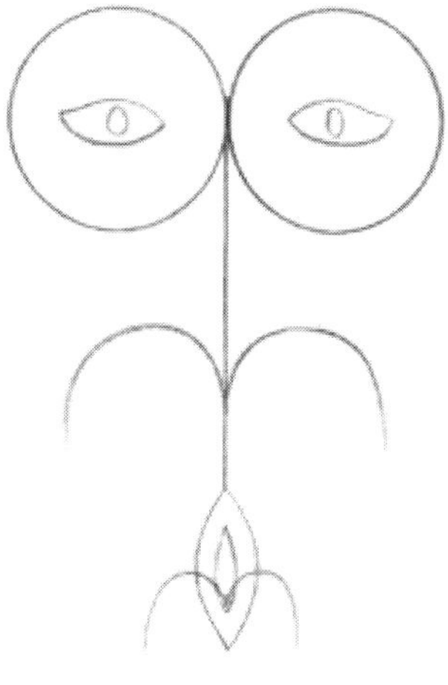

IK BEN EEN ORGASTISCHE VROUW

Twee manieren om een affirmatie te symboliseren

STAP 5: EEN SYMBOOL VOOR TRANSFORMATIE CREËREN

Wanneer je de positieve toestand verankerd hebt, kun je die gaan vertalen in een magisch symbool. Hiervoor is het van belang voortdurend medewerking te krijgen van je innerlijke magiër.

Sluit je ogen en vraag je innerlijke magiër om een symbool dat de positieve toestand weergeeft die je zojuist ervaren hebt en die je in je leven gerealiseerd wilt zien.

Wacht rustig af, wees passief en ontvankelijk. Kijk welke beelden je innerlijke magiër voor je geestesoog laat verschijnen. Vergeet niet dat je innerlijke magiër spreekt namens je onderbewuste. Deze beelden komen dus voort uit de diepten van je eigen psyche.

Het symbool kan een dier zijn, zoals een hert of een dolfijn. Het kan de stralende zon zijn, de heldere, zilveren maan, een bloem of een korenveld dat in beroering wordt gebracht door de wind. Het kan ook iets abstracts zijn, een bepaald kleurenpatroon, een mysterieus symbool of een zegel, dat zomaar uit het niets tevoorschijn lijkt te komen. Maar het kan ook iets alledaags zijn, zoals een telefoon of een portemonnee. Weersta de verleiding om de beelden die bovenkomen te beoordelen of aan de kant te schuiven, want het zijn sleutels tot verborgen krachten.

Als je een symbool of symbolen ontvangt, neem dan je tekenspullen en zet de beelden op papier. Geef er op concrete wijze vorm aan. Dit kan allemaal plotseling gebeuren, als een openbaring, maar het kan ook stap voor stap gaan: eerst teken je een basisvorm of -patroon, dan sluit je je ogen weer, je maakt weer contact met je innerlijke magiër en je ziet meer details.

Ga door totdat je het gevoel hebt dat het symbool meeresoneert met je verlangen en de sfeer, het gevoel of de vibratie van jouw transformatie uitdrukt.

Als je klaar bent met het symbool, heeft je innerlijke magiër zijn of haar bijdrage aan de oefening geleverd.

Dank hem of haar voor de geboden hulp, geniet van een innige omhelzing en neem afscheid.

STAP 6: HET SYMBOOL ACCEPTEREN EN INPRENTEN

Neem het symbool, dat nu helemaal klaar is, in je handen, ga in het midden van je magische cirkel staan, houd je symbool omhoog en zeg hardop: "Dit is mijn magisch symbool. Ik accepteer het als uiting van mijn transformatie."

Nu kun je het magisch symbool gaan inprenten in je geest. Zet het neer op het altaar, ga prettig en op een kleine afstand er vandaan zitten en begin op een zachte, ontspannen manier naar het symbool te staren, zoals je kijkt naar een vriend.

Na twee of drie minuten stel je je voor dat het symbool groter wordt, totdat je er helemaal in naar binnen kunt lopen.

Blijf rustig twee of drie minuten in je symbool staan en erken dat het een deel van jou is.

Sluit de oefening af door je symbool weer uit te lopen. Laat het weer langzaam kleiner worden, totdat het nog slechts een klein puntje is en ten slotte helemaal verdwijnt.

Beëindig de oefening met de hartegroet en buig naar je magisch symbool.

Opmerkingen

Magische symbolen hebben een enorm grote kracht. Ik moet denken aan Rachel, die samen met haar man een van mijn trainingen volgde. Ze beklaagde zich erover dat ze tijdens het vrijen steeds de neiging had haar orgasme tegen te houden. Deze blokkade ging gewoonlijk gepaard met een scherpe, samentrekkende pijn in haar vagina.

Ik vroeg Rachel zich de laatste keer te herinneren dat ze deze pijn gevoeld had. Ik begeleidde haar in het opnieuw beleven ervan en na een poosje kon ze contact maken met de pijn. Toen vroeg ik haar of er een of ander symbool in haar gedachten kwam - een dier, een ding, een woord - als ze die pijn voelde.

Onmiddellijk kreeg ze een levendig beeld van een leeuw. "Dat is prachtig!" zei ik. "Gebruik de moed en de kracht van de leeuw om te laten zien hoe je je nu voelt."

Ze begon onmiddellijk te brullen als een woedende leeuw en keek daarbij recht in de ogen van haar man - ze zaten tegenover elkaar. Hij ondersteunde het proces door terug te brullen. Ze gingen hier ongeveer twintig minuten mee door, terwijl Rachel haar bekken naar voren en naar achteren bewoog en zich concentreerde op de gevoelens in haar vagina.

Rachel vertelde later dat de pijn in haar vagina verdwenen was en dat haar liefdesleven op magische wijze getransformeerd was. Het symbool van de leeuw had haar de kracht gegeven die ze nodig had om de opgekropte woede, die haar de pijn bezorgde, naar buiten te brengen en los te laten.

Symbolen zijn mysterieus. Wij weten niet waar ze vandaan komen en waarom ze er zijn. Maar in de magie hebben ze een zeer grote betekenis, want ze spreken een taal die veel ouder is dan woorden, veel krachtiger dan elke verklaring die wij met het rationele, intellectuele deel van onze geest kunnen geven

Nu zijn wij aangekomen bij het derde type verlangen: het verlangen in diep contact te treden met een ander mens. Voor dit verlangen zijn er twee oefeningen: in de eerste stellen we ons een nieuwe relatie, een nieuwe liefdesaffaire voor en in de tweede de verbetering van een bestaande relatie.

EEN WENSBEELD VOOR EEN NIEUWE RELATIE

Doel en nut van de oefening

Door een wensbeeld te creëren van een nieuwe partner in de liefde of een nieuwe intieme vriend, bereid je je voor op een relatie die blijvend, verrijkend en bevredigend is.

Je volgt dezelfde procedure als bij de vorige oefening: eerst creëer je een gedetailleerd beeld van wat je wilt en vervolgens comprimeer je dit beeld tot een magisch symbool.

Het verlangen naar een nieuwe relatie is echter een subtiele en ingewikkelde aangelegenheid, want er is een andere persoon bij betrokken. Het is van groot belang in het oog te houden dat je inspanningen om een nieuwe relatie aan te trekken een zo groot mogelijk gebied dienen te bestrijken en dat je je niet beperkt tot een persoon die je al kent.

Hoe glorieus is het moment als wij zitten in het paleis, jij en ik.
Twee vormen, twee gezichten, maar slechts één ziel, jij en ik.
En de bloemen zullen schitteren, en de vogels zullen zingen en ons overladen met onsterfelijkheid.
Op het moment dat wij de tuin binnengaan, jij en ik.
Welk een wonder, jij en ik,
Eén liefde, één minnaar, één hartstocht, jij en ik.

RUMI

Zo loop je niet in de val je geluk afhankelijk te maken van één persoon en hoef je je niet bezig te houden met de vraag of die wel of niet van je houdt. Je hoeft niet afhankelijk te zijn van de stemmingen, mentaliteit of reacties van deze persoon en je hoeft ook niet te proberen hem of haar te beïnvloeden of te laten doen wat jij wilt.

In plaats daarvan kun je je verlangen naar een nieuwe geliefde beter richten tot de geest der liefde, die verblijft in ieder mensenhart, en uitzenden naar alle vier hoeken van de aarde, reikend over tijd en ruimte naar de onbekende partner die reeds op jou wacht. Dan zijn alle mogelijkheden open en kan de magie haar eigen mysterieuze en onkenbare wegen volgen.

Voorbereidingen

- Richt je magische cirkel in.
- Leg pen en papier binnen handbereik.
- Neem ook je teken- en schilderspullen.
- Trek je magisch gewaad aan.
- Neem voor deze oefening een uur de tijd.

Werkwijze

STAP 1: BESCHRIJF JE NIEUWE GELIEFDE

Ga je magische cirkel binnen.

Ga gemakkelijk zitten, sluit je ogen en neem even tijd om je aandacht naar het hier en nu te brengen.

Richt je aandacht dan op je ademhaling en wees je bewust van de in- en uitademing. Dit is een goede manier om een eind te maken aan het voortdurende geklets in je hoofd, dat je kan afleiden.

Wanneer je zover bent, neem je pen en papier en geef je een beschrijving van de persoon die in je in leven wilt aantrekken. Je schrijft bijvoorbeeld: 'Ik trek een volwassen man aan, veertig tot vijftig jaar oud, aantrekkelijk, hartstochtelijk, financieel onafhankelijk, goed gezond, niet-roker, die in een relatie zoekt naar intimiteit en diepgang, die de moed heeft open en eerlijk te zijn, die van wandelen houdt, van uit eten gaan, van concerten, van het theater, van film...'

In zekere zin is het net zoiets als het opstellen van een contactadvertentie.

Neem er de tijd voor, ga diep op de zaken in en geniet van je creativiteit: dit is net zoiets als het scheppen van een personage voor een verhaal – een verhaal dat spoedig wel eens werkelijkheid zou kunnen worden. Probeer echter te vermijden van je nieuwe geliefde een precieze uiterlijke beschrijving te geven, aangezien dit het bereik van je magische aanroeping kan beperken.

STAP 2: JE NIEUWE GELIEFDE SYMBOLISEREN

Als je de eigenschappen van je geliefde hebt opgeschreven, ga je een symbool, tekening of schilderij maken dat deze persoon voorstelt.

Je kunt dat op verschillende manieren doen.

Stel je de liefde voor die je wenst.

- 1. Je kunt een zegel maken en daarbij gebruik maken van een geschikte zinsnede, zoals 'nieuwe geliefde' of 'nieuwe relatie'.

- 2. Je kunt een schilderij maken dat je nieuwe geliefde voorstelt. Ook hier wil ik je adviseren geen gedetailleerd, levensecht portret te maken. Je kunt beter abstracter werken en je gevoelens over deze persoon weergeven - een fonkelende ster, een prachtige vogel, een fallussymbool, een roos op een door de maan verlicht pad, een sportwagen met een koffiebekertje op het vouwdak.

3. Je kunt ook een combinatie maken en het zegel opnemen in het schilderij.

Zorg ervoor dat het gevoel en de belofte van de gewenste relatie in het symbool zijn terug te vinden. Wees niet bang om pogingen waarover je niet tevreden bent te verscheuren en opnieuw te beginnen.

Hoe prettiger jij je voelt bij het symbool, hoe gemakkelijker het wordt een nieuwe geliefde aan te trekken.

STAP 3: STUUR JE BOODSCHAP IN DE VIER RICHTINGEN

Als je het gevoel hebt dat het symbool klaar is, houd het dan in beide handen, breng het omhoog, in de lucht, en zeg: "Ik accepteer dit symbool als uiting van mijn verlangen naar een nieuwe partner."

Maak je symbool in een speciaal ritueel kenbaar. Ga in het midden van je magische cirkel staan en wend je achtereenvolgens in de vier windrichtingen: noord, zuid, oost en west.

Stel je bij iedere richting voor dat je symbool naar die richting uitstraalt. Als je alle vier richtingen gehad hebt, heb je je boodschap van liefde uitgezonden naar de vier hoeken van de aarde.

Plaats je symbool op je altaar en begin het in te prenten in je geest. Staar ernaar op een zachte, liefdevolle manier - de manier waarop je naar je geliefde kijkt.

Sluit je ogen en stel je voor dat je symbool groter en groter wordt, totdat je er gemakkelijk in kunt gaan zitten. Poëtisch gesproken ben je al in je geliefde; de verbinding is tot stand gebracht.

Na een paar minuten verlaat je het symbool weer en laat je het kleiner en kleiner worden, totdat het nog maar een puntje is en verdwijnt.

Sluit de oefening af met de hartegroet en buig naar je magisch symbool.

Opmerkingen

Het is van belang dat je de beschrijving van je nieuwe geliefde afmaakt en daarna een zegel, een korte formulering, zoals 'nieuwe geliefde' of 'nieuwe relatie', of een schildering maakt.

Ik heb het reeds gehad over het belang van een duidelijk wensbeeld; in dit geval is het de beschrijving van je nieuwe partner die je symbool duidelijkheid en kracht geeft.

Als je wilt schilderen of tekenen, zorg er dan voor dat je in je werk een klein boekje of schrijfblokje opneemt, dat een symbool is van hetgeen je over deze persoon hebt opgeschreven.

Bereid je voor op verrassingen als deze persoon daadwerkelijk in je leven komt. Hij of zij kan er heel anders uitzien dan je je voorgesteld hebt, maar voor jou toch precies de juiste partner zijn.

EEN GEZAMENLIJK WENSBEELD VOOR EEN BETERE RELATIE

Doel en nut van de oefening

Samen met je geliefde een magisch symbool voor meer liefde en intimiteit creëren is misschien wel de prettigste en krachtigste manier om seksuele magie in je leven te brengen. Als jullie samen aan een wensbeeld werken, gebruiken jullie de kracht van seksuele magie op een unieke manier: je gebruikt tantra voor tantra.

Seksuele magie werkt volgens het principe van vermenging van mannelijke en vrouwelijke energie. Een liefdesrelatie werkt ook volgens dit principe. Deze twee dimensies werken gelijktijdig en omvatten dezelfde alchemistische vereniging van het mannelijke en het vrouwelijke principe.

Hierdoor wordt een positieve en voedende cyclus op gang gebracht: hoe meer seksuele magie je in je relatie brengt, hoe beter je relatie, en hoe beter je relatie wordt, hoe meer energie je hebt voor seksuele magie. Het kan een voortdurend stijgende spiraal worden van genot en vreugde, die je ver uittilt boven oude problemen en negatieve gewoonten op het gebied van intimiteit en seksualiteit.

Voorbereidingen

- Spreek met je partner af dat jullie tijdens de eerste stap van de oefening ieder vijftien tot twintig minuten alleen in een aparte kamer doorbrengen, om daarna bij elkaar te komen voor de tweede stap.

- Leg je teken- en schilderspullen klaar.

- Neem vóór de oefening de tijd om te douchen, je lichaam in te smeren met je favoriete olie en je magische gewaad aan te trekken.

- Zorg in de kamer waar jullie samenkomen voor een romantische sfeer. Steek kaarsen aan, brand wierook en speel zachte muziek.

- Trek voor de oefening een uur uit.

- Misschien willen jullie nog tijd hebben om na de oefening te kunnen vrijen.

Werkwijze

STAP 1: VISUALISEER WAT JE VERLANGT

Maak je magische cirkel klaar, terwijl je partner dat op een andere plaats doet.

Ga gemakkelijk zitten in het midden van de cirkel, sluit je ogen en haal een paar maal diep adem. Ontspan je lichaam op de uitademing.

Begin voor je geestesoog een beeld te creëren van de relatie die je met je partner zou willen hebben. Gebruik je zintuigen en je stem om de kenmerken van die relatie tot uitdrukking te brengen.

Je zou bijvoorbeeld kunnen zeggen: "Ik wil samen met mijn partner nieuwe wegen naar genot ontdekken, zodat wij elkaar in vervoering kunnen brengen met orgastische verrukking." Je kunt een beeld voor ogen hebben van jezelf, stralend van seksueel genot, met je huid warm en tintelend van opwinding en met een diep gevoel van tevredenheid in je onderbuik - als een poes die zojuist een kommetje room heeft leeggelikt.

Misschien wil je meer liefde in je relatie en zeg je: "Ik wil dat wij het samen warm en gezellig hebben, elkaar voeden en voor elkaar zorgen."

Of misschien wil je meer intimiteit in de vorm van meer openheid in jullie communicatie en zeg je: "Ik wil dat wij onze gevoelens meer delen en elkaar beter begrijpen. Ik wil dat wij zo goed op elkaar afgestemd zijn, dat ik mij, ook als we zwijgen, met jou, mijn geliefde, verbonden voel."

STAP 2: JULLIE WENSBEELDEN DELEN

Wanneer je een helder beeld hebt van waar je naar verlangt, kom dan met je geliefde samen in de magische cirkel.

Ga tegenover elkaar zitten.

Spreek af wie partner A is en wie partner B.

Partner A vraagt aan partner B: "Welk wensbeeld breng jij in onze relatie? Wat is jouw verlangen?"

Partner B vertelt wat zijn of haar wensbeeld is, bijvoorbeeld: "Ik breng een wensbeeld mee van genezing en voeding, dat ons kan helpen onze problemen achter ons te laten en de extase die ons eigen is, opnieuw te ontdekken."

Neem de tijd om je wensbeeld helemaal uit de doeken te doen.

Partner A, luister met aandacht en openheid. Wees ontvankelijk.

Als partner B is uitgesproken, draai dan de rollen om.

Partner B vraagt: "Welk wensbeeld breng jij in onze relatie?"

Partner A antwoordt.

Het kan zijn dat jullie wensen overeenkomen. In dat geval kun je verdergaan met stap 3 en samen een magisch symbool creëren.

Het is echter ook mogelijk dat jullie beelden verschillen. De ene partner voelt een sterke behoefte aan meer seks, terwijl de andere een wensbeeld heeft van een grotere intimiteit op een ander dan seksueel terrein.

Een paar dat een gezamenlijk wensbeeld van liefde en overvloed schept. De bokaal en het hart stellen liefde voor, de cirkel is de zon of de hartstocht, de twee vogels stellen liefde en vrijheid voor en het water dat uit de bokaal stroomt, stelt overvloed voor.

Als beide wensbeelden voor jullie allebei aanvaardbaar zijn, dan kunnen jullie twee magische symbolen creëren of beide wensbeelden in één symbool samenbrengen.

Als jullie het niet eens kunnen worden over een van de beelden, dan moeten jullie samen verder zoeken naar een gezamenlijke grond, naar een gezamenlijk wensbeeld, waar jullie allebei mee in kunnen stemmen.

Help en steun elkaar bij het vinden van wensbeelden die jullie verlangens bevredigen en jullie de mogelijkheid geven samen steeds hogere niveaus van genot en harmonie te bereiken.

Stap 3: Een Gezamenlijk Symbool Creëren

Begin met het tekenen of schilderen van het magisch symbool dat jullie wensen, jullie verlangens, weergeeft.

Als jullie een gezamenlijk symbool maken, werk er dan samen aan op één vel papier. Het kan veel plezier geven om de beurt iets toe te voegen en zo het beeld te completeren. Misschien wil de ene partner een zegel maken, terwijl de ander de schildering maakt. Kijk op welke manier je het best kunt samenwerken om jullie gezamenlijke verlangen uit te drukken in een magisch symbool.

Als jullie verschillende verlangens hebben, maak dan twee magische symbolen, op twee afzonderlijke vellen. Laat elkaar daarna je symbool zien en leg uit wat je erin uitbeeldt.

In mijn workshops vinden veel paren het prettig hun hoop en aspiraties in één magisch symbool te combineren. Nick en Marissa bijvoorbeeld, twee enthousiaste nieuwkomers in de seksuele magie, hadden verschillende wensbeelden. Nick wilde meer intensiteit, meer passie in hun relatie, terwijl Marissa wilde dat zij beiden elkaars vrijheid zouden respecteren.

Ze maakten samen een prachtig magisch symbool en schilderden een enorme zilveren kelk met fonteinen die er water in spoten, dat over de rand van de kelk stroomde. Ze versierden de zijkanten van de kelk met astrologische tekens en schilderden een rood hart op de voet. Boven de kelk maakten zij een gele zon, met twee vogels die ervoorlangs vlogen.

"De kelk symboliseerde onze liefde en het water dat erin uitgestort werd, toonde onze bereidheid meer liefde, meer energie en meer overvloed te ontvangen," legde Marissa uit. "De vogels symboliseerden onze vrijheid en de zon drukte ons verlangen naar hartstocht uit. Toen het symbool klaar was, hadden wij allebei het gevoel dat we iets heel speciaals gedaan hadden. We konden bijna niet wachten om ermee te gaan werken."

STAP 4: HET GEZAMENLIJK SYMBOOL INPRENTEN
Neem de tijd om een magisch symbool te creëren waar jullie allebei tevreden mee zijn. Aarzel niet om opnieuw te beginnen als het resultaat van jullie eerste poging niet bevredigend is.

Als jullie klaar zijn, ga dan in het middelpunt van de magische cirkel staan, houd het symbool omhoog en zeg: "Dit is ons magisch symbool, dat wij accepteren als uiting van ons wensbeeld."

Zet het symbool op het altaar en ga samen op korte afstand van het altaar zitten. Staar ontspannen naar het symbool, zodat het symbool een indruk achterlaat in jullie geest.

Als jullie twee symbolen gemaakt hebben, voer de ceremonie voor de acceptatie van het symbool dan twee keer uit. Zet vervolgens beide symbolen op het altaar en kijk er ontspannen naar, zodat beide beelden worden opgenomen in jullie geest. Staar eerst een paar minuten naar je eigen symbool en vervolgens naar dat van je partner. Sta toe dat beide symbolen worden opgenomen in je geest en in je hart.

Eindig met een hartegroet en buig naar de symbolen.

Opmerkingen

Je zou kunnen experimenteren met het creëren van een gezamenlijk wensbeeld voor het liefdesspel. Door samen vooraf te bepalen welk doel het vrijen deze keer zal dienen - een groter gevoel van sensitiviteit voor elkaars behoeften, een heel lang voorspel of een bepaalde stijl van vrijen - zul je merken dat jullie seksuele intimiteit en genot sterk zullen toenemen. De energie zal duidelijker gericht zijn, gevoelens zullen intenser zijn en oude gewoonten en manieren van vrijen zullen vervangen worden door nieuwe, verfrissende responsen. Probeer het maar en kijk wat er gebeurt.

VRIJEN MET EEN MAGISCH SYMBOOL

Doel en nut van de oefening

In dit hoofdstuk heb je geleerd hoe je voor ieder aspect van je leven een magisch symbool kunt creëren: om jezelf, je relaties of je omgeving te transformeren.

Nu kun je beginnen deze symbolen te gebruiken in de alchemie van seksuele magie. Je kunt van je magisch symbool een integraal onderdeel van het liefdesspel maken - een levende kracht, die dansend zal deelnemen aan de hartstocht en het genot van jullie seksuele eenwording, en die opwinding, magie en mysterie aan dit hoogst intieme gebeuren zal toevoegen.

Dit is de manier om je magisch symbool kracht te geven en op te laden met seksuele energie, inclusief de hoogste orgastische climax. Op deze manier bewegen jullie je energiek en doelgericht naar de vervulling van jullie verlangens.

Jullie zijn eigenlijk net een tuinman die de plant van jullie verlangen begiet met de voedende sappen van seksuele energie. Op die manier help je het symbool op zijn reis door de bloedvaten, de organen en de hersens - door iedere cel van jullie beider lichamen. Zo laden jullie het op met de extase en de sappen van jullie liefdesspel.

Voorbereidingen

- Breng de magische cirkel in gereedheid.
- Schep een romantische, sensuele sfeer, met zachte verlichting, muziek en wierook.
- Richt binnen je magische cirkel een comfortabele, aangename plek in om te vrijen. Het kan je eigen bed zijn, maar ook een zacht kleed of een matras op de vloer. Het zou zelfs een natuurlijke plek buiten kunnen zijn, bijvoorbeeld in de tuin of in het bos.
- Kies het magisch symbool waar jullie mee willen werken.
- Draag je magisch gewaad.

Werkwijze

STAP 1: CONTACT MAKEN MET JE MAGISCH SYMBOOL

Ga samen met je partner de magische cirkel binnen.

Ga in het midden staan, met het gezicht naar elkaar toe.

Sluit voor een moment je ogen en haal een paar keer diep en langzaam adem. Breng je aandacht naar het huidige moment. Schud wat met je lichaam om je spieren losser te maken en te ontspannen.

Als je je gecenterd voelt, open dan je ogen en kijk liefdevol naar je partner.

Breng de hartegroet en buig naar elkaar. Doe dan de innige omhelzing.

Pak het magisch symbool van je keuze en zet het midden in de cirkel, tussen jullie in.

Ga tegenover elkaar zitten met het symbool tussen jullie in.

Voor deze oefening is het handig als je op een kussen zit, dicht bij de grond, zodat je gemakkelijk vanuit een zittende positie met je partner kunt gaan liggen of over de grond gaan rollen.

Kijk twee of drie minuten samen naar jullie symbool.

Sluit dan je ogen. Blijf nog twee of drie minuten naar het symbool kijken zoals het voor je geestesoog verschijnt, alsof je met je innerlijk oog naar een filmdoek kijkt.

Open je ogen en vertel elkaar op welke manier je meeresoneert met het symbool - of je het als beeld voor je ziet, ergens in je lichaam voelt, er in woorden aan denkt of het hoort als een geluid of een mantra.

STAP 2: OVERGAAN TOT VRIJEN

Schuif het symbool naar de kant en kom dichter bij elkaar.

Ga zachtjes over tot vrijen, trek elkaars kleren uit, streel zachtjes elkaars lichaam, wind elkaar op en kies daarbij de stijl waarvan je geniet en die goed voor je voelt.

Naarmate je seksuele energie wakker wordt, laat je jezelf meevoeren door deze plezierige gevoelens. Probeer niet om je het magisch symbool te herinneren. Laat je seksuele energie zich opbouwen tot een niveau waarop zij krachtig tussen jullie stroomt.

Wanneer jullie beiden drijven op een plezierige seksuele stroom, stop dan. Pauzeer even. Kijk samen op een ontspannen manier naar jullie magisch symbool. Probeer niet iets te doen. Kijk er alleen maar naar.

Na enkele ogenblikken sluit je je ogen en zie je het symbool innerlijk. Laat het beeld van het symbool dan weer los en ga weer op in het genot van het vrijen.

Herhaal dit patroon een aantal malen - vrijen, stoppen, kijken naar het magisch symbool, weer vrijen - totdat jullie allebei het gevoel hebben dat je het symbool in je hebt opgenomen en het innerlijk gemakkelijk op kunt roepen.

STAP 3: HET SYMBOOL VERMENGEN MET SEKSUELE ENERGIE

Stel je nu voor dat je tijdens het vrijen het symbool in je sekscentrum trekt. Stel je het symbool voor of voel het in je geslachtsdelen, hoe het draait en kolkt binnen in je, versterkt door de dans van jullie seksuele energieën, die elkaar binnendringen en zich met elkaar vermengen. Je besproeit het symbool met de sappen van jullie energiestroom.

Misschien wil je in woorden tot uitdrukking brengen wat er gebeurt. De vrouw zou bijvoorbeeld kunnen zeggen: “Mmm, ja, ik zie hoe ons symbool in mijn yoni [vagina] wordt opgeladen met de energie van jouw vajra [penis].” De man kan antwoorden: “Ik voel hoe de hartstocht van onze liefde het symbool binnendringt.” Het is van belang dat jullie je stem een rol laten spelen bij het versterken van de seksuele energie.

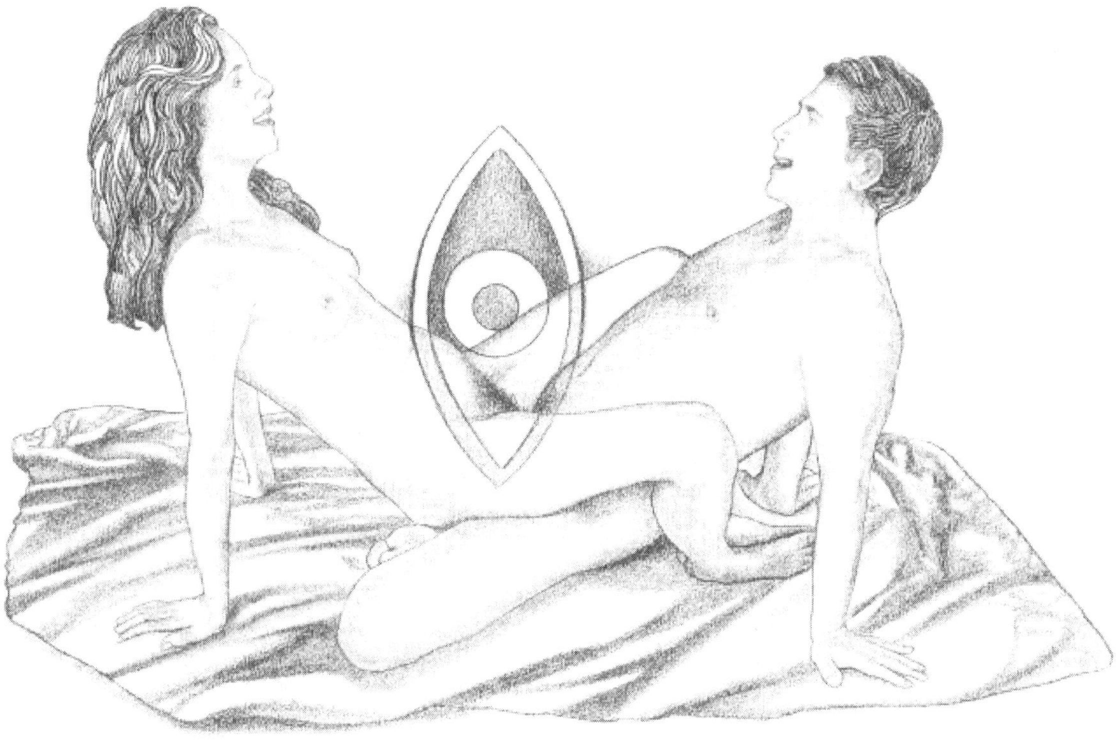

Het symbool vermengen met seksuele energie. Het symbool dat je hier ziet is een yoni, die de zon en de maan omvat en die amrita schept, het magisch mengsel van mannelijke en vrouwelijke energie.

Als je af en toe het magisch symbool vergeet, dan is dat prima en natuurlijk. Geniet van de onderbreking en weet dat het symbool stevig ingeprent is in je onderbewuste geest. Het is nog steeds werkzaam, ook als je er niet bewust aan denkt.

Stap 4: Het Symbool Meenemen in het Orgasme

Bepaal samen wanneer jullie aan willen sturen op een orgastische ontlading. Als jullie daar allebei aan toe zijn, zorg er dan voor dat dat duidelijk is. Misschien zegt een van jullie: "Zullen we dan maar?" Maar de ander zegt: "Wacht even, ik ben nog niet zover. Laten we even ontspannen. Ik heb meer stimulering nodig voor de finale."

Wanneer je zover bent, werp dan een laatste blik op je magisch symbool, sluit je ogen en trek het symbool nogmaals in je sekscentrum. Terwijl je naar de climax stijgt en je energie ontlaadt, voel dan hoe het symbool in duizenden stukjes uiteenspat, die het universum in geworpen worden, voortgestuwd door de kracht van jullie orgastische ontlading.

Liefdevolle mensen zijn gelukkig, en gelukkige mensen zijn liefdevol.

KEN KEYES

Als jullie orgasme wegebt, laat dan ook alle sporen van het symbool vervagen, oplossen in het universum en zo de boodschap van jullie verlangen uitzenden.

Beëindig de oefening met de hartegroet en buig naar elkaar.

Gefeliciteerd! Jullie hebben zojuist je eerste ervaring met seksuele magie beleefd.

Opmerkingen

Als je alleen bent, kun je dezelfde stappen volgen en je magisch symbool integreren in je seksuele genot. Zelfs als je een partner hebt, kun je af en toe alleen oefenen: je kunt opgewonden raken, naar het symbool kijken en het je vervolgens in je geslachtsdelen voorstellen.

Tijdens het vrijen hoef je niet na te denken over de betekenis van het symbool. Het enige dat nodig is, is dat je het magisch symbool vasthoudt en oplaadt met je seksuele energie.

SEKSUELE ENERGIE OMHOOG LEIDEN

Nu je de kunst van het creëren van een magisch symbool onder de knie hebt, ga je in het volgende hoofdstuk leren hoe je je seksuele kracht omhoog kunt leiden. Je zult spoedig in staat zijn je magisch symbool met deze krachtige energie te vermengen, in je lichaam omhoog te voeren en, op weg naar het astraal netwerk, door de zeven energiecentra te leiden.

Als voorbereiding op deze opwindende stap in de alchemie van de magie is het goed als je eerst een magisch symbool kiest om mee te experimenteren. Kies er een uit de symbolen die je in dit hoofdstuk gemaakt hebt.

Misschien is er een symbool dat voor jouw gevoel boven alle andere uitsteekt, dat voor jou de grootste kracht heeft of anderszins van bijzonder belang is. Als dat het geval is, kunnen jij en je geliefde nu besluiten dit magisch symbool te gebruiken in de resterende oefeningen van deze training. Als je met hetzelfde symbool werkt, is het gemakkelijker het beeld ervan in je geest vast te houden, en dit maakt het weer gemakkelijker je de nieuwe oefeningen eigen te maken.

HOOFDSTUK 6

SEKSUELE ALCHEMIE:
HET MAGISCH SYMBOOL OPLADEN

Nu is het tijd je seksuele energie te laten versmelten met het magisch wensbeeld dat je in het vorige hoofdstuk gemaakt hebt. De methode die voor dit stadium in het proces van seksuele magie gebruikt wordt, is een dynamische en moderne benadering van de oude tantra-wetenschap.

Eerst leer je hoe je de zeven energiecentra van het lichaam, de chakra's, moet wakker maken en hoe je je seksuele energie moet laten circuleren, zodat je een orgasme kunt ervaren in je hele lichaam. Vervolgens leer je hoe je je seksuele energie gebruiken kunt om je magisch symbool door de chakra's te leiden en op te laden met de subtiele energieën van deze zeven energiecentra. Ten slotte stuur je het krachtig opgeladen symbool naar het astraal netwerk, het uitgestrekte, onstoffelijke, vibrerende krachtveld, dat verlangens opneemt en ze werkelijkheid doet worden.

De drie oefeningen in dit hoofdstuk (chakra's wrijven, chakra-ademhaling en chakragolf) zijn uitermate nuttig. Als je deze oefeningen gedaan hebt, heb je geleerd:

- Elk van je chakra's helder waar te nemen
- Seksueel vuur op te wekken
- De ritmen van je lichaam in overeenstemming te brengen met je ademhaling
- Je plezier en levendigheid te vergroten
- Je wortelchakra (je sekscentrum) te verbinden met je kruinchakra (centrum van extase)
- Met behulp van visualisatie je magisch symbool door de zeven chakra's omhoog te leiden
- Het astraal netwerk te voelen

- Samen te werken met een partner en in een extatische climax sensitief en behulpzaam te zijn, het initiatief te nemen, elkaar liefde te geven en elkaar te steunen

Als je niet kinesthetisch of auditief bent ingesteld, voel en luister dan naar de beelden van je Geliefde. Misschien hoor je woorden of muziek, of word je meegenomen in een dans.

JEAN HOUSTON

Deze oefeningen laten je kennismaken met volkomen nieuwe orgastische sensaties. Eigenlijk kan het niet anders dat, als je seksuele energie door de zeven chakra's omhoog geleid wordt, je totaal nieuwe orgastische gevoelens gaat ervaren, die je mogelijkheden als minnaar enorm vergroten en de manier waarop je vrijt transformeert tot een kunst.

Als je weet hoe je je seksuele energie met behulp van de zeven chakra's moet transformeren, kun je je leven werkelijk veranderen. Het is ongelofelijk maar waar: 99 procent van wat de meeste mensen als liefde kennen, blijft beperkt tot de onderste drie chakra's. Wij bewegen ons maar heel zelden buiten deze beperkte dimensie en in het gebied van spirituele transformatie. Wij ervaren een genitaal orgasme bijvoorbeeld als een explosieve, wellustige energie die door onze geslachtsdelen golft, voortgestuwd door een verlangen naar vervulling en ontlading. Dit verlangen wordt dikwijls geassocieerd met de drang de ander te bezitten, met bezeten worden, met ons overgeven aan onze dierlijke aard en met 'neuken' in de meest aardse, oorspronkelijke betekenis.

Deze hartstocht kent een aantal bekende valkuilen, waarop de seksuele magiër bedacht dient te zijn. Wij zijn geneigd aan te nemen dat 'jij van mij bent en van niemand anders' of: 'als je van mij houdt, kun je van niemand anders houden'.

Met andere woorden, de energie van het liefdesspel is dikwijls vermengd met gevoelens van bezitterigheid en jaloezie, die hun oorsprong hebben in de eerste drie chakra's. Hier zitten wij gevangen in een ingewikkeld samenspel van begeerte en macht, van behoefte en schaarste, van gevoel van eigenwaarde en gevoel van afhankelijkheid.

Maar dat is helemaal niet nodig. Als je bijvoorbeeld leert je seksuele energie naar je vierde chakra te sturen, kun je een 'orgasme van het hart' ervaren. Op deze plaats kan deze sterke energie je het gevoel geven dat je zonder parachute uit een vliegtuig springt: je laat los, je stelt jezelf open, je valt steeds dieper en dieper in het domein van acceptatie, vreugde, verdriet en geluk. In deze toestand is er geen sprake meer van de ander bezitten, want alles wat je nodig hebt, vind je in jezelf. Er ontstaat een gevoel van volheid, van overvloedige liefde, van verstrengeling en versmelting, waarin er geen onderscheid meer bestaat tussen minnaar en geliefde.

De liefde en het zelf zijn één,
en de ontdekking van een ervan
betekent de verwerkelijking van beide.

HINDOE-GEZEGDE

Als een van de hogere chakra's al zulke verrukkelijke ervaringen mogelijk maakt, hoeveel groter zal dan het genot zijn als je je magisch symbool op zijn reis door je lichaam oplaadt met de eigenschappen van alle chakra's.

In het begin lijkt het openen van innerlijke kanalen en het omhoog leiden van seksuele energie misschien vreemd of ingewikkeld. Dat is begrijpelijk, aangezien de meeste mensen tegenwoordig niet bekend zijn met tantrische praktijken. In feite is het proces niet erg gecompliceerd, temeer omdat we heel krachtige en effectieve oefeningen gebruiken. Door deze oefeningen te doen, zul je spoedig merken dat de energie van je sekscentrum omhoog door je lichaam sturen niet moeilijker is dan bijvoorbeeld leren fietsen.

BILL EN JUDY: OVERGAVE AAN GENOT

Deze ervaringen zijn niet voorbehouden aan bekwame *tantrika's* die jaren achtereen geoefend hebben. Ze liggen binnen ieders bereik. Neem bijvoorbeeld Bill, die met zijn partner Judy bij mij kwam voor een privé-consult. Zij wilden graag de kunst van de seksuele magie leren, maar zoals dikwijls het geval is werd al snel duidelijk dat er eerst een aantal seksuele problemen moest worden opgelost.

Bill maakte zich zorgen dat zijn seksuele energie geblokkeerd was, omdat zijn interesse in vrijen de laatste maanden aanmerkelijk verminderd was. Toen wij erover praatten, werd duidelijk dat Bill voor een dilemma stond: hij had geen zin meer altijd de 'kapitein van het schip' te moeten zijn en de leiding te hebben bij het liefdesspel en verantwoordelijk te zijn voor Judy's orgasme. Hij was echter bang de controle te verliezen en zich aan haar over te geven.

Ik had het gevoel dat zijn werkelijke probleem niet bij Judy lag, maar bij hemzelf. Hij verlangde ernaar te ontspannen in seksueel genot in plaats van er telkens een prestatie van te maken. Hij wilde eigenlijk gewoon *toelaten*, maar verzette zich daar tegelijkertijd tegen.

In een aantal sessies begeleidde ik Bill en Judy in de oefeningen uit dit hoofdstuk, met als hoogtepunt de 'chakragolf'. In die oefening zat Bill met gekruiste benen op de grond met Judy achter zich, zodat hij zich kon ontspannen en tegen haar aan kon leunen. Onder mijn leiding liet Judy haar ene hand op Bills vajra [penis] rusten en de andere op zijn onderbuik. Vervolgens begeleidde ik Bill in een techniek om seksuele energie op te wekken en omhoog te leiden door de chakra's. Judy ondersteunde hem, ademde met hem mee en gaf zijn vajra zachte impulsen om zijn seksuele energie te stimuleren.

Bill vertelt:

> Telkens als wij samen inademden, ervoer ik de impuls van Judy's hand op mijn penis als een heel plezierige, erotische prikkeling, als een ritmische stimulans. Er begon zich een warm en aangenaam gevoel door mijn bekken te verspreiden. Dit gevoel kende ik niet. Normaal als ik vrij, ben ik helemaal geconcentreerd op de gevoelens in mijn penis.
>
> Ik wist niet veel van chakra's af, maar Margo leidde Judy's hand eerst naar mijn buik, toen naar mijn zonnevlecht en ik voelde al snel hoe de energie naar boven door mijn lichaam trok. Het was heerlijk om te kunnen ontspannen en te kunnen genieten van wat er gebeurde in plaats van alles zelf te moeten doen.
>
> Toen Margo Judy's hand op mijn zonnevlecht legde, voelde ik eerst een verkramping en ik voelde dat ik wilde schreeuwen. Ik hoorde Margo zeggen: "Laat je kracht zien." Ik ademde diep in mijn borst en begon te schreeuwen - ik weet niet meer wat - en plotseling leek het alsof de zon in mijn zonnevlecht explodeerde.
>
> De energie straalde en breidde zich uit, voelde heel mannelijk en assertief. Toch deed ik er helemaal niets voor; het gebeurde gewoon. Ik voelde mij op een geheel nieuwe manier sterk en ik voelde hoe deze energie afdaalde naar mijn penis, die stevig rechtop stond. Dit kwam mij opeens heel grappig voor, want dit was de mannelijke soort van seksualiteit die ik altijd gewild heb. Ik lachte en schreeuwde: "Aha!" en ik maakte allerlei bewegingen met mijn armen. Judy lachte ook en het leek wel of wij op een totaal nieuwe manier vreeën. Het was gewoon heerlijk.
>
> Margo begeleidde mij door alle chakra's. Toen gingen Judy en ik lange tijd samen op de vloer liggen om te genieten van wat er tussen ons gebeurde. Wij voelden ons heel zacht en vredig.

Dit betekende een vernieuwing voor Bills manier van vrijen. Hij was vanaf dat moment in staat zowel te geven als te ontvangen en seksuele sensaties spontaan te laten komen, en tegelijkertijd te streven naar orgastische ontlading, zowel voor zichzelf als voor zijn partner. Deze nieuwe dimensie opende voor Bill en Judy de deur naar seksuele magie, die zij nu met groot succes regelmatig beoefenen.

De oefeningen in dit hoofdstuk vereisen in eerste instantie een zekere mate van lichamelijke inspanning, ademhaling en beweging. Ze vormen een soort seksuele aerobics. Maar als je ze eenmaal te pakken hebt, is er geen inspanning meer nodig. Het is dan voldoende je voor te stellen dat je innerlijk kanaal zich opent - je kunt daarbij alleen zijn of samen met je partner aan het vrijen zijn en de energie zal gaan stromen. De oefening wordt een moeiteloze meditatie.

De Inner Flute Bespelen: Het Energiekanaal Openen

In veel culturen is men bekend met het feit dat het fysieke lichaam een netwerk van meridianen of energiebanen heeft. In de acupunctuur bijvoorbeeld worden alle belangrijke organen, zoals nieren en longen, door een ingewikkeld web van meridianen met elkaar verbonden. Deze meridianen worden beschouwd als een vitale bron van energie voor het lichaam. Wanneer men op belangrijke plaatsen langs deze meridianen naalden inbrengt, wordt de energie van die organen gestimuleerd en vrijgemaakt, zodat het gehele netwerk vitaler wordt en onevenwichtigheid wordt opgeheven. Op deze manier is een goede lichamelijke gezondheid gegarandeerd.

Op soortgelijke wijze bestaan er subtiele meridianen, waarlangs de seksuele energie door het lichaam stroomt. De belangrijkste meridiaan is een kanaal dat verticaal van het perineum, het punt tussen je geslachtsdelen en je anus, door je lichaam omhoog, midden door je hoofd naar je schedeldak loopt. Ik heb aan dit kanaal de naam 'inner flute' gegeven, want als je weet hoe je dit instrument bespelen moet, kun je de mooiste orgastische 'muziek' voortbrengen en jezelf uitzonderlijk plezierige gevoelens bezorgen.

Als er nu duizend perfecte mannen verschenen, het zou mij niet verbazen.
Als er nu duizend prachtig gevormde vrouwen verschenen, ik zou niet versteld staan.
Ik begrijp nu het geheim van het beste in mensen naar voren brengen:
het is groeien in de open lucht, eten en slapen met de aarde.

Walt Whitman
Song of the Open Road

Er zijn zeven centra of 'tankstations' langs deze innerlijke snelweg, die je seksuele energie transformeren en versterken en haar helpen op haar weg omhoog. In de traditionele hindoeïstische en boeddhistische terminologie betekent het woord *chakra* 'wiel' of 'draaikolk', vanwege de manier waarop de energie zich op deze strategische punten verzamelt en ronddraait. De chakra's komen ook overeen met meer recente ontdekkingen, zoals het systeem van lichaamssegmenten dat is ontwikkeld door Wilhelm Reich.

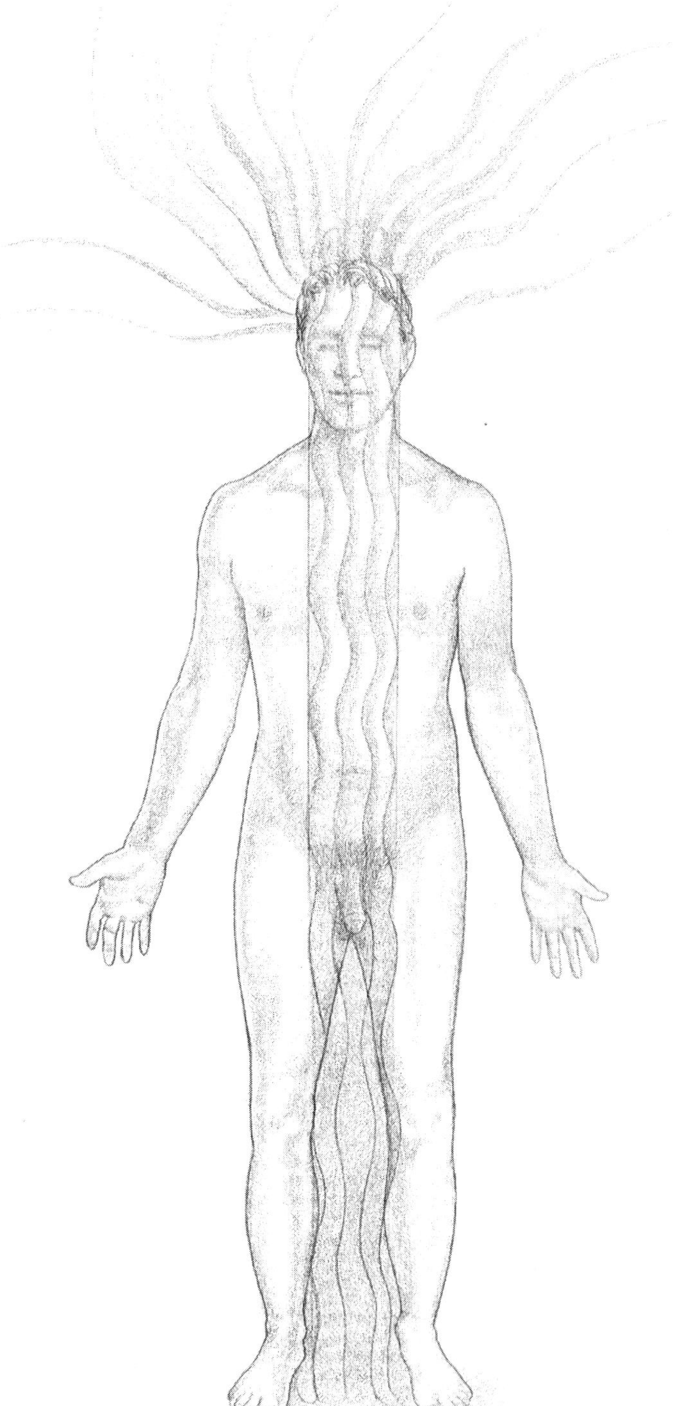

De 'inner flute'

Als ik tijdens een workshop het idee introduceer van seksuele energie die zich door de zeven chakra's verplaatst, vraag ik de deelnemers soms zich voor te stellen dat zij op een zevendaagse huwelijksreis zijn en per auto van Parijs naar Rome reizen. Iedere dag komen ze door een ander landschap en omdat dit een magische reis is, weerspiegelt het landschap hun innerlijke stemming.

De eerste dag houden ze halt om een boswandeling te maken en zij veranderen spontaan in speelse dieren, die tussen de bomen elkaar najagen, die onstuimig en vol begeerte paren tussen de varens op een bed van mos. De tweede dag slenteren zij door een oud stadje, ze voelen zich ontspannen, knus en gezellig, en drinken een glas goede rode wijn. Op de derde dag bereiken ze de Middellandse Zee en voelen zich opgetogen en vrij, terwijl ze pierewaaien langs de kust en genieten van de zon. Op de vierde dag gaan ze dineren in een restaurant waar een violist romantische muziek speelt. Hun harten worden vervuld van liefde, vermengd met een tikje droefenis vanwege oude, verloren liefdes. Op de vijfde dag snellen ze zingend van vreugde in hun auto over de snelweg. Op de zesde dag beklimmen ze een berg in de Franse Alpen en bereikt hun liefde een nieuw hoogtepunt van zuiverheid en helderheid. Als zij de top bereikt hebben, genieten zij van een panoramisch uitzicht. Op de zevende dag rijden ze naar Rome en hebben het gevoel dat ze thuiskomen, dat de reis ten einde is en dat zij voldaan zijn.

Dit verhaal gebruik ik om een bepaalde waarheid omtrent de weg van de seksuele energie door de zeven chakra's te illustreren, een ervaring die nog veel opwindender kan zijn dan de reis die ik hier beschreven heb. Als je deze innerlijke route aflegt, zul je gaan ontdekken hoe de seksenergie zich in elk chakra transformeert. Iedere stopplaats betekent een unieke ervaring, een nieuw soort orgastisch genot.

Bovendien leer je hoe je je energie op een krachtige, golvende manier moet voortstuwen om de orgastische sensaties te versterken en de weg vrij te maken voor seksuele magie. Als je deze kunst verstaat, zal je magisch symbool voortgestuwd worden door een golf van orgastische energie, die het van je sekscentrum helemaal omhoog naar de je kruin brengt en daar voorbij de kosmos in.

Als je dit bereikt hebt, ben je in staat je magisch wensbeeld uit te zenden naar het krachtveld dat ik aanduid met de term 'astraal netwerk'. Gezien de mysterieuze aard van dit netwerk is het handiger als ik eerst de functie ervan uitleg en daarna terugkom op de chakra's.

Het Astraal Netwerk

Het astraal netwerk is de uiteindelijke bestemming van al die heerlijke orgastische energie die je bij het beoefenen van seksuele magie samen met je magisch symbool door je lichaam stuurt.

Dit netwerk kan vanuit verschillende invalshoeken benaderd worden. Carl Gustav Jung vond de term *synchroniciteit* uit om de betekenis aan te geven van twee gebeurtenissen die schijnbaar geen enkel verband met elkaar hebben, terwijl het feit dat ze plaatsvinden, wijst op meer dan louter toeval.

In zijn aantekeningen geeft Jung vele voorbeelden van synchroniciteit, zoals de volgende ervaring van J.W. Dunne, een Engelsman die in 1902 tijdens de Boerenoorlog in Zuid-Afrika diende. Hij droomt op een nacht dat hij boven op een vulkaan staat en dat er een catastrofale eruptie dreigt. In de droom doet hij wanhopige pogingen Franse beambten, die op een nabijgelegen eiland gestationeerd zijn, ertoe te bewegen een evacuatieplan op te stellen om mensenlevens te redden. Een paar dagen later krijgt Dunne een krant onder ogen met een schokkende kop: ‘Catastrofale uitbarsting op Martinique: stad verdwijnt onder lawine van vuur, 40.000 doden’. Er bestaat een duidelijk maar onverklaarbaar verband tussen de droom van Dunne en de feitelijke uitbarsting.

Experimenten met telepathie in groepen, astrologie en buitenzintuiglijke waarneming overtuigden Jung ervan dat synchroniciteit een grote universele kracht vormt, die niet alleen een verbinding tot stand brengt tussen individuen en gebeurtenissen in de natuur, zoals op Martinique, maar ook fungeert als psychisch communicatienetwerk tussen mensen onderling.

Het idee van synchroniciteit roept een beeld op van een verborgen krachtveld dat de zichtbare en de onzichtbare wereld doordringt en ons verbindt met een uitgestrekt, uiterst gevoelig en ontvankelijk netwerk, waarover nog maar weinig bekend is. Jungs ideeën betekenen een ondersteuning van mijn benadering van magie, want als een individu door middel van dit netwerk een beeld kan krijgen van een bepaalde gebeurtenis, is hij misschien ook in staat een beeld te creëren dat via ditzelfde netwerk gebeurtenissen kan beïnvloeden. Met andere woorden, als een gebeurtenis een beeld teweeg kan brengen, kan een beeld ook een gebeurtenis teweegbrengen.

Toen ik in hoofdstuk 1 het idee van een astraal netwerk lanceerde, verwees ik naar het werk van Rupert Sheldrake, die in zijn theorie van morfische velden beweert dat elke menselijke ervaring die herhaald wordt een bepaalde indruk of morfisch veld achterlaat in het trillende web van elektromagnetische velden waaruit het universum is opgebouwd. Iemand die weet hoe hij beelden moet creëren die met deze morfische velden meetrillen, kan naar mijn overtuiging elke gebeurtenis voortbrengen die hij wenst.

Ik heb eveneens melding gemaakt van Deepak Chopra's wereldbeeld, waarin het menselijk lichaam niet als een tastbaar, afzonderlijk voorwerp wordt voorgesteld, maar als een verlengstuk van 'oneindige velden van energie en informatie, die het universum omspannen'. Wij zouden de mogelijkheid in ons dragen toegang te krijgen tot deze oneindige velden, waarvan wij onlosmakelijk deel uitmaken, om de krachtige universele energieën te benutten en naar eigen inzicht vorm te geven.

Jezelf openstellen om het achtste chakra in het astraal netwerk toegankelijk te maken

Het beste bewijs voor het bestaan van het astraal netwerk wordt geleverd door je eigen ervaring. Werkelijk inzicht in deze zaak ontstaat als je seksuele magie beoefent, een wensbeeld creëert dat meeresoneert met het astraal netwerk en de overeenkomstige respons verwerkelijkt ziet. Eén zo'n persoonlijke ervaring is waardevoller dan duizend theoretische argumenten.

Praktisch gezien wordt het belangrijkste aspect van het astraal netwerk gevormd door de mogelijkheid er toegang toe te krijgen door een krachtig en gecomprimeerd beeld te creëren van wat je verlangt, zoals het magisch symbool dat je in het vorige hoofdstuk gemaakt hebt.

God respecteert mij als ik werk,
maar Hij bemint mij als ik zing.

RABINDRANATH TAGORE

De vermenging van een magisch symbool met seksuele energie zet een alchemistisch transformatieproces in gang, dat zich voortzet als je het symbool omhoog voert door de inner flute, door de zeven chakra's, waar het steeds verder verfijnd wordt - zoals ruwe olie wordt geraffineerd tot hoogwaardige brandstof - om ten slotte via je kruin, het zevende chakra, vrij te worden gegeven aan de kosmos.

In dit zevende chakra, het laatste energiecentrum van je lichaam, vindt de ontmoeting, de versmelting, de vermenging plaats van jouw individuele bewustzijn met het universum; het is dus een natuurlijk ontmoetingspunt met een universeel krachtveld als het astraal netwerk. Eigenlijk is de ruimte direct boven je hoofd, die ik soms het 'achtste chakra' noem, de beste plaats om toegang te krijgen tot dit netwerk.

Jouw magisch symbool, jouw wensbeeld, deze blauwdruk van jouw verlangen, zal in het astraal netwerk een krachtige impressie achterlaten en op alles en iedereen om je heen een grote invloed hebben.

Wanneer je magisch symbool het astraal netwerk bereikt, zul je waarschijnlijk geen geluiden horen, ook al wordt dit netwerk voortdurend gebruikt. Het lijkt meer op een heel geavanceerde telefooncentrale, waarin je niets hoort van de honderden gesprekken die doorverbonden worden. Hooguit hoor je een licht gezoem of een enkele, aangehouden toon. Het is waarschijnlijker dat je een lege, kalme ruimte ervaart, alsof je in een diepe, stille grot staat.

Nu ik de bestemming van je magisch symbool zo goed als ik kan beschreven heb, neem ik de lift en daal weer af langs de inner flute, en ik zal je, beginnend bij je geslachtsdelen, uitleggen op welke manier de zeven energiecentra de seksuele energie transformeren.

Energiecentra: De Inner Flute Bespelen

Als je magie bedrijft, ben je niet meer louter op het fysieke vlak bezig, het niveau van materiële objecten. Je strekt je uit naar andere dimensies, je volgt onzichtbare wegen en je put uit onbekende bronnen van levensenergie om je relatie met de wereld om je heen te beïnvloeden. Je maakt gebruik van onzichtbare krachten om het door jou gewenste resultaat te bereiken. Je bent een alchemist, die op vele niveaus speelt met subtiele energieën.

Vanuit dit standpunt gezien is het vermogen energie door de inner flute omhoog te voeren van grote waarde, want daardoor wordt de energie gezuiverd, wordt zij minder grof, minder lichamelijk en meer subtiel en verfijnd. Hoe hoger je gaat, hoe subtieler je energie wordt. Het is voor jou als magiër belangrijk dat je deze subtiele transformaties leert waarnemen, zodat je leert deze energie op verschillende niveaus te gebruiken.

Als deze energie door je chakra's stroomt, worden energetische en emotionele blokkades weggespoeld, die je verhinderd hebben je leven ten volle te leven. Om een voorbeeld te vinden voor dergelijke blokkades hoeven wij slechts te kijken naar de houding die onze samenleving heeft aangenomen tegenover seks. Gedurende de sociale ontwikkeling van de laatste eeuwen hebben wij collectief het besluit genomen de seksuele energie van het eerste chakra af te wijzen. Onschuldige, dierlijke, natuurlijke seks is, vooral door de gevestigde godsdiensten, veroordeeld als iets dat lager staat dan de verheven idealen waarnaar alle geciviliseerde mannen en vrouwen zouden moeten streven; de 'zonden van het vlees' gaan in tegen de spirituele zuivering die wij nodig hebben voor onze redding.

In al ons streven zijn wij er echter nog niet in geslaagd seks verder te brengen dan het derde chakra, die, zoals je zult zien, voornamelijk verband houdt met persoonlijke macht. Het gevolg hiervan is dat seks tegenwoordig in hoge mate gekenmerkt wordt door strijd om macht, van het gevecht tussen man en vrouw in de slaapkamer - 'vanavond niet, schat, ik heb hoofdpijn' - tot de zware tol die seksuele onderdrukking, seksueel misbruik en verkrachting eisen.

Hierin zal pas een kentering komen als wij erin slagen seks te verheffen tot het vierde chakra, het hartcentrum, dat als fundamentele kwaliteit liefde heeft. Pas dan, vanuit een ruimer begrip, kunnen wij het eerste chakra ten volle accepteren, in al zijn natuurlijke schoonheid, zonder te vervallen tot de hartstochten die onze basale seksuele instincten doorgaans beheersen.

De zeven chakra's. Het eerste symboliseert overleving, balans en geaard zijn, het tweede (de navel) stroming en evenwicht, het derde uitstraling en ontplooiing, het vierde liefde en mededogen, het vijfde communicatie en expressie van de waarheid, het zesde schepping en het zevende transcendentie.

Waarschijnlijk zul je in verschillende chakra's energieblokkades tegenkomen, terwijl andere chakra's helder en schoon voelen. Als deze blokkades begrepen worden en opgeheven, zullen al je chakra's op een evenwichtige, vitale manier gaan functioneren en kan je energie erdoor naar boven stromen.

De chakra's hebben de volgende kleuren: het eerste is rood, het tweede oranje, het derde geel, het vierde groen, het vijfde blauw, het zesde violet en het zevende wit.

Hieronder volgt en beschrijving van elk van de zeven chakra's of energiecentra.

1. Sekscentrum

Het eerste chakra is gelokaliseerd in de geslachtsdelen, maar omvat ook het bekken, de benen en de voeten. Reich noemt dit gebied het bekkensegment. In het sekscentrum ervaren wij onze verbondenheid met de aarde, ons gevoel van gegrond zijn en onze seksualiteit. Hier ligt ook de bron van onze levensenergie en ons lichamelijk welzijn.

NEGATIEVE TOESTAND
Als het eerste chakra geblokkeerd is, leven wij in een toestand van chronische angst omtrent ons voortbestaan. Wij maken ons zorgen of wij wel voldoende hebben, wij denken dat wij meer nodig hebben, of het nu om seks, geld of voedsel gaat. Wij zijn geneigd wantrouwig te zijn en onze energie in te houden. Wellicht proberen wij ook ons lichaam te verbergen en voelen wij schaamte over onze geslachtsorganen en onze seksuele verlangens.

POSITIEVE TOESTAND
Wanneer dit chakra open is en de schade door traumatische seksuele gebeurtenissen geheeld is, overwinnen wij onze angst en worden wij orgastisch. Wij ontvangen van het leven wat wij nodig hebben en dat schenkt ons voldoening. Wij voelen ons levendig, sexy, extravert en verleidelijk, zonder verlegenheid of schaamte.

De kleur die met dit chakra verband houdt, is donkerrood.

2. Hara-centrum

Het tweede chakra is gelokaliseerd in de onderbuik, drie vingerbreedten onder de navel. Reich noemt dit het buiksegment. Via dit chakra staan wij in verbinding met onze gevoelens, met ons gevoel voor lichamelijke balans en voor gratie in onze bewegingen. Dit gebied is de oven van het lichaam. Op fysiek niveau neemt de buik brandstof op om die te verbranden, maar dit gebied bestuurt ook onze emotionele `spijsvertering' en regelt de gevoelens en emoties die wij tot uitdrukking brengen.

NEGATIEVE TOESTAND
Als dit chakra geblokkeerd is, zijn wij bang om onze emoties te laten zien, met name angst en woede. Het natuurlijke gemak en evenwicht van het lichaam is verloren en wij kunnen ons onhandig voelen in termen van hoe wij ons in de wereld bewegen.

POSITIEVE TOESTAND
Wanneer dit chakra zich opent, vindt er gewoonlijk een catharsis plaats van opgekropte emoties, die geuit worden door schreeuwen, schelden, brullen en dergelijke. Er ontstaat een hernieuwde soepelheid, een natuurlijke gratie in de manier waarop wij lopen en een gevoel van vrij door ons lichaam stromende energie. Vrijen wordt een dans van twee lichamen, die op natuurlijke wijze bewegen en samenvloeien.

Bij dit chakra hoort de kleur oranje.

3. Zonnevlechtcentrum

Dit centrum is gelokaliseerd in de holte vlak onder de ribbenkast en wordt door Reich aangeduid met middelsegment. Het derde chakra wordt in verband gebracht met ademhalen, ontplooiing, stuwkracht en macht. Het bepaalt hoeveel macht wij onszelf toestaan, hoeveel wij uitstralen in de aanwezigheid van anderen - het gevoel van 'dit ben ik'.

NEGATIEVE TOESTAND

Wanneer dit chakra geblokkeerd is, wordt ons vermogen tot een natuurlijke persoonlijke kracht ingeperkt en hebben wij de neiging anderen te manipuleren vanuit een verlangen naar macht en overheersing. Hier ligt een gevoel aan ten grondslag dat zegt: "Ik heb niet voldoende om er in mijn eentje te komen." Wij hebben een gering gevoel van eigenwaarde en voortdurend behoefte aan aandacht. Als gevolg hiervan kunnen mannen moeite hebben hun erectie te behouden en hebben vrouwen de neiging te doen alsof zij een orgasme hebben.

POSITIEVE TOESTAND

Als de seksuele energiestroom dit chakra bereikt, ontstaat er onmiddellijk een gevoel van zelfbevestiging en zelfvertrouwen. Plotseling hebben wij geen angst meer onszelf te laten zien zoals wij zijn, te laten zien wat wij denken en wat wij voelen. Er is geen noodzaak meer van anderen afhankelijk te zijn of hen te manipuleren. Het is goed 'te zijn wie wij zijn'. Als wij seksualiteit op een gezonde manier verbinden met macht, kunnen wij onze wilde kracht laten zien en elkaar beminnen als gelijken.

Bij dit chakra hoort de kleur geel.

4. Hartcentrum

Het hartchakra ligt midden in de borst en wordt door Reich het borstsegment genoemd. Dit chakra fungeert als alchemistisch tranformatiecentrum van het lichaam. Dit is het centrale punt voor de opstijgende energie, want er liggen drie chakra's boven en drie onder. Onder het hart wordt de seksuele energie gehinderd door een neerwaartse kracht, een neiging naar beneden te stromen naar een zaadlozing, in plaats van omhoog naar gelukzaligheid. Bij het hart wordt de energie van deze neiging bevrijd, zodat zij gemakkelijk op kan stijgen naar de hogere chakra's.

Het hart wordt geassocieerd met liefde, mededogen, vertrouwen, zorgzaamheid en voeding. Veel van deze eigenschappen worden ontwikkeld in de verbondenheid tussen kind en moeder, en worden versterkt in gemoedstoestanden als speelsheid, kwetsbaarheid en onschuld, vooral tijdens het vrijen.

NEGATIEVE TOESTAND

Wanneer dit chakra gesloten is, bestaat er een gevoel van droefheid, verloren zijn en verlangen, met name in verband met verbroken relaties en vroegere partners. Er is dikwijls een gevoel van eenzaamheid en van 'niemand geeft om mij'. Seks wordt mechanisch en voelt dikwijls nogal vlak.

POSITIEVE TOESTAND

Wanneer de seksuele energiestroom het vierde chakra opent, gaat dit dikwijls gepaard met het bevrijden van opgekropt verdriet en met een gevoel van opluchting. Dit wordt gevolgd door steeds sterker wordende gevoelens van vreugde, waardoor begrip, mededogen, zelfappreciatie, heelheid en dankbaarheid ontstaan. Bij het vrijen wordt een hecht verband ervaren tussen liefde en seks, alsmede een gevoel van het oplossen van grenzen tussen beide partners.

Bij dit chakra hoort de kleur groen.

5. Keelcentrum

Dit centrum ligt in het midden van de keel. Het wordt door Reich het keelsegment genoemd en omvat de kaken, de mond en het onderste gedeelte van het gezicht. Hier krijgt onze energie toon en kleur in onze stem, die wij gebruiken om onszelf te uiten en met anderen te communiceren. Het vijfde chakra is ook de springplank naar creativiteit en de hogere dimensies van de ziel of spiritualiteit.

NEGATIEVE TOESTAND

Wanneer dit chakra geblokkeerd is, hebben wij de neiging onze authenticiteit in te slikken, vanuit de wens ons aan te passen aan wat anderen zeggen en willen. Dit is de plaats waar wij als kinderen geleerd hebben, in overeenstemming met de wens van onze ouders, onze persoonlijke expressie te onderdrukken.

POSITIEVE TOESTAND

Wanneer je seksuele energie het keelchakra opent, betekent dat het vrijmaken van verbale expressie. Je bent in staat te zeggen wat je nodig hebt, wat je prettig vindt, hoe je dingen zou willen, vooral in intieme relaties en bij het vrijen. Vreugde in seks wordt geuit door middel van zingen, schreeuwen, kreunen, giechelen of onzin- of brabbeltaal Er ontstaat een sterk verband tussen seksualiteit en de stem, alsof je in je keel een orgasme kunt hebben door geluiden te maken. Het hele kaakgebied wordt los en je gaat het prettig vinden grimassen te maken en je gezichtsspieren te gebruiken.

De kleur die met dit chakra geassocieerd wordt, is blauw.

6. Derde-oogcentrum

Het zesde chakra, ofwel het derde oog, ligt precies tussen de wenkbrauwen en wordt door Reich het oogsegment genoemd. Dit is jouw persoonlijke bioscoop. Hier bepalen verbeelding, intuïtie en perceptie hoe jij jezelf en de wereld om je heen waarneemt. Hier worden wensbeelden en symbolen in het onderbewuste geprent en kunnen ongevraagd en schijnbaar uit het niets plotseling inzichten verschijnen. Dit is ook het centrum voor diepe, non-verbale communicatie via de ogen, de 'vensters van de ziel'.

NEGATIEVE TOESTAND

Als dit chakra gesloten is, hebben wij de neiging onszelf te verbergen en willen wij anderen niet rechtstreeks in de ogen kijken of ons innerlijk blootgeven. Onze ogen hebben een vermoeide, uitgebluste blik, die het verlies aan een innerlijk perspectief weerspiegelt - niet weten waar wij naartoe gaan en wat wij van het leven willen. In deze toestand ontbreekt het onze seksualiteit aan een gevoel van heiligheid.

POSITIEVE TOESTAND

Wanneer de seksenergie het zesde chakra opent, betekent dat dikwijls een gevoel van verruiming in het hoofd, alsof de schedel plotseling heel groot en ruim geworden is. Het wordt gemakkelijk in een toestand van meditatie, vrede en stilte te komen. De ogen verkrijgen een nieuwe helderheid en levendigheid, terwijl met het innerlijk oog soms licht en kleuren waargenomen kunnen worden. Vrijen gaat gepaard met een sterk gevoel van vrijheid, van voorbij kunnen gaan aan de begrenzing van het lichaam. Ook is het mogelijk diep in de ogen van je partner te kijken en werkelijke intimiteit en een diepe wederzijdse verstandhouding te bereiken.

De kleur die met dit chakra in verband wordt gebracht, is violet.

7. Kruincentrum

Het zevende energiecentrum is gelokaliseerd boven op het hoofd. Door Reich wordt dit het kruinsegment genoemd. Dit chakra is de zetel van de ziel en de deur naar het universum. Als zodanig is het de plaats waar hemel en aarde, het spirituele en het materiële, elkaar ontmoeten. Door deze deur ontvangen wij hogere energieën, alles wat ons wordt doorgegeven door verlichte wezens, leraren en gidsen, en hier hebben wij toegang tot diepe trances. Dit is ook de deur naar het astraal netwerk.

NEGATIEVE TOESTAND
Wanneer het zevende chakra gesloten is, ontbreekt het gevoel een wezenlijk deel uit te maken van een organisch, kosmisch geheel. Er is sprake van onvermogen erop te vertrouwen dat het leven ons zal geven wat wij nodig hebben en er is een gevoel afgesneden te zijn en geïsoleerd te leven in een vijandig universum.

POSITIEVE TOESTAND
Wanneer de seksenergie het zevende chakra opent, vindt er een extatische verbinding plaats met het gehele bestaan - een ervaring die omschreven kan worden als 'kosmisch orgasme'. De grenzen van het zelf lossen op en er is een gelukzalig gevoel in alles op te gaan en te versmelten in de eenheid.

Bij dit chakra hoort de kleur wit.

Werken met Chakra's

De chakra's vormen een fascinerend en voortdurend veranderend energiepatroon, waar je op verschillende manieren mee kunt werken. Sommige oefeningen uit het oude India en Tibet voor het wekken van de zeven chakra's zijn buitengewoon ingewikkeld en omvatten labyrinten, geheime mantra's, uitgebreide rituelen en het aanroepen van goden. In een ander systeem, dat werkt met chakrapolariteiten, heeft elk chakra een positieve en een negatieve lading en leert de adept hoe hij de energiestroom hiertussen moet reguleren.

Wanneer je één ding door en door begrijpt,
begrijp je alles.

ZEN-GEZEGDE

Om vaardigheid te verkrijgen in de seksuele magie maak ik gebruik van een eenvoudige en krachtige methode voor het openen van de chakra's, waar elke gemotiveerde magiër mee werken kan.

Als aanmoediging zal ik je het verhaal van Celeste vertellen, een vrouw van Franse afkomst, die in New Mexico woont en die in een van mijn workshops de 'chakragolf' deed - een oefening die je verderop in dit hoofdstuk zult leren. Na een aantal dagen begon zij gefrustreerd te raken. Er leek helemaal niets te gebeuren en, wat erger was, ze had het gevoel dat ze het overzicht van de chakra's waar ze mee werkte, niet werkelijk begreep. Niettemin volhardde ze in de oefening.

Ze zat op een kleed, ogen gesloten, schommelde met haar bekken en ademde krachtig om energie van haar sekscentrum naar haar kruinchakra te sturen, in een poging een door haar gevoelde energieblokkade op te heffen.

Hier volgt haar relaas.

> Ik was bijna tot de conclusie gekomen dat ik mijn tijd aan het verdoen was, toen ik plotseling een slangachtige energie in mijn stuit voelde, die zich ontrolde en door mijn lichaam schoot. De energie bewoog met de snelheid van het licht, als vloeibaar vuur, regelrecht naar mijn keel en toen als een laserstraal door mijn hoofd.
> Ik hoorde vreemde, verbazingwekkende geluiden uit mijn keel komen, maar op de een of andere manier stond ik erbuiten, alsof ik alles waarnam met een innerlijk oog - iets waarvan ik mij nooit bewust was geweest, Mijn lichaam begon warm te worden. Ik werd opgeslokt door een aanzwellende golf van energie. De energie gloeide van mijn vingertoppen tot de bovenkant van mijn haar. Terwijl ik vervuld was van deze energie, leek mijn lichaam eerder gemaakt van licht dan van een tastbare substantie.
> Toen zag ik mijn chakra's. Ze waren concaaf van vorm, zoals de lens van een vergrootglas, elk groter dan een hand en gemaakt van een of ander dik, maar doorschijnend materiaal, en ze draaiden in het rond als de propellers van een vliegtuig. Ik zag ook kleuren, groene en goudgele schitteringen die dansten in mijn hart. Ik voelde een enorm sterke drang om mijzelf lief te hebben en te accepteren, en mijzelf eraan te herinneren dat deze ervaring geen illusie is, maar iets dat prachtig, waarachtig en waardevol is.
> Daarna kwam ik in een tijdloze ruimte van volledige sereniteit, vrede en eenheid terecht, alsof ik deel was geworden van het hele universum. Toen ik terugkwam in mijn lichaam, begon ik mij onmiddellijk af te vragen of ik dit allemaal gedroomd had, maar ik ontdekte dat ik mij met mijn innerlijk oog nog steeds op een chakra kon concentreren en de ronddraaiende kleuren nog steeds kon waarnemen.

Dit soort ervaringen komt vaker voor dan je misschien denkt. Ook al komen ze spontaan en onverwacht, ze zijn het resultaat van grondige en zorgvuldige voorbereiding. De ervaring van Celeste is een aanmoediging voor alle logische en rationele denkers onder ons, die eigenlijk meegevoerd zouden willen worden naar mystieke bewustzijnstoestanden, maar die bij zichzelf denken: "Ach, misschien gebeurt zoiets bij sommige mensen, maar mij zal het wel nooit overkomen."

> *De aard van het leven is hartstocht. Hartstocht is het allesomvattende gevoel in elke vezel van je wezen te leven, een verhoogd bewustzijn en het vermogen je tegelijk vredig en uitermate levendig te voelen. Een gevoel alsof je zelf een ritmische stroom bent, die in harmonie is met de stroom van het universum.*
>
> AZUL

Het kan en het zal ook jouw ervaring zijn, vooropgesteld dat je bereid bent de oefeningen te doen die ik hier aanbied. Bovendien zou ik willen benadrukken dat je de ervaring van Celeste niet opnieuw hoeft te creëren. Wellicht 'zie' jij je chakra's niet zoals zij. Misschien heb je wel heel andere ervaringen en hoor je schitterende geluiden of muziek, zoals die worden voortgebracht door Tibetaanse monniken, die een compleet systeem van genezende klankschalen voor de zeven chakra's kennen. Misschien krijg je wel diepe inzichten in de betekenis van je leven. Misschien ervaar je een toestand van gelukzalige tevredenheid en welzijn, alsof je na een lange reis eindelijk thuiskomt. Niemand kan voorspellen hoe jouw ervaring eruit zal zien als je eenmaal begint je seksuele energie omhoog te leiden.

Wat wel voorspeld kan worden, is dat als je de technieken voor het openen van je chakra's toepast, je je orgastische energie naar je kruinchakra zult kunnen sturen en verder, tot in het astraal netwerk, ongeacht wat er gebeurt op het moment dat deze energie door een bepaald chakra stroomt.

Ik wil je nu uitnodigen je te verdiepen in een aantal oefeningen. Deze oefeningen laten je rechtstreeks ervaren op welke manier je seksuele energie en je symbool door de chakra's bewegen. Ze zijn niet moeilijk te begrijpen, maar je moet er wel een paar stappen voor zetten. Het is van belang dat je daarbij rustig te werk gaat en je elke stap zorgvuldig eigen maakt.

Bovendien wil ik erop wijzen dat deze oefeningen zeer heilzaam zijn voor je fysieke en mentale welzijn. Je spieren worden er sterker door, je hersenen krijgen meer zuurstof, je endocriene klieren worden vitaler, je vermogen tot orgasme wordt vergroot en je ervaart in toenemende mate het wonder van de levendigheid en vitaliteit van je eigen lichaam. En het zijn heerlijke oefeningen om te doen, vooral als je ze samen met je partner doet.

CHAKRA'S WRIJVEN

Doel en nut van de oefening

Het wrijven van de chakra's is een heel aangename massage om je chakra's te activeren en de deur naar seksuele magie te openen. In deze oefening gebruik je een van de magische symbolen die je in het vorige hoofdstuk gecreëerd hebt. Tijdens het wrijven van de chakra's prent je dit symbool, terwijl het opstijgt naar het astraal netwerk, achtereenvolgens in elk van de chakra's in en versterk en zuiver je de kracht ervan.

Voorbereidingen

- Je doet deze oefening samen met je partner.

- Maak je magische cirkel klaar.

- Gebruik een massagetafel of leg een matras op de vloer. De tafel of het matras moeten zich in de magische cirkel bevinden en je moet er een schoon laken overheen leggen.

- Je hebt twee kussens nodig, een groot en een klein, om tijdens de massage prettig te liggen.

- Gebruik massageolie.

- Zorg ervoor dat de kamer warm genoeg is, want jullie zijn naakt.

- Neem je magisch symbool mee in de magische cirkel.
- Neem de tijd om een magische, sensuele sfeer te creëren. Steek een kaars aan, brand wierook, zet zachte muziek op en trek zijden kleren aan, die prettig voelen aan je huid. Geef de hele massage een sensueel, erotisch en speels tintje.

- Trek per massage ongeveer veertig minuten uit.

Werkwijze

STAP 1: SENSUALITEIT OPWEKKEN

Bepaal wie partner A, de ontvanger, is en wie partner B, de gever. Later worden de rollen omgekeerd.

Ga op een kussen zitten met je gezicht naar elkaar. Leg het magisch symbool van partner A, die de massage zal ontvangen, op de vloer tussen jullie in. Sluit je ogen. Neem de tijd om helemaal bij jezelf te komen en te ontspannen. Ga langzaam en diep ademhalen.

Op een van tevoren afgesproken teken, bijvoorbeeld een licht klopje op de knie, openen jullie je ogen en beginnen jullie allebei te staren naar het symbool dat tussen jullie in ligt. Jullie gaan samen seksuele magie bedrijven.

Partner A (ontvanger) gaat staan en ontdoet zich langzaam van alle kleren. Geniet van het sensuele genot van je uit te kleden waar je partner bij is. Vervolgens streel je, met gesloten ogen, langzaam en erotisch je eigen lichaam. Waardeer de sensitiviteit van je lichaam.

Partner B (gever), kijk naar het lichaam van je partner. Besef dat er verborgen bronnen van sensuele en seksuele energie aangeboord kunnen worden in dit schitterende instrument voor alchemie en magie. Dit lichaam ga je bespelen, zoals een musicus zijn instrument bespeelt en er verborgen harmonieën aan ontlokt.

STAP 2: AFSTEMMEN

Partner A (ontvanger), als je klaar bent, ga dan op je buik op de tafel of het matras liggen. Zorg ervoor dat je lichaam, je nek en je hoofd op één lijn liggen,

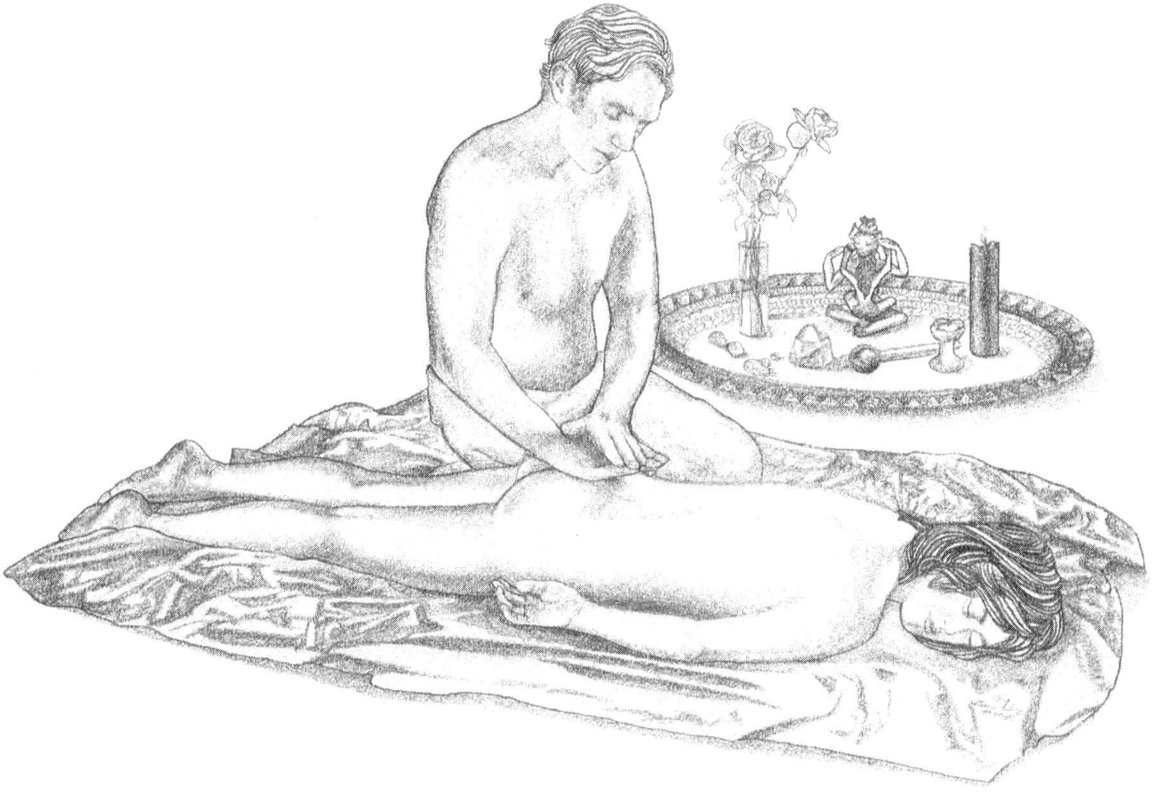

De chakra's wrijven om ze te activeren.

zodat de energie gemakkelijk kan stromen. Zorg ervoor dat je prettig ligt. Leg het grote kussen onder je borst en het kleine kussen onder je voorhoofd.

Partner B (gever), als jullie met een massagetafel werken, ga dan aan de linkerkant van je partner staan; als jullie een matras gebruiken, ga je aan de linkerkant zitten. Leg je rechterhand op het heiligbeen van je partner, de plaats waar de ruggegraat en de billen elkaar raken. Leg je linkerhand op het midden van de rug, precies achter het hartchakra.

Partner A (ontvanger), begin langzaam en diep adem te halen door je mond. Ontspan je en wees ontvankelijk.

Partner B (gever), neem de tijd om je af te stemmen op het ademhalingsritme van je partner. Sluit je ogen en zak weg in een gevoel van diepe verbondenheid met je partner. Schud zachtjes je bekken en beweeg daarna je beide handen licht over het hele lichaam in een sensuele, masserende beweging. Geniet van het genot dat je je partner verschaft.

Stap 3: De Chakra's Activeren

Wanneer je klaar bent, breng je je beide handen naar het heiligbeen, onder aan de ruggegraat tussen de heupen. Je gaat nu het eerste chakra van je partner activeren.

Gebruik voldoende massageolie en begin het gebied van het heiligbeen met kleine, ronddraaiende bewegingen te masseren. Masseer met beide handen samen (je ene hand ligt op de andere) met de klok mee of ertegenin. Adem, terwijl je masseert, diep in en uit door je mond en pas je ademhalingsritme aan aan dat van je partner. Neem de tijd om in een prettig ritme van ademhalen en masseren te komen.

Partner B (gever), als je zover bent, stel je dan voor dat er een donkerrode kleur uit je handen vloeit, die zich over het eerste chakra van je partner verspreidt. Zie hoe de rode kleur zich verspreidt over het heiligbeen, de billen, de geslachtsorganen en het bekken. Zeg tegen je partner: "Zie hoe de rode kleur vanuit mijn handen in je eerste chakra vloeit."

Partner A (ontvanger), stel je een donkerrode kleur voor die dit gehele gebied overspoelt, die je sekscentrum heelt en verlevendigt.

Ga hiermee door totdat jullie je allebei op je gemak voelen bij deze visualisatie.

Partner B (gever), als je zover bent dat je naar de volgende fase kunt, visualiseer dan het magisch symbool van je partner en stel je voor dat je dit symbool in zijn of haar eerste chakra masseert. Stel je het symbool voor als zwevend in de rode energie die in dit chakra circuleert. Deel dit aan je partner mee: "Ik zie je magisch symbool zweven in je sekscentrum."

Partner A (ontvanger), zie hoe je magisch symbool zweeft en draait in je geslachtsdelen, je bekken en je onderrug en zich vermengt met de donkerrode energie die hier is opgewekt. Houd dit beeld voor ogen zolang je eerste chakra gemasseerd wordt.

Partner B (gever), na twee of drie minuten stop je de masserende beweging. Beweeg even niet, maar laat je beide handen rusten op het heiligbeen van je partner.

Beide partners stemmen zich nu af op het eerste chakra en voelen wat daar gebeurt. Misschien is er warmte voelbaar of een gloeiend rood licht. Je kunt duisternis of licht ervaren, of energie die zich in spiralen beweegt of heen en weer stroomt tussen de achterkant en de voorkant van je lichaam. Neem alleen maar waar wat er gebeurt.

Partner B (gever), verschuif langzaam je handen langs de rug van je partner omhoog en stel je voor dat je het symbool van je partner naar zijn of haar tweede chakra brengt. Dit ligt in de lendestreek, tegenover de navel. Vertel je partner dat je je handen verplaatst naar het tweede chakra.

Partner A (ontvanger), als je voelt dat de handen omhoog schuiven, stel je dan voor dat je symbool zich van je eerste naar je tweede chakra verplaatst.

Partner B (gever), laat je handen enkele ogenblikken rusten op je partners tweede chakra. Stem je af op zijn of haar ademhaling, overtuig jezelf ervan dat jullie in harmonie met elkaar ademen en begin langzaam te masseren.

Masseer de onderrug met langzame, ronddraaiende bewegingen, in een snel en dynamisch ritme.

Alleen minnaars kunnen door het vuur van de ring van de mandala heen gaan.
Open je hart. God zoekt in deze schepping naar God.

HINDOE-GEZEGDE

Stel je voor dat uit je handen de kleur oranje vloeit en zich over dit gebied verspreidt, je partners tweede chakra overspoelt en kleur geeft aan het symbool dat daar zweeft. Vertel dit aan je partner, zodat hij of zij deelgenoot is van jouw visualisatie.

Herhaal deze stappen bij elk van de chakra's. Voer het symbool telkens naar het volgende chakra, overspoel het gebied met de bijbehorende kleur en prent het symbool in elk energiecentrum in.

Beweeg je langzaam en voorzichtig, geniet van de massage en adem door je mond.

STAP 4: DE VERBINDING MET HET ASTRAAL NETWERK

Partner B (gever), als je bij het zevende chakra bent, gebruik dan alleen je vingertoppen om de kruin van je partner met vederlichte, draaiende bewegingen te masseren. Als je dat gedaan hebt, laat je je vingertoppen enige tijd licht op de kruin van je partner rusten.

Partner B, sluit je ogen. Licht je vingertoppen langzaam van het hoofd van je partner en stel je voor dat het symbool uit het kruinchakra van je partner omhoog rijst. Vertel dit aan je partner.

Partner A (ontvanger), adem diep in en stel je voor dat het symbool uit je kruinchakra opstijgt en vlak boven je hoofd in de ruimte zweeft. Houd je adem even in en zie hoe je symbool daar zweeft, helder stralend, opgeladen en gezuiverd als gevolg van de reis door de chakra's. Dit is het gebied van het 'achtste chakra', de plaats waar je in verbinding staat met het astraal netwerk.

Ontspan je en adem weer normaal.

Beide partners visualiseren enige tijd het symbool in het achtste chakra.

STAP 5: DE ENERGIE TERUGBRENGEN NAAR DE AARDE

Partner B (gever), als je zover bent, ga dan staan of zitten bij de voeten van je partner. Pak ze zachtjes vast, een in elke hand, en druk en masseer ze stevig. Doe dit een paar minuten. Hierdoor keert de energie die door het lichaam heen opgestegen is weer terug naar de aarde.

Partner A (ontvanger), adem een keer diep in en uit en stel je voor dat je energie zich van je hoofd helemaal door je lichaam heen naar je voeten beweegt.

Partner B (gever), als je klaar bent met de voetmassage, blijf dan enkele ogenblikken stil naast je partner zitten, zodat jullie beiden de tijd krijgen deze krachtige ervaring in je op te nemen.

Ga daarna tegenover je partner zitten en deel met elkaar wat je ervaren hebt.

Partner A, bedank partner B voor deze heerlijke ervaring.

Sluit de oefening af met een innige omhelzing en een hartegroet.

Keer dan de rollen om. Partner B is nu de ontvangende partij, terwijl partner A de massage geeft. Neem de tijd om weer helemaal bij het begin te beginnen. Ga tegenover elkaar zitten met het symbool tussen jullie in. Doorloop vervolgens de verschillende stappen.

Opmerkingen

Het komt vaak voor dat beide partners zich tijdens het wrijven van de chakra's seksueel opgewonden voelen, vooral bij de massage van de eerste twee chakra's. Dit is volkomen natuurlijk. Verwelkom de seksuele gevoelens, want ze kunnen je helpen de chakra's te stimuleren en de energiestroom te versterken.

Als ontvanger kun je sommige chakra's soms beter voelen dan andere. Ook dit is natuurlijk, met name in het begin. Neem de tijd om de chakra's die zwak of minder gevoelig zijn energie en aandacht te geven.

Als gever gebruik je bij het masseren je hele lichaam, niet alleen je handen en je armen. Maak de bewegingen vanuit je buik en draai je heupen in het ritme van je handen.

Deze oefening bevat een aantal elementen: ademhalen, masseren en visualiseren van kleuren en van het symbool. Beide partners moeten erom denken zich niet op één van deze aspecten te concentreren en daarbij de andere uit het oog te verliezen.

Als je merkt dat je vergeet diep adem te halen of een symbool of een kleur te visualiseren, dan hoef je dat niet als een fout op te vatten. Keer gewoon terug naar je ademhaling; laat die de bron zijn waar je naar terugkeert in ogenblikken van onzekerheid. Adem diep in en uit, verwelkom de gevoelens die door de massage worden opgewekt, visualiseer de kleur die bij het betreffende chakra hoort en stel je vervolgens het symbool weer voor.

Nu je elk energiecentrum door middel van het wrijven van de chakra's gevoeliger gemaakt hebt, kunnen wij overgaan tot een krachtiger oefening voor de chakra's.

CHAKRA-ADEMHALING

Doel en nut van de oefening

Ook in deze oefening worden de chakra's geactiveerd en open je de inner flute, zodat je seksuele energie en je magisch symbool samen door de zeven centra kunnen opstijgen, op weg naar het astraal netwerk.

Voorbereidingen

- Deze oefening kun je alleen doen of met je partner.
- Maak je magische cirkel klaar.
- Bij deze oefening kan ritmische muziek behulpzaam zijn. Voor de chakra-ademhaling is een speciale muziekcassette verkrijgbaar (zie het appendix). Je kunt echter ook zonder muziek werken.
- Terwijl je je aandacht richt op elk van de zeven chakra's, ga je ademhaling, beweging en visualisatie combineren. Je concentreert je twee tot drie minuten op elk chakra en het kan handig zijn om een klok binnen je gezichtsveld te hebben.
- Je hebt je magisch symbool nodig.
- Tijdens deze oefening wordt je lichaam erg warm, dus je hebt geen kleding nodig, of iets heel luchtigs.
- Het is goed om de oefening op een lege maag te doen of minstens een uur na het eten. Eigenlijk kun je haar het best vóór het ontbijt doen.
- Het is mogelijk dat je de behoefte voelt om geluid te maken. Zorg er dus voor dat je anderen niet stoort en ook niet gestoord kunt worden. Ook is het van belang dat je de hele oefening in één keer af kunt maken, zonder onderbroken te worden door de telefoon, de bel of vragen van nieuwsgierige toeschouwers.
- Deze oefening vereist nogal wat lichamelijke inspanning. Ook al ziet het er voor een buitenstaander waarschijnlijk nogal vreemd uit, zet al je schaamte opzij en geef alles wat je hebt aan de oefening. Gebruik je hele lichaam. Als je dat helpt, kun je doen alsof je meedoet aan een vorm van ademtherapie, zoals rebirthing, of je kunt jezelf zien als een primitieve krijger die deelneemt aan een oorlogsdans.

- De oefening wordt doorgaans staand gedaan, maar mensen die snel vermoeid raken of rugklachten hebben, kunnen hem ook liggend op hun rug doen, met de knieën opgetrokken en de voeten plat op de vloer. Je gaat krachtig door je mond ademhalen en je kunt last krijgen van een droge keel. Daarom is het handig een glas water in de buurt te hebben.

- Trek voor de oefening een uur uit.

Werkwijze

STAP 1: WARMING-UP MET DE PC-POMP

Ga in het midden van je magische cirkel staan, je voeten op schouderbreedte, je voetzolen plat op de vloer, je knieën licht gebogen en je armen hangen losjes langs je lijf. Je kunt je ogen het best sluiten, want je gaat je aandacht richten op gewaarwordingen binnen in je lichaam.

Haal een paar maal adem en ontspan je lichaam. Richt je aandacht op het gebied van je geslachtsdelen, vooral op de spier tussen je geslachtsdelen en je anus, die deze lichaamsdelen verbindt met het bekken. Ik noem dit de PC-spier, naar de medische benaming: pubo-coccygeus. Kijk of je deze spier kunt aanspannen en weer loslaten. Het voelt als een ventiel dat rond je geslachtsdelen open-en dichtgaat. De PC-spier is de spier die je aanspant als je je urine wilt ophouden.

Span en ontspan je PC-spier een paar keer met korte, knijpende, reflexmatige bewegingen. In *Tantra, een weg naar intimiteit en extase*, heb ik deze samentrekkende reflexen de 'PC-pomp' genoemd.

Doe de PC-pomp tien keer. Dit pompen stimuleert je seksuele energie en helpt je bij het richten van je aandacht op dit gebied.

Rust even uit en doe de PC-pomp dan weer tien keer, maar schommel nu ook met je bekken naar voren en naar achteren, terwijl je je onderrug iets kantelt. Span je PC-spier aan en draai naar achteren. Ontspan je PC-spier en laat je bekken naar voren en naar beneden vallen. Je zult merken dat deze bewegingen gemakkelijk en vanzelf samengaan (zie afbeelding).

Na weer een korte rust doe je een derde serie van tien samentrekkingen, terwijl je er dit maal ook je ademhaling aan toevoegt. Adem krachtig in door je mond, terwijl je de PC-spier aantrekt en met je heupen naar achteren draait. Adem uit terwijl je de PC-spier ontspant en je bekken naar voren duwt.

Oefen met deze combinatie van PC-pomp, bekkenbeweging en ademhaling. Het gaat allemaal gemakkelijk samen. Laat je hele lichaam erbij betrokken zijn en buig je knieën iets naar voren als je je bekken naar voren duwt en beweeg je armen op het ritme van je ademhaling. Als je uitademt, laat je stem dan meedoen en maak geluid: "Hoe!", "Ugh!" of "Ah!" Voel hoe het geluid trilt in je eerste chakra.

Als je de slag te pakken hebt, kun je aan de oefening beginnen.

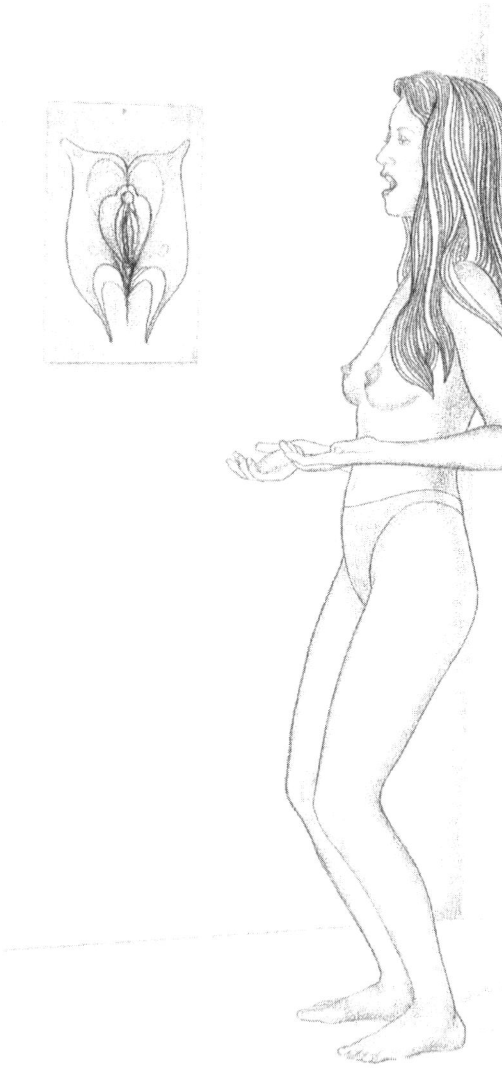

De chakra-ademhaling en de integratie van het magisch symbool in de chakra's.

STAP 2: CHAKRA-ADEMHALING MET HET MAGISCH SYMBOOL

Zet muziek op als je dat prettig vindt.

Neem je magisch symbool en plaats het op de vloer. Je kunt het ook aan de wand hangen.

Ga boven je symbool staan, zodat het tussen je voeten ligt.

Neem de zoëven beschreven houding aan met je voeten plat op de grond, je knieën licht gebogen en je armen losjes langs je lijf.

Adem diep in, span je PC-spier aan en duw je bekken naar achteren.

Adem krachtig uit, terwijl je geluid maakt, je PC-spier ontspant en je bekken naar voren duwt.

Blijf in een krachtig ritme ademhalen en bewegen. Hoe totaler je bent in de eerste minuten, hoe meer seksuele energie je wakker maakt en hoe groter het effect van de oefening zal zijn. Maak een geluid dat vibreert in je sekscentrum, in je geslachtsdelen.

Voel hoe de tintelende sensaties, de warmte, de energie zich door je bekken verspreiden en je sekscentrum levendig maken. Stel je deze energie voor als een donkerrode kleur.

Wanneer je het gevoel hebt dat je eerste chakra gewekt en geactiveerd is, kijk dan naar je magisch symbool tussen je voeten of op de muur vóór je.

Adem in en stel je voor dat je het symbool, doortrokken van de rode kleur, als het ware in je lichaam opzuigt. Span je PC-spier aan en beweeg je heupen.

Neem de tijd om je symbool in je sekscentrum te verankeren. Dit vergt meestal twee tot drie minuten per chakra, maar bij het eerste chakra kan het langer duren, omdat dit je beginpunt is.

Wanneer je voelt dat je magisch symbool opgeladen is met seksuele energie, richt je aandacht dan op je tweede chakra, dat ter hoogte van je navel ligt. Dit is je hara-centrum, het evenwichtspunt bij martiale kunsten.

Maak een geluid dat in je buik vibreert. Speel met de toonhoogte van het geluid, totdat je voelt dat het meetrilt met je tweede chakra. Stel je voor dat de kleur oranje zich in je buik verspreidt. Voel de vloeiende bewegingen van je lichaam, die voortkomen uit je hara.

Als je zover bent, stel je dan voor dat je magisch symbool zich van je geslachtsdelen door je lichaam omhoog naar je onderbuik beweegt, waar het opgeladen wordt met de energie die je nu voortbrengt.

Terwijl je dat doet, adem je stevig door je mond, je doet de PC-pomp en je beweegt je bekken heen en weer. (Zorg ervoor dat je de hele oefening plank gas blijft geven!) Doordrenk het magisch symbool nu met de oranjekleurige energie.

Na twee of drie minuten breng je je aandacht naar je zonnevlecht. Dit is je krachtcentrum en je krijgt nu de gelegenheid je gevoel van kracht te versterken. Zet je borst uit, adem krachtig, beweeg je lichaam, breng de toonhoogte van je stemgeluid in overeenstemming met je derde chakra. Hier kan dit geluid meer "Hoe!" dan "Ugh!" zijn. Maak het geluid dat goed voor je voelt. Zie hoe de kleur geel zich in je buik verspreidt.

Als je zover bent, stel je dan voor hoe het symbool van je buik omhoog reist naar je zonnevlecht. Laad je symbool op met de gele energie die je hier voortbrengt. Adem krachtig in en uit door je mond en richt je aandacht op je zonnevlecht.

Na twee of drie minuten richt je je aandacht op je hartcentrum, je vierde chakra. Wijzig weer de toonhoogte van je stemgeluid, overeenkomstig dit chakra, dat in het midden van je borst ligt. Het geluid kan een explosief "Ah!" zijn, alsof je bijna verrast wordt door het gevoel van de seksenergie die je hart bereikt. Beweeg je schouders en armen, open je borstkas terwijl je ademt en overspoel je hart met de groen gekleurde energie. Beweeg je magisch symbool vervolgens omhoog naar dit chakra, zodat het geladen kan worden met de kwaliteiten van het hart.

Let erop of het tempo van je ademhaling en je bewegingen versnelt naarmate je door de chakra's omhoog stijgt. Dit is prima, maar blijf ervoor zorgen dat je, terwijl je je aandacht op de verschillende chakra's richt, diep in- en uitademt door je mond.

Na twee of drie minuten breng je je aandacht naar je keel, naar het vijfde chakra. Laat de kleur blauw zich door je keel verspreiden.

Houd je keel ontspannen en je mond wijdopen, terwijl je energiek blijft ademen. Hoe meer je het keelcentrum activeert, hoe meer je sekscentrum zich kan openen, want tussen deze twee bestaat een belangrijk verband.

Breng je symbool omhoog naar je keelcentrum en dompel het onder in de kleur blauw. Voel dat je op de inademing grote teugen leven naar binnen zuigt en geef uiting aan je verlangen volledig tot leven te komen.

Breid je liefde voor elkaar uit, totdat zij de menselijke liefde te boven gaat - totdat zij de gehele mensheid omvat, alle levende wezens, alle dingen, als zijnde het werk van de Schepper.

KRIYANANDA

Richt je aandacht na twee of drie minuten op het punt tussen je wenkbrauwen, je zesde chakra of 'derde oog'. Breng de toonhoogte van je stemgeluid verder omhoog, zodat het meetrilt met je voorhoofd. Adem krachtig in en uit. Zie hoe de kleur violet zich verspreidt over je zesde chakra.

Breng je magisch symbool naar het midden van je hoofd. Zorg ervoor dat je ogen gesloten zijn en dat je aandacht naar binnen is gericht. Je oogbollen kunnen achter je oogleden iets omhoog rollen. Misschien zie je een paarse kleur rond je magisch symbool of zie je hoe het symbool zweeft in de ruimte. Misschien ervaar je een tintelend gevoel in je voorhoofd. Je kunt nieuwe inzichten krijgen over je symbool. Laat dit allemaal toe en blijf ademhalen en bewegen.

Na twee of drie minuten richt je je aandacht op je kruin, het zevende chakra. Verhoog weer je stemgeluid, zodat het lijkt te weerklinken tegen de binnenkant van je schedeldak. Breng je magisch symbool omhoog naar dit punt. Misschien zie je wit licht. Je kunt het gevoel van begrenzing tussen je hoofd en de ruimte eromheen verliezen. Je kunt het gevoel krijgen dat je fysieke lichaam nog slechts een onderdeel is van een veel groter zelf, dat geen grenzen lijkt te hebben. Geniet van deze gewaarwordingen van vervagen en oplossen, maar blijf ademen en bewegen.

Na twee of drie minuten adem je diep in en je schiet je magisch symbool door je kruin heen omhoog en je laat het vrij in de ruimte zweven. Houd je adem een paar seconden in en zie hoe je symbool boven je hoofd drijft, glanzend, helder, vol energie en zich door onzichtbare banen met het astraal netwerk verbindt.

Laat het symbool zich na een poosje van je hoofd verwijderen, als een vogel die wegvliegt naar een verafgelegen boom. Het wordt kleiner en kleiner. Zie hoe het krimpt, totdat het nog maar een puntje is, heel ver weg, totdat het helemaal verdwijnt.

Adem diep in.

Adem langzaam uit en laat je energie vanuit je hoofd weer terugzinken in je lichaam. Zie hoe de energie terugzakt door je keelchakra, je hart, je zonnevlecht, je hara en je sekscentrum. Zie hoe de energie langzaam langs je benen naar beneden vloeit, naar je voeten en vervolgens in de aarde verdwijnt. Voel hoe je energie door de aarde wordt opgezogen en jou helder en leeg achterlaat.

Rust even uit en herhaal de hele oefening dan nog twee keer. Zorg er steeds voor dat je, nadat je het astraal netwerk boven je hoofd bereikt hebt, de energie door je lichaam heen terugbrengt naar de aarde. Het hele proces van drie chakra-ademhalingen duurt ongeveer een uur.

Opmerkingen

Sommige mensen vragen zich af: "Wat gebeurt er als ik tijdens de oefening binnenin niets zie?"

Vergeet niet dat je energie op vele manieren kunt waarnemen: in de vorm van kleuren, geluiden, lichamelijke sensaties, vormen, boodschappen, woorden of zelfs in de vorm van smaken en geuren. Je hoeft niet te proberen alles in één keer te ervaren. Richt eerst je aandacht op de drie sleutels - ademhaling, beweging en geluid - en laat de ervaring dan komen zoals zij komt.

Het is van belang dat je tijdens de gehele oefening actief door je mond blijft ademhalen. Hierdoor krijg je voldoende energie om door de verbinding van de chakra's in een verruimde bewustzijnstoestand te komen.

Sommige mensen hebben verteld dat ze kramp kregen bij de onderste ribben of in de buikstreek. Als dit gebeurt, doe het dan rustiger aan, ontspan het gebied waar de spanning is ontstaan en bouw de energie weer op als de spanning verdwenen is.

Bij alle oefeningen waarin je energie opwaarts in je lichaam beweegt, is het van belang af te sluiten met gronden en de energie weer terug te brengen naar de aarde. Als je de energie naar je derde oog of je kruin brengt, zonder haar daarna weer terug te voeren naar de aarde, kun je je licht in je hoofd of duizelig gaan voelen, of hoofdpijn krijgen. Ook kun je dan problemen hebben met concentratie op normale dagelijkse taken.

Hoewel het beter is de chakra-ademhaling in één sessie drie keer achter elkaar te doen, kun je het bij tijdgebrek ook bij één keer laten.

Als je het leuk vindt, kun je zeven verschillende muziekpassages, qua stemming overeenkomend met elk van de zeven chakra's, samenbrengen op één bandje en dat bij de oefening gebruiken. Elke passage moet twee tot drie minuten duren. Het tempo van je ademhaling heeft de neiging omhoog te gaan met elk chakra en ook de toonhoogte van je stemgeluid stijgt. Het ritme van de muziek die je kiest, moet deze tendens volgen, zodat het volgende gedeelte steeds iets sneller van ritme is.

CHAKRAGOLF

Doel en nut van de oefening

Dit is een heerlijke oefening om samen met je partner te doen. De chakragolf bekroont in feite de twee voorgaande oefeningen en leert je hoe je energie door je chakra's moet sturen, hoe je orgastische energie kunt laten circuleren en hoe je elkaar kunt helpen een magisch symbool via de zeven chakra's naar het astraal netwerk te geleiden. Bovendien helpt deze oefening beide partners bij het afstemmen op elkaars ritme en worden hun beider energieën erdoor met elkaar in evenwicht gebracht. Dit betekent een belangrijke stap op weg naar meesterschap in de seksuele magie.

Voorbereidingen

- Deze oefening doe je met je partner.

- Jullie kunnen naakt of gekleed zijn. Als je gekleed bent, zorg dan voor losse kleding die niet om je middel knelt. Als je naakt bent, zorg er dan voor dat de kamer warm genoeg is en prettig voelt.

- Je zit op een dik kleed, een matras of een futon. Zorg voor voldoende kussens.

- Zorg ook voor massageolie of een glijmiddel op waterbasis, voor het geval je zoiets nodig hebt voor seksuele stimulans.

- Muziek is bij deze oefening erg belangrijk. Mijn favoriete muziek staat in het appendix. Je kunt voor de hele oefening één muziekstuk gebruiken, maar je kunt ook een bandje samenstellen met verschillende stukken, speciaal bedoeld voor de verschillende chakra's.

De chakragolf: cirkels van energie tussen het sekscentrum en de andere energiecentra.

- Je hebt ook je magisch symbool nodig.
- De oefening duurt een uur.

Werkwijze

STAP 1: DE JUISTE LICHAAMSHOUDING

Ga samen de magische cirkel binnen.

Ga in het midden van de cirkel staan, met het gezicht naar elkaar toe.

Begroet elkaar met de hartegroet, gevolgd door de innige omhelzing, en voel de liefde en het vertrouwen die er tussen jullie zijn; daarmee begin je aan de oefening.

Bepaal wie partner A en wie partner B is.

Partner A, jij gaat eerst door de chakragolf. Partner B, jij ondersteunt de oefening met je sensitiviteit en bemoediging.

Partner B, degene die ondersteunt, zit met gekruiste benen op de grond, in de halve lotus-houding. Je kunt achterover leunen tegen de muur of je rug op een andere manier stevig steunen.

Partner A, ga vóór je partner zitten, met je rug tegen zijn of haar borstkas en je billen tegen zijn of haar benen. Leun niet te zwaar op je partner. Houd je ruggegraat recht, maar breng er geen spanning in.

Partner B, je kunt je benen ook spreiden, zodat je partner ertussenin zit (zie afbeelding). Je kunt eventueel een kussentje voor je geslachtsdelen leggen om die te beschermen tegen de onderrug van je partner, want het kan er in deze oefening nogal wild aan toe gaan.

Beide partners nemen de tijd om een prettige zithouding te vinden.

Zet het magisch symbool op de grond vóór je.

Partner A, als je zover bent, neem dan de linkerhand van je partner en leg die op je geslachtsdelen. Leg die zo neer, dat je een tinteling van seksuele opwinding voelt, zoals een eerste impuls om te gaan vrijen. Als je vrouw bent, kun je zijn hand het best zo neerleggen, dat de vingers op je clitoris rusten. Als dit te indringend voelt, laat zijn hand dan op je venusheuvel rusten, je schaambeen, net boven je clitoris.

Als je man bent, is de beste houding voor haar hand die waarbij haar vingers tegen je perineum drukken, halverwege je testikels en je anus. Als dit niet prettig voelt, laat haar hand dan je penis vasthouden of rusten vlak boven je penis op het schaambeen. Geniet van de prettige sensaties, van de eerste seksuele beroeringen - de belofte van genot.

Neem nu de rechterhand van je partner en leg die op je onderbuik, net onder de navel. Als jullie allebei prettig zitten, kunnen jullie met de chakragolf beginnen.

Stap 2: Seksueel Vuur Opwekken

Partner A, sluit je ogen, ontspan en begin langzaam en diep door je mond te ademen. Voel hoe je adem helemaal naar beneden naar je sekscentrum gaat.

Partner B, jij speelt een ondersteunende rol, dus is het van belang dat je je partner volgt. Sluit je ogen en stem je af op de ademhaling van je partner. Dit biedt je een fantastische gelegenheid volkomen ontvankelijk te zijn en je eigen wil aan de kant te zetten. Adem in hetzelfde ritme als je partner. Begin zachtjes zijn of haar geslachtsdelen te stimuleren door drukken en strelen met de vingers van je linkerhand. Ga hierbij af op wat voor partner A het meest plezierig is.

Beide partners nemen de tijd om in een harmonieus ritme te komen van ademhalen en zacht stimuleren van de geslachtsdelen.

Partner B, vermijd te krachtig stimuleren, want dat zal leiden tot het streven naar seksuele ontlading, hetgeen het voor partner A moeilijk maakt de energie omhoog te leiden. Om de seksuele energie te doen ontwaken is maar een kleine stimulering nodig van de clitoris van een vrouw of de penis van een man. Houd het licht.

Partner A, jij wekt seksueel vuur op in je eerste chakra. Adem krachtig door je mond. Adem in, span je PC-spier aan, kantel je bekken iets naar achteren en trek de energie in je eerste chakra. Adem uit, ontspan je PC-spier en je bekken. Ga hiermee door totdat je bekken tintelend, warm en levendig voelt.

Stap 3: Omhoog door de Chakra's

Eerste chakra

Partner A, als je het gevoel hebt dat je eerste chakra wakker is, stel je dan voor dat de vitaliteit van de kleur rood je bekken vult met kracht en leven. Voel hoe je in je sekscentrum vuur, warmte, lustgevoelens en opwinding opwekt. Maak geluid, kreun, prevel woordjes, grom, om uiting te geven aan je gevoel. Neem de tijd om een voldoende krachtige seksuele spanning op te wekken om je eerste chakra te vullen.

Als je zover bent, open dan je ogen en kijk naar het magisch symbool op de grond voor je. Adem krachtig in door je mond en stel je daarbij voor dat je het symbool in je eerste chakra zuigt en het inprent in de vurige, rode energie.

Partner B, jij kunt helpen door een rode kleur te visualiseren, die zich onder je handen verspreidt en het sekscentrum van je partner vult. Blijf met je linkerhand je partners geslachtsorganen stimuleren.

Beide partners blijven gezamenlijk krachtig ademhalen.

Partner A, sluit je ogen en veranker het beeld van je symbool stevig in je eerste chakra. Adem, doe de PC-pomp, beweeg je heupen en kreun erbij, terwijl je het symbool oplaadt met warme, rode energie.

Het leven is een feest! Vier het leven in al zijn vormen. Laat de rivier in je stromen en vertrouw op het leven. Accepteer jezelf zoals je bent en de rivier zal uit zichzelf de oceaan bereiken.

OSHO

Tweede chakra

Partner A, als je zover bent, richt je aandacht dan op je buik, op je tweede chakra, waar de hand van je partner rust.

Adem in en trek je seksuele energie naar je buik. Terwijl je dat doet, stel je je voor dat de rode kleur verandert in oranje. Voel hoe de brandende oranje kleur zich over je buik verspreidt en de diepste emoties in je losmaakt. Adem uit en laat de seksuele energie terugstromen naar je sekscentrum.

Terwijl je in- en uitademt, voel je hoe de seksuele energie door je eerste en tweede chakra circuleert. Op de inademing trek je de energie in je buik en op de uitademing laat je de energie terugvloeien naar je sekscentrum.

Als je voelt dat je buik vol is van warmte en energie, visualiseer je hoe je magisch symbool omhoog gaat door je lichaam en halt houdt in je tweede chakra. Doordring het van de kleur oranje.

Houd je ogen gesloten. Blijf bij jezelf, bij de sensaties in je geslachtsdelen, bij de opwinding die ontstaat door de PC-pomp, door je lichaamsbewegingen, door de diepe ademhaling en door de visualisaties. Combineer al deze magisch seksuele instrumenten tot één privé-orkest; op deze manier creëer je muziek in je chakra's.

Als je een brandend vuur in je buik voelt, weet je dat je eerste twee chakra's met elkaar verbonden zijn. Het kan een koel vuur zijn of een heel warm vuur, maar hoe dan ook, je wakkert de vlammen aan. Het alchemistisch brouwsel pruttelt in de ketel en er komen getransformeerde energieen vrij. Je ontdekt de wilde man of vrouw in jezelf, de oorspronkelijke energie van leven en hartstocht.

Als je tweede chakra ontwaakt, komen de unieke eigenschappen ervan vrij. Je voelt je misschien als een wild en grommend dier of je voelt opeens opgekropte emoties loskomen, of je voelt uit je hara een vloeiende beweging voortkomen, die je lichaam meesleurt in een exotische dans.

Laat je hele lichaam deelnemen aan het gebeuren. Draai met je heupen, beweeg je bovenlijf, beschrijf met je handen cirkels in de lucht om je verbeeldingskracht te stimuleren en de energie te helpen circuleren. Bouw de spanning in je tweede chakra op, totdat je buik warm en vibrerend voelt. Zie hoe je magisch symbool in je tweede chakra brandt in een oranjekleurig vuur.

Partner B, blijf afgestemd op de ademhaling van je partner en blijf zijn of haar geslachtsdelen met je linkerhand zacht stimuleren.

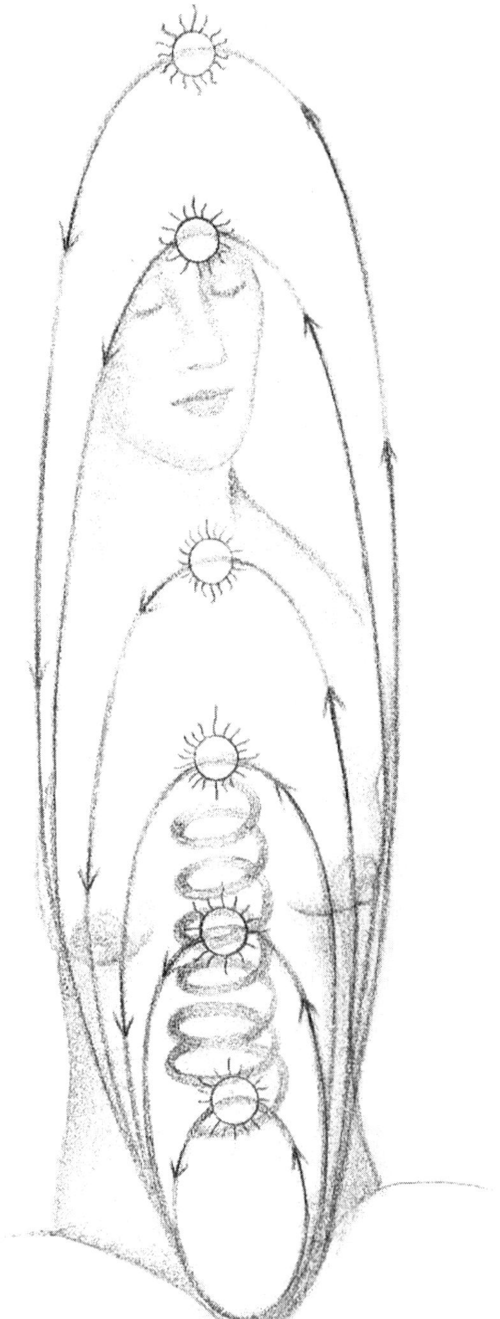

Energie laten circuleren van de eerste naar alle andere chakra's

Derde chakra

Partner A, als je het gevoel hebt dat je buik vol is van energie, pak dan je partners rechterhand en breng die naar je zonnevlecht, het derde chakra, je krachtcentrum. Adem diep in door je mond en stel je voor dat je seksenergie zich verplaatst naar je derde chakra. Als deze energie je zonnevlecht bereikt, visualiseer dan een helder geel licht, dat zich over dit gebied verspreidt.

Je energie doorloopt nu een grotere cirkel, van je eerste naar je derde chakra. Adem in en trek de energie door je ruggegraat omhoog. Adem uit en laat de energie langs de voorkant van je lichaam terugvloeien. Op deze manier beschrijf je met je energie een grote cirkel. Wanneer deze cirkel eenmaal gesloten is, stel je dan voor hoe je magisch symbool door je lichaam omhoog gaat en aankomt in je derde chakra. Zie hoe het straalt in je zonnevlecht, als een heldergele zon.

Je seksuele energie daagt je nu uit je krachtcentrum te openen en een krachtig gevoel op te roepen van 'ik ben'. Voel hoe sterk je bent. Maak contact met je innerlijke kracht. Ervaar hoe je gevoel van zelfvertrouwen groeit. Laat dit gevoel tot uiting komen in een vreugdevolle kreet, een uitroep van: "Ja! Dit ben ik en ik houd van mezelf!"

Als er gevoelens van minderwaardigheid bovenkomen, kunnen die zich manifesteren in samentrekkingen of blokkades van het derde chakra. Sta jezelf toe te grommen of te schreeuwen en met behulp van dit geluid door de samentrekking heen te gaan en de krachtige energie die hier opgehoopt ligt, vrij te maken.

Vierde chakra

Partner A, wanneer je de kracht en de uitstraling van je zonnevlecht kunt voelen, leg de hand van je partner dan op je hartcentrum, midden op je borstkas. Terwijl je partner doorgaat met het stimuleren van je geslachtsdelen, adem je diep in, je pakt deze sensaties op en brengt ze van je geslachtsdelen naar je hart.

Als de energie je hartcentrum bereikt, visualiseer dan een prachtige groene kleur, die door je borstkas stroomt. Voel de genezende werking ervan, de liefde, de hoop en de vernieuwing die deze kleur hier oproept. Laat de energie circuleren tussen je eerste en je vierde chakra. Wanneer je zover bent, breng je magisch symbool dan omhoog naar het middelpunt van je borstkas en overspoel het met de kleur groen.

Adem krachtig en diep. Open je borstkas. Maak cirkels met je handen en je armen om de beweging van de energie en het ritme van je ademhaling te benadrukken.

Dikwijls maakt de toename van energie in je borstkas gevoelens van verdriet of verlangen los. Er kunnen tranen verschijnen. Laat die vrijelijk stromen. Laat door de tranen de spanning los. Laat zo de oude wonden geheeld worden en tranen van verdriet veranderen in tranen van dankbaarheid voor het feit dat je jezelf zo totaal open kunt stellen. Als je hartcentrum zich opent, kun je contact maken met het kind in jezelf - onschuld, speelsheid en lachen. Breng dit tot uitdrukking. Houd niets achter.

Vijfde chakra

Partner A, neem de hand van je partner en leg die op je keelchakra. Adem in en trek de seksuele energie van je eerste chakra helemaal omhoog naar je keel. Als de energie daar aankomt, stel je dan voor dat je keel overspoeld wordt door de kleur blauw. Laat de energie circuleren tussen je eerste en je vijfde chakra. Als je zover bent, breng dan je magisch symbool omhoog van je borst naar je keel en laat het baden in stralend blauw licht.

> *Magie zoekt zichzelf. Mystiek geeft zichzelf over.*
>
> THE BOOK OF MAGIC

Door je keelcentrum te openen, komt je ware stem vrij, de vocale expressie van wie jij werkelijk bent en die zo lang is tegengehouden door ouderlijke waarschuwingen 'je rustig te houden'. Nu is het tijd om jezelf te uiten, om te zingen en te delen. Breng tot uiting wat je voelt. Help de energie los te komen door geluid te maken. Praat onzin, brabbeltaal. Voel de vreugde van het kunnen uiten wie je bent in een orgasme van je keel en heel zo de pijn van alle keren dat je jezelf inhield.

Zesde chakra

Partner A, neem de hand van je partner en leg de vingers zachtjes op je derde oog. Alleen de top van de middelvinger is al voldoende. Adem in en trek de seksenergie naar je derde oog. Als de energie daar aankomt, visualiseer je een violette kleur, die zich door je hoofd verspreidt. Adem diep en laat de energie circuleren tussen je eerste en je zesde chakra. De energie moet nu een lange weg afleggen, dus blijf verbonden met je sekscentrum door op de in- en uitademing je lichaam te bewegen, de PC-pomp te doen en met je handen en armen cirkels te beschrijven.

Wanneer je zover bent, breng dan je magisch symbool omhoog naar het midden van je voorhoofd, zodat het drijft in een zee van paars. Als je derde oog opengaat, geeft dat een gevoel van ruimte, vrijheid en allesomvattende visie - als een arend die hoog boven de aarde rondcirkelt. Alles wordt vrediger, ruimer. Problemen lijken heel ver weg, alsof je opgestegen bent tot boven de wolken, opgenomen in een heldere, oneindig uitgestrekte lucht.

Zevende chakra
Partner A, leg de hand van je partner op je kruinchakra, maar heel voorzichtig, met alleen de vingertoppen op je hoofdhuid. Adem in en trek de seksenergie door je lichaam omhoog en zie hoe je kruin, als de energie daar aankomt, straalt van wit licht. Voel de lichtheid en de zuiverheid van deze kleur. Voel de heelheid ervan, die alle kleuren van de regenboog omvat.

Laat je energie circuleren tussen je eerste en je zevende chakra en adem daarbij diep en krachtig. Als je zover bent, breng je magisch symbool dan omhoog naar je kruin. Stel je voor hoe het schittert en straalt van wit licht.

Nu heerst er een grenzeloze stilte en vrede. De seksuele energie is getransformeerd in tijdloze extase. Je bent verbonden met het hele universum, alsof alles wat ooit geschapen is, deel van jou uitmaakt alsof elke cel van je lichaam een weerspiegeling is van de kosmische dans die je omgeeft.

Astraal netwerk
Vanuit deze ruimte ga je je magisch symbool naar het astraal netwerk sturen. Span je PC-spier aan, adem diep in en stuw je magisch symbool door je kruin de ruimte in. Houd je adem enige tijd in en zie hoe je symbool, stralend van wit licht, vlak boven je hoofd zweeft.

Ontspan dan en adem weer normaal, gesteund door je partner. Je hebt het werk gedaan. Je symbool heeft alle energie ontvangen die het nodig heeft om een indruk achter te laten in het uitgestrekte energieveld van het astraal netwerk en op te lossen in dit multidimensionale, telepathische communicatiesysteem, dat jou met het gehele universum verbindt. Je kunt erop vertrouwen dat jouw boodschap wordt opgevangen, dat jouw oproep gehoor vindt en te zijner tijd beantwoord zal worden.

Ontspan je een paar minuten in deze diepe, ontspannen trancetoestand en blijf je het symbool voorstellen, zwevend boven je hoofd.

Als je zover bent, stel je je voor dat je magisch symbool van je hoofd wegdrijft. Zie hoe het steeds verder en verder verdwijnt, hoe het steeds kleiner wordt, totdat het nog slechts een puntje is dat heel ver weg in de ruimte verdwijnt.

Stap 4: De Energie Terugbrengen naar de Aarde

Adem diep in en breng vervolgens op de uitademing de seksuele energie weer omlaag in je lichaam. Voel hoe de energie afdaalt van je kruin naar je derde oog, je keelchakra, je borstkas, je buik en je bekken. Laat haar vervolgens wegzakken langs je benen naar je voeten en dan de aarde in.

Wanneer je je weer geaard voelt, kom dan langzaam los van je partner. Jullie gaan nu allebei op de grond liggen om te ontspannen en gedurende tien minuten helemaal niets te doen. Hierdoor krijgen jullie de tijd om de ervaring te integreren.

Na afloop kunnen jullie gaan zitten om je ervaringen te delen.

Sluit af met een innige omhelzing en een hartegroet.

Voordat jullie de rollen omkeren, is het goed even een pauze in te lassen, een douche te nemen, de kamer te luchten en je voor te bereiden op een totaal nieuwe ervaring.

Opmerkingen

De chakragolf is energiewerk voor gevorderden en kan daarom niet uiteengezet worden aan de hand van vaste regels. Energie neemt soms een onverwachte wending en kan aspecten van jezelf onthullen waarvan je het bestaan nooit vermoed had.

> *Wij dienen nooit te vergeten dat magie in wezen het ontwikkelen van psychische capaciteiten is, die een individu in staat stellen onder het oppervlak van de normale werkelijkheid te kijken.*
>
> COLIN WILSON

Stel je voor dat je begint met de bedoeling je seksuele energie door alle chakra's heen omhoog te voeren naar het astraal netwerk, maar je krijgt plotseling zo'n uitzonderlijk, overweldigend orgastisch gevoel in je hart of je keel, dat die ervaring alles wordt wat er op dat moment bestaat. Laat dit dan gewoon gebeuren en ga spontaan en heel natuurlijk mee met deze energie. De instructies voor deze oefening zijn slechts richtlijnen om je te helpen je eigen mogelijkheden te ontdekken, je eigen extase.

Misschien raak je het spoor van je magisch symbool tijdens deze oefening kwijt, omdat het al een diepe indruk heeft achtergelaten in je onderbewuste. Het zal zijn werk dan blijven doen. Mensen zenden langs telepathische wegen voortdurend boodschappen uit en het feit dat je een symbool gecreëerd en opgeladen hebt met seksuele energie, betekent reeds dat er een krachtige boodschap is uitgegaan - vooral als het symbool tijdens een orgasme oplost in een van je chakra's.

Je zult merken dat je, telkens als je de chakragolf doet, andere ervaringen zult hebben, maar dat deze allemaal gebruikt kunnen worden in dienst van de seksuele magie. Er hoeft geen tegenspraak te zijn tussen je genot, je extase en je verlangen magie te bedrijven.

Partner B, jij moet je concentreren op het geven van ondersteuning en op het in balans brengen van je lichaamsbewegingen met die van je partner. Let erop dat je geen lichaamshouding aanneemt die het je partner ongemakkelijk maakt. Je kunt je partner gedurende de hele oefening helpen diep en ritmisch te ademen door in hetzelfde ritme dicht bij het oor van je partner te ademen.

Uitbreiden van het Seksuele Orgasme

Nu je de fundamentele stappen van de seksuele magie ontdekt hebt - de seksuele energie door de zeven chakra's omhoog leiden en je ademhaling in overeenstemming brengen met bewegingen en visualisatie - ben je klaar om je seksuele vermogens verder uit te breiden en krachtige energieën te produceren voor seksuele magie. Je bent op weg om een bekwaam seksueel magiër te worden.

HOOFDSTUK 7

DE MAGIE VAN SHAKTI

De Alchemie van het Vrouwelijk Orgasme

Elke vrouw weet dat zij een enorm vermogen tot liefde in zich draagt. Deze liefde kan zich in vele vormen uiten: in de verzorgende moeder, in de toegewijde partner of in de wilde, extatische minnares. Voor een vrouw is de hoogste vorm van magie wellicht zichzelf open te stellen voor deze liefde, ernaar toe te groeien en erdoor vervuld te worden.

De sleutel tot deze liefde is een uitgebreid seksueel orgasme. Dit is de wortel van de vrouwelijke boom, dit is het aardse fundament van de vrouw, haar donkere, vruchtbare, verborgen bron van levensenergie. Vanuit deze bron kan haar boom tot grote hoogte groeien en tot bloei komen in een spectaculaire overvloed van wonderbaarlijke, geurige bloesems van liefde.

Hoewel ik het risico loop de rest van dit boek overbodig te maken, moet ik zeggen dat een werkelijk orgastische vrouw geen andere vorm van magie nodig heeft. Haar uitstraling, de levensenergie die in haar opborrelt, haar seksuele vitaliteit en haar hart dat van liefde overstroomt, maken haar zo onweerstaanbaar aantrekkelijk, dat zij als vanzelf en moeiteloos alles naar zich toe trekt wat zij nodig heeft.

Hoeveel vrouwen kunnen zeggen dat zij deze magische zijnstoestand, die voor hen allemaal bereikbaar, ja zelfs hun geboorterecht is, kennen? Zelfs tegenwoordig, in onze relatief vrije cultuur, waarin wij ons bewust worden van de onderdrukking van vrouwen en waarin wij bezig zijn ons te ontdoen van de schade die door de eeuwenlange mannelijke overheersing is ontstaan, ligt een volledige en bevredigende orgastische zijnstoestand, tot hun grote frustratie, buiten het bereik van de overgrote meerderheid der vrouwen.

In dit hoofdstuk kunnen vrouwen het geheim leren van een intens, uitgebreid en extatisch orgasme, terwijl hun mannelijke partners de subtiele kunst leren hoe zij dit allerhoogste genot aan hun geliefde kunnen schenken. Mocht deze taak eenzijdig lijken, dan kunnen mannen zich troosten met de gedachte dat zij in het volgende hoofdstuk leren hoe zij het mannelijke orgasme kunnen uitbreiden. Want zoals de meeste vrouwen hun potentieel voor orgastisch genot ontkend hebben, hebben ook de meeste mannen zich tevreden gesteld met minder dan werkelijke seksuele vervulling en genoegen genomen met een plaatselijke, genitale, op ejaculatie gerichte ontlading, in plaats van zich te koesteren in de intense sensaties van een totaal orgasme.

Zowel vrouwen als mannen kunnen hun toegenomen orgastische energie gebruiken voor het beoefenen van magie. In de chakragolf uit het vorige hoofdstuk heb je geleerd hoe je seksuele energie kunt stimuleren en door de zeven chakra's kunt leiden. Maar dat is nog maar het begin. Als het innerlijk kanaal geopend is, kun je de maximale hoeveelheid orgastische energie opwekken.

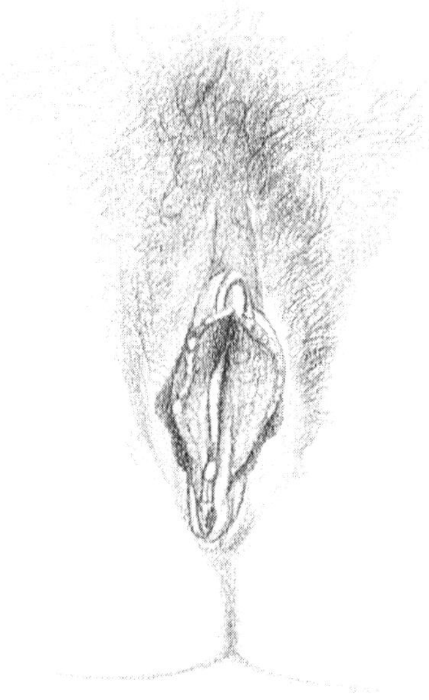

Yoni 'au naturel'

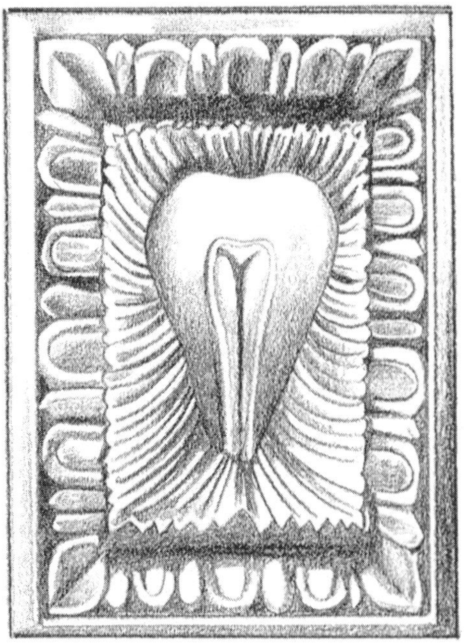

Houtsnijwerk uit Zuid-India, voorstellend een yoni die energie uitstraalt.

Deze energie is de alchemistische brandstof voor transformatie en stelt je in staat het volledig potentieel van je orgastische sensaties te benutten om je wensbeeld op te laden voor een magische verwerkelijking.

Venus neigt naar streling, niet naar dwang.

PUBILIUS
Spreuken

Zonder deze onvoorstelbaar krachtige energie lijken de ceremoniën en rituelen van magie op een prachtige auto zonder motor. Die ziet er schitterend uit en de buren kunnen er jaloers op zijn, maar je kunt er nergens mee naar toe rijden. Het seksuele orgasme is de motor, de paardekracht, de pulserende, dynamische energie die het voertuig van magie voortstuwt naar de bestemming die jij gekozen hebt.

In dit hoofdstuk gaan wij ons bezighouden met de basistechnieken voor het uitbreiden van het orgasme. We werken niet met een magisch symbool of met de zeven energiecentra, want leren een orgastische toestand te bereiken is op zich al een enorme uitdaging en vraagt om je totale aandacht. Later, als je deze essentiële vaardigheid beheerst, zal blijken dat de resterende stadia van de seksuele magie tamelijk eenvoudig zijn.

Je zult ook gaan ontdekken dat er tijdens het proces waarin je je orgastisch vermogen vergroot, een diepgaande genezing plaatsvindt in de intimiteit met je partner. Je zult merken dat wanneer twee geliefden de subtiele stadia doorlopen die leiden tot een uitgebreid orgasme en, wat even belangrijk is, elkaar leren helpen een orgastische zijnstoestand te bereiken, zij zich alle aspecten van een intense, bevredigende relatie eigen maken, zoals diepe communicatie, moed, oprechtheid, gevoeligheid en vertrouwen.

Het Verleden Helen

Vandaag de dag wordt de psyche van vrouwen nog steeds beïnvloed door eeuwenlange patriarchale onderdrukking. Dit betekent dat wij tot voor kort door onze door mannen gedomineerde samenleving geprogrammeerd werden te geloven dat de belangrijkste taak in ons leven een taak was van dienstbaarheid aan de behoeften en pleziertjes van de man, vooral op het gebied van seksualiteit. Zijn genot was het voornaamste, zowel wat betreft zijn onmiddellijke seksuele bevrediging, als wat betreft zijn doel mannelijke nakomelingen te krijgen om zijn naam, zijn erfgoed en zijn sociale status te laten voortbestaan. Als een vrouw seksueel genot beleefde, dan waren het de kruimels die van tafel vielen terwijl de man zat te eten.

Tot voor kort hadden de meeste vrouwen er geen idee van dat er zoiets bestond als een vrouwelijk orgasme, en als zij het wel wisten, waren zij zo verstandig er hun mond over te houden. Het laatste dat mannen wilden horen, was dat hun 'inferieure' partners in staat waren meer seksueel genot te ervaren dan zij zichzelf toestonden.

Al deze feiten zijn heel goed gedocumenteerd en ik hoef hier deze trieste en pijnlijke episode niet nogmaals toe te lichten. Als het gaat om een bevredigend seksueel orgasme is het voor vrouwen echter van belang te begrijpen dat zij de erfenis van deze conditionering nog steeds meedragen, met name op een gevoelig gebied als seksuele voldoening.

> *Eros is de kracht die een kind in de moederschoot voert, de kracht die magische hartstocht tussen geliefden opwekt, de kracht die in zijn hogere manifestaties zielen tot de liefde brengt. Eros is de kracht van de shakti. Eros is het kind van Aphrodite.*
>
> ANDREW HARVEY

De onderdrukking van de vrouw heeft religieuze wortels en vindt haar oorsprong in de verschuiving die optrad toen patriarchale religies als het jodendom, het christendom en de islam erin slaagden alle vormen van aanbidding van de vrouwelijke of moederlijke godheid uit te roeien. Deze overwinning betekende de veroordeling van de seksualiteit van de vrouw. Dat moest wel, want de eigenlijke kern van de religie van de moedergodin was haar vruchtbaarheid en de vernieuwing van het leven door middel van seksuele vereniging. Door middel van de godin speelde seksualiteit een natuurlijke, heilige rol in de religie en daarmee ook in de samenleving.

De vernietiging van de moedergodin was voornamelijk een taak van de patriarchale priesterorden, die seks veroordeelden en de mensen een schuldgevoel aanpraatten wat betreft hun natuurlijke, seksuele gevoelens. Door middel van een tactische politiek, die een bewonderenswaardig langdurige invloed heeft gehad, slaagden de priesters en profeten erin een krachtige mythe te doen ontstaan, die de schuld van onze seksuele schaamte bij de vrouw legt. Hierdoor werd de invloed van de moedergodin in religieuze praktijken nog verder teruggedrongen.

Met de mythe van Adam en Eva wilden de priesters bewijzen dat de eerste vrouw de eerste man verleid had tot de erfzonde. Het was Eva die Adam had aangemoedigd God ongehoorzaam te zijn en te eten van de Boom der Kennis.

En van welke kennis werden zij zich het eerst bewust? Zij kregen niet plotseling inzicht in de wetten der natuur, hoe zij vuur moesten maken of een wiel. Zij ontdekten niet de muziek, de poëzie, de dans of de schilderkunst.

Nee, de eerste 'kennis' die Adam en Eva opdeden, was dat zij naakt waren, met andere woorden, dat zij seksuele wezens waren. Zij hadden geslachtsdelen, voortplantingsorganen, een vagina of een penis en die bedekten zij vol schaamte met vijgebladen. Maar je verbergen voor een alwetende, onverbiddelijke God was onmogelijk, en Adam en Eva werden uit het paradijs verstoten - en dat allemaal vanwege de vrouw.

Deze erfenis van schaamte, deze veroordeling, is aanwezig in het onderbewuste van alle vrouwen. Ook tegenwoordig, nu zij hun gelijkwaardigheid aan mannen laten gelden, hebben vrouwen sterk de neiging hun waarde te bewijzen door mannen te imiteren en met hen de concurrentie aan te gaan en in een patriarchale cultuur te streven naar succes, in plaats van hun werkelijke vrouwelijke kwaliteiten te erkennen en te omarmen.

Op seksueel gebied manifesteert deze neiging zich als de poging in een soort seksuele atletiek de gelijke van de man te zijn: beide partners richten zich op prestatie en succes, en streven naar opwinding en ontlading. Een vrouw kan zo wellicht een orgasme krijgen, maar door deze benadering is het meestal een erg oppervlakkig gebeuren. Het orgasme gaat niet diep, het overstroomt niet haar wezen met de extase waartoe zij in staat is.

Onder een oppervlakkig laagje van bevrijding draagt een vrouw in haar seksualiteit nog steeds een diepe wond mee. Allerlei diepgewortelde overtuigingen en angsten belemmeren de natuurlijke stroom van haar orgastische energie, overtuigingen als 'ik kan niet vragen om wat ik verlang, want ik ben het niet waard', 'dit gevoel mag ik eigenlijk niet hebben' of 'de man moet mij plezier verschaffen en ik moet tevreden zijn met wat hij me geeft' en angsten als 'als ik mij werkelijk in mijn orgasme laat gaan, dan kan hij het niet aan'.

In mijn werk met vrouwen gedurende de laatste vijftien jaar heb ik ontdekt dat dit hun steeds weerkerende, verborgen geheim is: het geloof dat zij het niet waard zijn genot te ontvangen. En omdat zij niet voldoende belangrijk zijn, ligt hun enige waarde in het dienen en plezieren van de man. Het is tijd om deze uit evenwicht geraakte toestand bij te stellen. Het is tijd dat vrouwen zich als vrouwelijke seksuele wezens werkelijk bevrijden.

De Helende Alchemie van het Orgasme

De schade die de menselijke samenleving is berokkend door de veroordeling van seksualiteit is onnoemelijk groot. In plaats van de seksuele vereniging van man en vrouw als een natuurlijke, gezonde en gelukzalige daad te beschouwen, hebben wij seks tot een heimelijk, met schuld beladen gebeuren gemaakt. In plaats van van seksualiteit te genieten als de creatieve, vruchtbare levenskracht die zij is, hebben wij geprobeerd haar te verbergen achter gesloten deuren en net te doen alsof zij niet bestaat.

De gevolgen van deze foutieve instelling reiken veel verder dan het vrijen zelf en zijn veel schadelijker dan de vloedgolf van pornografie, prostitutie, verkrachting, seksueel misbruik en seksuele intimidatie die onze samenleving op het ogenblik meemaakt: ons hele wereldbeeld wordt erdoor beïnvloed.

Er wordt tegenwoordig bijvoorbeeld een enorme, goedbedoelde krachtsinspanning geleverd om het milieu van onze wereld gezonder te maken, om de vernietiging van onze biosfeer een halt toe te roepen en om vrede te stichten tussen elkaar bestrijdende etnische, nationale en religieuze groeperingen.

Hoe kan dit echter succes hebben als de bron van de menselijke liefde vergiftigd is? Hoe kan liefde voor onze planeet en voor onze medemens tot bloei komen als de gevestigde religies ons leren dat de seksuele levenskracht zelf duivels is, dat het vlees verdorven is, dat er een enorme en onoverbrugbare kloof gaapt tussen de goddelijke wereld en de wereld van aardse genoegens?

Intellectueel zijn wij er misschien van overtuigd dat wij schadelijke mythen, zoals die van de erfzonde van Eva, aan de kant gezet hebben, maar wij hoeven slechts te kijken naar de staat waarin ons seksuele gedrag verkeert om te beseffen dat deze oeroude propaganda nog steeds in de onderbewuste regionen van ons denken voortleeft. Het oude paradigma is nog steeds niet vervangen. Wij hebben ons nog steeds niet losgemaakt van ons patriarchale verleden.

Gelukkig zijn er effectieve en eenvoudige methoden om onszelf van deze primitieve programmering te bevrijden. Voor een vrouw leidt de weg naar werkelijke seksuele bevrijding langs een heilige weg, die begint met de eerste gevoelens van seksueel genot in haar geslachtsorganen en eindigt met een verlengd en door en door bevredigend orgasme. In deze creatieve daad, waarin zij haar lichaam koestert en haar eigen extase aanmoedigt, kan een vrouw weer contact maken met de godin in zichzelf, niet met een of andere mythische godheid, maar met het levende principe van vrouwelijke heelheid.

Het weer opduiken van het heilige vrouwelijke principe gaat hand in hand met de wedergeboorte van het vrouwelijke lustprincipe en met het in evenwicht brengen van het recht op seksueel genot van zowel mannen als vrouwen.

De seksuele extase van een vrouw heeft grote waarde; het is een helende kracht. Wanneer zij op de juiste wijze bemind en seksueel bevredigd wordt, verandert zij in een godin met magische krachten - stralende liefde, devotie, zorgzaamheid, dankbaarheid, welzijn. Zij heeft het vermogen de kracht van de seksualiteit te herstellen en deze levenskracht weer in het juiste licht te plaatsen en de juiste plaats te geven in ons bestaan. Vrouwelijke extase kan de weg effenen voor een wereldwijde genezing en transformatie.

Een belangrijk aspect van deze genezing is de erkenning dat het mannelijke en vrouwelijke principe niet tegengesteld aan elkaar zijn, gevangen in een eindeloze strijd om de macht, maar elkaar aanvullende principes, waarvan de uiteindelijke bestemming is zich te verenigen in een tantrische dans van energie, die beide partners onderdompelt in orgastisch genot.

Genezing vindt ook plaats als er tussen man en vrouw een diep begrip groeit. In de volgende oefeningen leren beide partners nieuwe vormen van communicatie. De vrouw leert vooral te vragen om wat zij verlangt en haar partner te vertellen op welke manier hij haar genot kan verschaffen. Zij leert haar gevoelens te definiëren, weerstanden die bovenkomen te herkennen en zij leert de kunst van het zich overgeven en zich laten gaan in extase.

De man leert hoe hij het vrouwelijke geslachtsorgaan moet strelen en stimuleren, en hoe hij de vrouw naar nieuwe hoogtepunten van opwinding moet brengen. Hierdoor zal hij de grote voldoening gaan ervaren die voortkomt uit het vrijwillig en blijmoedig dienen van de ander en meer waardering gaan krijgen voor de onafhankelijkheid van man en vrouw, zodat zij elkaar werkelijk als gelijken kunnen beminnen.

Alleen in die gelijkwaardigheid kunnen beide partners gaan ervaren dat zij samen de scheppers van extase zijn.

Anatomie van de Vrouwelijke Geslachtsorganen: Clitoris en G-Plek

Voordat ik inga op de alchemie van de versterking van het vrouwelijk orgasme wil ik de fysieke anatomie van de vrouwelijke geslachtsorganen beschrijven. Zoals ik reeds heb uitgelegd in *Tantra, een weg naar intimiteit en extase* is een gezonde, elementaire kennis van de geslachtsorganen van wezenlijk belang voor het vergroten van orgastische vermogens.

We zullen twee essentiële organen voor orgastisch genot onderzoeken: de clitoris, de bron van het uiterlijk of clitoraal orgasme, en de zogenaamde G-plek, de bron van het diepere, vaginale orgasme. We leren hoe deze twee punten gestimuleerd kunnen worden, eerst afzonderlijk en daarna gezamenlijk in een gemengd orgasme, dat het gehele bekkengebied kan vullen en zelfs het gehele lichaam.

Wie altijd aan de Godin denkt, wordt getransformeerd tot een belichaming van de Godin.

HINDOE-TANTRA

Vrouwelijke lezers worden uitgenodigd de nu volgende beschrijvingen te zien als een oefening en voor een spiegel te gaan zitten om hun vagina te onderzoeken. Mannen kunnen de vagina van hun partner onderzoeken, die comfortabel achterover en met gespreide benen op kussens kan gaan liggen. Op deze manier kan een man dit normaal gesproken onzichtbare gebied van de vrouwelijke seksualiteit beter leren kennen.

De vagina wordt omgeven door zachte huidplooien, de schaamlippen. Wanneer deze uiteengespreid worden, kun je de vaginamond zien, die toegang geeft tot de schede (zie afbeelding). Boven de vaginamond, op de plaats waar de schaamlippen bij elkaar komen, of soms ietsje hoger, ligt de clitoris.

De clitoris ziet eruit als een kleine ronde parel of knop en wordt beschermd door een kapje van huid, die de top van dit delicate orgaantje beschermd. Vlak onder de top bevindt zich een schacht, die zich splitst in twee langwerpige delen die aan weerszijden langs de schede lopen. Hoewel je alleen de top kunt zien, kun je de schacht vlak onder de huid voelen.

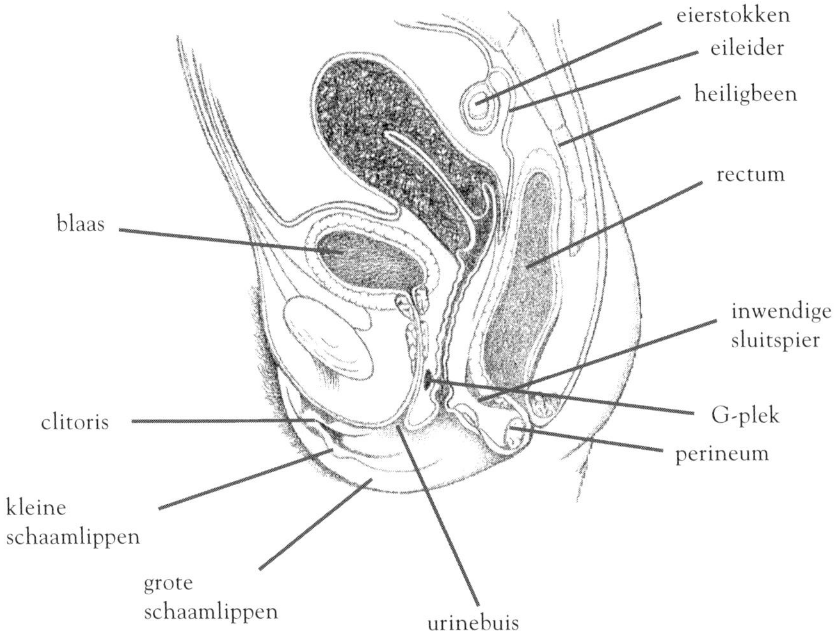

Anatomie van de vrouwelijke geslachtsorganen

Uitgebreid onderzoek heeft uitgewezen dat de meeste vrouwen die een orgasme hebben, dit danken aan stimulering van de clitoris met de hand, hetzij door henzelf, hetzij door de partner. Een minderheid ervaart een clitoraal orgasme tijdens de penetratie door de penis en nog minder vrouwen kennen een dieper orgasme in de vagina. Hier ligt de reden dat het zo belangrijk is de clitoris te stimuleren voordat de penetratie plaatsvindt.

Door een lichte aanraking met je vingertoppen kun je gemakkelijk ontdekken dat de clitoris behoorlijk beweeglijk is. De clitoris kan tijdens het vrijen in en uit de vagina glijden en doet dit ook. Wanneer een vrouw seksueel opgewonden raakt, zwelt de clitoris op tot ongeveer de dubbele omvang, maar als zij werkelijk sterk opgewonden raakt en haar seksuele climax nadert, heeft de clitoris de neiging zich weer terug te trekken en te verbergen onder het clitorale kapje. Als de opwinding afneemt, zal de clitoris weer verschijnen.

De vorm en bouw van de clitoris kunnen sterk wisselen. Betty Dodson vertelt in haar boek *Sex for One* over een groep vrouwen die bijeenkwam om hun geslachtsorganen te vergelijken. Zij ontdekten, wanneer zij het kapje wegtrokken, tot hun grote verbazing hoe groot de verschillen waren; de clitoris varieerde in vorm 'van een klein, zaadvormig pareltje tot een behoorlijk groot en vooruitstekend juweel'.

De leden van Betty Dodsons groepje konden geen verband ontdekken tussen de grootte van de clitoris en de mate van genot waartoe het orgaan in staat is; een grotere clitoris leidde niet tot een beter orgasme. Iedere clitoris leek haar taak uitstekend te doen, mits op de juiste wijze gestimuleerd.

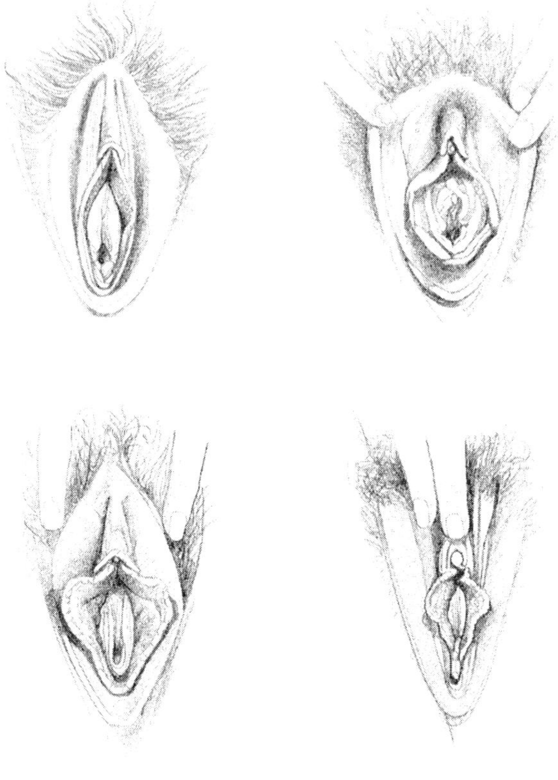

Verschillende typen Yoni's. Deze tekening uit *Sex for One* van Betty Dodson toont hoe verschillend het vrouwelijke geslachtsorgaan kan zijn.

Het meest opmerkelijke feit over de clitoris is, zoals veel vrouwen weten, de ongelofelijk grote gevoeligheid ervan. In de eerste oefening van dit hoofdstuk zul je ontdekken dat hoe meer dit genotsorgaan geprikkeld wordt, hoe groter de respons en hoe gevoeliger het wordt.

Het tweede orgaan voor seksuele prikkeling bij de vrouw is de G-plek, genoemd naar Ernst von Grafenberg, een Duitse arts die deze plek ontdekte. De G-plek ligt in de vagina, achter het schaambeen, in de bovenkant van het vaginale kanaal.

De beste manier om de G-plek te vinden is met je vingertop van de top van de clitoris af te dalen naar de mond van de vagina en vervolgens 4 tot 5 centimeter langs de bovenkant van het vaginale kanaal naar binnen te gaan. Als je de G-plek bereikt hebt, kun je dat voelen aan het weefsel, dat een beetje geribbeld of stug aanvoelt, alsof er een knoopje zit met kleine bobbeltjes erop, terwijl de rest van de vaginawand glad aanvoelt. Je kunt de G-plek het best voelen vlak na een orgasme, wanneer hij iets groter is en gevoeliger.

Er bestaan verschillende theorieën rondom de vraag waarom de G-plek zo gevoelig is. De meest interessante is de theorie dat de zenuwen die bij de clitoris genot verschaffen op hun weg naar de ruggegraat door dit gebied lopen. Ook bestaat er een zenuwverbinding tussen de blaas en de G-plek, die ervoor zorgt dat je meent naar de WC te moeten als de G-plek gestimuleerd wordt.

De G-plek wordt omgeven door sponsachtig weefsel, dat bekend staat als de 'klieren van Bartholin', die, wanneer ze gestimuleerd worden, een prostaatachtige vloeistof kunnen afscheiden - een vrouwelijke vorm van ejaculatie.

Seksuele opwinding en een orgasme teweegbrengen door middel van stimulering van de G-plek is een verfijnde kunst, die ik in het tweede gedeelte van dit hoofdstuk zal beschrijven. Als je weet hoe je zowel de clitoris als de G-plek stimuleren moet, kun je gaan onderzoeken hoe je een gemengd orgasme kunt krijgen door beide gebieden gelijktijdig te stimuleren.

De oefening voor uitbreiding van het orgasme omvat aldus drie stappen:

1. stimulering van de clitoris en clitoraal orgasme
2. stimulering van de G-plek en vaginaal orgasme
3. gelijktijdig stimuleren van de clitoris en de G-plek, dat leidt tot een uitgebreid of gemengd orgasme.

Als je je de noodzakelijke vaardigheden eenmaal hebt eigen gemaakt, kun je deze drie stappen in één sessie nemen.

SCHAAMTE OVERWINNEN

Voor een vrouw kan het beangstigend zijn haar benen uit elkaar te doen en toe te staan dat een man haar Yoni (haar vagina) bekijkt. Het tentoonspreiden van je geslachtsdelen voor een nauwkeurige bestudering roept gevoelens van onzekerheid, kwetsbaarheid en schaamte op.

Kijk naar een vrouw als naar een Godin, waarvan zij de energie is, en eer haar als de Godin.

UTARA TANTRA

Tijdens het vrijen wordt een vrouw gekoesterd door geruststellende sensaties, want zij wordt door de man vastgehouden en geknuffeld als hij haar Yoni streelt en binnendringt met zijn Vajra. In deze oefening kiezen man en vrouw voor een benadering die bijna wetenschappelijk is. Het is zoiets als een vergrootglas nemen en dit voor je geslachtsdelen houden, zodat niet alleen de fysieke anatomie wordt geopenbaard, maar ook de houdingen en gevoelens die je over je geslachtsdelen en over seksueel genot hebt - of je het waard bent, of je het toe kunt laten en of je je eraan over kunt geven.

Ga, ondanks deze twijfels, toch liggen om te ontvangen en sta je partner toe jou te stimuleren, voor zo lang alsdat nodig is om je totaal orgastisch te voelen. Je bent het waard - je hebt hier al lang genoeg op gewacht.

Het mooie hiervan is dat, ondanks het feit dat je tijdens de oefening kwetsbaar en ontvankelijk bent, jij als vrouw de leiding hebt. Jij bent degene die gaat ontdekken hoe en waar je aangeraakt wilt worden. Zo onderzoek je je eigen geslachtsorgaan millimeter voor millimeter en leer je je geliefde precies hoe hij elk genotsplekje moet strelen.

Het feit dat jij de leiding hebt, geeft je de moed door weerstanden heen te gaan die je tijdens de stimulering van je clitoris tegenkomt, want je weet dat je op elk moment kunt stoppen of de aard van de liefkozingen kunt veranderen.

Nog één ding: veel vrouwen hebben ervaren dat massage van hun clitoris en vagina littekenweefsel in dit gebied, als gevolg van bijvoorbeeld een moeilijke bevalling, geneest en weer gevoelig maakt. Wanneer je echter altijd last hebt van vaginale infecties of andere problemen betreffende je geslachtsdelen, moet je deze oefening niet doen, tenzij je toestemming van je arts hebt.

DE CLITORIS STIMULEREN

Doel en nut van de oefening

Voor jou als vrouw zal dit een van de meest uitdagende en plezierige belevenissen van je leven worden. De clitoris is eeuwenlang een verborgen onderdeel geweest van onze seksuele geografie en dikwijls veronachtzaamd als een onbelangrijk, onvolgroeid aanhangsel. Zij is ons grote geheim, want alleen wij weten hoeveel genot zij ons kan verschaffen.

De meeste vrouwen beseffen niet dat zij een man kunnen leren hoe hij dit geheime orgaan moet stimuleren.

In deze oefening krijgt het seksuele genot dat je clitoris je geven kan alle ruimte en aandacht, zodat negatieve overtuigingen omtrent je geslachtsdelen geheeld kunnen worden.

Als vrouw en als magiër ga je een nieuwe tijd tegemoet, een tijd waarin je gevoel van eigenwaarde toeneemt en je de alchemie van je orgastisch vermogen ten volle kunt accepteren. In deze oefening laat je de godin in jezelf tot bloei komen. Je bent het waard!

Bedenk dat de sleutel om van goede seks geweldige seks te maken ligt in de toestemming die jij jezelf geeft om dit geschenk helemaal te aanvaarden en in het aanmoedigen van je man je precies te geven wat je verlangt. Dit zal hem bovendien bevestigen in zijn vaardigheid als minnaar.

Deze oefening:

- Bevat gedetailleerde informatie over de vrouwelijke geslachtsorganen
- Zal licht werpen op nieuwe gebieden die seksueel genot schenken en geeft manieren aan waarop deze gebieden gestreeld kunnen worden
- Opent de deur naar extatische, seksuele orgasmen
- Brengt alle psychologische en emotionele blokkades aan het licht die een vrije stroming van orgastische energie verhinderen en lost deze op
- Verbetert de communicatie tussen geliefden en vergroot hun gevoel van intimiteit
- Leert de vrouw hoe zij verantwoordelijkheid kan nemen voor haar seksueel welzijn
- Helpt de vrouw de kunst van het vertrouwen te leren
- Leert de man hoe hij een vrouw in orgastische vervoering kan brengen
- Helpt de man zich als gever, ondersteuner en expert op het gebied van seks volwaardig te voelen.

Voorbereidingen en werkwijze

In deze oefening gaan jullie elkaar aanspreken met jullie magische namen. Ik gebruik hier weer de namen van Shakti en Shiva, de goden uit de tantrische vereniging.

- Het kan prettig en nuttig zijn voorafgaand aan de oefening jezelf in de stemming te brengen voor seks, alsof je je voorbereidt op een bijzondere ontmoeting. Shiva zou Shakti in de loop van de dag op kunnen bellen en iets tegen haar zeggen dat haar opwindt, zoals: "Ik verlang naar je. Ik wil je genot voelen onder mijn handen. Ik wil voelen hoe vochtig je bent, ik wil dat je helemaal open voor mij staat..."

- Shiva, je zou voor Shakti sexy ondergoed kunnen kopen, dat zij pas aantrekt op het moment van de oefening. Of je zou haar mee uit kunnen nemen naar een restaurant en onder de tafel met haar flikflooien - stiekem geheime plekjes proberen te strelen. Probeer een sfeer van opwindende sensualiteit en erotiek te creëren, en wees daarin creatief.

- Shiva, jij bent ook degene die de magische cirkel in gereedheid brengt. Neem de tijd om deze plek mooi te maken en te versieren met dingen die Shakti prettig vindt. Gebruik kleurrijke kussens, een mooi laken voor haar om op te liggen, bloemen, wierook en kaarsen, en zachte, niet opdringerige muziek op de achtergrond. Je kunt ook gebruikmaken van voorwerpen die je partner een gevoel van veiligheid geven, zoals haar favoriete teddybeer, bepaalde tarotkaarten en uiteraard haar magisch symbool. Je versterkt haar gevoel van eigenwaarde en haar liefde voor jou door haar te laten zien met hoeveel zorg je een veilige plaats voor haar creëert om haar genot te ontdekken.

- Shakti, als Shiva de magische cirkel maakt, neem dan ontspannen een douche, verzorg je lichaam met olie, doe een lichte parfum op en geef jezelf het gevoel dat je liefde en verzorging waard bent, alsof je de belangrijkste persoon op de wereld bent. Draag zachte kleding, bijvoorbeeld een zijden kimono, die aan de voorkant open kan.

- Shakti en Shiva, jullie doen deze oefening in je eigen tempo en nemen pas de volgende stap als jullie de voorgaande beheersen.

- Het is prettig om een kan water of vruchtesap onder handbereik te hebben, want van dit werk kun je dorst krijgen.

- De kamer moet warm genoeg zijn om zonder kleren aan te kunnen werken.

Jullie moeten voor ruim voldoende glijmiddel zorgen. Voor de massage van de clitoris is een glijmiddel op oliebasis, zoals vaseline, uitstekend geschikt, want je gaat dit gebied gedurende lange tijd stimuleren en produkten op waterbasis drogen dan te snel.

- Shiva, controleer of je vingernagels kort genoeg en glad zijn.
- Shakti, zorg ervoor dat je geen volle blaas hebt.
- Trek voor deze oefening een tot anderhalf uur uit en zorg ervoor dat je niet gestoord kunt worden.

Stap 1: Sensueel Voorspel

Shiva, als de kamer gereed is, voer Shakti dan de magische cirkel binnen. Wees hoffelijk, speels en zelfverzekerd. Dit is een heel geschikt moment om samen een paar minuten te dansen om nervositeit of spanning kwijt te raken.

Begroet elkaar met de hartegroet, gevolgd door een lange innige omhelzing. Adem daarbij diep en met elkaar mee.

Shiva, trek langzaam Shakti's kleding uit en nodig haar uit op de kussens te gaan liggen. Als ze dat liever heeft, kan ze haar kleding ook aanhouden en alleen openen om haar bekken bloot te geven.

Ga met gekruiste benen aan haar linkerzijde zitten. Neem de tijd om een positie te vinden die voor jullie beiden prettig is. Naar mijn ervaring is de volgende houding het best.

Shakti, spreid je benen en laat je linkerbeen rusten op een kussen dat op Shiva's linkerknie ligt.

Shiva, laat je linkerelleboog en onderarm op hetzelfde kussen rusten.

Shakti, laat je rechterknie op een ander kussen rusten, zodat je benen op een prettige manier gespreid zijn en je knieën iets gebogen.

> *Oh, kluizenaar, als je het paradijs vinden wilt, spoed je dan naar de plaats waar de vrouw der lusten verblijft.*
>
> Kuttni maha tyan tantra

Shiva, leg een kussen op je rechterdij, ter ondersteuning van je rechteronderarm.

Shiva, vraag Shakti: "Lig je zo prettig?" Als dat niet het geval is, verander dan je houding, verleg de kussens, totdat het voor jullie allebei prettig voelt.

Zorg ervoor dat het glijmiddel binnen handbereik is, zodat je er straks gemakkelijk bij kunt.

Shiva en Shakti, sluit je ogen enkele ogenblikken en adem diep in je buik. Neem de tijd om bij jezelf te komen en je te concentreren op wat er gebeuren gaat.

Shiva, stem je af op je partner. Leg je linkerhand zacht op haar Yoni en je rechterhand op haar hartchakra, midden op haar borst. Kijk haar liefdevol in de ogen en begin in harmonie met haar te ademen. Voel de liefde die je koestert voor deze geliefde vriend, die zich voor jou zo kwetsbaar maakt.

Shiva, als je zover bent, begin dan heel zacht met je vingertoppen of met een veer Shakti's hele lichaam te strelen. Terwijl je dat doet, moedig je haar aan diep adem te halen door haar mond, maar tegelijk ontspannen en ontvankelijk te blijven. Praat zacht en geruststellend tegen haar en fluister: "Ontspan je maar, schat, en ontvang dit geschenk. Je hoeft niets te doen, er is geen enkel doel te bereiken... het is er allemaal voor jouw plezier."

Streel licht alle delen van Shakti's lichaam. Raak haar lippen aan, haar nek, haar buik, haar schaamheuvel, trek heel zacht aan haar schaamhaar, streel haar heupen, haar voeten. Zorg ervoor dat je elk stukje van haar lichaam aanraakt en overal liefde en geruststelling brengt. Haast je daarbij niet.

Shakti, dit is voor jou een gelegenheid nog dieper te ontspannen, totaal ontvankelijk te zijn en jezelf toestemming te geven te genieten van wat je ontvangt en het gevoel los te laten dat je iets moet doen of iemand moet behagen.

Stap 2: Het Juiste Moment

Shiva, let op de lichaamstaal van Shakti. Deze zal aangeven wanneer je kunt overgaan tot rechtstreeks masseren van haar geslachtsdelen. Door jouw zachte strelingen wordt haar seksualiteit wakker. Waarschijnlijk zullen haar heupen zich nog verder openen en haar Yoni blootgeven, terwijl haar bekken misschien een beetje omhoog wordt geduwd en haar heupen loskomen van het laken.

Als je je hierover niet zeker voelt, vraag Shakti dan: "Is dit een goed moment, liefje?" Misschien knikt ze of zucht ze even als bevestiging. Misschien zegt ze: "Nee, nog niet. Zou je mijn schouders en nek nog wat langer willen masseren? Dat voelt zo heerlijk."

Shiva, je bent bezig te leren af te gaan op Shakti's reacties. Luister dus naar haar aanwijzingen en leer hoe je haar moet strelen op een manier die haar maximaal genot verschaft.

Shakti, jij bent de ontvangende partij en je begeleidt je partner voor wat betreft de plaats en de manier waarop hij je streelt. Wees niet bang om precies te zeggen wat je wilt. Dit is het moment om jezelf alles te gunnen.

Stap 3: De Clitoris Plagen

Shiva, neem voldoende glijmiddel op de vingers van je rechterhand en begin langzaam Shakti's geslachtsorganen te strelen. Streel het oppervlak van haar Yoni, raak de bovenste randjes van haar schaamlippen aan, heel zachtjes, als een veertje. Trek zacht aan haar schaamhaar. Leg je hele hand over de Yoni en vibreer er zachtjes mee.

Neem de schaamlippen tussen je vingers en spreid ze uiteen als de vleugels van een vlinder, zodat de Yoni helemaal open is. Laat je vinger (met glijmiddel) langs de binnenkant van de schaamlippen gaan, vlak bij de ingang van de vagina en helemaal rond de clitoris. Blaas dan zachtjes je warme adem over de geopende schaamlippen.

Sluit de schaamlippen weer door ze zacht tegen elkaar te duwen en de buitenkant te masseren, van onderaf helemaal naar boven naar de clitoris. Ga door met masseren van de binnenkant van de schaamlippen, beweeg je hand langzaam naar de schaamheuvel en vervolgens naar beneden naar de anus. Gebruik ruim voldoende glijmiddel.

Shiva, plaag de clitoris van Shakti met een lichte aanraking, een klopje of streling; geef haar de suggestie dat er meer volgt. Beweeg je vervolgens naar een ander deel van de Yoni, alsof je zeggen wilt: "Ik beloof je genot. Met deze aanraking, licht als de vleugels van een vogel in vlucht, respecteer ik je zachtheid, je gevoeligheid. Met deze aanraking laat ik je zien dat ik sensitief en zorgzaam kan zijn, dat ik mij op je afstem, dat ik naar je luister en je genot zal wekken."

Veel glijmiddel gebruiken is voor Shakti heel plezierig. Als je vingers droog zijn, duwen en trekken ze op een onprettige manier aan het oppervlak van haar Yoni.

Stap 4: De Clitoris Stimuleren

Shiva, nu kun je beginnen de clitoris licht te masseren, terwijl zij nog bedekt is door het kapje. Begin zacht, strelend en gebruik vervolgens de hieronder genoemde massagestreken, die voor een vrouw buitengewoon aangenaam kunnen zijn.

Basisstreek met twee vingers

Begin met de basisstreek met twee vingers. Je duim en wijsvinger rusten op het punt waar de clitoris in het lichaam verdwijnt, dat wil zeggen, net onder de top, waar de schacht onder de huid verdwijnt.

In deze positie houd je de schacht tussen je duim en je wijsvinger en kun je hem licht heen en weer rollen. Experimenteer tot je dit punt gevonden hebt en begin dan langzaam gelijkmatig te masseren. Je wrijft op en neer langs beide zijden van de schacht, in een plezierig ritme. Voor de meeste vrouwen is een tempo van één streek per seconde het best.

Deze streek wordt 'brood met boter' genoemd, omdat het de meest eenvoudige manier is om een vrouw genot te verschaffen via stimulering van haar clitoris.

Vraag aan Shakti: "Hoe voelt dit?" Moedig haar aan feedback te geven en jou te vertellen welk soort aanraking haar het meeste genot geeft.

Dubbele streek
Probeer na een poosje een andere streek. Wrijf met je duim omhoog en omlaag langs één zijkant van de schacht, terwijl je met je wijsvinger aan de andere kant lichte draaibewegingen maakt.

Verankerde streek
Laat je duim aan één kant van de schacht rusten en streel de andere kant met je wijsvinger in kleine draaiende bewegingen, van de basis naar de top.

Topmassage
Houd de schacht van de clitoris tussen duim en middelvinger en gebruik je middelvinger om de top van de clitoris, die nog steeds door het kapje wordt beschermd, heel licht te masseren.

Prikkeling met drie vingers
Gebruik je duim en middelvinger om de basis van de clitoris vast te pakken, zodat de wijsvinger vrij is om de top te masseren.

Rechtstreekse stimulans
Wanneer Shakti flink opgewonden is, trek je met je duim en middelvinger het kapje naar achteren en stimuleer je met je wijsvinger rechtstreeks de top van de clitoris in een licht masserende, consequente beweging.

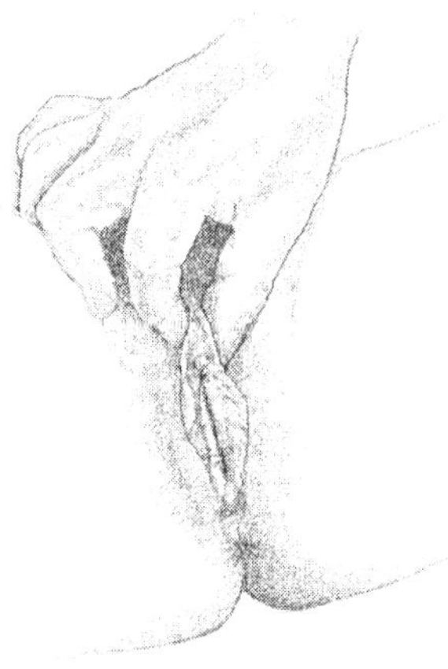

De clitoris genot verschaffen

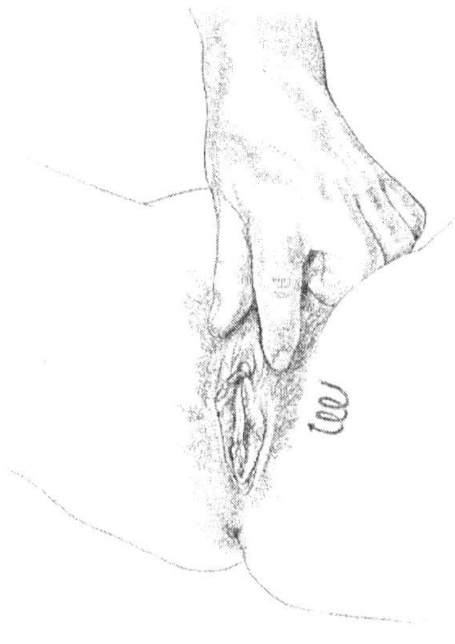

De basisstreek met twee vingers

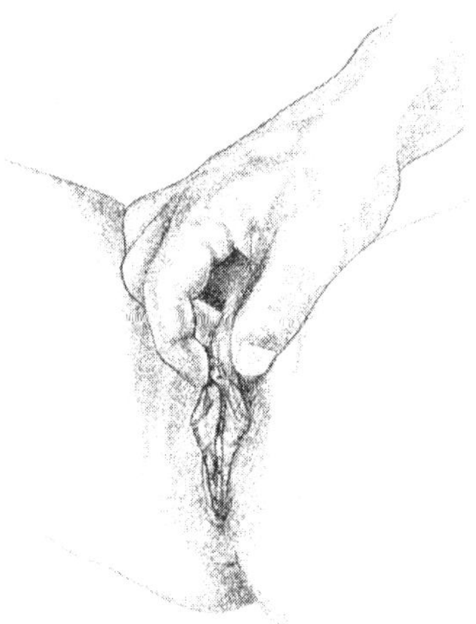

De verankerde streek

Vraag Shakti: "Hoe voelt dit? Wil je het steviger of lichter?" Vergeet niet dat je de top alleen rechtstreeks masseren kunt als Shakti opgewonden is en haar clitoris is opgezwollen, anders zal rechtstreeks contact met de top ervan waarschijnlijk te sterk zijn om nog plezierig te voelen.

Als Shakti opgewonden is, worden de schacht en de top van de clitoris stijf en opgezwollen, als een klein heuveltje dat boven de rest van het vlees uitsteekt. Met dezelfde basisgreep kun je verticale streken langs de zijkanten van dit heuveltje maken, bijna alsof je een stijve penis stimuleert. Je kunt ook kloppen of snelle knijpende of ronddraaiende bewegingen maken.

Als je hiervoor twee of drie vingers gebruikt, kun je een verbazend grote variatie aanbrengen in je bewegingen.

Inventariseren

Neem de tijd om alle variaties uit te proberen en geef elkaar voortdurend feedback.

Shakti, de verleiding is groot om jezelf te verliezen in het genot dat je ontvangt. Misschien vind je het moeilijk om iets te zeggen of ontbreekt het je aan woorden om met Shiva te communiceren. Het is echter van belang dat je je bewust blijft van elke sensatie, laat merken wat je voelt en wat je anders wilt. Communicatie is op dit punt erg belangrijk.

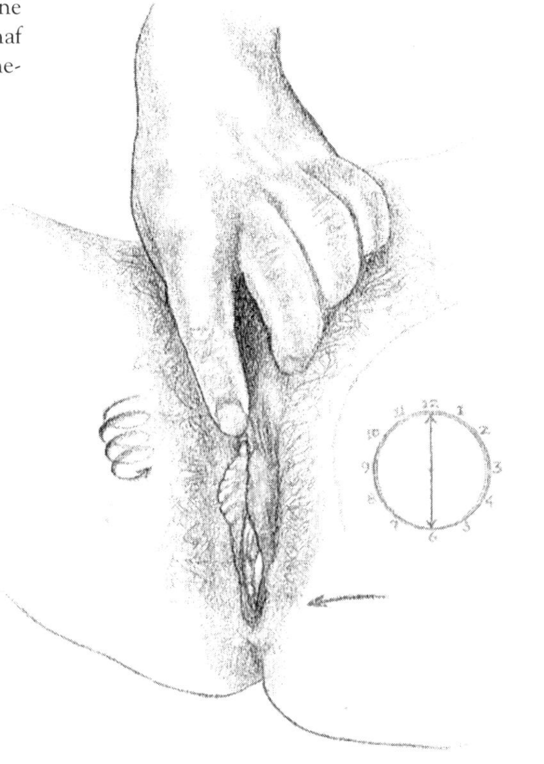

Shiva's vinger beweegt rond de schaamlippen en maakt kleine ronddraaiende bewegingen vanaf de clitoris (twaalf uur) naar beneden naar het perineum (6 uur)

Dit werk is een grote kunst. Je bent bezig Shiva de subtiele vaardigheden te leren om een orgastische opwinding teweeg te brengen via een uiterst gevoelig maar klein deel van je lichaam.

Geef feedback over iedere streek of streling die je ontvangt. Als dit moeilijk is, vraag Shiva dan of hij een streek een minuut lang herhaalt, terwijl jij probeert je gevoelens te beschrijven. Als je klaar bent, gaan jullie verder met een volgende streek, alsof jullie een nieuw soort massage leren.

Shakti, jij bent op zoek naar een streling die de meest plezierige sensaties oproept en die misschien heel subtiel is. Het kan een kleine draaiende beweging tegen de rechterkant van de schacht van de clitoris zijn of een duim en wijsvinger die langs beide zijden van de schacht op en neer bewegen.

Neem de tijd om de streken en ritmen te inventariseren die plezierig zijn.

Rond de klok van genot

Het beeld van 'de klok rondgaan' kan heel nuttig zijn om die gebieden op of rondom de clitoris op te sporen die uitermate veel genot verschaffen.

Shiva, stel je voor dat er rond Shakti's clitoris een wijzerplaat zit met het hoogste punt, twaalf uur, vlak bij haar venusheuvel, en het laagste punt, zes uur, vlak bij haar vaginale opening.

Beweeg je vingers rond de klok en onderzoek elk punt. Maak kleine ronddraaiende bewegingen met je wijsvinger. Wanneer Shakti kreunt van genot, laat haar dan weten: "Dit is drie uur" of "Dit is negen uur."

Stap 5: De Opwinding Stapsgewijs Opbouwen

Shiva, wanneer je het gevoel hebt dat je de verschillende streken om Shakti's clitoris te masseren kent, kies er dan eentje uit en gebruik die een paar minuten lang. Nu kun je gaan onderzoeken hoe je het niveau van opwinding van Shakti kunt verhogen.

Breng Shakti met een langzaam gestaag ritme van één streek per seconde naar een hoogtepunt van opwinding. Als zij op de grens van een orgasme is, vertraag je je beweging, zodat Shakti de tijd krijgt om zich te ontspannen en deze energie in zich op te nemen.

Shakti, jij kunt Shiva helpen door hem te laten weten wanneer hij vertragen moet, door te zeggen: "Ik ben er nu bijna."

Shiva, als Shakti weer zover is, voer je de stimulans weer op om haar naar een nog hoger niveau van genot te brengen. Dan vertraag je weer. Op deze manier help je Shakti een serie orgastische stappen te nemen, waarvan de volgende nog plezieriger is dan de vorige.

De Genotschaal

Shakti, je kunt Shiva laten weten hoeveel genot je ervaren hebt door het af te zetten op een schaal van één tot tien. Bijvoorbeeld: drie betekent dat je matig opgewonden bent en zes wil zeggen dat je flink opgewonden raakt, terwijl negen voor Shiva betekent dat je dicht bij een orgasme bent. Tien betekent dat je voorbij het punt bent, vanwaar geen terugkeer mogelijk is.

Shiva, wees een aandachtig waarnemer, zodat je Shakti's niveau van opwinding leert 'aflezen'. Als zij meer opgewonden raakt, kun je dat aflezen aan de volgende signalen.

1. Haar tepels worden stijver en donkerder.
2. Zij duwt haar bekken op en neer.
3. Zij kromt haar rug.
4. Zij strekt haar tenen en vingers.
5. De vaginale opening wordt donkerder en opgezwollen door bloed.
6. Het vaginale kanaal wordt zichtbaar.
7. De clitoris wordt stijver en ontbloot zich.

Orgastische Energie Verspreiden

Shiva, als Shakti's opwinding heel sterk wordt, verspreid dan haar seksuele energie door je vingers langs de grote schaamlippen op en neer te bewegen, tot aan de basis bij de anus.

Shakti, ook jij kunt helpen je orgastische energie te verspreiden. Adem diep in en laat elke uitademing helemaal tot aan je Yoni gaan. Streel je buik, je borsten en je schouders. Je zult ontdekken dat er een seksuele verbinding bestaat tussen je tepels en je clitoris, en je vindt het misschien prettig in je tepels te knijpen.

De vrouw die je bemint, moet je niet bezitten.

Azul

Blijf ontspannen en ontvankelijk. Als je eenmaal hevig opgewonden bent, wil je wellicht een orgasme oproepen, maar probeer in deze energie te ontspannen en laat haar door je bekken trekken, in plaats van haar op te hopen en te streven naar een explosieve ontlading.

Als je merkt dat de sensaties te sterk worden, vraag Shiva dan zijn massage te vertragen, van streek te veranderen of zijn vingers naar een ander deel van je Yoni te verplaatsen. Als het precies goed voelt, zeg dan: "Ja, ja!" of maak tevreden geluiden. Je stem gebruiken helpt om je opwinding te verhogen en moedigt je partner aan.

Stap 6: Orgasme van de Clitoris

Shakti, als je diep van binnenuit, van de basis van je clitoris, een tintelend, zoemend of stromend gevoel van opwinding naar boven voelt komen, weet je dat het orgasme nadert. Verwelkom dit gevoel met volle aandacht. Zeg tegen Shiva: "Ja, ik ga klaarkomen!"

Shiva, let goed op, zodat je de signalen van de seksuele climax van een vrouw leert kennen. Vlak voor het orgasme kan Shakti's ademhaling bijvoorbeeld oppervlakkig worden en haar lichaam heel rustig, alsof ze luistert, alsof ze wacht op de komst van de uiteindelijke sensatie. De reden hiervan is dat de sensaties in haar clitoris zo plezierig worden, dat chaotische lichaamsbewegingen haar aandacht af zouden leiden van dit intense gevoel. Het kan echter ook zijn dat ze juist haar heup- en beenspieren aanspant en haar voeten omhoog brengt.

Als Shakti's orgasme begint, kun je voelen dat haar clitoris en haar vagina pulseren in een reeks samentrekkingen. Haar clitoris wordt zo gevoelig, dat alleen de lichtste prikkeling verdragen wordt, misschien zelfs helemaal geen.

Na het orgasme komt een periode, ergens tussen drie en dertig minuten, waarin Shakti niet wil dat dit delicate orgaan wordt aangeraakt.

Shiva, houd contact met Shakti. Als er een paar minuten voorbij zijn, vraag haar dan of ze opnieuw geprikkeld wil worden. Soms bestaat het orgasme van een vrouw uit vele, elkaar opvolgende mini-orgasmes. Haar eerste reactie na het orgasme kan zijn: "Goed, dat was het dan. Ik heb een orgasme gehad." Maar door een lichte prikkeling kan zij zich snel gaan realiseren dat ze door kan gaan en nog meer genot kan ervaren.

Stap 7: Gepast Afsluiten

Voor zowel Shiva als Shakti is het belangrijk deze oefening op een zachte en gepaste manier af te sluiten. Jullie hebben allebei een diepgaande ervaring meegemaakt. Een abrupt einde, dat de energiestroom tussen jullie ruw verbreekt, kan ervaren worden als een scheuring en kan emotionele pijn veroorzaken.

Als een van jullie het gevoel heeft dat de sessie ten einde is, vraag dan liefdevol aan je partner: "Vind je het goed om een pauze te nemen?" of "Ik ben klaar. Is het goed als we stoppen?"

Formuleer altijd een vraag, zodat je partner zich gehoord en gerespecteerd voelt. Sluit pas af als jullie daar allebei mee instemmen.

Voor deze afsluiting bestaat een eenvoudig ritueel, dat ik 'de deur sluiten' noem.

Shiva, leg je rechterhand op Shakti's hartcentrum. Leg je linkerhand met de palm op Shakti's venusheuvel en met de vingers over haar schaamlippen. Geef met je vingers een lichte druk, zodat haar seksuele energie weer naar binnen stroomt.

Kijk elkaar enige tijd aan en sluit dan je ogen. Voel hoe de energie die op Shakti's clitoris gericht was, nu oplost in jullie beider lichamen.

Basisregels voor stimulering van de clitoris

Hier zijn vijf basisregels die je bij het prikkelen van de clitoris in gedachten moet houden.

1. Erotisch voorspel

2. Beheersing van de massagestreken

3. Ritmische stimulering

4. Opwinding stapsgewijs opbouwen

5. Een volledig orgasme opwekken

Opmerkingen

ERKENNING VAN SHIVA

Shakti, op het eind van de sessie is het van belang dat je Shiva erkentelijk bent en hem beloont voor wat hij volbracht heeft. Toon je dankbaarheid en waardering. Geef hem complimenten, omhels hem en, als het goed voelt, beloon hem dan met een vrijpartij.

Vergeet niet dat in deze oefening de man dikwijls net zo kwetsbaar wordt als de vrouw. Hij voelt zich als een musicus die leert het erotisch instrument van Shakti te bespelen en die bezig is te ontdekken hoe hij de juiste tonen van orgastisch genot voort moet brengen. Hij zal de geruststelling willen hebben dat het 'publiek' zijn optreden waardeert.

VASTHOUDENDHEID LOONT

Shiva, om alle massagestreken voor clitorale stimulering te leren heb je misschien wel drie sessies nodig. Wees dus niet gehaast om alles onder de knie te krijgen. Het is logisch dat het tijd kost om deze nieuwe vaardigheden te leren.

In het begin heb je wel enig geduld en doorzettingsvermogen nodig. Je moet je voorbereiden op langdurige 'lessen' en Shakti op een rustige, regelmatige manier stimuleren, zodat zij zich kan ontspannen, weerstanden kan overwinnen en het punt kan bereiken waarop zij zich ten volle kan overgeven aan haar eigen orgastische genot.

Shakti, jij bent degene die bepaalt hoe lang de stimulering duurt. Als Shiva jou net zo vaardig een clitoraal orgasme bezorgen kan als jij dat zelf kunt, dan weet je dat hij op dit punt volleerd is. Dan kun je totaal ontspannen en je overgeven aan zijn deskundige handen.

Shiva, als je Shakti's clitoris stimuleert, merk je misschien dat je vingers niet alleen genot verschaffen, maar ook gevoelige antennes worden die genot kunnen opvangen. Je kunt gaan voelen hoe Shakti's warme, vurige energie naar jou toe stroomt en je een erectie bezorgt. Dit kan een prachtige ervaring zijn.

Anderzijds kan het geven van een clitorale massage voor jou ook een min of meer technische opdracht zijn. Wees dus geduldig en je volharding zal beloond worden.

Opmerkzaamheid

Shakti, er zullen momenten zijn waarop het moeilijk is om met Shiva te communiceren. Dit kan gebeuren als je je verliest in je genot, als je weerstand tegenkomt of wanneer een bepaalde gedachte of inval je aandacht in beslag neemt en wegvoert van de oefening.

Shiva, jij kunt leren hoe je Shakti moet 'lezen'. Je kunt leren opmerkzaam te worden wanneer zij stil wordt, wanneer zij niet langer aanwezig lijkt te zijn, wanneer de bewegingen van haar bekken wegvallen of wanneer zij zich van je vingers lijkt terug te trekken.

Als Shakti niets zegt, vraag haar dan liefdevol iets, bijvoorbeeld: "Hoe voelt het?"

Gebruik zo min mogelijk woorden. Een gesprek kan jullie beider aandacht afleiden van de oefening en de seksuele energiestroom blokkeren. Een vraag als: "Wat gebeurt er?" is een uitnodiging voor een lange uitleg. Je kunt beter korte, specifieke vragen stellen, zoals: "Voelt dit goed?", "Wil je meer?" of "Zal ik steviger drukken?"

Het eeuwig vrouwelijke trekt ons naar boven.

GOETHE

Shakti, de sleutel tot een goede communicatie over seksualiteit is je altijd eerst te richten op wat je prettig vindt. Bijvoorbeeld: "Dit is lekker, maar nu zou ik graag..." in plaats van: "Hè, dit voelt niet prettig." Op deze manier erken je dat Shiva open voor je staat en beschikbaar is; kritische reacties zullen hem waarschijnlijk ontmoedigen. Door positief te blijven, respecteer je zijn bereidheid om te geven.

Merk op hoe je denken je kan wegvoeren van extase. Je voelt je bijvoorbeeld ontspannen, je geniet van de prikkeling en dan moet je plotseling aan de kinderen op school denken of aan de boodschappen voor het avondeten. Voor je het weet, voel je niets meer en heb je jezelf afgesneden van je lichamelijke gewaarwordingen.

Oorspronkelijke, allesomvattende ruimte is de fundamentele eigenschap van het vrouwelijke.
José Arguelles

Let hierop en keer, als het gebeurt, terug naar het huidige moment. Ik heb een goede tip voor je. Terwijl je helemaal uitademt, breng je al je aandacht naar je Yoni en je houdt een levendig beeld van je Yoni voor ogen. Stel je daarbij voor dat je al je energie in je Yoni duwt en dat je het bloed naar je clitoris en je schaamlippen ziet stromen. Je zult onmiddellijk meer gevoel krijgen. Dit is voor vrouwen werkelijk een sleutel tot het vergroten van hun genot.

Schep Geen Verwachtingen: Een Leeg Kopje

Shiva, pas ervoor op dat je een sessie niet begint met vooropgezette ideeën over wat Shakti wil, hoe zij zich zal gedragen, welk doel je bereiken moet of dat je in dertig minuten het ultieme kosmische orgasme moet bewerkstelligen. Shakti, voor jou geldt hetzelfde.

Naar mijn ervaring beginnen mensen aan deze oefening altijd met allerlei verwachtingen. Dit leidt alleen maar tot onnodige teleurstelling als er iets totaal anders gebeurt.

Begin elke sessie met een fris gemoed, alsof je een beginner bent, als een leeg kopje dat gevuld gaat worden met het onbekende. Je hoeft niets te presteren. Sta open voor de gevoelens en ervaringen die zich voordoen. Hoe meer ontspannen en open je bent, hoe beter het gaat.

Seksuele Opwinding Vasthouden

Shakti, als je eenmaal in staat bent gemakkelijk een orgasme te krijgen, kun je aan de oefening een nieuwe en fascinerende dimensie toevoegen. Je kunt Shiva de duur van de sessie laten bepalen en hem toestemming geven te stoppen als hij vermoeid raakt of zich niet prettig meer voelt. Dit betekent voor jou een grote uitdaging, want je kunt blijven hangen in een toestand van grote seksuele opwinding, zonder tot een orgastische ontlading te komen. Je kunt je uitermate opgewonden voelen en naar meer verlangen, zonder meer te krijgen.

De uitdaging ligt erin dat je ontspant in je seksuele energie en toestaat dat die door je lichaam wordt geabsorbeerd. Dit is niet gemakkelijk, maar het is een belangrijke stap in het opbouwen van een krachtige orgastische lading voor seksuele magie. Het kan op zich ook een heerlijke ervaring zijn.

Twee partners in de seksuele magie, Laura en Ted, beschrijven de moeilijkheden en de beloning van dit stadium. Ze waren ongeveer twee weken bezig met clitorale prikkeling en menige sessie eindigde in een volledig clitoraal orgasme. Laura vertelt wat er toen gebeurde.

> Op een nacht hield Ted er na een kwartier mee op, omdat hij moe was en niet door wilde gaan. Het gebeurde op een moment dat ik er net goed in kwam en mijn opwinding naar een eerste hoogtepunt steeg.

We hadden afgesproken dat Ted zou bepalen hoe lang we door zouden gaan, maar ik voelde een sterke impuls om te zeggen: "Nee, alsjeblieft niet nu stoppen, dat kun je niet maken!" Maar toen dacht ik: "Waarom zouden we de aanwijzingen niet volgen en laten komen wat komt?"

Terwijl ik van de bank opstond, voelde ik hoe mijn vagina pulseerde van energie, van begeerte. Ted ging naar de badkamer om een douche te nemen en zich klaar te maken om naar bed te gaan. Ik liep echter in een toestand van grote seksuele opwinding rusteloos rond door het huis. Ik voelde me geiler dan ik me ooit gevoeld had, want we hadden deze massage al twee weken lang gedaan en vonden het heerlijk.

Na een poosje kwam ik tot de conclusie dat ik gewoon naar Ted toe moest gaan om hem te vragen het karwei af te maken. Maar toen begon ik me ongemakkelijk te voelen, alsof ik een goedkope slet was die smeekt om seks. Ik deed het dus niet. In plaats daarvan begon ik kwaad op hem te worden. Ik dacht: "Wat een ontzettende rotzak om een vrouw zo achter te laten!"

Toen moest ik lachen, want ik besefte plotseling hoe mannen zich moeten voelen als ze op springen staan van de opwinding en hun vriendinnetje met een kusje op de wang afscheid neemt. Mijn clitoris hunkerde op dat moment naar een seksuele climax.

Vrouwelijke wijsheid heeft geen verband met de abstracte, op zichzelf staande wetten en regels die sterren of atomen in een lege ruimte in beweging houden. Het is wijsheid die verbonden is met de aarde en met organische groei. Matriarchaal bewustzijn is de wijsheid van de aarde.

ERICH NEUMANN

Ik dacht erover mezelf te bevredigen, maar eigenlijk wilde ik weten waar deze energie naartoe ging als ik gewoon bij het gevoel bleef, zonder er iets aan te doen. Ik hoorde Ted naar bed gaan en toen werd het stil in huis.

Ik deed de lichten beneden uit en gleed uit mijn badjas. Ik deed de gordijnen open om de lichtjes van de stad te zien. Na een poosje begon ik langzaam door het huis te lopen, van kamer naar kamer. Ik was naakt en raakte af en toe mijn lichaam zachtjes aan. Ik ontspande zoveel mogelijk in het zinderende gevoel in mijn kruis. Ik gaf mij over aan de situatie en liet mezelf zijn zoals ik op dat moment was.

Gaandeweg merkte ik dat zich een gevoel van sensualiteit door mijn lichaam verspreidde, een heerlijk, zijdezacht gevoel, dat ik niet langer alleen in mijn vagina ervoer, maar overal in mijn lichaam. Ik pakte een zijden sjaal en begon ermee te spelen. Langzaam trok ik hem over mijn lichaam, om mijn nek en langs mijn benen. Hij voelde zacht en koel tegen mijn huid. Ik werd op een nieuwe manier vervuld van genot, minder rechtstreeks maar subtieler. Alles wat ik aanraakte had een sensuele kwaliteit, het gladde van het tafelblad, de zachtheid van de vitrage, de wolligheid van het tapijt...

Na een poosje verlangde ik niet meer naar een seksuele ontlading. Ik voelde mij heel seksueel - uitzonderlijk seksueel in feite en heel erotisch - maar ik hoefde daar niets mee te doen. Ik genoot werkelijk van dit nieuwe gevoel. Dit duurde enkele uren en toen begon ik moe te worden en naar mijn bed te verlangen. Toen ik Ted daar opgerold zag liggen, diep in slaap, was ik dankbaar dat hij te moe was geweest om door te gaan, want anders had ik deze uitzonderlijke ervaring gemist. Heel gelukkig en tevreden sliep ik in.

Laura's ervaring geeft aan op welke manier seksuele energie getransformeerd kan worden. De clitoris is van het vrouwelijke geslachtsorgaan het meest *yang*. Met andere woorden, ze heeft mannelijke kwaliteiten. Wanneer de clitoris opgewonden raakt, kan zij zeer veeleisend zijn en je naar een climax drijven met het gevoel: "Ik moet er onmiddellijk iets mee doen!"

Vrouwen, dit is zoals mannen zich doorgaans voelen als ze seksueel opgewonden zijn. Grijp dus de gelegenheid aan de biologische driften van jullie partners beter te leren begrijpen. In dit stadium van de oefening gaat het erom bij je verlangen te blijven en er niets mee te doen. Pas dan kan de energie zich in een totaal nieuwe richting bewegen.

Seksuele Sabotage Overwinnen

Zoals ik al aangaf, als het aankomt op jezelf seksueel genot toestaan, is er een verbazingwekkend groot aantal vrouwen dat niet gelooft dit te verdienen.

> *Wij zijn dragers van magie en worden gesteund door een cirkel van magische krachten. Het is het voorrecht van de vrouw magie te kennen en haar kennis aan te wenden om de wereld te helpen.*
>
> Marianne Williamson

In het toneelstuk van onze jeugd hebben de meesten van ons geleerd te leven volgens het draaiboek waarin pappie altijd de hoofdrol speelt en wij slechts 'figuranten' zijn. Om een rol in het drama te kunnen spelen, moesten wij altijd iets doen, iets geven of iemand van dienst zijn. Vandaar dat het voor ons moeilijk is te geloven dat wij genot waard zijn, dat wij gewoon kunnen gaan liggen om te ontvangen.

Daar komt nog bij dat veel vrouwen zichzelf tegenwoordig dynamische, mannelijke eigenschappen hebben aangemeten, om in een wereld die in essentie nog steeds patriarchaal is als gelijken met mannen te kunnen concurreren. Dit maakt het moeilijk voor ons om het over een andere boeg te gooien en zacht, open, kwetsbaar en ontvankelijk te zijn.

Deze moeilijkheden manifesteren zich dikwijls in een scala van strategieën die erop gericht zijn die situaties waarin wij seksuele bevrediging krijgen, te saboteren.

Renee bijvoorbeeld, een leertherapeute van half in de dertig en een leerling in de seksuele magie, had geen enkel probleem met de oefeningen die eerder in dit boek gegeven zijn. Toen haar partner haar echter clitorale stimulering gaf, veranderde alles.

Renee vertelt:

Het kostte mij erg veel moeite om me aan de afspraak met Mike te houden. Ik zou van hem elke dag tussen twee en drie 's middags een 'beurt' krijgen. Die tijd was voor ons allebei het meest geschikt, maar ondanks het feit dat ik zelfstandig ben en mijn eigen werktijden kan indelen, voelde ik mij schuldig als ik mijn werk in de steek liet en ging liggen om mij voor te bereiden op een orgasme.

Op de een of andere manier was ik altijd te laat of zat ik tot op het laatste moment aan de telefoon, zodat ik eigenlijk nooit echt in de stemming was, of ik had bijvoorbeeld hoofdpijn... totdat Mike mij op een stoel zette en zei: "Renee, wat gebeurt er nu eigenlijk? Het lijkt wel of je mij een groot plezier doet met deze afspraak, terwijl jij degene bent om wie het gaat!"

Eerst wilde ik niet weten wat er aan de hand was, maar Mike bleef wijzen op wat er gaande was en ten slotte moest ik toegeven dat hij gelijk had. Ik besteedde daarna meer aandacht aan wat ik vóór de sessie deed en hoewel ik nog steeds last had van schuldgevoelens of mij er zorgen over maakte dat ik de tijd niet missen kon, zorgde ik ervoor dat ik steeds op tijd was en mijzelf ten volle overgaf aan de ervaring.

Toch voelde ik me nog ongemakkelijk op het moment dat ik ging liggen en mijn benen spreidde. Het was alsof ik de controle over mijn meest intieme delen losliet. Ik voelde schaamte en vond het ergens maar goedkoop dat ik zo maar mijn kleren kon uittrekken, kon gaan liggen en mezelf op deze manier vertoonde. Maar dan zei ik tegen mezelf: "Je kunt me wat! Dit cadeautje is voor mij en het interesseert me geen zier of het fatsoenlijk is of niet. Het voelt fantastisch!"

Anderhalf uur later ging ik dan terug naar mijn kantoor, orgastisch en gelukkig, en ik zag alles met nieuwe ogen. Het was duidelijk dat mijn excuses over mijn werk geen groot probleem vormden; ik overdreef mijn zorgen daaromtrent gewoon om niet naar de sessie te hoeven. Toen begonnen enkele klanten mij complimenten te maken dat ik er zo goed uitzag. Vanaf dat moment kon ik mij meer ontspannen.

Ik herinner me een sessie die voor mij een doorbraak betekende. We waren een hele poos bezig geweest een massagestreek te vinden waar ik werkelijk van genoot en toen we die gevonden hadden, begon Mike in een gestaag ritme te strelen. Ik genoot er enorm van. Gedurende deze massage ging ik door allerlei angsten heen, zoals: "Dit is niet goed voor mij. Dit houd ik nooit vol. Ik kan het niet. Ik ben helemaal niet orgastisch. Ik doe er veel te lang over. Hij zit zich te vervelen..."

Maar Mike bleef bij de massage, op zijn trouwe, ontspannen manier en hij stelde mij tot aan het eind steeds weer gerust. Uiteindelijk liet ik los en beleefde het meest uitzonderlijke orgasme. De oefening leerde mij werkelijk dat ik mijzelf niet tekort moest doen en gaf me ook een enorm vertrouwen in Mike.

Als je vertrouwd bent met de verschillende manieren om een clitoraal orgasme op te wekken, kunnen we vervolgens de G-plek gaan onderzoeken.

DE G-PLEK STIMULEREN

Doel en nut van de oefening

Door middel van deze oefening ga je ontdekken welk genot voor Shakti mogelijk is door masseren en stimuleren van de G-plek. Massage van de G-plek zal alle negatieve en pijnlijke gebeurtenissen helen die met dit deel van haar Yoni verband houden en zal Shakti in staat stellen haar mogelijkheden voor seksueel genot te vergroten en een vaginaal orgasme vergemakkelijken.

Deze oefening kun je doen als vervolg op de vorige, maar ook afzonderlijk gebruiken.

Voorbereidingen

Shiva brengt weer de magische cirkel in gereedheid om Shakti te verwelkomen in een veilige en sensuele sfeer.

- Shakti bereidt zich liefdevol voor op ontspanning en genot.
- Vergeet niet water of vruchtesap klaar te zetten voor als je dorst krijgt en ervoor te zorgen dat de kamer warm genoeg is om te kunnen werken zonder kleren aan.
- Net als bij de clitorale massage is Shiva degene die luistert en ondersteunt, terwijl Shakti degene is die hem leidt en die ontvangt.
- Voor inwendige massage van de vagina is een glijmiddel op waterbasis het best, zoals KY-jelly. Een glijmiddel op oliebasis heeft de neiging de poriën van het vaginale kanaal te verstoppen en daardoor de natuurlijke afscheiding te verminderen.
- Shiva, zorg ervoor dat je nagels schoon, kort en glad zijn.
- Shakti, zorg ervoor dat je geen volle blaas hebt.
- Trek voor deze oefening een tot anderhalf uur uit.

Werkwijze

STAP 1: SENSUEEL VOORSPEL MET DE CLITORIS
Shiva, nodig Shakti uit om in de magische cirkel te komen. Help haar te gaan liggen in de positie die beschreven is bij de clitorale massage.

Om Shakti's G-plek te masseren, kun je tussen Shakti's benen gaan zitten of dezelfde positie innemen als bij de clitorale massage. Ervaring zal je leren wat het beste is.

Zorg voor voldoende ondersteuning van je onderarmen, zodat je handen niet vermoeid raken. Zorg voor beide soorten glijmiddel, op oliebasis voor Shakti's clitoris en op waterbasis voor haar G-plek.

Stem je af op je partner. Leg je ene hand op Shakti's hartcentrum en de andere op haar Yoni. Ga ademen in hetzelfde ritme. Kijk elkaar in de ogen en voel de band van liefde, acceptatie en mededogen die jullie in dit heilige experiment met elkaar verbindt. Laat alles wat niet tot dit moment behoort uit je gedachten los; vergeet je beslommeringen en je zorgen.

Shiva, streel Shakti's lichaam en neem daar alle tijd voor. Hoe meer Shakti in dit tedere voorspel opgewonden raakt, hoe gemakkelijker het voor haar zal zijn genot te ontvangen.

Gebruik ruim voldoende glijmiddel, streel Shakti's Yoni, beginnend bij de buitenste schaamlippen. Spreid deze uiteen en streel haar rond haar vaginale kanaal. Wanneer je voelt dat Shakti gereed is, richt je aandacht dan op haar clitoris, speel met de verschillende massagestreken en kom in een langzaam en rustig ritme. Gebruik een streek die zij prettig vindt.

STAP 2: DE G-PLEK BENADEREN

Shiva, terwijl je de clitoris stimuleert, laat je je linkerhand tussen Shakti's benen glijden, onder haar heiligbeen, en je drukt met je duim licht tegen haar vaginale kanaal.

Neem de tijd om Shakti naar een niveau van grote clitorale opwinding te brengen. Naarmate zij meer opgewonden raakt, zal je duim steeds verder naar binnen gezogen worden door samentrekkingen van de Yoni. Shakti's Yoni verwelkomt de duim alsof het een penis is.

De verbinding tussen je duim en Shakti's Yoni kan je helpen de mate van haar opwinding 'af te lezen'. Wanneer het weefsel rond haar vagina opgezwollen raakt, wanneer ze vochtig wordt en wanneer zij haar bekken naar voren duwt alsof ze je duim wil verzwelgen, dan is ze zover dat jij kunt beginnen met het stimuleren van haar G-plek.

Vraag Shakti: "Mag ik naar binnen?" Als het antwoord ja is, trek je duim dan langzaam en voorzichtig uit Shakti's Yoni. Je gaat vervolgens met de wijs- en middelvinger van dezelfde hand naar binnen.

De palm van je hand is naar boven gericht en de twee vingers zijn licht gebogen of gekromd, zodat ze, als ze eenmaal binnen zijn, op de 'twaalf-uur'positie tegen de bovenkant van Shakti's Yoni drukken.

Verzeker jezelf ervan dat je, voordat je met je vingers naar binnen gaat, voldoende glijmiddel (op waterbasis) hebt gebruikt.

Terwijl je zo Shakti's Yoni binnendringt, blijf je met de andere hand haar clitoris masseren.

De vagina binnendringen en de G-plek te ontdekken

STAP 3: DE G-PLEK ONTDEKKEN

De G-plek voelt aan als een hobbeltje ter grootte van een erwt, tegen de bovenkant van het vaginale kanaal, onder het schaambeen. Hier is het weefsel ruw als de tong van een kat, anders dan de rest van de vaginawand. Je zult het gebied moeten onderzoeken en daarbij tamelijk veel druk moeten gebruiken, totdat Shakti een duidelijk sensitief punt voelt.

Shakti, als je op deze plaats nog nooit gestimuleerd bent, kan de druk van Shiva's vingers je een brandend of scherp gevoel bezorgen, alsof er een schok door dit gebied van je vagina gaat. Met andere woorden, je vindt het misschien helemaal niet plezierig als je G-plek voor de eerste keer wordt aangeraakt. Maar je kunt er ook onmiddellijk een warm en genotvol gevoel krijgen of helemaal niets bijzonders voelen.

Als je voelt dat je naar de WC moet, is dat waarschijnlijk het gevolg van het feit dat er een zenuwverbinding bestaat met de blaas. Die heb je voor de sessie al geleegd, dus blijf liever in de sessie, dan die te onderbreken om naar de WC te gaan.

Het is van belang dat je je niet laat ontmoedigen door onprettige gevoelens in je G-plek. Net als elk ander deel van je lichaam dat lange tijd niet is aangeraakt, zul je waarschijnlijk wat pijn voelen als de spanning begint te verdwijnen.

Shiva, als je hand de G-plek ontdekt heeft, verwijder je andere hand dan van Shakti's clitoris en laat hem rusten op haar buik. Zij moet haar G-plek kunnen voelen los van alle andere prikkeling.

Shakti, doorgaans helpt het als je tijdens de massage van de G-plek bewegingen maakt. Schommel met je bekken, doe de PC-pomp, adem krachtig in en uit en gebruik je stem om te zuchten en te kreunen. Ontspan daarbij je keel en je nek.

Denk aan de drie sleutels om je gevoelens en lichamelijke sensaties te versterken: ademhalen, bewegen en geluid maken.

STAP 4: STREKEN OM DE G-PLEK TE STIMULEREN

Shiva, het kan zijn dat je nogal diep moet drukken, veel dieper dan je verwachtte, voordat je partner iets voelt. Er zijn drie basisstreken voor stimulering van de G-plek met de twee vingers die in Shakti's Yoni zijn. Begin te experimenteren en te ontdekken wat voor haar het meest plezierig is.

1. Masseer zigzag over het hele gebied. Hierdoor zullen de G-plek en het weefsel eromheen ontspannen.
2. Masseer naar binnen en naar buiten met je vingers langs de bovenkant van de vagina, van de vaginamond tot aan de cervix. Op die manier bewegen je vingers over de G-plek, in plaats van daar te blijven.
3. Plaats twee vingers rechtstreeks op de G-plek en masseer dit gebied met flinke druk in een op- en neergaande beweging.

Shakti, jij bepaalt hoeveel druk je prettig vindt; je bent Shiva's gids. Zorg er dus voor dat je hem voldoende feedback geeft.

Shiva, probeer verschillende streken en meer of minder druk. Draai rond de G-plek, tril op dezelfde plek en strijk naar binnen en naar buiten.

Stap 5: Opwinding Teweegbrengen

Shiva, als Shakti het heerlijke gevoel krijgt dat ze vrijt met jouw vingers, dan weet je dat je de juiste streek en het juiste ritme gevonden hebt. Haar bekken zal omhoog komen en ze zal met haar heupen in een ritmische cadans komen, alsof jouw penis bij haar binnendringt.

Shakti, maak duidelijk wat je werkelijk wilt. Je kunt zeggen: "Ja, ja, dat is lekker, ga door!" of "Oh ja, dit is het helemaal, neem me, geef me wat je hebt!" Het kan heel plezierig zijn op deze ongeremde manier om genot te vragen.

> *Zij is de oorspronkelijke Shakti. Zij is de allerhoogste, wier aard oorspronkelijke en onverstoorbare vreugde is. Zij is voor altijd totaal onvergelijkbaar, de zee van alles wat beweegt. Of zij is bewegingloos, de onbevlekte spiegel waarin de stralende gedaante van Shiva zich openbaart.*
>
> Kama Kala Vislasa Sutra

Shiva, dit is voor jou het teken om Shakti's G-plek op een ritmische manier te gaan masseren en haar te helpen nieuwe niveaus van seksueel genot te bereiken. Wees echter voorbereid op onverwachte veranderingen. Een bepaalde streek kan op de G-plek het ene moment groot genot geven en het volgende de opwinding juist tenietdoen.

Shakti, als dat gebeurt, aarzel dan niet te vragen om verandering. Shiva, volg de aanwijzingen van je partner.

Shiva, gebruik je vrije hand om van buitenaf op de G-plek te drukken, op Shakti's onderbuik. Dat is een goede manier om de sensaties in de G-plek te versterken. Een andere manier is het wrijven van de onderbuik, op de plaats waar de eierstokken zitten.

Shakti, sta toe dat de gevoelens zich door je bekkengebied en de rest van je lichaam verspreiden. Je kunt de energie helpen verplaatsen door je borsten en andere plaatsen die sensueel en erotisch voelen, te masseren.

Stap 6: Orgasme van de G-plek

Shakti, zorg ervoor dat je niet het gevoel krijgt dat je een G-plek- of vaginaal orgasme moet krijgen, want dat kan onnodige spanning en teleurstelling met zich meebrengen. In deze sessie leer je je G-plek en haar responsen kennen.

Als je dicht bij een orgasme bent, wil je misschien een lichtere streling van de G-plek. Deel dit aan je geliefde mee: hoe meer opwinding, hoe minder stimulering.

Voortdurende lichte stimulering kan een krachtig vaginaal orgasme tot gevolg hebben, met samentrekkingen tot diep in het vaginale kanaal. Je kunt een soort ejaculatie krijgen van vloeistof die wordt afgescheiden door kleine kliertjes, die in de buurt van de urinebuis liggen. Ontspan en laat het allemaal gebeuren. Deze sensaties kunnen een tot vijf minuten duren, soms zelfs langer.

Shakti, blijf stimulans van je G-plek ontvangen, totdat je verlangen naar seksueel genot helemaal bevredigd is.

Wees Shiva dankbaar voor zijn hulp bij jouw seksueel ontwaken.

Sluit de sessie af met een hartegroet.

Vijf stadia van de stimulering van de G-plek

Dit zijn vijf punten die je bij de stimulering van de G-plek in gedachten moet houden:

1. Erotisch voorspel
2. Stimulering van de clitoris
3. De G-plek lokaliseren
4. De massagestreken leren
5. Opwinding opbouwen.

Opmerkingen

NIVEAUS VAN GEWAARWORDINGEN

Shakti, als je veel spanning voelt in het gebied van je G-plek of een brandend of pijnlijk gevoel, houd de eerste sessie dan kort, laten we zeggen vijf minuten, of zo lang als je prettig vindt. Voel je vrij om door te gaan zolang het aangenaam is.

Je kunt door verschillende niveaus van gewaarwordingen in je G-plek heen gaan, waarvan sommige gespannen en andere plezierig voelen. Het kan wel drie tot vier sessies duren voordat deze plek gevoelig wordt voor genot.

Vergeet niet dat vrouwelijke responsen sterk kunnen verschillen. Sommige vrouwen ervaren direct genot en anderen voelen nooit iets bijzonders. Sommige vrouwen ontdekken andere gebieden in hun vagina die genot geven als ze gestimuleerd worden. Ik heb zelf verschillende van dergelijke plekken ontdekt, vooral langs de bovenkant van het vaginale kanaal, tussen de vaginamond en de cervix, dus aan dezelfde zijde als de G-plek.

IEDERE SESSIE IS EEN LES

Zoals ik bij de vorige oefening al zei, vormen je verwachtingen een van de grootste hindernissen voor seksueel genot. Mensen hebben de neiging met bepaalde ideeën aan een oefening te beginnen en als de realiteit niet overeenkomt met wat ze verwachtten, hebben ze het gevoel dat ze falen.

Dit is een misvatting. In mijn ervaring bevat iedere sessie een diepere les, ongeacht hoe de sessie verloopt. Je kunt elke sessie het best volkomen onbevangen beginnen, zonder te willen weten wat er gaat gebeuren. Ik geef je slechts een grove routebeschrijving en je kunt zelf allerlei plezierige omwegen vinden; je begeeft je op onbekend terrein.

DE ALCHEMIE VAN HET GEMENGD VROUWELIJK ORGASME

Doel en nut van de oefening

Als de stimulering van haar twee primaire genotsorganen gecombineerd wordt, kan een vrouw de allerhoogste ervaring hebben in een verlengd seksueel orgasme en een subtiele, zich voortdurend uitbreidende orgastische respons.

Voorbereidingen

- Shiva, maak de magische cirkel klaar en schep een prettige sfeer in de kamer. Zorg dat er voldoende glijmiddel aanwezig is en ook een kan water.

- Shakti, neem een heerlijk lange douche en verwen jezelf met een geurige olie die je prettig vindt.

- Trek voor de oefening een tot anderhalf uur uit.

Werkwijze

STAP 1: DE TUIN BETREDEN

Shiva, leid Shakti de magische cirkel binnen en help haar een prettige en comfortabele houding te vinden om te liggen.

Als jullie je plek gevonden hebben, begin dan het voorspel. Streel zacht Shakti's lichaam, plaag en prikkel haar Yoni en concentreer je gaandeweg meer op de clitoris.

Als Shakti zover is, begin je haar clitoris te masseren met een streek die goed voelt.

De wijs- en middelvinger van de hand die je vrij hebt, rusten aan de ingang van Shakti's Yoni. Maak geen haast om bij haar naar binnen te gaan. Wacht voor de deur en laat eerst Shakti's opwinding toenemen, totdat je vingers door een golvende, zuigende beweging van haar Yoni naar binnen getrokken worden. Dit is het juiste moment om haar te vragen: “Mag ik binnenkomen?” of, als je het poëtischer uit wilt drukken, “Mag ik je geheime tuin betreden?”

Begin de G-plek te stimuleren. Zoek de prettigste positie voor je vingers en de juiste druk, en masseer de G-plek.

Kom in een ritme van gelijktijdig stimuleren van de clitoris en de G-plek. Als Shakti dat liever heeft, kun je deze twee plaatsen ook afwisselend stimuleren.

Stap 2: Dubbele Massage

Shiva, er zijn drie basisstreken om Shakti te stimuleren voor een gemengd orgasme.

1. Veranker je vingers aan haar G-plek, met weinig of geen beweging, terwijl je haar clitoris ritmisch masseert.

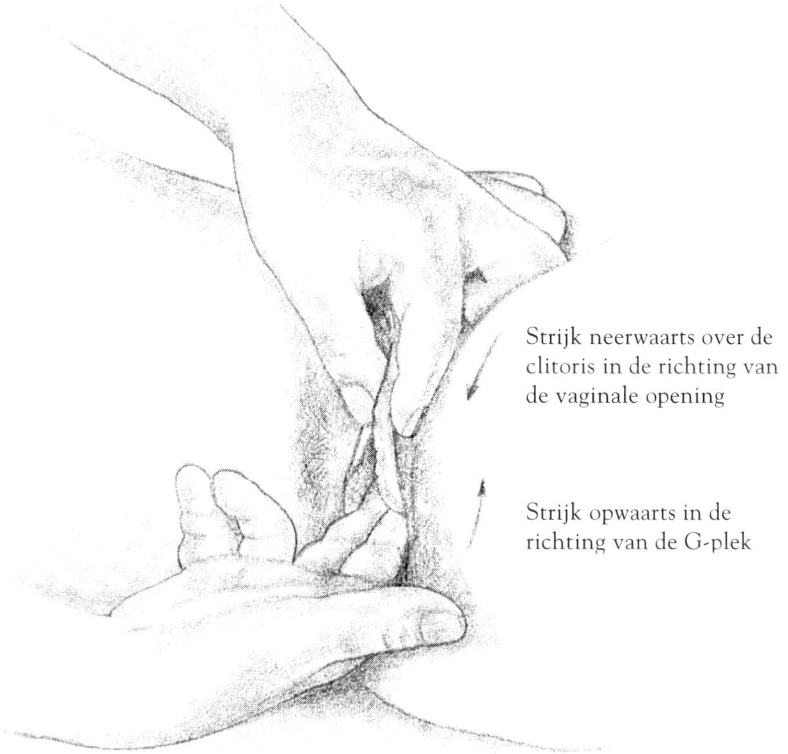

Dubbele massagestreken: de clitoris stimuleren met de nadruk op de neergaande beweging en de G-plek stimuleren met de nadruk op de opgaande beweging

2. Veranker je vingers aan de clitoris, met weinig of geen beweging, terwijl je de G-plek krachtig stimuleert.

3. Schep een ritmische mengeling van beweging op beide plaatsen. Je kunt je vingers bijvoorbeeld naar beneden over haar clitoris strijken, in de richting van de vaginamond, terwijl je vingers op de G-plek duwen. Op deze manier bewegen je handen zich in tegengestelde richting, alsof ze zich naar elkaar toe bewegen in een soort dubbele massage.

Je kunt ook de schacht van Shakti's clitoris met twee vingers vastpakken en de top ervan met een derde vinger stimuleren, terwijl de vingers van je andere hand naar binnen en naar buiten langs haar G-plek strijken.

Als je Shakti eenmaal vaardig met gecombineerde massagestreken kunt stimuleren, zijn er allerlei subtiele variaties mogelijk. Het is dan alsof de vingers van je beide handen een dialoog met elkaar voeren.

Shakti, het is jouw taak Shiva te begeleiden en hem te vertellen wat je verlangt, welke combinatie het best werkt en wanneer je een nieuwe variant wilt proberen. Voor het vinden van de juiste streken is een goede communicatie van essentieel belang. Vergeet niet positief te formuleren: "Ja, dit is lekker. Probeer nu eens..."

Stap 3: Het Orgasme Uitbreiden

Als je eenmaal de juiste combinatie van massagestreken ontdekt hebt, laat Shiva dan weten dat hij er lange tijd mee kan doorgaan. Jij hebt regelmatige stimulering nodig, zodat je je erin ontspannen kunt en langzaam naar een orgasme kunt gaan.

Shiva, hoe meer Shakti opgewonden raakt, hoe regelmatiger jouw massage moet zijn. Wanneer je partner een climax lijkt te naderen, vertraag dan, plaag haar en beloof haar op die manier genot, maar wacht er even mee. Bouw haar opwinding in stappen op, zodat je haar meermalen tot een hoogtepunt brengt zonder dat zij 'over het randje' gaat.

De G staat voor groei, goed, glorie en godin; ontdek de G-plek en je hebt de weg naar huis gevonden.

Dr. Zangpo

Shakti, jij kunt een werkelijk opwindend gevoel creëren dat zich naar binnen en naar buiten voortdurend blijft uitbreiden, als de golfjes die zich gaandeweg vanuit één punt over een hele vijver kunnen verspreiden. Je lichaam ontspant zich steeds dieper, terwijl je seksuele opwinding steeds verder stijgt.

Vergeet niet de drie sleutels en de PC-pomp te gebruiken om de seksuele sensaties over je lichaam te verspreiden.

Je eerste orgasme zal waarschijnlijk explosief zijn en gepaard gaan met golvende samentrekkingen binnen in je Yoni en een grote ontlading van energie in je bekken. Daarna kun je weer verdergaan. Je kunt verschillende orgasmen hebben en daarom is het voor Shiva belangrijk zijn handen niet weg te trekken of te bewegen als het orgasme plaatsvindt.

STAP 4: ONOPZETTELIJKE STROMENDE SENSATIES

Shiva, als Shakti haar eerste orgasme heeft gehad, begin dan opnieuw langzaam de clitoris en de G-plek te stimuleren om haar opwinding naar nog grotere hoogten te doen stijgen.

Shakti, je orgastische gevoelens zullen nu waarschijnlijk subtieler worden, meer als een stromen van energie, als een rivier van plezierige sensaties die maar rond blijft stromen en golven door je bekken en misschien ook door andere delen van je lichaam stuurt. Dit gebeurt onopzettelijk; het overkomt je.

Je gaat een toestand van extase binnen die tijdloos is en waarin je als het ware zweeft. Je bent diep ontspannen en meditatief, en je lichaam is dermate sensitief, dat je maar een heel kleine stimulering nodig hebt. Deze toestand kan blijven voortduren zolang je dat prettig vindt.

Een vrouw beschreef deze toestand als volgt:

> Ik kreeg een geweldige verrassing: mijn orgasme ging uit zichzelf door. Ik had de indruk dat ik afgestemd werd op een nieuwe frequentie van genot, alsof die voor mij altijd beschikbaar was geweest, maar ik niet wist hoe ik de juiste golflengte moest vinden.
>
> Toen de sessie voorbij was, bleven de sensaties gewoon doorgaan. Ik probeerde voorzichtig overeind te komen, voortdurend alert of de gevoelens zouden verdwijnen. Maar dat deden ze niet en ik begon langzaam rond te draaien, zoals de Soefi's doen, wervelend op één plaats met mijn armen in de lucht.
>
> Ik had het gevoel dat mijn orgasme op en neer door mijn lichaam ging, van mijn voeten tot aan mijn kruin, helemaal door mijn lichaam heen, van het middelpunt van de aarde tot aan de sterren.

Vijf stadia van het gemengd orgasme

Hier zijn vijf aandachtspunten voor het teweegbrengen van een gemengd orgasme:

1. Stimulering van de clitoris

2. Gecombineerde stimulering van de clitoris en de G-plek

3. Seksuele opwinding stapsgewijs opbouwen
4. De eerste orgastische ontlading
5. Doorgaande subtiele sensaties.

Opmerkingen

Laat het Gebeuren

]In het begin is een goede communicatie noodzakelijk om de juiste massagestreken te vinden voor de gelijktijdige stimulans van de clitoris en de G-plek. Later is het beter voor Shakti als zij niet meer hoeft te praten en zich alleen maar ontspant, terwijl Shiva in een gestaag ritme doorgaat en zij zich volkomen kan openstellen voor deze uitzonderlijke ervaring.

Om dit te bereiken moeten beide partners goed getraind zijn in de verschillende aspecten van deze gecombineerde stimulering. Pas dan kan Shakti zich overgeven en alles laten gebeuren.

Snellere Orgastische Respons

Een van de grote voordelen van deze techniek is dat het een uitstekende voorbereiding is op vrijen. Als ze een gemengd orgasme hebben gehad, krijgen de meeste vrouwen veel sneller een orgastische respons na penetratie met de penis.

Bovendien heeft onderzoek uitgewezen dat het uitbreiden van een orgasme op deze manier de linker- en rechterhersenhelft in evenwicht brengt en de produktie van endorfinen vergroot, zodat je je meer ontspannen voelt, gezonder, gelukkiger en aanwezige spanning en stress afnemen. Dit is op zich al magie!

Een Eenvoudige Benadering van het Orgasme

Nadat ik deze methoden om het orgasme uit te breiden jarenlang gebruikt had en geleerd had hoe ik deze heerlijke ervaringen in mijn liefdesleven kon integreren, ging ik beseffen dat mijn benadering enigszins afwijkt van die van andere experts op dit gebied.

Alan en Donna Brauer beschrijven in hun boek *ESO* bijvoorbeeld een orgasme voor vrouwen van drie niveaus. Het eerste niveau wordt gekenmerkt door ritmisch knijpende en ontspannende golvingen rond de ingang van de vagina. Het tweede omvat onopzettelijke samentrekkingen en naar buiten gerichte stuwingen in de dieper gelegen delen van de vagina, rond de baarmoeder. Het derde niveau is een voortdurend stromen van genot door het vaginale kanaal, dat moeiteloos plaatsvindt en wel een half uur door kan gaan.

Ik vind het heerlijk om vrouwelijk te zijn. Ik vind het heerlijk om bij een man te zijn. Als ik mijn seksuele energie aard, ben ik hier en nu; anders zwerf ik slechts rond. Geaarde seksuele energie schenkt de ziel vrede en voedt haar.

DAGBOEK VAN EEN TANTRIKA

Naar mijn ervaring hoeven orgasmen elkaar niet logisch, stap voor stap op te volgen. Elk orgasme heeft een uniek karakter en ik wil bij mijn lezers geen drang tot prestatie creëren door te stellen: “Zo moet het zijn.”

Het onderzoek van Alan en Donna Brauer is heel waardevol en opent nieuwe wegen voor begrip van seksualiteit, maar in de context van seksuele magie dient je aandacht gericht te zijn op het voortbrengen van de maximale hoeveelheid orgastische kracht, op een zo gemakkelijk en prettig mogelijke manier.

Het doet er in feite niet toe hoe het gebeurt. Of je orgasme een of drie stadia heeft, is niet zo relevant. Waar het voor jou als vrouw om gaat, is dat je heerlijke, uitgebreide orgastische responsen hebt, die vrij zijn van pijn en spanning, en plezierig en intens zijn.

Deze responsen kunnen enkele seconden aanhouden, een paar minuten of een half uur. De duur van een orgasme is echter niet het doel. Het doel is dat iedere vrouw individueel, met behulp van haar partner, alle orgastische geheimen van haar lichaam leert kennen en deze een voor een op haar eigen manier ontdekt.

Dit is op zich niet alleen een magische ervaring, het is ook een grote steun bij seksuele magie, zoals wij verderop in dit boek zullen zien. Nu moeten wij onze aandacht eerst richten op Shiva en op de orgastische geneugten die voor hem mogelijk zijn, want hij heeft uitstekend werk gedaan door Shakti te eren en genot te verschaffen. Nu is het tijd dat hij daar op passende wijze voor wordt beloond.

HOOFDSTUK 8

DE MAGIE VAN SHIVA

De Alchemie van het Mannelijk Orgasme

Mannen, jullie gaan beginnen aan een groots avontuur, misschien wel het grootste avontuur dat jullie kunnen beleven - groter dan Columbus' ontdekking van Amerika, de beklimming van de Mount Everest of de landing op de maan. In dit avontuur gaan jullie de magische vermogens van de Vajra ontdekken en ontwikkelen - letterlijk `bliksemschicht', jullie mannelijk geslachtsorgaan.

Als deze vermogens ten volle benut worden, krijg je een diep gevoel van koninklijke waardigheid en ervaar je in je liefdesleven mannelijkheid, soevereiniteit en iets betoverends. Goede minnaars zijn de natuurlijke heersers van deze wereld, want zij zijn geworteld in hun mannelijkheid, zij voelen zich op hun gemak, worden door hun vrouwelijke partners gewaardeerd en zijn bij hen zeer geliefd.

De Vajra wordt al heel lang vereerd als een symbool van de vruchtbaarheid, dat goede oogsten brengt, het vee vermenigvuldigt en de stam voedt, dat voorspoed brengt en sterk maakt. Deze verering van de mannelijke seksuele kracht is voor een moderne westerse man tamelijk vreemd, maar zij is een historisch feit. Veel mannen voelen zich tegenwoordig aangevallen, louter omdat zij man zijn, maar dat is niet altijd zo geweest. Een man verdient zijn eigen, speciale lofzang, de lofzang op de Vajra. Ontspan dus maar en geniet van de verzen die ik voor je zal zingen.

In Japan wordt ieder voorjaar de mannelijkheid verbeeld in grote nagemaakte erecties, die tot een enorme omvang opgeblazen worden - het zijn werkelijk kosmische erecties - en die in een grote optocht ter aanbidding van de goden van de vruchtbaarheid en de vernieuwing door de straten van de stad worden gedragen. Daarbij wordt veel gezongen en uiteraard heel veel wijn en sake gedronken. Dionysos, de dronken Griekse god van de extase, verpersoonlijkt ook deze fallische kracht en helpt mensen om te dansen, feest te vieren, strakke regels van de samenleving even los te laten en zich te laten gaan in een ongeremd, orgiastisch genot.

In Noord-Europa wordt de gehoornde god Pan, half geit en half man, voorgesteld als een glimlachende godheid die heerst over de natuur en het dierenrijk, en die rondloopt met een enorme erectie die voortdurend genot symboliseert. Pan is altijd gereed voor de seksuele daad.

Deze mythologische wezens stellen dynamische krachten voor die deel uitmaken van jouw wezen. Ze stellen jouw fallische kracht voor en stralen eigenschappen uit als mannelijkheid, macht, potentie, viriliteit, creativiteit, moed, besluitvaardigheid, daadkracht, het vermogen te handelen naar de omstandigheden en grote krachten te kunnen beheersen en gebruiken.

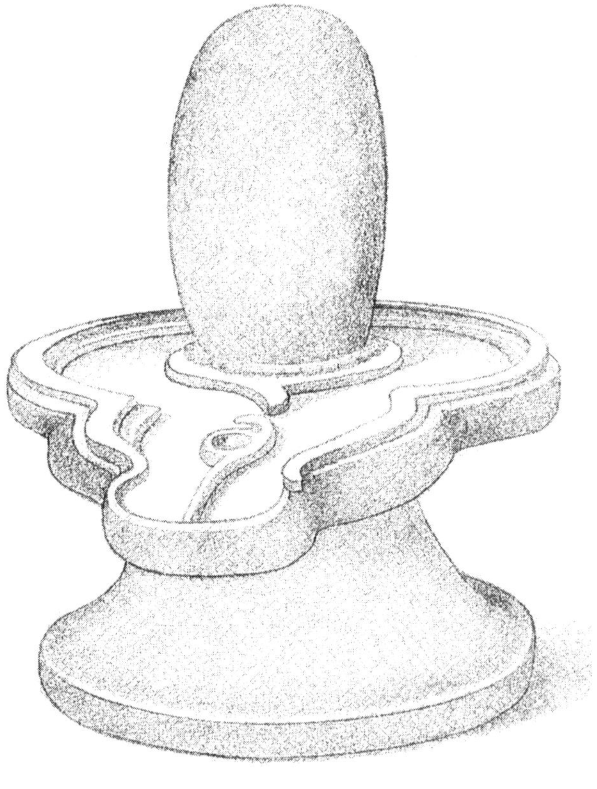

Traditioneel fallussymbool uit India, dat een lingam (penis) in een yoni (vagina) voorstelt.

Als dit allemaal te mooi klinkt om waar te zijn, dan is dat alleen zo omdat mannen tegenwoordig een periode van verwarring doormaken omtrent hun rol ten opzichte van vrouwen. Veel mannen erkennen tot op zekere hoogte hun brute verleden van domineren en uitbuiting van vrouwen, en zij proberen nu te laten zien dat zij net zo zacht, vriendelijk en gevoelig kunnen zijn als hun partners.

Alle gedachten, hartstochten en geneugten
die ons beroeren in dit sterfelijk uur,
zijn slechts de dienaren der liefde;
zij voeden haar heilig vuur.

SAMUEL TAYLOR COLERIDGE

Stel je de verrassing van mannen eens voor als zij erachter komen dat vrouwen die nieuwerwetse mannelijkheid eigenlijk helemaal niet willen - althans niet ten koste van de mannelijke kracht die zij juist zo hogelijk waarderen. Het is waar dat een vrouw niet gedomineerd wil worden door een agressieve en heerszuchtige patriarchale man, maar zij wil ook niet dat hij zich zo bezorgd maakt over het behagen van zijn partner, dat hij zijn eigen gevoel van identiteit, kracht en vastberadenheid verliest.

Het is eigenlijk geen wonder dat de man van vandaag een verward en boos wezen is. Het zou hem vergeven moeten worden dat hij zijn handen in wanhoop ten hemel heft en zegt: "Ik weet het niet meer. Hoe moet ik mij in godsnaam gedragen: hard of zacht, dominant of passief, mannelijk of vrouwelijk?" En voordat hij antwoord krijgt, is hij verdwenen in een of andere mannenbeweging om zijn ellende te delen met andere slachtoffers van de `nieuwe seksualiteit' van de jaren negentig.

NATUURLIJKE MANNELIJKE ENERGIE

Mannen, in antwoord op dit dilemma heb ik goed nieuws voor jullie. Voor heel veel vrouwen - wellicht voor alle vrouwen, als zij diep in hun hart kijken - bestaat er niets mooiers, opwindender en verrukkelijker dan een man die geaard is in zijn eigen seksualiteit, een man die geworteld is in de kracht van zijn viriele, potente, natuurlijke mannelijke energie.

Het is wel van groot belang te begrijpen dat met `natuurlijke mannelijke energie' ik iets heel anders bedoel dan het *macho*-gedrag dat in het verleden als mannelijkheid geaccepteerd is. Natuurlijke mannelijkheid bereik je niet door bijvoorbeeld steroïden te gebruiken om een gespierd lijf te krijgen, door een half uur lang op een vrouw tekeer te gaan zonder klaar te komen of door je zelfverzekerd en nonchalant voor te doen en jezelf daarmee af te snijden van je gevoelens. Dit duidt op een onnatuurlijke mannelijkheid, op een façade waarachter je jezelf verbergt; het is een masker van superioriteit dat je jezelf aanmeet, een stereotiep beeld van de *macho*, dat seksueel bedrog inhoudt.

De reden dat zoveel mannen een dergelijke façade cultiveren, ligt in het diepgewortelde conflict tussen biologie en samenleving, tussen lust en wet, tussen dierlijke energie en maatschappelijke idealen. Het is de moeite waard deze conflicten onder de loep te nemen en te begrijpen hoe onze onfortuinlijke helden zo in de knoei hebben kunnen raken.

Hun biologie plaatst mannen in dezelfde categorie als alle mannelijke dieren: ze zwerven broederlijk in groepjes rond, ze ravotten, ze wedijveren met elkaar om hun krachten te meten, ze voelen zich geil worden als de bronsttijd aanvangt en bevechten elkaar om het recht te mogen paren met de geduldig wachtende vrouwtjes.

De regels van een conventionele samenleving luiden echter dat dergelijk dierlijk gedrag eigenlijk *animaal* is en dat een geciviliseerde man daarboven staat. Die regels zeggen ook dat mannelijke seksuele gevoelens sterk beheerst en meestal onderdrukt dienen te worden, vooral gedurende de schijnbaar eindeloze jaren van de puberteit, waarin het lichaam van een jongeman boordevol zinderende hormonen zit, die hem juist aanzetten tot seksuele activiteit.

Verder stellen de regels duidelijk dat mannen hun dierlijke concurrentie alleen mogen uitleven in speciaal daarvoor aangewezen theaters, zoals voetbalvelden, de Beurs en af en toe een oorlog. Daarbuiten moeten zij hun instinctieve driften inhouden en zich sociaal, beleefd en fatsoenlijk gedragen, vooral in gezelschap van vrouwen.

Zonder liefde kun je niet sterk zijn. Liefde is geen niet terzake doende emotie. Het is de kern van het leven, de kracht die samenbrengt wat gescheiden is.

PAUL TILLICH
The Eternal Now

Deze combinatie van schijnbaar tegenstrijdige krachten, het dierlijke en het sociale, heeft een soort mutant van mannelijkheid voortgebracht, die uniek is in het dierenrijk. De menselijke man wordt geacht eruit te zien als een man, op te treden als een man, maar zich niet als man te gedragen; hij moet niet alleen zijn seksuele en agressieve neigingen onderdrukken, hij moet ook nog een reeks onnatuurlijke eigenschappen aankweken. Hij moet nooit angst laten zien, ook als angst een gepaste reactie is, en hij mag nooit enige `zwakheid' tonen, zoals tranen, triestheid of hulpeloosheid. Bovendien moet hij zichzelf altijd in de hand hebben en iedere situatie aankunnen.

Het is niet verwonderlijk dat deze kunstmatige situatie mannen min of meer schijndood houdt: ze staan klaar voor actie, maar doorgaans is er niets te doen, ze tonen hun mannelijkheid en seksuele vermogens, maar ervaren die zelden als een persoonlijke realiteit. Door deze gespannen omstandigheden is de mannelijke seksuele climax verworden tot een soort niesen, een plotselinge ontlading van opgekropte spanning, en is het genot dat man en vrouw kunnen ervaren van veel kortere duur dan mogelijk of wenselijk is. Daarom laten de statistieken zien dat een mannelijk orgasme gemiddeld maar twee tot tien seconden duurt en reeds optreedt twee tot tien minuten nadat hij opgewonden is geraakt. Een dergelijke abrupte en haastige ejaculatie biedt weinig mogelijkheden voor seksuele magie.

Daarenboven moet een man nog de feministische reactie verwerken op zijn patriarchale heerschappij. In de huidige strijd tussen de seksen wordt hij afgeschilderd als boeman, als de slechterik die vermomd als beschaafd mens, compleet met pak en stropdas, belust op buit rondloopt en die vol zit met allerlei gevaarlijke hormonen en dubieuze aandriften die hem tot een potentiële seksmaniak maken, vervuld van een blinde, onbewuste lust, waarvan iedere vrouw in een oogwenk een weerloos slachtoffer kan worden.

Streven naar Macht om te Kunnen Paren?

Mannen, als jullie van mening zijn dat deze verminking van jullie geaardheid wel moest leiden tot een gewelddadige reactie, dan ben ik geneigd het met jullie eens te zijn. Jullie hebben je macht in het verleden inderdaad misbruikt, maar jullie zijn daarbij misschien zonder het te weten geholpen door een instinctieve neiging van vrouwen juist de man die de meeste macht uitoefent als partner te kiezen.

Om dit aan te tonen, verwijs ik naar een intrigerend, wereldwijd onderzoeksproject, dat geleid werd door David M. Buss, professor in de psychologie aan de Universiteit van Michigan. In zijn boek *The Evolution of Desire* ('De evolutie van de begeerte'), laat Buss zien dat verreweg de meeste vrouwen - in alle culturen en alle landen van de wereld - zich zelfs vandaag de dag nog steeds voelen aangetrokken tot mannen die uitstralen dat zij in staat zijn voor hen te zorgen, voor hen de kost te verdienen, hen te beschermen en te koesteren.

Waarom verlangen vrouwen naar een man die macht heeft? Volgens professor Buss ligt het antwoord op deze vraag in onze psychologische evolutie, in onze overlevingsdrang, die zich gevormd heeft gedurende de vele eeuwen die wij als jagende en rondtrekkende nomaden in een wilde en dikwijls vijandige omgeving moesten leven. In dergelijke primitieve omstandigheden, zo stelt Buss, voelden vrouwen zich natuurlijk meer aangetrokken tot partners die hen goed konden beschermen en onderhouden als zij zwanger waren, als zij een baby hadden om voor te zorgen of als hun zelfstandigheid gehinderd werd door hun kinderen.

Door de eeuwen heen is deze oeroude, maar succesvolle strategie in onze psyche vastgelegd. Buss legt uit: "Als vrouwen gedurende onze evolutie de voorkeur hebben gegeven aan mannen die over middelen van bestaan beschikken en die de macht en de status hebben deze middelen te beheersen, dan zullen zij mettertijd de evolutie sturen in de richting van naar status en macht strevende mechanismen in mannen."

Met andere woorden, door macht een criterium te maken voor de geslachtsdaad hebben onze zusters van vroeger het manvolk de boodschap gegeven dat zij groot, sterk en machtig moeten zijn en hun omstandigheden moeten beheersen. En de mannen, die zich maar al te graag gedrag aanmeten dat het schone geslacht aanspreekt, reageerden op deze boodschap met het ontwikkelen van eigenschappen als superioteitsgevoel, alleenheerschappij en dominantie.

De conclusies van Buss zijn controversieel, maar voor een leek kunnen ze van waarde zijn, want ze bieden een evenwichtiger visie op de kwestie van wie verantwoordelijk is voor de eeuwenoude ongelijkheid tussen de seksen - al moet ik zeggen dat ik het walgelijk zou vinden als deze theorie gebruikt werd om de opvatting van mannelijke suprematie te rechtvaardigen.

De werkelijke vraag is niet wie de schuld is van ons afschuwelijke en trieste verleden, maar hoe wij onszelf kunnen bevrijden van de beperkende gewoonten, overtuigingen en ideeën die wij van vroeger hebben meegekregen, zodat wij ons ware vermogen voor seksuele vervulling ontdekken kunnen.

Mannen hebben bij vrouwen op dit ogenblik een slechte reputatie. In een poging het evenwicht te herstellen, spannen veel mannen zich tegenwoordig tot het uiterste in om hun partner seksueel te bevredigen. In plaats van even snel hun `mannelijke plicht' te vervullen, lezen zij ijverig handboeken over seks om aan de weet te komen hoe zij een vrouw seksueel bevredigen moeten en op een geduldige en gevoelige manier brengen zij hun partners naar een orgastische climax, zonder zichzelf de ontlading toe te staan waar ze heimelijk zo naar verlangen.

Dit nieuwe gedrag betekent een flinke vooruitgang als het gaat om het genot van de vrouw, maar de orgastische ervaring van de man blijft gewoonlijk beperkt tot dezelfde snelle genitale stuiptrekkingen die hij kent uit de tijd dat de woorden `vrouwelijk orgasme' nog niet werden uitgesproken. Bovendien maakt het hijgen en kreunen van zijn geliefde hem duidelijk dat haar vermogen tot seksueel genot veel groter is dan het zijne - dat hoefde hij niet onder ogen te zien toen alles nog louter om hem draaide.

Als seksueel wezen houdt de man zich nog steeds in en hij beheerst en gedraagt zich nog steeds volgens een maatschappelijk aanvaardbaar ideaal. Het ideaal is misschien wat ruimer geworden, zodat het nu ook de bevrediging van de vrouw omvat, in plaats van haar seksuele behoeften te negeren, maar het vermogen van de man om een orgasme te ervaren is niet groter geworden. Hij ervaart zijn Vajra, zijn magisch seksueel orgaan, niet als een te eren instrument voor eindeloos genot, maar dikwijls als een bron van frustratie en teleurstelling, vooral in die kwetsbare en dikwijls deprimerende ogenblikken vlak na de ejaculatie, als al zijn energie verbruikt is.

Inwijding in de Nieuwe Mannelijkheid

Voor de seksuele magie is het van essentieel belang dat de mannelijke seksuele kracht weer in ere wordt hersteld en uitgebreid, zodat een magisch symbool maximaal kan worden opgeladen met de gezamenlijke orgastische energie van de man en de vrouw, die zich in een diepe tantrische omarming met elkaar verstrengeld hebben. Het doel van dit hoofdstuk is een gezonde, viriele, mannelijke seksualiteit te scheppen, die zich tijdens een extatische seksuele eenwording kan meten met die van de vrouw, om zo op een krachtige manier seksuele magie te kunnen bedrijven.

De weg naar dit doel is een weg van intens genot en betekent voor het mannelijke ego geen enkele extra belasting in de vorm van prestatie of streven naar een moeilijk bereikbaar en verafgelegen doel.

Het is juist een weg van ontspanning, van loslaten, van de dingen laten gebeuren, in plaats van dwangmatig te streven naar verwerkelijking op het juiste ogenblik. Tegen de mannelijke lezer zou ik willen zeggen: je hebt genoeg gedaan; nu is het jouw beurt om te gaan liggen en genot te ontvangen.

Voer je genot naar de allergrootste toppen en gebruik het dan als spirituele raketbrandstof.

Maha tantra acana

In de volgende oefeningen nodig ik je uit om op een passieve manier genot te ontvangen. Je partner stimuleert eerst je penis, dan je prostaat en bezorgt je ten slotte een gemengd orgasme door deze beide gebieden gelijktijdig te stimuleren. Op deze manier leer je heel ontvankelijk te zijn; je seksuele energie wordt niet in een ejaculatie naar buiten gegooid, maar in je lichaam opgenomen om je orgastisch vermogen te vergroten.

Deze opwindende reis kan voor jou een inwijding in een nieuwe mannelijkheid betekenen, in een nieuwe vorm van viriliteit. Deze tantrische inwijding kan soms moeilijk zijn. Je kunt bijvoorbeeld geen erectie krijgen op het moment dat je denkt dat het wel zou moeten of je kunt verlangen naar een zaadlozing terwijl je gevraagd wordt je energie bij je te houden.

Als je deze uitdagingen aangaat, zul je een dieper gevoel van seksueel vermogen gaan ervaren. Daardoor stijg je naar steeds grotere hoogten van seksuele voldoening.

De grootste uitdaging in de inwijding in de mannelijke seksuele alchemie ligt in het ontwikkelen van de innerlijke kracht om jezelf los te maken van het verlangen naar een zaadlozing, van je behoefte om klaar te komen, van de impuls om je seksuele spanning te ontladen. De tweede uitdaging, ontvankelijk worden voor de zich steeds verder uitbreidende orgastische energie die ontstaat wanneer je de ejaculatie tegenhoudt, is op zich niet erg moeilijk.

In het begin heb je misschien het gevoel dat je orgasme opgeven, het soort genitale orgasme waar je aan gewend bent, helemaal niet leuk is. Je kunt er gefrustreerd van raken, of zelfs boos. Het is eigenlijk een oefening in discipline en je dient bereid te zijn een periode door te maken waarin je je voldoening uitstelt, met het doel je seksuele gevoelens te leren uitbreiden en je zo voor te bereiden op een orgasme in je hele lichaam, in plaats van alleen in je geslachtsdelen.

Het resultaat hiervan zal enorm zijn, niet alleen op het gebied van de seksuele magie, maar ook op het gebied van het liefdesspel. Het vermogen je ejaculatiereflex te beheersen, betekent dat jij bepaalt wanneer je jezelf laat gaan, dat je langer kunt vrijen, en stelt je in staat je partner ten volle te bevredigen en zelf krachtiger orgastische sensaties te ervaren.

Drie Stappen om het Mannelijke Orgasme uit te Breiden

De oefening voor uitbreiding van het mannelijk orgasme omvat drie stappen:

Stap 1

De vrouw stimuleert de Vajra van de man (zijn penis) en zoekt naar manieren om hem tot vlak bij een orgasme te brengen en te stoppen vlak voor het punt vanwaar geen terugkeer mogelijk is, zodat de opgewekte seksuele energie zich door zijn lichaam kan verspreiden.

Stap 2

Stimulering van de Vajra wordt gecombineerd met uitwendige stimulering van de prostaat door middel van massage van het perineum, zodat de man een breder scala van seksuele gevoelens leert kennen.

Stap 3

Stimulering van de Vajra wordt gecombineerd met rechtstreekse, inwendige massage van de prostaat, zodat een langduriger en krachtiger orgasme mogelijk wordt.

Dit drieledig proces maakt het voor de man mogelijk zijn orgastisch vermogen in stappen op te bouwen. Hij klimt naar een seksueel hoogtepunt, maar stopt vlak voor de ejaculatie, ontspant in zijn gevoelens en klimt vervolgens naar een nieuw, intenser hoogtepunt.

Uiteindelijk bereikt hij een punt waarop er, zonder dat hij een zaadlozing krijgt, een constante stroom van orgastisch genot door zijn geslachtsdelen, door zijn bekken en ten slotte door zijn hele lichaam gaat. Wanneer hij er dan voor kiest een zaadlozing te hebben, duurt die veel langer en gaat die gepaard met veel krachtiger orgastische sensaties.

Voordat we de oefeningen gaan bespreken, is het goed de bouw van het mannelijk geslachtsorgaan te bekijken.

Anatomie van de Mannelijke Geslachtsorganen

De Vajra of penis heeft een relatief eenvoudige werking. Hij bevat geen botten en geen spieren, en bestaat voornamelijk uit sponsachtig weefsel. Wanneer een man seksueel opgewonden raakt loopt dit weefsel vol met bloed, zodat de Vajra stijf wordt en verandert in een heerlijk krachtig en nuttig instrument voor seksueel genot.

Tegenwoordig treffen wij twee soorten Vajra's aan: het ongewijzigde model, compleet met voorhuid, en de besneden versie, waarvan de hele of bijna de hele voorhuid verwijderd is. Beide typen hebben hetzelfde vermogen de eigenaar ervan en zijn partner seksueel te bevredigen.

De schacht van de Vajra steekt net onder het schaambeen uit het lichaam en eindigt in een duidelijk te onderscheiden eikel of glans, die veel lijkt op de hoed van een paddestoel. Hier maakt de structuur van de huid plaats voor het gepolijste, ronde oppervlak van de eikel. De kleur van de eikel is doorgaans enkele tinten donkerder dan die van de schacht.

Boven op de top van de eikel bevindt zich een kleine opening. Dit is het einde van het urinekanaal, een buis waardoor afvalstoffen, door de nieren uitgescheiden in de vorm van urine, het lichaam kunnen verlaten. Door deze buis kan ook een mengsel van vloeistoffen naar buiten worden gevoerd dat van de prostaat en de testikels afkomstig is, het sperma.

Aan de onderkant van de penis, net onder het punt waar de huid van de schacht overgaat in de eikel, ligt een uiterst gevoelig gebied, dat het frenulum wordt genoemd. Als dit plekje op de juiste manier geprikkeld wordt, kan het een bron van groot seksueel genot zijn; om deze reden noem ik het wel het mannelijk equivalent van de clitoris.

Onder de Vajra ligt het scrotum, de balzak. Het scrotum bevat twee eivormige testikels, waarin het sperma en het mannelijk hormoon testosteron worden aangemaakt. De hormonen worden opgenomen in het lichaam, maar het sperma wordt opgeslagen in speciale zakjes in het scrotum, die bijballen genoemd worden.

Wanneer een man seksueel opgewonden raakt, verplaatst het sperma zich van de testikels omhoog door de zaadleider naar de prostaat. Deze kleine klier heeft de vorm van een kastanje en ligt tussen de Vajra en de anus.

Je kunt de prostaat voelen als je op het perineum drukt, halverwege het scrotum en de anus. Het is een zachte, sponsachtige plek. Als de Vajra stijf is, lijkt het alsof de prostaat de basis van de erectie is, alsof hij onderdeel uitmaakt van hetzelfde orgaan. Anatomisch gezien is dit niet zo, maar het lijkt alsof er tussen deze twee een verbinding bestaat.

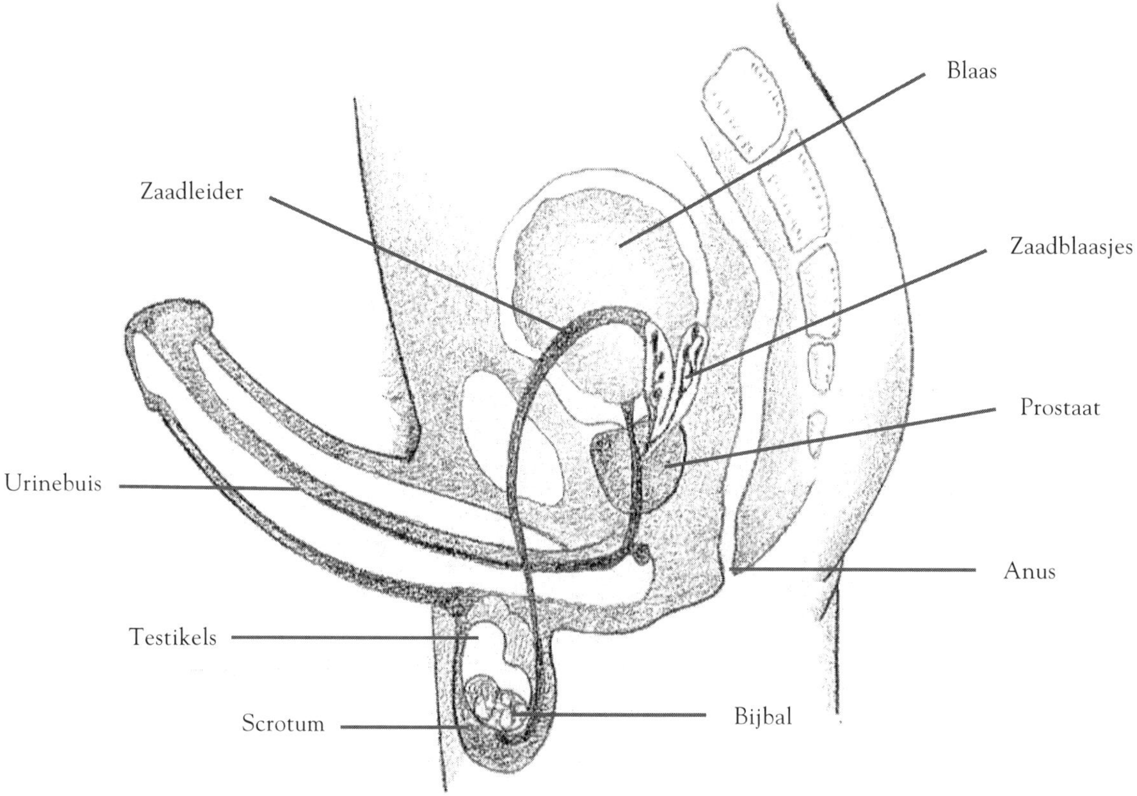

Anatomie van het mannelijk geslachtsorgaan

Zoals het frenulum van de man vergeleken kan worden met de clitoris van de vrouw, zo kan de prostaat vergeleken worden met de G-plek, want hij kan de gevoelens van het seksueel orgasme verdiepen en verlengen. Beide gebieden komen in de volgende oefeningen aan de orde.

Op het moment van de seksuele climax zorgen spiersamentrekkingen rond de prostaat ervoor dat er een mengsel van sperma en prostaatsap via de urinebuis wordt uitgescheiden.

STIMULERING VAN DE VAJRA

Doel en nut van de oefening

Mannen, in de volgende oefeningen gaat jullie partner jullie geslachtsorgaan op een nieuwe en verrukkelijke manier stimuleren en jullie kennis laten maken met een heel nieuw scala van seksuele sensaties om, in het belang van de seksuele magie, jullie orgastisch vermogen te vergroten. Zij zal jullie tot vlak bij een zaadlozing brengen en je dan helpen te ontspannen, zodat de seksuele energie wordt opgenomen in je lichaam. Daarna gaan jullie opnieuw naar een hoogtepunt.

Voor monogame stellen betekent dit een grandioze gelegenheid om hun seksleven een nieuwe stimulans en meer diepgang te geven en bestaande rol- en gedragspatronen, die misschien vastgeroest of saai geworden zijn, te doorbreken. Je krijgt de kans je enthousiasme voor elkaar als seksuele partners weer op te wekken en elkaars genot enorm te versterken.

Deze oefening is ook heel geschikt voor mannen van boven de vijftig - maar daartoe zeker niet beperkt. Dit soort stimulering is namelijk niet afhankelijk van een volledige erectie en vergt ook geen atletische vermogens die je bij het vrijen soms nodig hebt, zoals het dikwijls veranderen van lichaamshouding en je gewicht gedurende lange tijd laten rusten op een arm, een schouder of een knie.

Shiva, succes in deze heerlijke sessie hangt af van het feit of jij ontvankelijk kunt zijn en je traditionele rol als leider, initiatiefnemer en schepper van seksueel genot kunt loslaten en in plaats daarvan de meer vrouwelijke eigenschappen van overgave, ontvankelijkheid en vertrouwen kunt ervaren. Je blijft echter wel degene die de leiding heeft, die Shakti begeleidt en instrueert hoe ze jou moet stimuleren, en je geeft haar voortdurend feedback.

Shakti, deze oefening betekent voor jou een uitstekende gelegenheid meer zelfvertrouwen en een gevoel van macht te krijgen. Jij bent de gelijkwaardige partner, de gever, de aanbieder en de medeschepper van seksueel genot. Je kunt van deze oefening meer genieten als je begrijpt dat je het voor jezelf doet, als je kunt zeggen: "Ja, ik ben nieuwsgierig, opgewonden... ik wil graag leren hoe ik een man genot kan geven... ik wil weten hoe zijn penis reageert... ik wil hem horen kreunen van genot als ik hem aanraak... ik wil mijn vaardigheden als minnares voelen, als degene die deze sensaties in hem teweegbrengt terwijl ik toch bij mezelf blijf."

Pas echter op dat je niet in de val loopt en Shiva gaat overstelpen of bij de oefening de leiding neemt, want dat kan hem hinderen bij het tot uitdrukking brengen van zijn behoeften en bij het ten volle ervaren van zijn genot. Laat hem vertellen hoe je zijn Vajra moet stimuleren en volg zijn aanwijzingen precies op.

Shiva en Shakti, het succes van deze oefening is afhankelijk van jullie vermogen een voedende verbinding van hart tot hart te creëren en in stand te houden. Ik leg hier de nadruk op, omdat sommige stellen, in hun enthousiasme om de rechtstreeks stimulering van de penis te onderzoeken, in de verleiding komen de eerste stappen van de oefening over te slaan. De eerste stappen, met name de verbinding die tussen de twee geliefden tot stand wordt gebracht via het hart, effenen de weg voor een succesvolle sessie.

Voorbereidingen

- Voor het stimuleren en het masseren van de Vajra heb je een ruime hoeveelheid glijmiddel van goede kwaliteit nodig. Bij uitwendig gebruik droogt een glijmiddel op waterbasis sneller dan een glijmiddel op oliebasis. Mijn persoonlijke voorkeur gaat uit naar een zuivere, natuurlijke olie, zoals olijfolie, die je in grote hoeveelheden gebruiken kunt zonder schadelijke effecten voor de tere huid van de Vajra. Deze olie is ook geschikt voor andere delen van het lichaam. Overigens is elke natuurlijke massageolie van goede kwaliteit geschikt.

- Spreek met elkaar een speciaal woord af dat Shiva gebruiken kan als hij dicht bij een zaadlozing komt en wil dat Shakti stopt met het prikkelen van zijn Vajra. Hij kan zeggen: "Nu" of "Stop," om aan te geven dat Shakti onmiddellijk alle stimulering moet staken.

- Shakti, jij bent nu degene die voor Shiva de magische cirkel in gereedheid brengt. Maak gebruik van voorwerpen die een krachtige mannelijke associatie hebben, zoals trommels, veren, fallussymbolen, mannelijke voorstellingen in de vorm van foto's en beeldjes, enzovoort. Schep met behulp van kaarsen, wierook en een subtiele verlichting een intrigerende sfeer. Je zou er zelfs wat humor in kunnen brengen met speelgoed, bijvoorbeeld een model van King-Kong. Zorg ervoor dat je er zelf sexy uitziet, bijvoorbeeld in een doorkijkbloes of met alleen een *longi* om je naakte lichaam geslagen en een bloem in je haar. Zorg er daarbij wel voor dat je armen en bovenlijf voldoende bewegingsvrijheid hebben.

- Shiva, neem de tijd voor een heerlijke douche en reinig jezelf grondig, met name je geslachtsdelen en je anus. Doe je favoriete after-shave op en geniet van het vooruitzicht je door Shakti te laten verwennen. Zorg ervoor dat je een lege blaas hebt.

- Shakti, kijk of je vingernagels kort en glad zijn.

- Trek voor deze oefening één tot anderhalf uur uit en zorg ervoor dat jullie niet gestoord kunnen worden.

STAP 1: ONTMOETING VIA HET HART

Shakti, leid Shiva de magische cirkel binnen. Geef hem het gevoel dat hij hier thuis is, dat hij welkom is en zich kan ontspannen. Jullie kunnen misschien een paar minuten samen dansen om aanwezige spanning kwijt te raken.

Begroet elkaar met de hartegroet, gevolgd door een innige omhelzing. Adem daarbij diep en met elkaar mee.

Ga ieder op een kussen tegenover elkaar zitten.

Shakti, leg je rechterhand op Shiva's hart en vervolgens zijn rechterhand op jouw hart. Kijk elkaar zacht in de ogen, stem jullie ademhaling op elkaar af en luister naar het kloppen van jullie harten. Voel de liefde en het vertrouwen die er tussen jullie stromen. Zo gaan jullie beginnen aan dit nieuwe, opwindende avontuur.

Shakti, doop je vingers in een speciale olie of parfum en zegen Shiva's belangrijkste drie chakra's. Raak zijn schaamheuvel aan en zegen die door te zeggen: "Moge de deur naar jouw genot vandaag wijdopen gaan."

Smeer dan zijn hartchakra met olie in en zeg: "Moge onze harten zich in liefde en vertrouwen verenigen."

Raak met je middelvinger licht zijn derde oog aan en zeg: "Moge je orgasme je inzicht en begrip vergroten."

Yang kan alleen functioneren in samenwerking met yin, en yin kan alleen groeien in aanwezigheid van yang.

De gele keizer

Shakti, als je de zegeningen hebt uitgesproken, help Shiva dan om te midden van de kussens een prettige, half liggende houding te vinden. Ga tussen Shiva's benen zitten. Schuif je benen onder de zijne en leg kussens op je dijen, zodat zijn knieën erop rusten. Je kunt ook op de Japanse manier knielen, met een kussen onder je dijen. Sommige vrouwen zitten graag naast hun man, dicht bij hem. Anderen gebruiken liever een massagetafel, zodat de man ligt en de vrouw staat.

De meest intieme positie is naar mijn ervaring die waarin Shiva op grote kussens gaat liggen en Shakti tussen zijn benen zit, dicht bij de Vajra. Het kan zijn dat jullie van tijd tot tijd je benen even anders moeten leggen.

Shakti, doe langzaam Shiva's gewaad open om de voorzijde van zijn lichaam te ontbloten.

Begin zijn hele lichaam te strelen, raak hem overal aan en moedig hem aan diep in en uit te ademen door zijn mond. Stem je ademhaling af op de zijne.

Als Shiva wat te ernstig lijkt, kietel hem dan een beetje, blaas in zijn oor, bijt zachtjes in zijn keel, knabbel aan zijn oorlelletje, zuig aan zijn tenen, plaag zijn lichaam met je borsten, laat je haar over zijn lichaam glijden, zodat je een sfeer van lichtheid en humor schept en hem aanmoedigt vertrouwen te hebben en zich te ontspannen.

Masseer zijn borst en knijp zachtjes in zijn tepels om hem een beetje te plagen. Laat je handen vervolgens onder zijn bekken glijden en masseer stevig het gebied rond het heiligbeen. In het V-vormige gebied waar de rug en de billen samenkomen wordt veel seksuele spanning vastgehouden.

Leg je ene hand om Shiva's testikels, zijn ballen, en raak met je middelvinger zijn perineum aan. In deze positie kan je handpalm tegen zijn Vajra drukken. Leg je andere hand op zijn hartchakra, midden op zijn borst.

Staar met je handen in deze positie zacht in zijn ogen en breng al je liefde en aandacht naar deze mens. Hij is de ware, hij is speciaal en al jouw energie is op hem gericht. Laat dit moment alle hinderlijke gedachten en afleiding wegwissen.

Shiva, stel jezelf open voor de liefde van je partner. Voel hoe je ontvankelijker wordt, als een glas dat dadelijk gevuld zal worden met een rijke rode wijn.

Stap 2: Streken voor Stimulering van de Vajra

Shakti, als je zover bent, vraag dan aan Shiva: "Zullen we beginnen?" Als het antwoord 'ja' is, kun je zijn Vajra gaan masseren met behulp van een of meer van de volgende streken.

De X-streek

Shakti, begin met de X-streek, een prachtige en eenvoudige manier om de Vajra te benaderen, die ontwikkeld is door twee goede vrienden van mij, Terumi en Leonard Leinow.

Leg je handpalmen op Shiva's knieën. Je linkerhand rust op Shiva's rechterknie en je rechterhand op zijn linkerknie.

Hou je rechterhand stil en beweeg je linkerhand langzaam omhoog langs zijn dijbeen, over zijn geslachtsdelen - zorg ervoor dat je die aanraakt - en over zijn buik naar zijn linkertepel. Je streelt hem dus in een diagonale richting van zijn rechterknie naar zijn linkertepel.

Als je linkerhand over Shiva's geslachtsdelen gaat, begint je rechterhand aan dezelfde reis, langzaam omhoog langs Shiva's linkerdij. Als je linkerhand haar bestemming bereikt heeft, streelt je rechterhand over Shiva's geslachtsdelen, op weg naar de andere tepel. Je legt je linkerhand weer op Shiva's knie voor een nieuwe reis, terwijl je rechterhand over zijn buik glijdt naar zijn rechtertepel.

Het klinkt misschien ingewikkeld, maar in de praktijk is deze streek heel gemakkelijk. Neem de tijd om in een gelijkmatig ritme te komen en zorg ervoor dat je handen Shiva's Vajra strelen als ze eroverheen gaan.

De twaalf-uurstreek

Met deze streek masseer je de Vajra rechtstreeks. Strijk met een platte hand omhoog van de ballen naar de top van de Vajra. Wissel af met je linker- en rechterhand in een soepel, constant ritme. Shiva's Vajra moet voor deze streek op zijn buik liggen. Gebruik voldoende massageolie.

Deze streek is bijzonder plezierig, omdat Shakti's handen over het frenulum gaan, de plek aan de onderkant van de Vajra, waar de eikel en de schacht bij elkaar komen.

Streken voor het stimuleren van de Vajra

Twaalf-uurstreek

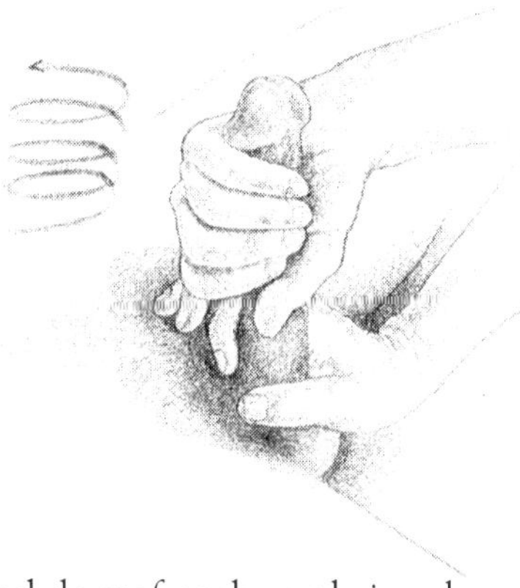

Rond de staf omhoog kringelen

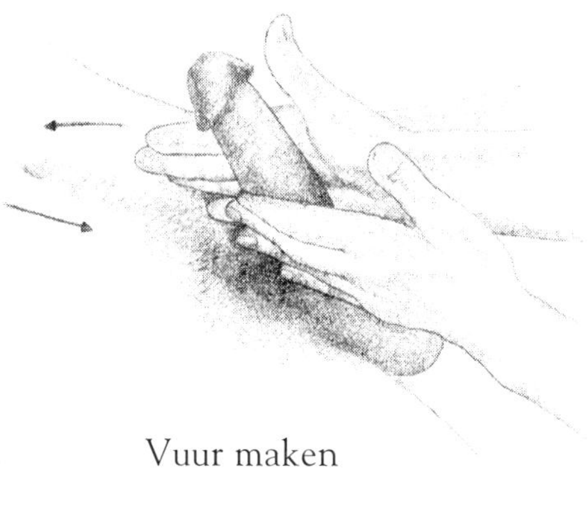

Vuur maken

De Staf doen Groeien

Smeer Shiva's Vajra in met heel veel olie. Houd de basis met één hand vast, druk licht naar beneden en strijk dan met de andere van de basis omhoog naar de top.

Rond de Staf Omhoog Kringelen

Houd de Vajra met één hand bij de basis vast en beweeg je andere hand in cirkelende bewegingen omhoog, beginnend bij de basis en vandaar draaiend omhoog naar de top. Als je bij de top bent, streel dan de hele eikel met de palm van je hand en gebruik daarbij ruim voldoende olie.

De Draaimolen

Houd de Vajra met beide handen vast en draai ze in tegengestelde richting om de schacht. Laat je romp naar achteren en naar voren met je handen meebewegen.

Shakti, bij deze streek doet je hele lichaam mee. Schommel naar achteren en naar voren vanuit je bekken en adem diep in en uit, terwijl je handen om de Vajra heen draaien.

Het kan heel genoeglijk en speels zijn als je je partner daarbij in de ogen kijkt. Denk daarbij maar aan een ritje in de draaimolen.

Vuur Maken

Leg je handen verticaal met de palmen naar elkaar toe aan weerszijden van de Vajra, oefen druk uit op de schacht en wrijf je handen vervolgens naar achteren en naar voren, alsof je met een stokje probeert vuur te maken. Begin bij de basis van de Vajra en werk omhoog naar de top en weer terug.

De Vajra Trommelen

Houd Shiva's Vajra met de wijs- en middelvinger van één hand tegen zijn buik en laat de vingers van je andere hand vervolgens licht over de achterkant van de Vajra dansen. Je kunt de Vajra bespelen als een klein trommeltje en daarbij de hele onderkant van je vingers gebruiken, niet alleen de vingertoppen.

Masseren Zonder de Voorhuid

Als Shiva niet besneden is, wordt de eikel beschermd door de voorhuid. Het is lekker om de eikel te stimuleren terwijl de voorhuid eroverheen geschoven is. Als Shiva meer opgewonden raakt, kun je de voorhuid zachtjes terugschuiven en de eikel rechtstreeks stimuleren met lichte op- en neergaande streken. Gebruik veel massageolie.

STAP 3: SEKSUELE OPWINDING OPBOUWEN

Nu is het tijd dat Shiva naar zijn eerste seksuele hoogtepunt klimt. De gemakkelijkste manier om dit te bereiken is door langdurige, ritmische stimulering van de Vajra.

Shakti, bedek Shiva's Vajra overvloedig met massageolie en houd vervolgens de basis met één hand vast. Met de andere hand pak je de schacht vast, je legt je handpalm en je vingers eromheen en je begint stevig op en neer te strijken. Dit is de basisstreek die de meeste mannen nodig hebben om tot een seksuele climax te kunnen komen. Er bestaan echter variaties.

Je kunt op en neer langs de schacht masseren, maar daarbij ook de eikel meenemen. Je kunt ook de massage van de schacht afwisselen met massage van de schacht en de eikel samen.

Een andere mogelijkheid is een streek te zoeken waarbij je duim op het frenulum drukt, terwijl je handen van de schacht naar de eikel bewegen. Aan het eind van de opwaartse beweging kun je met je pols een soort knippende of wegschietende beweging maken, die een heerlijke impuls door het frenulum zendt.

Shiva, leer Shakti de streken die voor jou `het einde' zijn. Geef haar zoveel mogelijk feedback omtrent ritme, intensiteit en snelheid, zodat ze jou op precies de juiste manier kan prikkelen.

Shakti, sommige mannen verlangen een regelmatige, doorgaande massage die krachtig en snel is, terwijl anderen meer van variatie houden. Raak niet ontmoedigd als Shiva niet direct tot een hoogtepunt komt of als hij niet snel opgewonden raakt. Nu hij in een ontvankelijke stemming is, kan het voor hem moeilijk zijn een hoogtepunt te bereiken. Blijf bij jezelf, blijf vertrouwen op jezelf. Vind een ritme waarin je Shiva's Vajra voor langere tijd kunt stimuleren.

Veel vrouwen zijn er niet aan gewend krachtig en snel te stimuleren, dus luister goed naar Shiva. Laat hem bepalen welke druk, snelheid en intensiteit je gebruiken moet. Als hij niets zegt, vraag hem dan: "Is dit goed?" "Is dit opwindend?" Nauwgezette communicatie is hierbij erg belangrijk.

Shiva, jij bereikt tijdens de stimulering misschien een punt waarop je penis ongevoelig wordt. Als je niet veel meer voelt, vraag Shakti dan je Vajra met rust te laten en je van je bekken tot aan je borst te masseren om de energie in de richting van je hartchakra te verspreiden. Na een paar minuten kan ze dan geleidelijk terugkeren naar de Vajra, hem plagen, het frenulum aanraken, de eikel strelen en daarna weer ritmisch gaan stimuleren.

STAP 4: EEN HOOGTEPUNT ZONDER ZAADLOZING

Shakti, na een algemene wijze van stimulering van de Vajra ga je nu over op een precieze massage, die hem dicht bij een zaadlozing brengt zonder het punt te bereiken waarop Shiva niet meer terug kan.

Bouw het ritme gelijkmatig op en stimuleer zijn Vajra op een meer dynamische manier. Breng hem zo naar een orgastisch hoogtepunt.

Shiva, nu is het tijd om werkelijk heel seksueel en opgewonden te worden, en te streven naar het hoogtepunt dat voorafgaat aan de zaadlozing. Richt al je aandacht op de sensaties in je Vajra. Jaag je eigen lustgevoelens, je eigen genot na. Beweeg je lichaam. Duw je bekken omhoog, zodat je Shakti's massagestreken nog beter kunt voelen. Adem krachtig uit door je mond en duw je energie naar beneden in je geslachtsdelen. Het kan helpen de PC-pomp te doen en de spieren rond je perineum en je anus met korte, krachtige, rukkende bewegingen samen te trekken.

Shakti, breng Shiva naar een `bijna climax', zodat hij nog net niet het punt van de ejaculatie bereikt. Dit betekent dat je alle stimulering voor minstens drie tot vijf seconden moet stoppen voordat de ejaculatiereflex optreedt. De volgende signalen kunnen je duidelijk maken dat Shiva dicht bij een orgasme is.

1. Hij spant zijn dij- en buikspieren aan.
2. Hij kromt zijn rug en duwt zijn bekken naar jou toe.
3. Zijn testikels trekken zich terug in de richting van zijn buik.
4. Zijn ademhaling verandert; sommige mannen ademen merkbaar sneller, anderen juist langzamer.
5. De eikel wordt donkerder van kleur.
6. De Vajra wordt heel erg hard, omdat hij verzadigd raakt van bloed; de aderen zwellen op.
7. De Vajra voelt dikwijls onvoorstelbaar levendig aan.
8. Door de opening van de urinebuis wordt meermalen een heldere vloeistof uitgescheiden.

Shiva, als je merkt dat het niveau van je opwinding zijn hoogtepunt bereikt en je heel dicht bij een zaadlozing bent, gebruik dan het woord dat je afgesproken hebt met Shakti. Zeg: "Stop!"

Shakti, houd onmiddellijk op met stimuleren. Druk met je wijs- en middelvinger stevig op Shiva's perineum en houd met je andere hand de Vajra vast. Hierdoor help je hem niet te ejaculeren.

Als dat nodig is, kun je ook de duimen en vingers van je beide handen stevig in de schacht zetten, net onder de eikel. Deze techniek wordt doorgaans alleen gebruikt als Shiva dicht bij een zaadlozing is en extra hulp nodig heeft om die te voorkomen.

Shiva, adem krachtig en diep, vul heel je longen met lucht en help zo de energie door je bekken te verspreiden. Laat je hele lichaam zich op elke uitademing ontspannen, laat je beheersing varen en word ontvankelijk voor de uitzonderlijke gevoelens in je geslachtsdelen.

Shakti, het verlangen van Shiva naar een zaadlozing zal binnen enkele ogenblikken verdwenen zijn. Als je het gevoel hebt dat hij zover is, vraag dan: "Zal ik weer beginnen?"

Als Shiva 'ja' zegt, ga je weer over tot stimulering van zijn Vajra. Gedurende de volgende twintig tot dertig minuten breng je hem drie tot zes keer naar een hoogtepunt van seksueel genot.

Als jullie het allebei prettig vinden, kunnen jullie de sessie afsluiten door Shiva's Vajra de laatste zegen te geven en hem zover te stimuleren dat hij een zaadlozing krijgt.

Shiva en Shakti, jullie blijven nu een paar minuten rustig liggen om deze ervaring in je op te nemen.

Shiva, zorg ervoor dat je Shakti waardeert voor het feit dat zij je zoveel genot geschonken heeft. Beloon haar met een innige omhelzing.

Deel samen de ervaringen die jullie tijdens de sessie hebben opgedaan.

Sluit af met een hartegroet.

Basisregels voor stimulering van de Vajra

Hier zijn vijf basisregels voor de stimulering van Shiva's Vajra.

1. Een verbinding van hart tot hart tot stand brengen.
2. Begin met een speels en erotisch voorspel.
3. Onderzoek de verschillende massagestreken voor de Vajra.
4. Ga over op ritmische stimulering.
5. Werk meermalen toe naar een hoogtepunt zonder zaadlozing.

Opmerkingen

LAAT HET BEELD VAN `STERK EN ZWIJGZAAM' LOS.

Shiva, zoals je waarschijnlijk wel weet, zijn mannen niet gewend om voor, tijdens of na het vrijen te praten, dus het betekent voor jou een hele uitdaging dit beeld van `sterk en zwijgzaam' te doorbreken en vrij en doorlopend te communiceren.

Dit zal gemakkelijker voor je zijn als je je ogen open houdt en naar je partner kijkt, terwijl zij je stimuleert. Als je het gevoel hebt dat je af en toe je ogen dicht moet doen om ten volle van de opgewekte sensaties te genieten, wissel dit dan af met het aankijken van Shakti.

Het is van groot belang dat je bereid bent je gevoelens te beschrijven, anders kan Shakti de nodige vaardigheden niet leren om jou naar een steeds hoger niveau van genot te brengen. Praat met haar over iedere streek: hoe het voelt, hoe je aangeraakt wilt worden, of de druk stevig of licht moet zijn, welke stimulering je het meest opwindt.

Een seksuele erectie is te vergelijken met water en vuur. Water en vuur kunnen een man of vrouw doden, maar ze kunnen ook behulpzaam zijn, afhankelijk van hoe ze worden gebruikt.

PAO
The Plane Master

Weersta de verleiding om bij alles wat Shakti doet te zeggen: "Dat is prima," want daarmee help je haar niet haar vaardigheden te ontwikkelen. Houd echter wel in gedachten dat je positief blijft in je communicatie en Shakti's welwillendheid respecteert.

Shakti, als je partner begint te ontspannen, echt begint te genieten en wegzakt in een gelukzalige trance, heb je misschien het gevoel dat je hem niet moet storen door vragen te stellen. Het is echter belangrijk dat jullie blijven communiceren. Stel eenvoudige vragen, die kort beantwoord kunnen worden, zoals: "Voelt dit goed?" "Moet het steviger?" "Zal ik iets anders proberen?"

EEN SUCCESVOLLE EERSTE ERVARING

Een goede ervaring met het uitbreiden van het orgasme is het gevolg van een subtiel samenspel van techniek, creativiteit en communicatie. Bob en Sarah, die al zeven jaar bij elkaar waren, experimenteerden met verschillende tantrische technieken, maar hadden nog nooit de oefening gedaan die ik hier beschreven heb. Bob vertelt over hun eerste ervaring.

> Ik nam een douche, terwijl Sarah de ruimte in orde bracht. Ik had haar eerder verteld over Margo's idee om olijfolie als glijmiddel te gebruiken en we besloten het eens te proberen. Voor de zekerheid hielden we echter ook een paar andere soorten bij de hand.
>
> Ik deed mijn badjas aan en Sarah leidde mij naar de slaapkamer. Ze had een witte satijnen sprei over het bed gelegd en een handdoek op de plaats waar ik moest gaan zitten, voor het geval er olie zou worden gemorst. Er lag een rijtje grote kussens langs de rand van het bed, zodat ik in een half zittende houding, op een koninklijke manier, op het bed kon plaatsnemen. Er stond zachte muziek op en de sfeer was ontspannen en uitnodigend.
>
> Het voelde heel prettig om daar te liggen en te zien hoe Sarah haar kleren uittrok en haar goed gevormde lichaam te zien. Ze begon spontaan voor mij te dansen -

dat was heerlijk. Daarna kwam ze tussen mijn benen zitten. Wij deden de hartegroet en plaatsten onze handen tegen elkaars hart. Toen smeerde ze de drie chakra's in met olie en sprak bij elk chakra een zegen uit. Daarna begon ze mijn hele lichaam licht te masseren.

Hoewel ik hier erg van genoot, voelde ik ook dat ik ongeduldig werd. Ik dacht: "Ja, dit voelt wel lekker, maar wanneer gaat er nu echt iets gebeuren? Wanneer zal ze nu mijn Vajra aanraken?"

Sarah pikte mijn onrust op en vroeg: "Bob, maak je je zorgen over het tempo?" Dat kon ik niet ontkennen, want we hadden afgesproken voor de hele sessie een uur uit te trekken en er was al flink wat tijd verstreken. Vandaar dat ik bang werd dat er voor werkelijk genot niet veel tijd meer over zou zijn.

Toen eenmaal duidelijk was wat me dwarszat, losten we het probleem op door af te spreken dat we door zouden gaan totdat we alle stappen van de oefeningen gedaan hadden. We schatten dat we daar anderhalf tot twee uur voor nodig zouden hebben. Toen kon ik werkelijk ontspannen en van elk moment genieten.

Dit was ook voor Sarah van belang. Ze vertelde me dat ze, om te kunnen genieten van wat ze deed, tussen ons werkelijk een verbinding van hart tot hart wilde voelen; mijn ongeduld maakte het moeilijk om die te voelen.

Ik vond het heel plezierig toen ze haar handen om mijn geslachtsdelen legde en naar mij keek om zich op mij af te stemmen. Toen begon ze met de X-streek en spoedig was mijn Vajra stijf.

Ik kwam er al snel achter dat veel massageolie voor mijn penis erg prettig was. Hoe meer olie, hoe erotischer en plezieriger de sensaties. Dus zei ik dikwijls: "Meer olie," en Sarah deed wat haar gevraagd werd.

Toen begon Sarah de verschillende massagestreken uit te proberen. Al die aandacht voor mijn penis was ronduit heerlijk. Eindelijk hoefde ik mij geen zorgen te maken of Sarah wel voldoende stimulering kreeg en kon ik mij helemaal toevertrouwen aan haar aandacht en aan de sensaties in mijn Vajra.

Voor Sarah was het belangrijk dat ze elke massagestreek op haar eigen manier kon gebruiken en de ene werkte beter dan de andere. De draaimolen was onze favoriet, want die was niet alleen erotisch maar ook speels, want de schommelende en draaiende bewegingen deden me werkelijk denken aan een draaimolen op de kermis.

Ik voelde mij de hele tijd heel seksueel en mijn Vajra was hard. Het kostte mij echter geen moeite een zaadlozing tegen te houden, want ik was niet dicht bij een orgasme, waarschijnlijk vanwege het feit dat, toen Sarah mijn Vajra begon te strelen, ik heel ontspannen werd en erg van het hele gebeuren genoot.

Dit werd evenwel een probleem toen het tijd werd dat ik naar een orgastisch hoogtepunt ging. Sarah maakte gebruik van de basisstreek, maar ik voelde geen grote opwinding. Ik bood aan haar te laten zien hoe ze het doen moest, maar ik merkte dat het niet veel verschil maakte. Ik was stijf, maar niet in staat een hoogtepunt te bereiken.

Toen zei Sarah dat ze het niet erg prettig vond de ritmische basisstreek lang vol te houden en ze begon te experimenteren met de andere streken en gebruikte daarbij veel olie.

Mijn lichaam begon daarop op een heel sensuele manier te bewegen. Eerst hield ik mij in. Ik werd verlegen en dacht: "Zo bewegen vrouwen als ze opgewonden zijn, niet mannen." Maar het voelde zo lekker, dat ik mij gewonnen gaf.

Sarah gebruikte allerlei streken om mijn Vajra te masseren en ik duwde mijn heupen naar haar toe, kromde mijn rug, streek met mijn handen over mijn gezicht en mijn borst, zuchtte, kreunde, hijgde en gromde, en plotseling raakte ik werkelijk enorm opgewonden.

Tot mijn grote verrassing raakte Sarah ook opgewonden. Ze vertelde me later dat mijn bewegingen een golf van mannelijke energie door mijn geslachtsdelen deed gaan, die voor haar heel opwindend was. Ze voelde zich dus heel goed en goot olie over mijn Vajra en mijn lichaam. Ik duwde mijn heupen tegen haar buik en zij wreef met haar borsten over mijn Vajra en kneep in mijn tepels.

Ik begon behoorlijk wild en opgewonden te worden. Ik bereikte mijn eerste hoogtepunt en zei: "Nu!" en toen stopten we allebei. Er gingen verrukkelijke sensaties door mijn Vajra, maar ik kon ook voelen hoe mijn bewegingen een energiekanaal in mijn lichaam geopend hadden. Mijn bekken, mijn buik, mijn borst en mijn keel voelden meer open, levendiger. Het genot was niet meer plaatselijk, maar verspreidde zich over mijn hele lichaam.

Ik bereikte vier of vijf keer een hoogtepunt, zonder een zaadlozing te hebben, en toen zei ik tegen Sarah dat ik een volledig orgasme wilde. Ze was zelf zo opgewonden dat ze, terwijl ze mijn Vajra stimuleerde, met haar bekken over het laken kronkelde. Ik doopte één hand in de olie en reikte naar haar kruis om haar clitoris te stimuleren, terwijl zij mij naar de laatste climax hielp.

We kwamen tegelijkertijd klaar en hadden enorm plezier. We schokten van genot, en het sperma en de olie dropen van onze lijven. Het was werkelijk zalig. Ik heb maar zelden zoveel genot ervaren. Naderhand voelden we ons heel liefdevol en toegenegen, alsof we weer op huwelijksreis waren.

Op weg naar het Verboden Seksuele Gebied

Nu de `voorkant' van Shiva's geslachtsorganen ruimschoots aan bod is gekomen, wordt het tijd manieren te gaan ontdekken om seksuele opwinding voort te brengen in de `achterkant'. In de volgende oefening gaat Shakti het perineum masseren, het gebied tussen Shiva's testikels en anus. Hierbij wordt de prostaat gestimuleerd, die net onder de huid ligt (zie de afbeelding van de mannelijke anatomie).

Voordat ik deze oefening ga uitleggen, is het wellicht nuttig de maatschappelijke taboes te bespreken die een man verhinderen genot te ervaren in de prostaat en het gebied van de anus. Je zult ontdekken dat je moet ingaan tegen de taboes, de afkeurende ideeën en de weerzin die je al je hele leven lang kent.

Van jongs af krijgen kinderen, dikwijls al voordat het noodzakelijk is, een soort zindelijkheidstraining aangeleerd die inhoudt dat ze hun sluitspier en de spieren rond hun prostaat aanspannen om hun ontlasting op te houden. Als ze hier niet in slagen, krijgen ze onvermijdelijk te maken met afkeer en veroordeling, en daarmee krijgen ze de boodschap dat dit onaanvaardbaar is. Zo leren ze al snel dat dit deel van hun lichaam om de een of andere reden vies is.

Daar komt nog bij dat is vastgesteld dat ontkenning van emoties, met name ontkenning van woede, direct verband houdt met het samentrekken van spieren in de anus. Je baas is bijvoorbeeld vervelend of grof tegen je geweest en jij merkt dat je vreselijk boos bent, maar je kunt het niet uiten. Automatisch span je de spieren rond je anus aan. Tegelijkertijd heeft je adem de neiging oppervlakkig te worden, je maag wordt gespannen en de hele energiestroom naar het bekken en het gebied rond de anus raakt geblokkeerd.

Een derde bron van spanning is afkomstig van de bij het vrijen overal ter wereld geaccepteerde `missionarishouding', waarin de man boven op de vrouw ligt en regelmatig stotende bewegingen maakt met zijn bekken om de Vajra op een energieke en krachtige manier in de Yoni te drijven. Op deze manier vrijen kan heel plezierig zijn, maar als het een gewoonte wordt, ontstaat er chronische spanning in het gebied waar de stotende beweging vandaan komt, namelijk het gebied van de billen en de anus, en vooral ook in de prostaat.

Angst voor homofilie is een andere bron van spanning. Het idee dat strelen en stimuleren van dit gebied genot kan geven, kan bedreigend zijn voor een man die is opgegroeid met een krachtig heteroseksueel beeld van zichzelf.

Onaangenaam en ruw onderzoek van de prostaat, dat iedere man vroeg of laat ondergaat, schept ook spanning. De uitwerking van de plotseling in je anus binnendringende vingers van een dokter is groter dan de eerste schok en pijn. Bovendien is de prostaat de laatste jaren een steeds grotere bron van medische zorg geworden, omdat prostaatkanker steeds vaker voorkomt.

Om al deze redenen is het anale gebied een moeilijk gebied om te onderzoeken en van te genieten. Maar aan deze traumatische conditionering kun je iets doen. Hier ligt voor ons een nieuwe uitdaging: de ontspanning van dit verboden gebied en de genezing en de voeding ervan, zodat dit gebied, onafhankelijk van maatschappelijke veroordeling en taboes, kan veranderen in een bron van groot genot. Het wordt voor ons allemaal tijd te gaan erkennen dat dit gebied van het mannelijk lichaam net zoveel zorg en aandacht nodig heeft als elk ander gebied.

UITWENDIGE STIMULERING VAN DE PROSTAAT

Doel en nut van de oefening

In deze oefening gaat het erom het ontvankelijke aspect van de mannelijke seksualiteit te versterken door stimulering van de prostaat. De prostaat wordt uitwendig gestimuleerd door massage van het perineum, het gebied tussen de testikels en de anus. Deze massage maakt de weg vrij voor meervoudige, implosieve orgasmes, in tegenstelling tot het explosieve orgasme van de normale ejaculatie.

Stimulering van de prostaat geeft jou, Shiva, een ervaring die vergelijkbaar is met het orgasme van de G-plek. Je gaat ervaren op welke manier seksueel genot zich van je Vajra verspreidt naar je prostaat, zoals het genot van een vrouw zich verspreidt van haar clitoris naar haar G-plek.

Door middel van gecombineerde stimulering van de Vajra en de prostaat kun je twee verschillende soorten genot verenigen: naar buiten gerichte seksuele sensaties en naar binnen gerichte.

Wanneer je een zaadlozing hebt, reageren de spieren rond je prostaat met een reflexmatige reeks golvingen of samentrekkingen, die het sperma door de urinebuis naar buiten stuwen. Door de prostaat te stimuleren kun je een subtiele, doorgaande stroom van aangename sensaties ervaren, waarvoor geen zaadlozing nodig is.

Voorbereidingen

- Wees zacht en liefdevol wanneer je dit gebied onderzoekt. Als je prostaat gemasseerd wordt, kun je tijdelijk enige gevoelens van ongemak ervaren, die heel normaal zijn als een lichaamsgebied dat lange tijd genegeerd is geweest, weer gevoelig wordt. Het is beter in de eerste sessies de prostaat niet langer dan vijf tot zeven minuten rechtstreeks te stimuleren.

- Als je kort geleden een ontsteking of infectie aan de prostaat of het gebied eromheen hebt gehad, of als je langere tijd prostaatklachten hebt gehad, moet je deze massage niet doen, tenzij je goedkeuring hebt van je huisarts.

- Shiva, neem eerst een douche en was grondig je geslachtsdelen en je anus. Het is bij de massage van de prostaat voor beide partners van groot belang te weten dat de anus schoon is.

- Shakti, jij zou in je benadering iets kunnen leggen van een studente in de medicijnen en je aandacht richten op het aanleren van een vaardige stimulering door middel van experimenteren en uitwisselen van informatie.

- Shakti, breng de magische cirkel in gereedheid, terwijl Shiva zich voorbereidt op de massage.

- Zorg ervoor dat je vingernagels kort en glad zijn.

- Als je wilt, kun je latex handschoenen aantrekken als hygiënische voorzorgsmaatregel.

- Gebruik ruim voldoende glijmiddel op oliebasis.

- Trek voor deze oefening veertig minuten uit.

Stap 1: Voorspel met Krachtige Massage

Shakti, verwelkom Shiva in de magische cirkel.

Begin met de hartegroet en een langdurige innige omhelzing.

Shakti, ontdoe je geliefde van zijn kleren en help hem op zijn buik te gaan liggen. Je kunt ook met een massagetafel werken.

Begin met Shiva een diepe, stevige massage te geven van zijn billen, zijn onderrug, het heiligbeen en de bovenkant van zijn dijen. Dit is belangrijk als voorbereiding op de massage van de prostaat. Maak je bewegingen vanuit je hara - je evenwichtspunt, iets onder je navel - en gebruik daarbij je hele lichaam.

Ervaar je individualiteit als ware het een gezond blad aan een boom:
voel hoe het voedende sap voortkomt uit de wijnstok van je innerlijke zelf.

The Bird Tribe Book

Wees speels en geniet ervan. Bij het masseren van Shiva's billen kun je denken aan het kneden van brooddeeg.

Sluit deze massage af door op iedere bil een hand te leggen en gedurende twee of drie minuten krachtig te schudden. Strijk vervolgens over de achterkant van Shiva's benen, van zijn billen naar zijn voeten, en klop op zijn voetzolen om de energie te aarden.

Stap 2: De Bliksemschicht Wakker Maken (Stimulering van de Vajra)

Shakti, als je klaar bent, vraag Shiva dan zich om te draaien en een half liggende houding aan te nemen, gesteund door voldoende kussens.

Neem de tijd om je op Shiva af te stemmen. Leg je ene hand op zijn geslachtsdelen en je andere op zijn hartchakra. Kijk hem liefdevol in de ogen en voel het vertrouwen dat er tussen jullie is. Vertel hem iets liefs, zoals: "Dit is allemaal voor jou. Ik houd van je. Sta jezelf toe om alles te ontvangen."

Adem diep en in harmonie met elkaar.

Shakti, net als bij de stimulering van de G-plek is het voor Shiva belangrijk dat hij eerst goed seksueel opgewonden is voordat je de prostaat gaat strelen. Het opzwellen van de Vajra helpt spanning in het gebied van de prostaat verminderen en verzachten.

Smeer Shiva's Vajra in met ruim voldoende glijmiddel en begin te masseren op de manieren die je geleerd hebt. Gebruik al je vaardigheid en de massagestreken die je partner orgastisch genot verschaffen. Kom dan in een regelmatig ritme om Shiva naar een hoogtepunt van seksuele opwinding te brengen.

Shiva, gebruik het afgesproken woord om te stoppen vlak voor het punt vanwaar je niet meer terug kunt.

Shakti, stop met stimuleren en laat je hand op Shiva's Vajra rusten.

Shiva, ontspan, adem langzaam en diep, en laat je orgastische sensaties zich verspreiden door je bekken. Nu kunnen jullie beginnen met de massage van de prostaat.

Stap 3: Het Perineum Masseren

Shakti, als je je partners Vajra een kwartier tot twintig minuten gestimuleerd hebt en hem verschillende keren tot een hoogtepunt hebt gebracht, vraag hem dan: "Ik wil me nu gaan concentreren op de prostaat. Is dat goed?"

Als hij ja zegt, begin dan het gebied van het perineum te onderzoeken.

Shakti, streel eerst de huid tussen Shiva's testikels en anus. Voel het heuveltje net onder de testikels, dat de wortel van Shiva's Vajra is, volg dit heuveltje tot aan de anus en let op wanneer je met je vingers op een zacht, vlezig gebied stuit. Dit is het perineum; hierachter bevindt zich de prostaat.

Voel de twee grote zitbeenderen, onder aan zijn billen, en volg deze tot aan het perineum. Ook nu stuit je weer op een zachte, vlezige plek.

Shiva, misschien ontdek je, omdat dit gebied weinig of nooit wordt aangeraakt, dat het tamelijk ongevoelig is. Geef Shakti alle tijd om dit gebied te leren kennen. Hoe beter zij hier de weg weet, hoe meer genot ze jou later kan bezorgen.

Shakti, de volgende massagestreken zijn ontwikkeld om het perineum los te maken en te doen ontspannen, dit gebied gevoeliger en levendiger te maken en aanwezige spanning weg te nemen. Je kunt een kussentje onder Shiva's billen leggen, zodat dit gebied beter bereikbaar is.

Drukken met de Vingers

Shakti, druk met je vingers in het gebied tussen de testikels en de anus, en voel waar het hard en waar het zacht is. Je zult ontdekken dat je het zachte gebied dat de prostaat bedekt, behoorlijk diep en stevig kunt indrukken.

Maak bij het drukken gebruik van je middel- en wijsvinger en zoek naar het meest plezierige punt; experimenteer hiermee, terwijl je partner je leidt: "Ja goed, probeer het nu eens ietsje hoger, iets naar beneden..."

Shiva, als Shakti begint met masseren, ga jij de PC-pomp doen. Trek ritmisch de spieren rond je perineum en je anus aan, en adem diep in en uit door je mond. Zorg ervoor dat je keel open is.

Stel je op de inademing voor dat de adem naar je hart stroomt. Op de uitademing stel je je voor dat je de energie naar je bekken duwt. Dit zal je helpen overal in je lichaam spanning los te laten.

Leid Shakti en vertel haar hoe het voelt en hoeveel druk je nodig hebt.

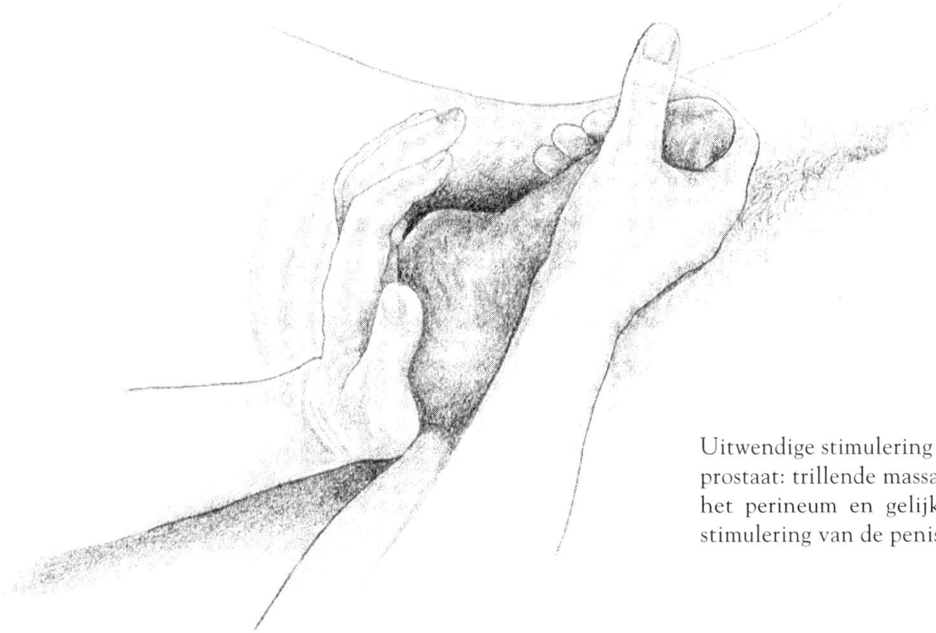

Uitwendige stimulering van de prostaat: trillende massage van het perineum en gelijktijdige stimulering van de penis.

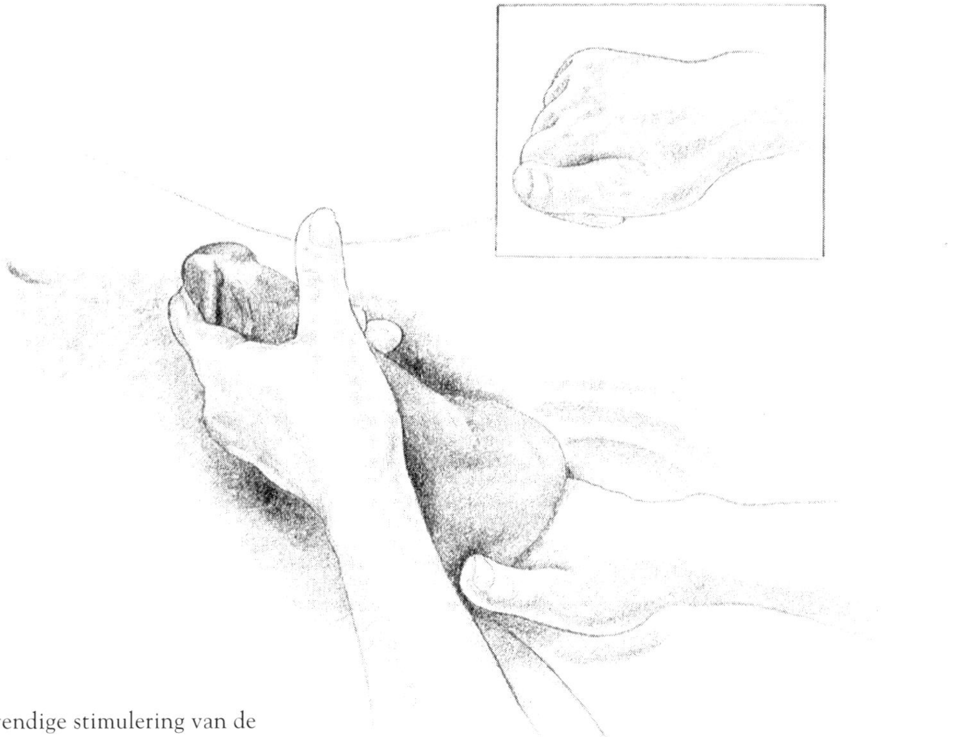

Uitwendige stimulering van de prostaat: met de vuist trillen en duwen op het perineum.

Drukken met de Knokkels

Shakti, maak een vuist en druk met je knokkels zachtjes op het gehele gebied van het perineum. Blijf in nauw contact met Shiva en vraag hem: "Is dit stevig genoeg? Hoe voelt het zo?"

Als je eenmaal het juiste punt en de juiste druk gevonden hebt, weet je later, als Shiva flink opgewonden is, hoe je met je vingers of je knokkels een zaadlozing kunt voorkomen.

Trillen met een Vuist

Maak een vuist en druk met de platte kant, met het middelste vingerkootje, tegen het perineum. Schud met je vuist, breng het hele gebied in trilling en stuur vibraties in het perineum. Met je vrije hand masseer je Shiva's buik en borst.

Moedig Shiva aan zijn lichaam te bewegen, zijn bekken naar voren te duwen en geluid te maken, zodat de trillingen zich kunnen uitbreiden en verspreiden door zijn bekken en naar zijn borst.

Trillen met twee Handen

Glijd met je vingers onder Shiva's stuitje, zodat de muis van je hand tegen het perineum drukt. Leg je linkerhand op Shiva's onderbuik. Gebruik nu je hele lichaam, bewegend vanuit de hara, om je handen te laten schudden en dit gebied in trilling te brengen.

STAP 4: SEKSUELE OPWINDING OPBOUWEN

Shakti, nu je het gebied rond Shiva's perineum hebt opgeladen, kun je gaan experimenteren met stimulering van de Vajra en de prostaat tegelijk.

Smeer de Vajra eerst in met olie en begin met je favoriete streek de schacht te masseren om deze magische staf in een toestand van parmantige levendigheid te brengen.

Wanneer de Vajra stijf is, stimuleer je met je vrije hand het perineum en geef je met je vingers of je knokkels stevige druk. Masseer het perineum met rondgaande bewegingen of wrijf op en neer, of geef stevige trillingen op één punt.

Ga over tot gelijktijdig masseren van Shiva's Vajra en perineum, in hetzelfde ritme. Een gelijkmatig ritme kan Shiva helpen seksueel opgewonden te raken, zonder al te veel op de gevoelens in zijn Vajra geconcentreerd te zijn.

De steen der wijzen verandert ruw metaal in goud. In het hart van het juweel worden liefde en hartstocht omgezet in zuiver bewustzijn.

TANTRISCHE ALCHEMIE

Een goede massagestreek is de volgende. Neem de Vajra in je rechterhand en houd hem bij de basis vast. Maak met de duim en wijsvinger van de linkerhand een cirkel en leg die om het scrotum, net onder de Vajra, zodat de hele balzak in je linkerhand ligt en je met het platte deel van je vingers, met het middelste vingerkootje, tegen het perineum drukt.

Experimenteer met deze positie. Streel met je rechterhand de Vajra en tril met je linkerhand tegen het perineum.

Shiva, vertel Shakti hoe dit voelt - hoe krachtig, hoeveel druk en hoe snel je prettig vindt.

Hier is een gouden tip. Shiva, in de eerste stappen, als Shakti de uitwendige massage van de prostaat leert kennen, kun je ook zelf je Vajra stimuleren. Je kunt jezelf naar een seksueel hoogtepunt brengen en je neemt tegelijk de nieuwe sensaties die door Shakti teweeg worden gebracht in je bewustzijn op. Dit kan voor jou heel opwindend zijn en Shakti meer gelegenheid geven zich op het gebied van het perineum te concentreren.

Shakti, als je het moeilijk vindt het perineum te strelen omdat je er recht voor zit, vraag Shiva dan zijn benen wijder uit elkaar te doen, zodat je onder een rechte hoek met zijn geslachtsdelen zit.

Stap 5: Gecombineerd Hoogtepunt

Shakti, breng Shiva met krachtige, gecombineerde stimulering van de Vajra en het perineum naar een orgastisch hoogtepunt.

Shiva, ga helemaal op in je genot, adem krachtig, wrijf je perineum tegen Shakti's handen door je bekken op en neer te duwen, beweeg je lichaam en maak er geluid bij. Concentreer je op je seksuele gevoelens en probeer die te versterken. Moedig Shakti aan je te stimuleren op een manier die jou nog meer genot verschaft.

Gebruik op het hoogtepunt het afgesproken woord en stop alle stimulering.

Shiva, ontspan je lichaam, adem langzaam en concentreer je op de heerlijke gevoelens die door je bekken stromen. Sta die gevoelens toe, ook als ze voor jou nieuw en vreemd zijn. Geef je eraan over. Voel hoe de Vajra en de prostaat elkaar aanvullen in deze orgastische dans.

Herhaal dit proces zo vaak als je wilt.

Beëindig de sessie met een innige omhelzing.

Shiva, bedank Shakti voor de nieuwe dimensie van genot die ze jou heeft laten ervaren.

Neem een korte pauze en vertel elkaar daarna wat je ervaren hebt.

Sluit af met een hartegroet.

Basisregels voor Massage van het Perineum

Hier zijn vijf basisregels die je in gedachten moet houden als je de prostaat uitwendig stimuleert.

1. Begin met krachtig masseren van de billen.
2. Stimuleer de Vajra voordat je aan het perineum begint.
3. Onderzoek de verschillende streken voor het perineum.
4. Stimuleer gelijktijdig en ritmisch de Vajra en het perineum.
5. Oefen met hoogtepunten zonder zaadlozing.

Opmerkingen

Intens Genot Laten Samengaan met Ontvankelijkheid

Shiva, het eerste probleem dat je kunt tegenkomen als Shakti je perineum masseert, is dat je, naarmate het gebied rond je anus en je prostaat zich meer ontspant, minder opwinding in je penis voelt.

Je kunt dit opvangen door Shakti te vragen tijdens de stimulering van het perineum ook je Vajra te blijven masseren. Als je toch je erectie verliest, hoef je je geen zorgen te maken, want dat is een stadium waar je op weg naar een veel groter orgastisch genot doorheen moet.

Je moet je niet concentreren op het behouden van een erectie, maar op het ontdekken van de nieuwe gevoelens die mogelijk worden rond je prostaat. Shakti helpt je bij het activeren van het ontvankelijke aspect van je seksualiteit.

Wanneer je met Shakti's hulp hebt geleerd hoe je intens seksueel genot kunt laten samengaan met ontvankelijkheid, ben je in staat een voortdurend orgastisch genot te ervaren dat wel tien tot twintig minuten kan aanhouden. Dit wordt mogelijk als het gebied rond de prostaat en de anus ontspannen en gevoelig is geworden.

Speciale Hygiënische Maatregelen

Wij kunnen bijna beginnen met de derde en laatste fase van het onderzoek naar de alchemie van het mannelijk orgasme, waarin Shakti de prostaat van Shiva inwendig gaat stimuleren door met haar vingers voorzichtig de anus binnen te dringen en de prostaat rechtstreeks te masseren.

Voordat we hiermee beginnen, wil ik Shiva eerst enkele speciale hygiënische maatregelen aanraden. Veel vrouwen zijn gewend aan een vaginale douche, maar er rust bij mannen een zeker taboe op het gebruik van deze methode voor de anus, met name bij heteroseksuele mannen. Het kan beangstigende gevoelens oproepen omtrent homoseksualiteit, je kunt bang worden dat je partner je een mietje vindt.

Ik kan je echter verzekeren dat deze eenvoudige methode om je endeldarm te reinigen door je partner zeer gewaardeerd wordt. Zij zal je dankbaar zijn voor je hygiënische zorg, want dan weet ze dat jij haar rol in deze oefening werkelijk serieus neemt. Bovendien zal een douche of lavement met handwarm water het gebied rond je prostaat gevoeliger maken en je helpen meer genot te ervaren.

Vergeet niet dat, hoe schokkend of pijnlijk het misschien voor je is, het reinigen van je anus in feite niet verschilt van het schoonmaken van de kelder van je huis. Je reinigt jezelf van `emotioneel afval' - de spanningen en pantsering die ontstaan zijn door ingehouden woede, zindelijkheidstraining, enzovoort - dat sinds je kindertijd in dit gebied van het lichaam ligt opgeslagen.

Ik heb deze maatregelen bij veel stellen geïntroduceerd en naar mijn ervaring kan inwendige massage, naast het feit dat het genot van de man erdoor wordt vergroot, helpen aambeien te verzachten of te verminderen en houdt het ook de prostaat gezond en energiek.

INWENDIGE STIMULERING VAN DE PROSTAAT

Doel en nut van de oefening

Deze oefening heeft als doel Shiva de allerhoogste orgastische sensaties te bezorgen door middel van inwendige stimulering van de prostaat en gelijktijdige stimulering van zijn Vajra. In deze oefening brengt Shiva op tantrische wijze zijn mannelijke en vrouwelijke energieën met elkaar in evenwicht: in zijn Vajra worden krachtige, mannelijke gevoelens opgeroepen en in zijn prostaat meer ontvankelijke, vrouwelijke gevoelens.

Linga en Shakti zijn voor elkaar gemaakt. Hoe zou er anders nieuw leven kunnen ontstaan? Begeerte verbindt man en vrouw in een hartstochtelijke eenwording.

KAMA SUTRA

Als hij deze ervaring heeft gehad, kan Shiva Shakti beter begrijpen, want dan weet hij hoe het is om door middel van penetratie genot te ontvangen.

Een ander voordeel van deze manier van stimuleren is dat Shiva's Vajra gevoeliger wordt in het contact met Shakti's Yoni als zij vrijen. Bovendien levert het de meest krachtige sensaties van het mannelijk orgasme op en dat is als zodanig van onschatbare waarde voor de beoefening van seksuele magie.

Shiva, in deze oefening daal je af naar de wortels van de mannelijke creatieve kracht, naar een gebied waar het sperma zich vermengt met het prostaatsap. Op deze manier vereer en verzorg je je aardse tempel en ontdek je een nieuwe dimensie van genot, die tot nu toe genegeerd is.

Voorbereidingen

- Shakti, voor de inwendige massage van de prostaat is het van groot belang dat je vingernagels kort en goed glad gevijld zijn - zonder haakjes of scherpe hoekjes.
- Je kunt voor deze inwendige massage latex handschoenen gebruiken. Hiermee bescherm je het tere inwendige weefsel van de anus ook tegen ruwe plekjes op je vingers.
- Zorg voor voldoende papieren zakdoekjes.
- Shiva, reinig je anus en dien jezelf daarvoor een lavement of klisma toe, dat bij de drogisterij te koop is. Neem voor het lavement twee kopjes warm water en voeg daar eventueel een paar druppels ontsmettingsmiddel (bijvoorbeeld lavendelolie) aan toe. Neem daarna een douche en bereid je voor op wat Shakti je gaat geven.
- Shakti, het is jouw taak de magische cirkel in orde te brengen. Zorg bij deze gevoelige oefening voor een heel verzorgde, beschermende omgeving voor Shiva.
- Trek voor de oefening anderhalf uur uit.

STAP 1: DE VAJRA OPWINDEN

Shakti, leid Shiva de magische cirkel binnen. Begin met een stevige, ritmische dans, spring op en neer om de energie te aarden, zodat jullie je allebei energiek en gecenterd voelen.

Shakti, nodig Shiva uit om op een paar grote kussens te gaan liggen. Ga dicht bij zijn geslachtsorganen zitten, net als in de vorige oefening.

Net als bij de uitwendige stimulering van de prostaat is het goed te beginnen met stimulering van de Vajra. Hierdoor zal ook het gebied rond de prostaat volstromen met bloed, zodat spanningen verdwijnen en Shiva's bewustzijn van deze onzichtbare klier toeneemt.

Zorg ervoor dat Shiva flink opgewonden is en breng hem naar een hoogtepunt door zijn Vajra te strelen. Ga minstens één keer tot aan het punt waarvan geen terugkeer mogelijk is.

Het is belangrijk dat je tijdens het onderzoek van de prostaat contact houdt met de Vajra, want daardoor zal Shiva zich zeker voelen van zijn mannelijkheid en vertrouwen hebben in wat jij doet.

STAP 2: OP DE DEUR KLOPPEN

Shakti, smeer Shiva's anus en bilspleet in met olie. Begin met zacht masseren van de uitwendige gedeelten van de anus. Gebruik ruim voldoende olie. Dit kan voor Shiva een nieuwe en opwindende ervaring zijn, maar het kan hem ook een benauwd gevoel geven, dus haast je niet.

Vraag Shiva hoe het voelt.

Shiva, als je nerveus bent, doe dan de PC-pomp en schommel heen en weer met je bekken. Adem krachtig door je mond en maak er geluid bij. Door deze dynamische voorbereiding laat je meer bloed naar dit gebied stromen, zodat het nieuwe energie en vitaliteit krijgt en hier aanwezige spanningen kunnen oplossen.

Shakti, als je het gevoel hebt zover te zijn, laat je vingers dan op Shiva's anus rusten, wachtend voor de deur, en vraag: "Is het goed als ik naar binnen ga?"

Als Shiva ja zegt, druk dan zacht met je wijsvinger tegen de aarsopening. Gebruik veel glijmiddel.

Shiva, door rustig de PC-pomp te doen en de spieren tussen je anus en je perineum aan te spannen, zul je merken dat de wijsvinger van Shakti in deze beweging naar binnen wordt gezogen.

Stap 3: De Anus Binnendringen

Shakti, ga met je wijsvinger of je middelvinger heel voorzichtig de anus binnen. Je merkt misschien dat Shiva's sluitspier (de spier rond de aarsopening) zich spant en hard wordt. Als dat gebeurt, pauzeer dan even tot deze spier zich weer ontspant. Als de spanning afneemt, wiebel dan een beetje met je vinger. Ga vervolgens een klein beetje dieper naar binnen. Doe dat heel langzaam en met gevoel, zodat dit gebied zich ontspannen kan.

Wanneer je vinger twee tot drie centimeter is binnengedrongen, buig hem dan een beetje en beweeg over de binnenkant van de sluitspier en druk overal tegen de binnenkant van de aarsopening. Doe dit heel rustig en langzaam. Na een poosje kun je je vinger ook een beetje laten vibreren.

Shiva, adem diep in en uit door je mond, terwijl Shakti de binnenkant van je anus masseert. Als er in dit gebied veel spanning wordt vastgehouden, kan het zijn dat je een of meer sessies nodig hebt om het te ontspannen. Probeer niet door ongemak of pijn heen te duwen. Wees heel zacht voor jezelf. Leid Shakti zo dat penetratie en stimulering plaatsvinden in een tempo dat voor jou prettig is.

Stap 4: De Ontmoeting met de Prostaat

Shakti, als Shiva's anus ontspannen en rustig voelt, weet je dat je dieper kunt penetreren. De spieren zijn nu gewend aan de aanraking en je bent welkom.

Blijf de binnenkant van de anus onderzoeken. Vraag Shiva: "Hoe voelt dit?" Blijf in nauw contact met elkaar.

Ga met je vinger dieper de anus in en buig hem een beetje omhoog, totdat je een stevig stuk bolvormig weefsel tegenkomt, dat de vorm van een kastanje heeft. Dit is de prostaat.

Shiva, als Shakti's vinger tegen je prostaat duwt, krijg je waarschijnlijk een krachtig en onbekend gevoel - het kan plezierig zijn, maar ook vreemd. Als dit gebeurt, laat haar dan weten dat zij de juiste plek gevonden heeft.

Neem alle tijd om dit hele gebied te onderzoeken.

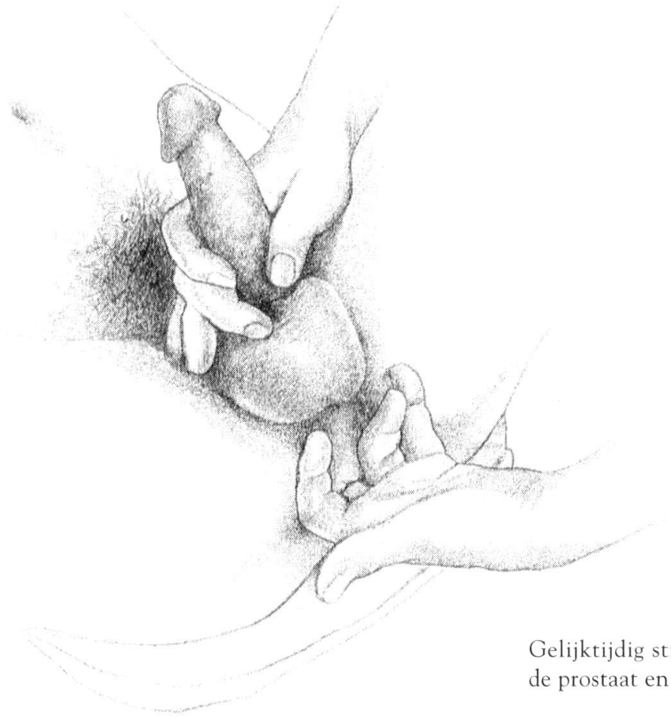

Gelijktijdig stimuleren van de prostaat en de penis.

Shiva, ik wil je er nogmaals op wijzen dat je je geen zorgen hoeft te maken als je geen erectie meer hebt. Het gaat er nu om dat jullie dit gebied leren kennen.

Help Shakti de prostaat te vinden, zodat zij de vorm ervan, de grootte en de mate waarin zij erop kan drukken, leert kennen. Vergeet niet dat jij hierin haar gids bent.

STAP 5: DE PROSTAAT STIMULEREN

Shiva, in het begin voelt het misschien niet prettig als Shakti op je prostaat drukt; het kan een vreemde gewaarwording zijn. Misschien voel je helemaal niet veel. Net als de bij G-plek kan het soms twee of drie sessies duren voordat je de stimulering van je prostaat als plezierig gaat ervaren.

Shakti, begin zacht het gebied van de prostaat van Shiva te stimuleren. Voor deze massage zijn er drie streken:

1. Een zigzagbeweging met je vinger over de prostaat en het omliggende weefsel
2. Met je vinger op en neer over de prostaat
3. Je vinger laten rusten op de prostaat en met je hand een trillende beweging maken.

Shiva, als Shakti je prostaat stimuleert, kun jij de PC-pomp doen en een beetje ronddraaien met je bekken. Je kunt ook helemaal stil blijven liggen om je gevoelens beter te kunnen waarnemen.

Je kunt Shakti vragen om met haar vinger op de prostaat te vibreren en met haar andere hand je penis te stimuleren; dit is een goede manier om spanning los te laten. Je kunt je echter ook volledig concentreren op de sensaties in je prostaat zonder dat je penis gestimuleerd wordt.

Adem krachtig in en uit door je mond om nieuwe energie naar je bekken te sturen. Zeg Shakti duidelijk en kort hoe je wilt dat zij je prostaat stimuleert. Moedig Shakti aan streken te gebruiken die jou het meeste gevoel in je prostaat geven.

Shakti, wees voorzichtig en gebruik voldoende glijmiddel. In het begin moet de stimulering van de prostaat niet langer dan vijf minuten duren. Let altijd op pijnlijke gewaarwordingen of gevoelens; stop dan onmiddellijk met masseren.

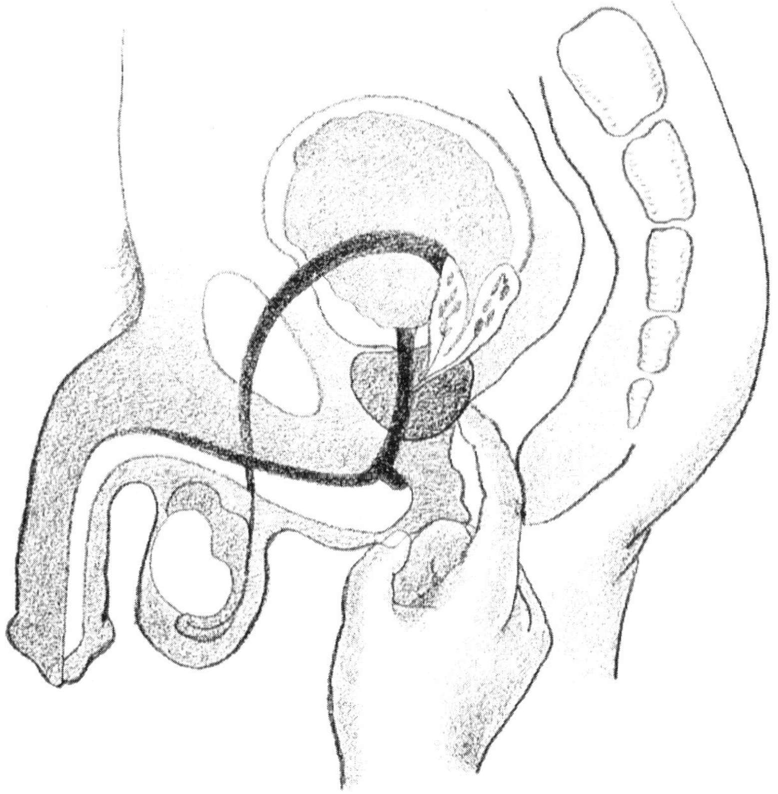

De prostaat stimuleren via de anus

STAP 6: GELIJKTIJDIG STIMULEREN VAN DE VAJRA EN DE PROSTAAT

Shiva, als je je prostaat duidelijk kunt voelen en meer bekend raakt met dit gebied, kun je Shakti vragen de stimulering uit te breiden en de prostaat en je Vajra gelijktijdig te masseren.

Shakti, experimenteer hiermee door één vinger op de prostaat te houden en met je andere hand Shiva's Vajra te masseren. Gebruik voor beide organen ruim voldoende glijmiddel.

Er is hiervoor een gecombineerde massagestreek, die ik `de ontmoeting van twee vrienden' noem.

Twee Vrienden Ontmoeten Elkaar

Om de beschrijving te verduidelijken kun je je voorstellen dat Shakti's rechterhand Shiva's Vajra vasthoudt, terwijl de wijsvinger van haar linkerhand in de anus is en zacht tegen zijn prostaat drukt.

Shakti, stimuleer met je rechterhand stevig Shiva's Vajra en houd je linkerwijsvinger stil op zijn prostaat. Wanneer zich gevoelens van genot door de Vajra beginnen te verspreiden - hij hoeft niet volledig stijf te zijn - ga deze stimulering dan combineren met stimulering met je linkerwijsvinger. Druk met je vinger naar binnen over de prostaat en masseer die, terwijl je met je andere hand langs de schacht van de Vajra op en neer strijkt.

Op deze manier is het net alsof je linkerwijsvinger in Shiva's anus bij de basis van de Vajra je rechterhand ontmoet - als twee vrienden die elkaar ontmoeten. Trek je vinger vervolgens terug, terwijl je langs de schacht omhoog strijkt, alsof de twee vrienden uit elkaar gaan. Druk je vinger vervolgens weer naar binnen en streel langs de Vajra naar beneden, enzovoort.

Je kunt deze basisstreek op verschillende manieren variëren. Je kunt bijvoorbeeld ook de schacht van de Vajra strelen terwijl je met je wijsvinger op de prostaat vibreert of er zigzag-bewegingen omheen maakt.

Shiva, het is jouw taak Shakti duidelijke informatie te verschaffen, haar te vertellen wat goed werkt, hoe je het graag hebt, hoe groot de druk moet zijn en welk ritme prettig is. Wees hierin zo gedetailleerd mogelijk.

Vergeet niet dat het verschillende sessies kan duren voordat de prostaat gevoelig wordt en voordat Shakti precies de juiste streken ontdekt heeft om jou tot een orgasme te brengen. Haast je dus niet.

Een goed tip: net als bij de vorige oefening kan het voor Shiva heel opwindend zijn zijn eigen Vajra te stimuleren terwijl Shakti zijn prostaat ritmisch masseert. Experimenteer hiermee.

STAP 7: NAAR EEN STROMENDE ORGASTISCHE RESPONS

Shakti, kom in een regelmatig ritme van gelijktijdig stimuleren van de Vajra en de prostaat en gebruik daarbij de streken die Shiva genot verschaffen.

De ontmoeting van twee vrienden: de man een gemengd orgasme bezorgen door gelijktijdig stimuleren van de penis en de prostaat.

Vraag Shiva: "Ben je klaar voor een hoogtepunt?"

Als hij 'ja' zegt, voer dan de stimulering in beide gebieden op. Houd de Vajra stevig vast, strijk op en neer terwijl je met je vinger tegen de prostaat vibreert.

Shiva, je zou de drie sleutels kunnen gebruiken om de seksuele gevoelens die zich verspreiden door je geslachtsdelen en je bekkengebied te versterken: versnel en verdiep je ademhaling, maak krachtige, stotende bekkenbewegingen en maak geluid om je gevoelens te uiten. Anderzijds zou je je ook juist diep kunnen ontspannen, om steeds ontvankelijker te worden voor de verrukkelijke sensaties die Shakti teweegbrengt.

Streef op een manier die je geschikt acht je eigen extase, je eigen genot, je eigen opwinding na en zoek naar nieuwe orgastische hoogtepunten.

Wanneer je bijna een zaadlozing bereikt, gebruik je het afgesproken woord, bijvoorbeeld: "Nu!"

Shakti, stop onmiddellijk alle stimulering, maar houd je vinger stevig op Shiva's prostaat, want daarmee voorkom je dat hij ejaculeert.

Shiva, dit is het moment om volkomen te ontspannen. Voel overal in je bekken de orgastische opwinding die is opgewekt. Geef je over aan deze heerlijke sensaties, laat ze door je bekken golven, door je buik, door je dijen, laat ze zich in golfjes van orgastisch genot door je hele lichaam verspreiden. Adem langzaam en diep.

Wanneer je er weer klaar voor bent, vraag Shakti dan om je opnieuw te stimuleren, maar nu gezamenlijk op de twee genotspunten. Op deze manier beweeg je je naar steeds intensere hoogtepunten van seksuele opwinding.

Met elk hoogtepunt breiden de verrukkelijke golven van seksuele energie zich verder over je bekken uit en worden ze intenser en regelmatiger. Waarschijnlijk kun je al snel een doorgaande stroom van subtiele orgastische opwinding gaan voelen, die zich binnen in je voortzet en waar nog maar weinig stimulering voor nodig is. Laat deze orgastische sensaties bezit van je nemen. Laat ze je hele lichaam overspoelen. Verlies jezelf erin.

> Ik vrij nooit 's morgens. Dat is niet goed voor de stem. Bovendien weet je nooit wie je 's middags nog tegenkomt.
>
> Enrico Caruso

Je hoeft niets in te houden of te beheersen; je geeft je totaal over. Je doet helemaal niets. Het gebeurt allemaal gewoon, alsof je zachtjes meedrijft op een rivier van orgastisch genot.

Dit is de stromende reflex die orgastische extase brengt zonder de behoefte aan een zaadlozing. Deze reflex kan tien of twintig minuten aanhouden, mogelijk zelfs langer.

Shiva, als je de sessie af wilt sluiten met een volledig orgastische zaadlozing, vraag Shakti dan om je dit allerlaatste genot te geven. Maar je kunt ook rustig gaan liggen en de stromende sensaties uit zichzelf laten vervagen.

Shakti, vraag Shiva na een poosje of het goed is dat jij je terugtrekt. Trek heel langzaam je vinger terug uit zijn anus. Doe je latex handschoen uit met behulp van een papieren zakdoek.

Na een poosje kunnen jullie rechtop gaan zitten en elkaar een innige omhelzing geven.

Shiva, bedank Shakti voor het genot dat ze je geschonken heeft.

Deel met elkaar wat jullie ervaren hebben.

Sluit af met een hartegroet.

Basisregels voor een Gemengd Orgasme

Hier zijn vijf basisregels die je in gedachten moet houden als je de prostaat inwendig stimuleert.

1. Stimulering van de Vajra.
2. Voorzichtig de aarsopening binnendringen.
3. Massagestreken voor de prostaat onderzoeken.
4. Gelijktijdige de prostaat en de Vajra stimuleren.
5. Een hoogtepunt bereiken zonder te ejaculeren, totdat de stromende orgastische reflex is opgewekt.

Opmerkingen

OEFENING BAART KUNST

Shiva en Shakti, als jullie de technieken gaan leren voor een gemengd orgasme, kunnen jullie ogenblikken meemaken waarop je het gevoel krijgt dat het helemaal niet lukt. Je denkt dan: "Dit lijkt nergens op." Je raakt ontmoedigd en je krijgt het gevoel dat het hele experiment mislukt.

Krachtig ademhalen door de mond is een sleutel. Daardoor blijft het lichaam energiek, blijf je wakker en alert, en kun je je aandacht blijven richten op de verschillende stappen. Zo kun je zowel de kalme momenten als de momenten van intense opwinding blijven onderzoeken.

Je kunt de oefeningen interessant houden door te experimenteren met een grote variatie van massagestreken. Soms kun je beter al je aandacht uitsluitend op de Vajra richten, soms beter op gecombineerde streken en op andere momenten weer op een ander gebied, zoals de ingang van de anus.

Een ondersteunende en positieve communicatie is hierbij van groot belang. Denk eraan dat je feedback geeft over je gevoelens, de massagestreken, je lichamelijke sensaties en de posities van je handen.

WARMTE IN DE PROSTAAT

Shakti, als je de anus voor de eerste binnendringt, kun je de indruk krijgen van een intense, vurige warmte die in je vingers trekt en die afkomstig is van de prostaat of van een ander punt in de anus.

Deze warmte is een teken dat zich opgehoopte spanning ontlaadt als gevolg van jouw aanraking. Als je je vinger op de plaats van de grootste warmte houdt en er een klein beetje mee vibreert, zul je doorgaans merken dat de warmte na een paar minuten verdwijnt en het betreffende gebied meer ontspannen is.

Van Houding Veranderen

Sommige mannen vinden het niet prettig om gedurende de hele oefening op hun rug te liggen. Ze voelen zich overrompeld of zelfs geïntimideerd als een vrouw voortdurend `boven' hen is, in een dominerende positie.

Shakti, als dit het geval is, moet je bereid zijn een poosje een andere houding aan te nemen. Shiva kan bijvoorbeeld rechtop gaan zitten, terwijl jij je vinger in zijn anus houdt. Op die manier heeft hij het gevoel dat hij open voor jou staat, maar tegelijk kan hij zijn eigen kracht voelen en ervaren dat hij gelijkwaardig aan jou is.

Andere mannen vinden het juist heerlijk om in een ontvankelijke positie te zijn en blijven er met genoegen de hele oefening in liggen.

Seksuele Magie Combineren met een Orgasme

Shiva en Shakti, gefeliciteerd met het doorbreken van dit maatschappelijk taboe. Jullie zijn de anus binnengedrongen om de wereld van het uitgebreid mannelijk orgasme te onderzoeken en hebben Shiva geholpen ontvankelijk te zijn voor extatische gevoelens, waarvan hij het bestaan niet kende.

Nu jullie er allebei in geslaagd zijn je orgastische vermogens uit te breiden, zijn jullie zover dat jullie deze uiterst vitale, levendige, seksuele vermogens in dienst kunnen gaan stellen van de seksuele magie. Dit vormt het onderwerp van het volgende hoofdstuk.

HOOFDSTUK 9

MAGISCHE GEMEENSCHAP

Het Seksueel Orgasme Laten Versmelten met Magie

Dit hoofdstuk behandelt de laatste stap van de seksuele magie, die tevens het hoogtepunt ervan is. In een magische geslachtsgemeenschap wordt jullie orgastische energie vermengd met jullie wensbeeld en worden jij en je geliefde volledig één. Het magisch symbool wordt opgeladen met jullie gezamenlijke seksuele energie en via de zeven chakra's omhoog gevoerd. Door middel van dit intensieve alchemistische proces wordt de kracht van het magisch symbool gezuiverd en getransformeerd, en maak je contact met het universele, vibrerende krachtveld van het astraal netwerk. Nu kunnen je innigste verlangens werkelijkheid worden.

Magische gemeenschap brengt alle voorgaande stappen van deze training samen en voegt daar seksuele eenwording en penetratie aan toe. Magische gemeenschap betekent dat je afstudeert in de seksuele magie en meester wordt over je leven.

Om magische gemeenschap succesvol te laten verlopen, moeten jij en je geliefde je de vaardigheden uit de voorgaande hoofdstukken hebben eigen gemaakt: je innerlijke magiër wekken, je seksuele wonden helen, je wilde zelf bevrijden, gezamenlijk een magisch wensbeeld creëren, je seksuele energie omhoog leiden en je orgastisch vermogen uitbreiden. Je moet met name in staat zijn op de grens van een seksuele climax te blijven en op het hoogtepunt van je seksuele genot de golven van orgastische energie kunnen uitbreiden zonder tot een seksuele ontlading te komen.

Om de weg naar magische gemeenschap voor je vrij te maken, zou ik je willen vertellen hoe dit ritueel eruit zag voor Marissa en Nick, de twee seksuele magiërs uit hoofdstuk 5, die een magisch symbool hadden gemaakt voor hartstocht, vrijheid en overvloed. Hun verhaal betekent een 'voorproefje' van wat je in de oefeningen uit dit hoofdstuk verwachten kunt. Het laat je met name zien hoe geliefden die elementen kiezen die zij nodig hebben voor het succesvol beoefenen van seksuele magie.

Geef je wil over aan de bereidheid tot overgave.

GANGIJI

Door de oefeningen uit dit boek te bestuderen en uit te voeren heb je je vele vaardigheden eigen gemaakt. Ik heb je met opzet allerlei mogelijkheden en alternatieven geboden om je een brede basis voor seksuele magie te geven, een basis die niet alleen praktisch is, maar ook breed en veelzijdig.

Het is echter niet noodzakelijk in iedere sessie al je vaardigheden en kennis uit de kast te halen. Je zou juist in staat moeten zijn uit een uitgebreid 'magisch menu' de elementen te nemen waaraan je op een bepaald moment behoefte hebt. Wat dit betreft kun je veel leren van het verhaal van Marissa en Nick. Het laat je zien hoe je uit een veelheid van ervaringen die elementen neemt die in een bepaalde situatie het meest geschikt zijn.

Een ander belangrijk aspect van het verhaal is dat het je laat zien hoe je de overgang kunt maken van een normale werkdag naar een avond van seksuele magie. Deze overgang maken is een kunst op zich en is van groot belang voor succes. Als je voortdurend druk in de weer bent, heb je de neiging zonder duidelijke onderbreking van de ene bezigheid naar de andere te gaan. Daardoor neem je de dagelijkse zorgen, stress, druk en onrust van geest mee in de mysterieuze esoterische beoefening van seksuele magie, hetgeen zonder meer een negatieve uitwerking heeft op de rituelen. Let eens op hoe Marissa en Nick dit voorkomen.

Daarnaast zul je merken hoe deze twee magiërs een techniek voor zelfstimulering gebruiken die snel tot een uitgebreid orgasme voert. Later in dit hoofdstuk komt deze techniek aan de orde. Vergeet als je het verhaal leest alsjeblieft niet dat Marissa en Nick al meer dan een jaar seksuele magie beoefenen. Hun techniek is effectief, omdat zij gedurende vele sessies geleerd hebben met behulp van de methoden die in de vorige twee hoofdstukken aan de orde kwamen elkaars orgastische vermogen te vergroten.

Hier is hun verhaal.

> MARISSA: We ontmoetten elkaar rond vijf uur 's middags, zoals de meeste stellen na een dag werken. Nick was bezweet en ik vond dat hij er met zijn ongeschoren gezicht niet aantrekkelijk uitzag als magische liefdespartner in de sessie die wij bij wijze van experiment voor 's avonds gepland hadden.

Wat nu? Het antwoord kwam even snel als de vraag: zoek contact met de natuur, de grote heler. We gingen naar het strand om langs de vloedlijn te slenteren, op de rotsen te zitten, de frisse wind te voelen op ons gezicht en de aangename warmte van de ondergaande zon op onze huid, elkaars hand vast te houden en te ontspannen. Na een poosje waren we zozeer tot rust gekomen dat we het over de oefening voor die avond konden hebben.

NICK: Ik wist dat Marissa liep na te denken over die avond, dus ik bracht het onderwerp ter sprake.

"Wat zullen we vanavond gaan doen?" vroeg ik.

"Ons plannetje van gisteren lijkt me wel wat," antwoordde Marissa, doelend op onze plannen voor magische gemeenschap.

"Goed, maar ik wil er geen groot spektakel van maken," reageerde ik. "Ik moet over twee dagen een grote opdracht klaar hebben."

Ik ben iemand die altijd eerst 'nee' of 'misschien' zegt, voordat ik 'ja' kan zeggen - een oude gewoonte, een soort zelfbescherming. Maar ik had erin feite net zoveel zin in als Marissa.

MARISSA: We bespraken welk magisch symbool we zouden gebruiken en we besloten al snel het symbool voor liefde, vrijheid en overvloed te nemen, een symbool dat ons altijd goed bevalt. Het is een prachtige afbeelding van een grote zilveren kelk waar water uitloopt en waarboven tegen een achtergrond van een grote gele zon twee vogels vliegen. Op de kelk staat het woord 'overvloed' in telegramstijl, met een hart eromheen. Op de achtergrond spuiten fonteinen in gracieuze pluimen water omhoog.

Dit symbool betekent voor ons overvloed in brede zin: een gevoel van voldoening en weelde dat ons door de beoefening van seksuele magie het gevoel geeft dat we zo rijk zijn als vorsten.

Toen we weer thuis waren, hadden we flink honger gekregen en ik maakte een lichte salade klaar met gestoofde maïs en gerookte tofu. We aten langzaam, zodat we niet een gevoel van een volle maag hadden als we straks aan de oefening zouden beginnen.

NICK: Terwijl Marissa het eten klaarmaakte, bracht ik de magische cirkel in gereedheid. Ik vind dat erg prettig en doe het graag alleen: voor de juiste verlichting zorgen, een mystieke en sensuele sfeer creëren, de markeringen en de krachtvoorwerpen op de juiste plaats leggen, een matras in het midden en al die andere dingen... kaarsen, wierook, massageolie, zakdoekjes en een kan water. Waar het om gaat, is dat je, als je de kamer in komt lopen, rondkijkt en zegt: "Jeetje, dat voelt lekker! Laten we gaan vrijen!"

MARISSA: We namen samen een douche en wasten elkaar op een speelse en sensuele manier. Alle vermoeidheid van die dag was inmiddels verdwenen en we voelden ons als twee kinderen die op avontuur gingen. We deden elkaar een lekker geurtje op, trokken onze kimono's aan en gingen de magische cirkel binnen. Het was negen uur en we waren er helemaal klaar voor.

NICK: We stonden aan weerskanten van het matras, keken elkaar aan en groetten elkaar op de Japanse manier met een lichte buiging. Toen we bij elkaar kwamen, deed ik Marissa's kimono open en liet mijn handen zacht over haar hals, borsten en buik glijden. Zij deed mijn kimono open en wij drukten onze lichamen tegen elkaar in een langdurige innige omhelzing.

MARISSA: We gingen zitten. Nick zette het symbool van overvloed tussen ons in en gezamenlijk riepen we de eigenschappen van de elementen van het symbool aan.

"Moge de twee vogels samen vliegen en ons vrijheid en overvloed schenken."

"Moge de gele zon ons vitaliteit en hartstocht schenken."

"Moge onze kelk rijkelijk worden gevuld met liefde."

We zaten enkele ogenblikken in stilte. Toen voegde Nick eraan toe: "Wij dragen dit ritueel op aan de vervulling van al onze behoeften."

Ik voegde eraan toe: "Rijkdom om royaal te kunnen leven, een open hart om overvloedig te kunnen liefhebben en heel veel vreugde, plezier en speelsheid in ons dagelijks leven."

We leunden achterover in onze kussens en spreidden onze benen om elkaar meer van onze naaktheid te laten zien. Het magisch symbool lag tussen ons in op de vloer. Dit onderdeel van het ritueel vind ik altijd heel opwindend; je naaktheid op deze manier aan elkaar laten zien heeft iets heerlijks, alsof je op een of andere manier nog nieuw voor elkaar bent.

NICK: Ik begon al in de stemming te raken en voelde hoe ik opgewonden werd. Ik begon mijzelf te stimuleren. Ik streelde mijn Vajra en liet trots mijn erectie aan Marissa zien, terwijl zij zichzelf zachtjes streelde. Ze kan zo naar mij kijken, met halfgesloten ogen, en haar handen ondertussen over haar lichaam laat gaan, over haar dijen, over haar tepels.... het heeft iets van: ik wil je zo graag, maar kom niet dichterbij... Ik word daar altijd enorm opgewonden van!

MARISSA: Ik legde één hand op mijn Yoni en één op mijn tepels; ik streelde mezelf en zakte dieper weg in mijn gevoelens. Na een poosje bracht ik mijzelf naar een eerste hoogtepunt, tot heel dicht bij een orgasme. Nick deed hetzelfde. Toen besloten we met het magisch symbool te gaan werken. Dit kan voor mij een kritiek moment zijn: ik zou gewoon door kunnen gaan met mijzelf stimuleren en Nick plagen met mijn gehijg en gekreun, hem uitdagen, zodat hij mij ten slotte bespringt. Maar het is ook heel prettig om de hartstocht en de climax uit te stellen en op een andere manier met de energie te spelen.

NICK: Terwijl ik naar het magisch symbool keek, begon ik stevig adem te halen door mijn mond. Tegelijk deed ik de PC-pomp en stelde mij voor dat ik het symbool in mijn geslachtsdelen zoog. Marissa ademde met mij mee. Vervolgens deed ik mijn ogen dicht en visualiseerde het symbool in mijn geslachtsdelen.

MARISSA: Deze sessie leek wel heel erg seksueel te worden en het was niet moeilijk mij voor te stellen dat het symbool mijn Yoni binnenging en zich daar met mijn seksuele sappen vermengde. Toen begon ik langzaam over het matras heen te glijden in de richting van Nick. Ik ging door met mijzelf stimuleren, ik boog mijn bekken in zijn richting en keek hem aan met grote, smekende ogen.

Dat was precies wat Nick nodig had en hij kwam op mij toe. Terwijl hij dichterbij kwam, legde ik mijn benen over zijn dijen, zodat zijn Vajra tegen de opening van mijn Yoni duwde. We gingen rechtop zitten, omhelsden elkaar en kusten en likten elkaar in het gezicht en de nek.

Ik voelde me vreselijk opgewonden. Het zou ook nu weer heel gemakkelijk zijn het ritueel te vergeten en hartstochtelijk te gaan vrijen, maar ik zei steeds tegen mezelf dat er geen reden was voor haast.

NICK: Terwijl mijn Vajra tegen Marissa's schaamlippen duwde, begon ik mij voor te stellen dat ons magisch symbool tussen onze geslachtsdelen zweefde. Langzaam duwde ik mijn Vajra naar binnen en ik stelde mij voor dat mijn Vajra het symbool bij Marissa naar binnen duwde. Toen ik helemaal binnen was, had ik het gevoel dat het symbool volledig ons eerste chakra binnengedrongen was. Toen begonnen we het symbool te vermengen met onze seksuele sappen en onze opwinding te verbinden met het beeld van de overlopende kelk, van de vliegende vogels, van de spuitende fonteinen....

We gingen met elkaar meeademen en zogen de lucht met ferme teugen in onze longen. Na een poosje nam Marissa de leiding en zei: "Nu is het symbool in ons tweede chakra." We lieten de energie met het symbool van ons sekscentrum oprijzen naar onze navel en zo verder omhoog door onze lichamen.

We werden allebei volkomen door de oefening in beslag genomen. Af en toe raakten we enorm opgewonden en dreven elkaar tot dicht bij een orgasme, maar nooit helemaal tot een ontlading. Soms bereikte de energie een bepaald niveau en verspreidde zich dan in golven door onze lichamen. Ik had het gevoel dat we de hele nacht zouden kunnen doorgaan, zoveel energie hadden we.

MARISSA: We voerden ons symbool helemaal naar het zevende chakra. Toen voelde ik een sterke aandrang om naar een volledig orgasme te gaan. Ik vroeg Nick of hij eraan toe was klaar te komen en hij zei: "Ja hoor, daar gaan we!" Nick lag onder mij en ik bewoog mij heftig op hem heen en weer. Ik streefde naar een enorm hoogtepunt, maar was nog steeds bereid het symbool in mijn verbeelding vast te houden. De orgastische energie nam steeds meer toe, tot wij heel dicht bij een orgasme kwamen...

Terwijl mijn lichaam schokte als gevolg van de ontlading, liet ik het symbool uit mijn kruinchakra omhoog rijzen en boven mijn hoofd zweven. Geen van ons zei een woord, maar ik wist dat Nick hetzelfde deed. We hielden het symbool daar een paar minuten vast en voelden hoe het meeresoneerde met het astraal netwerk. Toen zei ik: "Laat het nu wegdrijven" en het symbool zweefde weg, werd kleiner en kleiner, totdat het verdween in de oneindige ruimte.

We bleven stil liggen, volkomen ontspannen. We zagen visioenen van een succesvol resultaat. We zagen onszelf: gelukkig met elkaar, gevoed, tevreden, succesvol, financieel geslaagd, voldaan en vervuld van dankbaarheid voor dit alles.

Een magisch menu

Net als Nick en Marissa kun jij van magische gemeenschap een erotische, orgastische vorm van kunst maken. Je hebt daarvoor slechts ervaring met magische praktijken en een 'magisch menu' nodig. Uit dit menu kun je de hulpmiddelen en oefeningen kiezen die passen bij datgene waar jij op een bepaald moment behoefte aan hebt.

Hieronder geef ik je een voorbeeld van een dergelijk menu. Voor de aardigheid heb ik er de vorm van een menukaart van een restaurant aan gegeven, zodat je flinke 'trek' krijgt in de verschillende gerechten waaruit een goede maaltijd in de seksuele magie bestaat.

Tafel Dekken

Maak een overzicht van alle dingen waaruit je kunt kiezen om je magische cirkel mooi te maken, zoals zachte verlichting, kaarsen, wierook, stemmige muziek, speciale markeringen en krachtvoorwerpen (zie hoofdstuk 2 voor meer inspiratie). Een juiste ambiance is erg belangrijk. Zuig het vloerkleed, doe de gordijnen dicht of juist open en maak de cirkel elke keer weer anders.

Hors d'oeuvre

Lichamelijke activiteit
Neem voorafgaand aan de seksuele magie enige lichaamsbeweging, zodat er een duidelijke onderbreking is tussen je dagelijkse bezigheden en de sessie. Lichaamsoefeningen en diep ademhalen zijn heel goed. Ga een eindje wandelen, ga dansen, joggen, zwemmen, houthakken of grasmaaien, neem een heet bad of een douche om het stof van de dag weg te wassen en sluit die af met een plens koud water.

Je verbinden via je hart
Het is vaak erg belangrijk even wat met elkaar te praten en even de dingen met elkaar te delen die een goede oefening mogelijkerwijs in de weg staan. Een van jullie heeft misschien even de ruimte nodig om te kunnen zeggen: "Allemachtig, wat heb ik een zware dag achter de rug; ik heb even iemand nodig die tegen me zegt dat ik geweldig ben!" De ander vertrouwt je misschien toe: "Ik ben zo met andere dingen bezig, dat ik helemaal geen contact met je voel. Kunnen we niet even stil bij elkaar gaan liggen zonder iets te doen?"

Soep van de Dag

Maak duidelijk wat je wilt
Vertel wat je met jullie samenkomst bereiken wilt.
Stel jullie doelen vast.
Kies het symbool waarmee jullie willen werken.
Kies de hulpmiddelen en de oefeningen die jullie naar dit doel kunnen brengen.
Wees duidelijk over de tijd die je voor de sessie wilt uittrekken.

Voorgerechten

AANROEPING
Als jullie elkaar als magiërs in de cirkel ontmoeten, doe dan een eenvoudige ceremonie of begroetingsritueel. Dit kan je helpen je aandacht van het niveau van je persoonlijkheid te richten op de aanwezigheid van het goddelijke in jezelf. Breng elkaar bijvoorbeeld de hartegroet en zeg vervolgens naar iedere windrichting:

"Wij, ... (jullie namen), wijden deze oefening in seksuele magie aan de verwerkelijking van .... (jullie gezamenlijk doel of wensbeeld)."

MEDITATIE
Als jullie nadenken over het symbool dat jullie gekozen hebben, kunnen jullie een of meer van de visualisatieoefeningen uit hoofdstuk 5 gebruiken, die je kunnen helpen het symbool goed in te prenten. Deze oefeningen kun je altijd toepassen om de magie effectiever te maken.

VOORSPEL
Iedere succesvolle eenwording van twee geliefden in magische gemeenschap vraagt om een 'warming-up', een voorspel. Kies iets ongewoons, iets erotisch, iets waarvan je kunt genieten. Geef elkaar bijvoorbeeld een korte massage, doe een striptease of streel elkaar uitgebreid. Wees hierbij speels, sensueel en wind elkaar op.

Hoofdgerecht

ORGASTISCHE ENERGIE OPWEKKEN
Wek seksuele energie op en begin je orgastische vermogen uit te breiden. Je hebt in hoofdzaak twee mogelijkheden: je kunt elkaar beurtelings stimuleren of je kunt jezelf in elkaars aanwezigheid stimuleren.

ORGASTISCHE ENERGIE OMHOOG LEIDEN
Leid je seksuele energie en je magisch symbool omhoog door de energiecentra van je lichaam en let op het verschil in eigenschappen van de chakra's en de daarmee gepaard gaande ervaringen.

MAGISCHE GEMEENSCHAP
Kom samen in seksuele vereniging. Leid tijdens het vrijen het magisch symbool door jullie lichamen omhoog en geef het op het moment van het orgasme vrij aan het astraal netwerk. Als de voorbereiding goed is geweest en jullie uit het 'magisch menu' de juiste keuze hebben gemaakt, dan zal dit een goddelijke ervaring zijn, een krachtige stimulans voor de manifestatie van seksuele magie in je leven.

Nagerecht

NAGENIETEN MET ROOMIJS
Geniet van het gevoel dat je iets bereikt hebt en van de diepe ontspanning die volgt op seksuele magie. Laat alles los en wees ontvankelijk voor wat er vanuit het universum op je neerdaalt. Geef je over en geniet totaal van het samenzijn en van de ervaringen die je zojuist gehad hebt.

Je Eigen Menu Samenstellen

Het is heel nuttig een eigen magisch menu samen te stellen, want daarmee heb je een overzicht van de mogelijkheden die je ter beschikking staan voor seksuele magie.

Al je mogelijkheden kun je dan in een oogopslag overzien: wat je vóór de sessie kunt doen, op welke manieren je een magische sfeer kunt scheppen, welke oefeningen je het meest aanspreken, enzovoort.

Een dergelijk menu zou er als volgt uit kunnen zien (voorbeeld uit de aantekeningen van een deelnemer).

Sessie seksuele magie, gepland voor 5 juli, 's avonds

Judy maakt de ruimte klaar voordat ik thuiskom (verrassing: een nieuw decor!)

19.00 - ontmoeting, douchen, omkleden

19.30 - een heet bad, misschien een boswandelingetje

20.15 - wensbeeld bespreken: misschien ons relatiesymbool gebruiken

20.30 - strelen en plagen, met veren; misschien ook erotisch dansen

21.15 - zelfstimuleringsritueel

21.35 - magische gemeenschap

22.25 - chocolaatjes en cognac toe!

Houd het menu voldoende flexibel om spontane invallen of stemmingen in te kunnen voegen als het moment van de sessie daar is.

Herhaling van de Basisstappen

Seksuele magie is het meest bevredigend als ze een vorm van kunst wordt, als je de methoden zo goed leert kennen dat je je magisch symbool op golven van orgastische energie moeiteloos omhoog kunt leiden door je lichaam, door de zeven chakra's, en op het moment van de climax vrijgeven aan het universum.

Meesterschap in deze magische kunst hangt voor een groot deel af van je vermogen een helder en duidelijk beeld van je magisch symbool vast te houden en je voor te stellen hoe het door de inner flute omhoog reist, beginnend bij je sekscentrum en eindigend in het astraal netwerk. Je dient zo bekend te raken met dit proces, dat je het zonder enige spanning kunt uitvoeren, zonder te stoppen om na te denken wat er nu ook al weer kwam. Je bereikt dit door wekelijks te oefenen.

Hier volgen de basisstappen die je onder de knie moet krijgen.

In hoofdstuk 5 heb je geleerd hoe je een magisch wensbeeld moet creëren en vasthouden in de vorm van een symbool.

In hoofdstuk 6 heb je ontdekt hoe je je seksuele energie samen met je magisch symbool omhoog kunt leiden door de inner flute, met behulp van een combinatie van ademhaling, beweging en visualisatie. Je hebt ook ontdekt hoe je je met het astraal netwerk kunt verbinden, het mysterieuze, vibrerende krachtveld door middel waarvan alle mensen in verbinding staan met de kosmos.

In hoofdstuk 7 en 8 heb je geleerd hoe je je orgastisch vermogen uit kunt breiden door elkaar te stimuleren.

De mens heeft geen keus dan lief te hebben.
Want als hij niet liefheeft, is het alternatief eenzaamheid, vernietiging en wanhoop.

Een Existentiële Verhandeling

En dan is hier de volgende uitdaging: het magisch symbool samen met je sterk toegenomen orgastische vermogen door je lichaam omhoog leiden en inprenten in het astraal netwerk.

Het vermengen van orgastische energie met een magisch symbool is een fascinerend en opwindend onderdeel van seksuele alchemie. Je zult ervaren hoe het symbool en de seksuele energie één levende en dynamische kracht worden, die zich tijdens de reis door de zeven energiecentra transformeert. De aard van je gewaarwordingen - vorm, kleur, textuur, geluid, stemmingen of gevoelens die je ervaart - lijkt telkens weer te veranderen, alsof het symbool nieuwe eigenschappen krijgt en jou inspireert tot liefde, vrijheid, vervulling, inzicht en extase.

Het is deze alchemistische transformatie die je magisch symbool grote kracht verleent, die het zuivert, lichter maakt, helderder en briljanter, zodat het zich in het laatste ogenblik van ontlading kan vermengen met het astraal netwerk. Deze kracht stuurt jouw wensbeeld het universum in, doet het langs miljoenen onzichtbare stromen van subtiele energie naar buiten schieten. Een dergelijke dynamische oproep tot verwerkelijking kan niet onbeantwoord blijven!

Nu kunnen we gaan onderzoeken op welke manieren het magisch symbool zich met deze orgastische energie omhoog kan bewegen.

ORGASTISCHE ENERGIE EN HET MAGISCH SYMBOOL OMHOOG LEIDEN

Doel en nut van de Oefening

In deze oefening gaan jullie elkaar om de beurt seksueel stimuleren om orgastische energie op te wekken. Deze energie ga je vermengen met je magisch symbool en vervolgens leid je ze samen omhoog door je inner flute, via de zeven energiecentra, naar het astraal netwerk.

In deze oefening prent je het beeld van je magisch symbool eerst in je lichaam in. Dit is belangrijk, want je kunt van de seksuele prikkeling zo gaan genieten dat het moeilijk wordt je aandacht bij het magisch symbool te houden.

Door het symbool in je geest in te prenten, door ja te zeggen tegen het symbool voordat de erotische prikkeling begint, weet je zeker dat het in je psyche wordt vastgehouden, zelfs op momenten dat je je aandacht er niet op richten kunt.

Om de alchemie nog meer te ondersteunen maak je gebruik van de zeven kleuren die met de energiecentra in verband worden gebracht: rood, oranje, geel, groen, blauw, violet en wit.

Voorbereidingen

Maak de magische cirkel klaar.

- Kies een geschikt magisch symbool.
- Bereid je allebei voor op de sessie en neem een douche.
- Jullie hebben voor deze oefening ieder ongeveer drie kwartier nodig.

Werkwijze

STAP 1: AANROEPING

Shakti en Shiva, ga de magische cirkel binnen en begroet elkaar met de hartegroet.

Geef elkaar een innige omhelzing.

Ga op kussens tegenover elkaar zitten.

Zet het magisch symbool tussen jullie in.

Leg je linkerhand op je hartchakra, midden op je borst, en raak met de vingertoppen van je rechterhand het magisch symbool aan. Kijk allebei gedurende enige ogenblikken naar het magisch symbool.

Kijk elkaar vervolgens liefdevol aan en erken dat jullie elkaar in deze oefening liefhebben en ondersteunen.

Doe een aanroeping voor een succesvolle sessie. Je zou bijvoorbeeld kunnen zeggen: "Wij sluiten dit symbool in ons hart. Moge dit symbool ons liefde en overvloed schenken in ons leven en vreugde en passie in ons hart. Moge dit symbool ons eraan herinneren dat wij in onze relatie in respect voor elkaars vrijheid samen voortgaan."

Stap 2: Het Symbool Inprenten in je Lichaam

Bepaal wie van jullie eerst seksueel gestimuleerd wordt. Ik ga er in de beschrijving van uit dat Shiva Shakti gaat stimuleren.

Voorafgaand aan de oefening je het magisch symbool inprenten.

Shiva, help Shakti plaats te nemen op de kussens. Spreid voorzichtig haar benen en ga ertussen zitten of, als je dat liever doet, naast haar. Zorg ervoor dat je haar gemakkelijk overal aan kunt raken, met name haar geslachtsorganen (zie ook de beschrijving in hoofdstuk 7).

Begin Shakti te masseren. Streel van haar sekscentrum omhoog naar haar borst en keel. Gebruik lichte, strijkende bewegingen en veeg de energie in één beweging van haar sekscentrum omhoog en dan langs haar armen tot voorbij haar handen.

Shakti, haal diep adem als Shiva de energie langs je lichaam omhoog veegt. Adem uit als hij langs je armen naar beneden strijkt.

Shiva, adem met Shakti mee.

Shiva, tijdens deze massage fluister je zachtjes in haar oor om haar te herinneren aan de verschillende aspecten van het magisch symbool: hoe het eruit ziet, wat de betekenis ervan is, welk wensbeeld het weergeeft...

Leg een magische, mysterieuze en verleidelijke klank in je stem. De meeste vrouwen vinden het heerlijk om verhaaltjes en geheimen toegefluisterd te krijgen; geniet dus maar van deze vertrouwelijke, intieme communicatie. Zeg: "Ja! Je kunt nog meer ontvangen, nog veel meer. Laat het symbool dus maar alle cellen van je lichaam binnendringen..."

Stap 3: Het Magisch Symbool Opladen

Shiva, ga nu over tot een meer seksuele en erotische manier van aanraken. Streel zacht Shakti's tepels, haar lippen, haar nek en wind haar hiermee op.

Shakti, dit is het moment om een krachtige verbinding tot stand te brengen tussen je seksuele genot en je magisch symbool. Voel hoe Shiva's strelingen zich verbinden met het symbool en een onderdeel worden van het magische karakter ervan.

Laat het symbool deel uitmaken van alles wat er gebeurt: het is de zachte aanraking van Shiva's handen, het is zijn stem die in je oor fluistert, het is het geluid dat je van opwinding maakt, het is de heerlijke rilling van energie die door je lichaam gaat, de geur van de wierook, de zachte muziek op de achtergrond... laat dit allemaal deel van de magie zijn die wordt verbeeld door het magisch symbool.

Shiva, jij kunt Shakti ondersteunen door haar aan de aspecten van het symbool te herinneren, bijvoorbeeld: "Laat de vogels vrij rondvliegen in je buik, laat de zon hartstocht uitstralen in je hart..."

Stap 4: Het Symbool Vermengen met je Seksualiteit

Shiva, begin Shakti's clitoris te stimuleren. Zoek naar de massagestreek die zij op dit moment prettig vindt en ontwikkel dan een ritmische stimulering om haar seksuele energie wakker te maken en haar op te winden.

Shakti, stel je voor dat je magisch symbool in je eerste chakra zweeft. Zie hoe de donkerrode kleur van je seksualiteit zich door je bekken verspreidt en het symbool overspoelt.

Richt je aandacht afwisselend op het stijgen van je genot en op je magisch symbool. Op deze manier blijf je je goed van beide bewust.

Shiva, breng Shakti naar een hoog niveau van opwinding en bezorg haar twee of drie keer een hoogtepunt, maar nog net geen orgasme.

Shakti, verbind deze heerlijke orgastische gevoelens in je sekscentrum met je magisch symbool. Stel je voor dat je al je orgastische energie in het symbool brengt, bijna alsof je ejaculeert en je seksuele energie over het symbool uitstort. Ga evenwel niet naar een volledige seksuele climax.

STAP 5: GEMENGDE STIMULERING MET HET MAGISCH SYMBOOL

Shiva, als je het gevoel hebt dat Shakti zover is, vraag haar dan: "Zal ik je nu van binnen bezoeken?" Als zij ja zegt, ga dan met je vingers langzaam haar Yoni binnen en zoek naar de G-plek, terwijl je met je andere hand zachtjes haar clitoris blijft strelen.

Shakti, als je merkt dat je het spoor van het magisch symbool kwijtraakt, denk er dan aan dat je je aandacht afwisselend op je seksuele gevoelens en het symbool moet richten.

Shiva, als je Shakti's G-plek gevonden hebt, begin deze dan tegelijk met haar clitoris te stimuleren. Breng haar weer enkele keren naar een hoogtepunt.

Shakti, adem krachtig door je mond, doe de PC-pomp en voel hoe het symbool zich in je bekken uitbreidt en groeit. Stort golven van donkerrode energie uit over het symbool; overspoel het met je orgastische energie.

Je partner stimuleren terwijl hij zich voorstelt dat het magisch symbool via zijn geslachtsdelen zijn lichaam binnengaat en door zijn inner flute en zijn chakra's omhoog drijft.

Stap 6: Het Symbool Omhoog Leiden

Shakti, begin het magisch symbool omhoog te leiden door je inner flute. Adem diep in en trek je orgastische energie met het symbool samen omhoog van je eerste naar je tweede chakra, dat zich onder je navel bevindt.

Adem uit en laat je energie met het symbool terugvallen naar je eerste chakra. Op de uitademing duw je je bekken naar voren en voel je de krachtige seksuele sensaties in je geslachtsdelen.

Adem in en trek je seksuele energie en het symbool weer omhoog naar je tweede chakra. Nu zie je hoe de kleur oranje zich door je bekken verspreidt, waardoor dit gebied verwarmd en verlevendigd wordt.

Laat de energie een rondgaande beweging maken. Stel je voor dat de energie langs je ruggegraat omhoog gaat en vervolgens langs je buik weer terug naar je sekscentrum stroomt. Beschrijf cirkels met je armen om deze rondgaande energiestroom te benadrukken.

Houd Shiva op de hoogte van wat je doet, zodat hij zich erbij betrokken voelt. Zeg tegen hem: "Schat, ik laat de energie nu rondgaan tussen mijn eerste en tweede chakra."

Begroet de vingers van je geliefde met een klein duwtje van je bekken en maak op de uitademing weer contact met je sekscentrum.

Als je zover bent, laat je je orgastische energie met je magisch symbool rondgaan van je eerste naar je derde chakra, gelegen in je zonnevlecht. Zeg tegen Shiva: "Nu leid ik mijn magisch symbool naar mijn derde chakra." Visualiseer daarbij de kleur geel, die zich vervolgens over dit deel van je lichaam verspreidt.

Ga op deze manier door. Breid de rondgaande beweging steeds verder uit, van het eerste naar het vierde, het vijfde, het zesde en het zevende chakra.

Zie hoe de kleur van de orgastische energie verandert van geel in het derde chakra naar groen in het vierde, blauw in het vijfde, violet in het zesde en wit in het zevende chakra.

Stap 7: De Verbinding met het Astraal Netwerk

Shakti, als je je orgastische energie samen met je magisch symbool rond hebt laten gaan van je sekscentrum naar je zevende chakra, dan ben je klaar voor de laatste stap, de verbinding met het astraal netwerk. Je gaat het symbool vrijgeven aan de vibrerende krachtvelden van het universum, zodat deze kunnen reageren op jouw verlangens, op jouw wensbeelden.

Dit kan op zich al een magische ervaring zijn, want je gaat je magisch symbool vermengen met een volledige orgastische climax.

Vraag Shiva of hij een gestaag ritme van gelijktijdig stimuleren van je clitoris en je G-plek aan wil houden, zodat jij een volledig orgasme krijgt. Laat het hem weten als je bijna bij de climax bent. Zeg: "Ja, doorgaan, dit is precies goed..."

Laat je magisch symbool ondertussen voortdurend rondgaan tussen je sekscentrum en je kruinchakra.

Als de climax nadert, als je lichaam begint te trillen door de orgastische ontlading, drijf je magisch symbool dan met al de heerlijke, seksuele, orgastische energie door je kruin heen naar buiten.

Zie hoe je magisch symbool boven je kruinchakra zweeft, badend in de heerlijke gevoelens die nu door je lichaam stromen. Je magisch symbool is doordrongen van orgastische kracht en heeft het astraal netwerk bereikt.

Als je orgasme wegebt, geef je het symbool rustig vrij aan het universum. Misschien kun je zien hoe het stil en zacht oplost. Of het lijkt een wolk die haar regenwater in alle richtingen loslaat, totdat zij helemaal leeg is en verdwijnt.

Voel, als je weer normaal ademt, hoe een deel van deze energie als witte regen op je neerdaalt en langs je lichaam druppelt, je sekscentrum bereikt en jou op die manier terugbrengt naar je basis, naar de aarde.

> *Liefde behoort een boom te zijn, waarvan de wortels diep de aarde ingaan en waarvan de de takken zich uitstrekken naar de hemel.*
>
> BERTRAND RUSSELL
> *Huwelijk en moraal*

Ontspan en geniet nog even na. Raak even Shiva's hand aan om hem te laten weten dat hij stoppen kan met stimuleren. Koester jezelf in de energie die vrijgekomen is en voel hoe je magisch symbool zegeningen en bescherming terugzendt vanuit de mysterieuze, onzichtbare plaats waar het zich nu bevindt.

Geef elkaar een innige omhelzing.

Bedank Shiva voor wat hij voor je gedaan heeft, voor zijn hulp bij het bereiken van deze orgastische gelukzaligheid.

Deel jullie ervaringen.

Neem een korte pauze en draai dan de rollen om.

SHIVA IS AAN DE BEURT: ORGASTISCHE ENERGIE OMHOOG LEIDEN

Voor Shiva verloopt het proces nagenoeg gelijk.

Shiva, net als voor Shakti is het voor jou belangrijk dat je eerst een lichte massage krijgt voordat je partner je seksueel gaat stimuleren. Daardoor krijg je de tijd het magisch symbool in te prenten in je psyche en zul je het wensbeeld gemakkelijker vast kunnen houden als Shakti je Vajra rechtstreeks gaat stimuleren.

Ook jij kunt je aandacht afwisselend richten op je seksuele gevoelens en het magisch symbool, en genieten van het intense genot van je opwinding, zonder het spoor van de visualisatie kwijt te raken.

Mannelijke Energie Uitstorten

Hier volgt een belangrijke aanwijzing die mannen kan helpen seksuele opwinding te combineren met visualiseren van een symbool. Shiva, als je seksueel opgewonden begint te raken, voel je waarschijnlijk hoe je energie naar de top van je Vajra stroomt. Dit is heel natuurlijk. De sensaties als gevolg van je partners hand, die van de basis omhoog naar de top je Vajra streelt, trekken je aandacht automatisch naar dit uiterst gevoelige punt. De stijgende opwinding die daarvan het gevolg is, zou normaal gesproken eindigen in een zaadlozing. Maar in plaats van je energie lichamelijk uit te storten, blijf je net onder het hoogtepunt en stel je je voor dat je energie uit de top van je Vajra spuit en het magisch symbool besproeit. Op die manier gooi je je energie eruit zonder lichamelijk te ejaculeren en laad je het symbool op met deze krachtige energie.

Gemengde Stimulering voor Shiva

Als Shakti gelijktijdig je Vajra en je prostaat gaat stimuleren, begin je je bekken te bewegen, krachtig adem te halen en je stem te gebruiken om je gevoelens maximaal te versterken.

Laat deze orgastische sensaties naar binnen gaan. Laat je magisch symbool en je energie één worden en begin ze door je lichaam omhoog te brengen.

Als je het symbool samen met je orgastische energie door je zeven chakra's geleid hebt, kun ook jij, op het moment dat je je verbindt met het astraal netwerk, eindigen met een volledige orgastische ontlading.

Opmerkingen

Mannelijke Energie Behouden voor de Laatste Ejaculatie

Terwijl Shakti op weg naar de laatste, orgastische verbinding met het astraal netwerk verschillende orgasmen kan hebben, dient Shiva zijn ejaculatie uit te stellen tot de laatste stap.

> *Het is niet een kwestie van de inwerking van hogere krachten, maar juist een afdaling in het lichaam, naar cellulair bewustzijn, die in de materie werkelijke veranderingen teweegbrengt en een volkomen nieuwe schepping voortbrengt.*
>
> *De Moeder*
> *Ashram van Aurobindo*
> *Pondicherry, India*

Een vrouw is biologisch gezien zo fortuinlijk dat zij verschillende orgasmen achter elkaar kan krijgen zonder haar seksuele energie te verliezen; een man moet zijn seksuele energie echter bewaren tot de *finale*.

SEKSUELE GENEZING DOOR HET OMHOOG LEIDEN VAN ORGASTISCHE ENERGIE

Het omhoog leiden van orgastische energie samen met een magisch symbool kan een groot aantal seksuele problemen helpen oplossen, zoals onvermogen een orgasme te bereiken, verveling door routinematige seks of gevoelens van onbehagen in de geslachtsdelen.

Misschien herinner je je het verhaal van George uit hoofdstuk 3, die het moeilijk vond om totaal bij het vrijen aanwezig te zijn. Nadat hij de droom over de crimineel en de politieman kreeg, moedigde ik hem aan een magisch wensbeeld te creëren dat het hem mogelijk maakte een veel ruimer scala van seksuele responsen te ervaren, zoals wild en dierlijk gedrag bij het vrijen.

Hij stemde hiermee in en koos als symbool een rode driehoek omgeven door vlammen, die de seksenergie van zijn eerste chakra voorstelde en zijn verlangen die energie te versterken.

Zijn partner Lynne gaf hem een sessie zoals hierboven beschreven, waarin hij zijn seksuele energie vermengde met dit symbool en omhoog leidde door zijn lichaam zonder een zaadlozing te krijgen. Dit leverde hem een krachtige seksuele energie op, die hij kon meenemen in het liefdesspel dat direct op de sessie volgde.

Meedrijvend op zijn hernieuwde energie werd George een wildeman; hij gromde, stootte met zijn bekken, rolde over zijn partner heen en liet zijn normale terughoudendheid varen. Hij bleef zich echter de rode driehoek voorstellen, die binnen in hem brandde, en de vlammen werden hoe langer hoe krachtiger. Tijdens zijn laatste hoogtepunt had hij een heel intense ejaculatie, die hem de hevigste sensaties van orgastisch genot bezorgde die hij ooit ervaren had.

SEKSUELE KRACHT VERSTERKEN MET BEHULP VAN EEN MAGISCH SYMBOOL

Doel en nut van de Oefening

Deze oefening is een eenvoudige en effectieve voorbereiding op magische gemeenschap, het allerhoogste ritueel in de seksuele magie. Het is de kunst van het wakker maken van je eigen orgastische energie door middel van zelfstimulering.

Zelfstimulering maakt het voor twee mensen mogelijk tegelijk opgewonden te raken, zoals ik je heb laten zien in het verhaal van Nick en Marissa aan het begin van dit hoofdstuk. Zelfstimulering leidt sneller tot een hoge graad van opwinding dan afwisselend elkaar stimuleren. Bovendien vormt het een effectieve manier om seksuele magie te beoefenen als je geen partner hebt.

Jezelf stimuleren als voorbereiding op magische gemeenschap is alleen effectief als jij en je partner verschillende sessies besteed hebben aan het uitbreiden van jullie orgastisch vermogen van wederzijdse stimulering.

Deze lange sessies zijn essentieel voor het gevoelig maken van je geslachtsdelen en zorgen ervoor dat het genot steeds intenser en zoeter wordt, zodat je seksuele ervaring de diepgang krijgt die noodzakelijk is voor succesvolle seksuele magie.

Ook om je vermogen tot communicatie te vergroten en elkaar te leren wat je opwindend vindt, zijn langdurige sessies nodig. In een toestand van verhoogde gevoeligheid kun je jezelf gaan stimuleren en in een relatief korte tijd, in zo'n tien tot vijftien minuten, intense en bevredigende orgastische sensaties oproepen.

Maak God tot een realiteit en hij zal jou tot een waarheid maken.

RABINDRANATH TAGORE

In de volgende oefening leer je zelfstimulering te combineren met een magisch wensbeeld en voer je het symbool van je keuze met je seksuele energie van je sekscentrum omhoog door je chakra's. Je kunt deze oefening het best tegelijk met je partner doen, terwijl je ziet hoe de ander zichzelf stimuleert.

Voorbereidingen

Maak een magische cirkel. Leg de kussens zo neer dat jullie allebei kunnen liggen en elkaar kunnen aankijken.

- Zet of leg het magisch symbool zo neer dat jullie het allebei gemakkelijk kunnen zien.
- Leg voldoende massageolie en papieren zakdoekjes klaar.
- Neem allebei vooraf een douche en draag iets dat zacht, zijdeachtig en sensueel aanvoelt, en dat van voren gemakkelijk opengaat.
- De oefening duurt ongeveer een half uur.

Werkwijze

STAP 1: JEZELF OPWINDEN

Ga de magische cirkel binnen.

Begroet elkaar met de hartegroet en een innige omhelzing.

Ga tegenover elkaar zitten. Leun vervolgens achterover op de kussens. Spreid je benen, zodat jullie voeten elkaar raken of jullie onderbenen over elkaar heen liggen. Zorg ervoor dat je prettig ligt.

Haal een paar maal diep adem en ontspan.

Kijk elkaar in de ogen en voel de sterke verbinding van hart tot hart.

Als jullie zover zijn, open dan je kleding om de voorzijde van je lichaam te ontbloten.

Begin je lichaam te strelen, terwijl je je partner aankijkt. Wees sensueel, erotisch. Laat je partner zien hoe je graag beweegt, welke delen van je lichaam je graag aanraakt en hoe je jezelf genot verschaft.

Wees creatief. Bevochtig een vinger en glijd er langzaam mee over je lippen, maak golvende bewegingen met je bekken, streel de binnenkant van je dijen, zonder nog je geslachtsdelen aan te raken.

Haast je niet! Hoe meer jij opgewonden raakt, hoe meer je je partner prikkelt. Probeer eens of je je partner op deze manier wild van begeerte kunt krijgen!

Stap 2: Naar een Hoogtepunt

Raak je geslachtsdelen aan. Houd ze even vast en voel de warmte ervan. Probeer naar dit deel van je lichaam te luisteren. Hoe voelt het? Wat heeft het je te zeggen?

Begin dan langzaam je geslachtsdelen te strelen. Liefkoos jezelf, plaag jezelf en gebruik veel van je favoriete glijmiddel of massageolie. Laat je handen langs je Yoni, langs je Vajra glijden en zorg ervoor dat je partner kan zien wat je doet.

Maak geluid. Wees sexy. Zoek naar maniertjes om rillingen van seksueel genot door je bekken en dijen te laten stromen. Voel het genot.

Als dat je genot versterkt, kun je af en toe je ogen sluiten, maar zorg ervoor dat je ook je partner weer aankijkt. Het is van belang gedurende het eerste deel van de oefening oogcontact met je partner te houden.

Nu kun je wild gaan worden. Strijk op een krachtige, ritmische manier over je Vajra of je Yoni en wek seksuele energie op. Breng jezelf naar een eerste hoogtepunt. Krom je rug, kreun, zuig de lucht je longen binnen en laat je partner zien hoe opgewonden je bent, hoeveel seksueel genot je ervaart.

Ga door tot vlak voor een orgastische ontlading en laat de stimulering dan afnemen of stoppen. Blijf op het hoogtepunt, als een vogel die ontspannen en bewegingloos maar volkomen alert in de lucht op een hoge, onzichtbare luchtstroom blijft hangen.

Adem diep in en uit en laat de seksuele sensaties zich uitbreiden en verspreiden over je lichaam. Sluit je ogen en voel hoe je diep verbonden bent met je geslachtsdelen.

Als jij eerder op een hoogtepunt bent dan je partner, wacht dan op de ander. Denk erom: geen zaadlozing, want er komt nog meer!

Stap 3: Het Magisch Symbool Rond Laten Gaan

Nu kunnen jullie gaan werken met het magisch symbool. Leg het tussen jullie in op de vloer, vlak voor je geslachtsdelen, zodat jullie het allebei goed kunnen zien. Je zou er ook een kopie van kunnen maken, zodat jullie elk een exemplaar hebben.

Staar naar het magisch symbool, streel je geslachtsdelen en voel het genot dat je jezelf bezorgt. Wek nogmaals je seksuele energie op. Begin langzaam en voer het ritme dan op om jezelf opnieuw naar een hoogtepunt te brengen.

Stimuleer jezelf terwijl je je voorstelt dat het magisch symbool door je chakra's omhoog reist.

Vlak voor het punt vanwaar geen terugkeer mogelijk is, stop je. Je spant je PC-spier aan, je haalt diep adem door je mond en je stelt je voor dat je het magisch symbool in je sekscentrum, je eerste chakra, naar binnen zuigt. Adem uit en stel je voor dat het symbool in je sekscentrum zweeft. Haal een paar keer diep adem en zuig het symbool steeds verder je eerste chakra in, totdat je gewend bent aan het beeld van het symbool, zoals het in je sekscentrum zweeft.

Sluit je ogen. Ga door met jezelf stimuleren. Zie het magisch symbool in je sekscentrum zweven. Voel hoe je orgastisch genot en het symbool zich in je eerste chakra vermengen.

Vergeet niet om de kleuren van de chakra's te gebruiken als hulpmiddel bij deze alchemie. Stel je de opgewekte seksuele energie voor als een donkerrode kleur, die zich door je geslachtsdelen en je bekken verspreidt. Zie hoe je magisch symbool verzadigd wordt van deze kleur.

De uitdaging is nu om een hoog niveau van seksuele opwinding te handhaven, zonder orgastische ontlading, en tegelijk het magisch symbool te visualiseren.

Adem in, span je PC-spier aan en leid het symbool samen met de seksenergie omhoog naar je tweede chakra, in je onderbuik. Hier krijgt de energie een oranje kleur.

Wanneer twee mensen in hun diepste wezen één zijn, breken zij zelfs de kracht van ijzer of brons. En wanneer twee mensen elkaar in hun diepste wezen begrijpen, zijn hun woorden zoet en sterk als de geur van orchideeën.

I Ching

Adem uit en laat de energie en je symbool terugvallen naar je sekscentrum. Herhaal dit enkele malen, totdat je je gemakkelijk kunt voorstellen of kunt voelen dat het symbool tussen je eerste en tweede chakra heen en weer gaat. Leid het symbool omhoog langs je ruggegraat en laat het vervolgens door je buik naar je sekscentrum terugvloeien.

Adem in en breng de orgastische energie samen met het magisch symbool omhoog naar je derde chakra. Als dat helpt, leg dan een hand op je zonnevlecht, terwijl je jezelf met je andere hand blijft stimuleren. Hier krijgt de energie de kleur geel.

Adem uit, laat het symbool terugvallen naar je sekscentrum. Laat het rondgaan tussen je eerste en je derde chakra.

Houd contact met je seksuele opwinding. Blijf jezelf krachtig en ritmisch stimuleren. Gebruik voldoende glijmiddel. Geniet ervan jezelf al het genot te geven dat je graag wilt. Wees een artiest en glijd omhoog en naar beneden langs de curve van je seksuele genot. Laat je daarbij aanmoedigen door de aanwezigheid van je partner.

STAP 4: DE VERBINDING MET HET ASTRAAL NETWERK

Ga op deze manier verder en breng je energie omhoog door je inner flute, laat het symbool rondgaan door je chakra's en breng deze twee steeds verder omhoog. Als je aangekomen bent bij het zevende chakra, kun je je voorbereiden op de grote explosie, op een volledige orgastische ontlading.

Voer jezelf naar een volledig orgasme en stuur op het moment van de seksuele ontlading het magisch symbool samen met je orgastische energie door je kruin naar buiten en verbind ze met het astraal netwerk.

Stel je voor dat het symbool boven je hoofd zweeft, terwijl je de extase van het orgasme door je heen voelt gaan. Laat je overspoelen met genot.

Als je orgastische sensaties afnemen, stel je je voor dat het magisch symbool zich van je hoofd verwijdert en steeds kleiner wordt, totdat het een klein puntje is geworden in de verte, dat ten slotte helemaal verdwijnt.

Ga nu de energie aarden. Adem langzaam en diep. Stel je voor dat de orgastische energie in de vorm van regen naar beneden komt en langzaam en zacht neerdaalt door je hoofd, je nek, je borst, je buik... Als de energie je sekscentrum bereikt, adem dan krachtig uit en duw de energie in je geslachtsdelen. Stel je vervolgens voor dat de energie van je sekscentrum afdaalt door je benen en voeten, en in de grond, in de aarde verdwijnt.

Blijf nog een paar minuten rustig liggen. Ontspan je en geniet van de climax die je gehad hebt.

Ga rechtop zitten en omhels elkaar innig.

Deel je ervaringen en sluit de oefening af met een hartegroet.

GENEZEN DOOR MIDDEL VAN ZELFSTIMULERING

Zelfstimulering kan, alleen of in aanwezigheid van je partner, een zeer helende ervaring zijn. Denise bijvoorbeeld, een nieuweling in de seksuele magie van 29 jaar, was in staat, door zichzelf te stimuleren en tegelijkertijd een magisch wensbeeld in gedachten te houden, met haar Yoni een nieuwe en gezondere relatie te krijgen.

Denise had een verleden van steeds terugkerende vaginale infecties, zoals schimmelinfectie en onaangename afscheiding. Zij was zich ervan bewust dat ze haar Yoni in de afgelopen jaren misbruikt had door in het wilde weg seksuele contacten aan te gaan.

Hoewel zij haar gedrag drastisch veranderde en inmiddels een goed en bevredigend seksueel contact had met een vaste partner, bleef Denise last houden van de infecties. Ze besloot een magisch wensbeeld te creëren voor het helen van haar Yoni, om op een nieuwe en meer sensitieve manier een relatie met haar geslachtsdelen aan te gaan.

Ze ging eerst voor een spiegel zitten en bekeek haar Yoni. Ze probeerde contact te maken met dit verlegen en gewonde deel van haar lichaam. Ze gaf het een stem, zoals beschreven is in hoofdstuk 3. Haar Yoni gaf haar de duidelijke boodschap dat het de hoogste tijd was om meer zorg, aandacht en liefde aan dit deel van haar lichaam te besteden.

Denise wilde de seksuele magie als helende kracht gaan gebruiken en zij tekende daartoe een magisch symbool dat haar Yoni voorstelde als een schitterende bloem. Zij gaf er de naam 'passiebloem' aan.

Denise vertelt:

> Ik wilde de bloem in mijn hart sluiten en daarom tekende ik er een hart omheen. Toen gaf ik het hart vleugels, zodat mijn Yoni vrij kon vliegen, zonder pijn of problemen.
>
> Ik begon mijzelf te stimuleren op een krachtige, vurige manier en liet het symbool mijn eerste chakra binnengaan. Telkens als ik het symbool naar een volgend chakra bracht, werd het groter en mooier. Toen het mijn hart bereikte, was het zo groot geworden dat ik mijzelf het symbool zag binnengaan.
>
> Het was driedimensionaal en ik kon de warmte en de zachtheid ervan voelen. Ik stelde mij voor dat mijn seksualiteit door mijn hart werd gevoed met alle liefde en warmte die zij zo lang had moeten missen. Ik kon voelen hoe mijn hart haar voedde en mijn Yoni-bloem koesterde.
>
> Het symbool werd zo groot als een kamer, veel groter dan ikzelf, en ik ging erin binnen, ik liep erdoorheen, ik werd er één mee. Ik kon de afmetingen, de textuur, de warmte en de realiteit van mijn bloeiende Yoni-bloem voelen.
>
> Voorbij het vierde chakra werd alles heel licht. Toen ik mijn hoogtepunt bereikte, verhief ik mij in de lucht en zweefde op de vleugels van mijn Yoni in de ruimte. Dat was een heerlijk gevoel. En dat is het nog steeds, want elke keer als ik met het symbool werk, wordt het levendiger en realistischer.
>
> Ik voel dat dit een heel genezend effect zal hebben op mijn gezondheid, met name op de gezondheid van mijn Yoni, want zij voelt zich nu al beter, meer geliefd, er meer bijhorend en door mij meer gerespecteerd.

Zelfstimulering en Magische Gemeenschap

Als twee geliefden zichzelf gelijktijdig stimuleren en een toestand van orgastische opwinding bereiken, is de overgang naar het liefdesspel met penetratie maar een kleine stap.

Marissa en Nick deden het bij hun oefening in magische gemeenschap aan het begin van dit hoofdstuk als volgt. Zoals Marissa uitlegde, was ze in staat, zichzelf nog steeds stimulerend, over het bed te kruipen en contact met Nick te maken, zonder de stroom van hun orgastische gevoelens te onderbreken. De doorgaande stroom van seksuele stimulering is van belang als voorbereiding op magische gemeenschap.

In de magische gemeenschap die ik nu ga beschrijven, bied ik echter een andere methode aan om seksuele opwinding wakker te maken. Deze vorm van stimulering laat zich heel eenvoudig vervolgen door een liefdesspel met penetratie.

Als seksuele magiër nodig ik je uit alle mogelijkheden te onderzoeken en die oefeningen te kiezen die passen bij jouw stijl van seksuele orgastische energie opwekken. Je bent nu toe aan de allerhoogste ervaring van seksuele magie.

MAGISCHE GEMEENSCHAP OP KLASSIEKE WIJZE

Doel en nut van de Oefening

Het draait in de wereld niet om liefde, maar liefde maakt het leven wel de moeite waard.

FRANKLIN JONES

In deze oefening worden alle elementen van seksuele magie samengebracht in één krachtig ritueel, dat je leven kan transformeren. Voor het eerst ga je met het magisch symbool werken tijdens een diepe seksuele vereniging met je partner. Deze alchemistische versmelting van jullie beider seksuele energieën zal het symbool enorm veel krachtiger en effectiever maken en de verwerkelijking van je verlangens vergemakkelijken.

Magische gemeenschap heeft twee vormen: een klassieke en een spontane. De klassieke vorm, die ik dadelijk zal gaan beschrijven, is een soort oefening in tantra-yoga uit de oude tradities van Tibet en India en is bedoeld om seksuele energie op te wekken en te gebruiken voor hogere doelen. Deze oefening verloopt volgens een reeks nauwkeurig op elkaar afgestemde stappen. Correct uitgevoerd vormt zij een uiterst krachtig ritueel, dat spectaculaire resultaten kan opleveren.

De spontane vorm zal ik later in dit hoofdstuk beschrijven.

Voorbereidingen

- Magische gemeenschap is het hoogtepunt van je studie in seksuele magie en daarom is een uitgebreide voorbereiding wel op z'n plaats. Neem de tijd om in de kamer die je voor dit ritueel gebruikt een werkelijk magische sfeer te creëren. Gebruik lichteffecten, wierook en muziek, en roep een sfeer op waarin fantasie en verlangen werkelijkheid kunnen worden.

- Neem de tijd om jezelf voor te bereiden, zodat je je schoon, fris en mooi voelt. Draag speciale kleding, versierd met veren, juwelen en dergelijke. Hoe magischer de voorbereiding, hoe groter de uitwerking van het ritueel zal zijn.

- Breng de magische cirkel in gereedheid.
- Gebruik het magisch symbool waarmee jullie willen werken.
- Zet je favoriete massageolie klaar.
- Zorg dat een kan water binnen handbereik is.
- Bepaal wie het alchemistisch onderdeel van de oefening, het omhoog leiden van het symbool door de chakra's, gaat leiden. (In de beschrijving neem ik aan dat Shiva dit is.)
- Trek voor de hele oefening één tot anderhalf uur uit. (Persoonlijk neem ik er zelf graag een hele zondagmiddag en -avond voor.)

Werkwijze

STAP 1: DE AANROEPING

Betreed samen de magische cirkel.

Begroet elkaar met de hartegroet en een innige omhelzing.

Zet of leg het magisch symbool tussen jullie op de vloer.

Nu gaan jullie samen een aanroeping doen. Kijk elkaar over het symbool heen aan, breng je armen in de lucht en zeg: "Wij dragen deze magische gemeenschap op aan ons wensbeeld van orgastische vreugde..." en voeg hier de bijzonderheden van jullie wensbeeld aan toe.

Steek hierna een kaars aan en zet die op het altaar met je symbool ervoor, daarmee aangevend dat de ceremonie begonnen is.

Kom langzaam bij elkaar. Trek op een sensuele manier elkaars kleren uit en streel zacht elkaars lichaam. Wees speels, ondeugend en verleidelijk. Dit is een krachtig en diepgaand ritueel, maar het hoeft geen serieuze aangelegenheid te zijn.

STAP 2: DANS JE WILDHEID

Zet dansmuziek op, het liefst muziek die langzaam begint en gaandeweg sneller, luider en wilder wordt.

Begin met je lichaam te strekken. Beweeg je ledematen, je bekken, je borst, je rug, je nek en je hoofd. Adem krachtig en diep door je mond, zodat iedere cel van je lichaam verse zuurstof en nieuwe energie krijgt.

Kijk je partner aan en dans samen met hem of haar; neem elkaars bewegingen daarbij eens over. Jullie kunnen ook je handen tegen elkaar leggen en in harmonie met elkaar bewegen, dan weer leidend, dan weer volgend.

Terwijl je danst, stem je je af op een of ander wild dier, zoals je dat ook in hoofdstuk 4 gedaan hebt. Dit is erg belangrijk voor succesvolle magie. Naar mijn ervaring is het moment waarop twee geliefden zich voorbereiden op een ritueel tevens het moment waarop er in een van hen of in allebei gemakkelijk oude wrok, angst, woede of frustratie kan bovenkomen.

Deze negatieve gevoelens moeten niet al te serieus genomen worden; ze maken gewoon deel uit van het proces en zijn een aspect van je eigen energie. Je zult merken dat het dier in jezelf er iets heel moois van kan maken.

Laat je dierlijke gevoelens bovenkomen en sterker worden. Word er één mee en breng ze tot uitdrukking.

Beweeg als een dier, maak geluid als een dier, denk en voel als een dier. Laat in je buik de oerenergie wakker worden en door je hara vloeien als een heerlijke ontladende, genezende stroom.

> *Je ziel wordt ondergedompeld in het vuur van goddelijke liefde. Zoals ijzer zijn donkerheid verliest en witheet wordt, en daarmee wordt als het vuur zelf, en zoals het uiteindelijk vloeibaar wordt, zo worden ook de zielen van geliefden stralend gemaakt van goddelijke liefde.*
>
> *Tantrische Alchemie*

Houd de sfeer op een theatrale manier speels. Wees niet lichamelijk agressief tegen elkaar. Zorg ervoor dat je elkaar op geen enkele manier bezeert. Laat het proces zich in alle onschuld ontvouwen, zoals kinderen die 'wild diertje' spelen. Doe alsof je deelneemt aan een workshop voor acteurs en improviseer.

Vergeet niet dat elke hartstochtelijke liefde een agressief aspect heeft. Als dit aspect op een speelse manier geuit wordt, krijgt jullie hartstocht voor elkaar al snel een meer liefdevol karakter, dat heel goed past bij magische gemeenschap.

Stap 3: In een Liefdevolle Stemming Komen

Laat je agressieve, dierlijke energie na een paar minuten zachter, vriendelijker en liefdevoller worden, verleidelijker.

Als je partner het moeilijk vindt om te kalmeren, gebruik dan je dierlijke charmes om hem of haar te sussen en te vleien. Help je partner met behulp van zachte geluidjes alle agressieve energie te transformeren en in een meer romantische stemming te komen.

Kom nu heel dicht bij elkaar en versmelt in een innige omarming. Sluit je ogen en houd elkaar vast; voel de heerlijke wilde energie die zich in je lichaam heeft vrijgemaakt.

Stap 4: Je het Magisch Symbool Inprenten

Ga in de magische cirkel op een kussen zitten, tegenover elkaar. Leg het magisch symbool op de vloer tussen jullie in.

Sluit je ogen en adem langzaam en diep in en uit. Word rustig, gecenterd en ontspannen.

Als je het gevoel hebt dat je zover bent, open dan je ogen en laat je blik zacht rusten op het magisch symbool. Dit is het moment om jezelf eraan te herinneren dat jij en je partner een gezamenlijk doel hebben.

Jullie hebben samen een magisch wensbeeld gecreëerd. Jullie hebben je samen geoefend in seksuele magie en je daarmee voorbereid op dit moment. Nu gaan jullie dit krachtige beeld naar het universum sturen om jullie liefste wensen in vervulling te laten gaan.

Laat je blik van het symbool naar je partner gaan. Kijk elkaar liefdevol in de ogen en voel waardering voor het vertrouwen en de liefde die jullie voor elkaar hebben nu je aan dit grote experiment gaat beginnen. Dit is de kroon op jullie werk. Jullie zijn ingewijd en novice geweest. Nu worden jullie volleerde magiërs en zijn jullie klaar om de esoterische reis naar creatieve manifestatie te vervolgen.

Stap 5: Voorspel op Magische Gemeenschap

Jullie zijn nu zover dat je aan het orgastisch voorspel beginnen kunt, dat de weg vrijmaakt voor magische gemeenschap. Er zijn twee mogelijkheden.

1. Jullie kunnen beginnen jezelf te stimuleren, terwijl jullie naar elkaar kijken. Dit is in dit hoofdstuk reeds beschreven.
2. Jullie kunnen elkaar stimuleren met behulp van de volgende oefening. Ik noem deze oefening de 'schommel', omdat beide partners afwisselend gaan liggen en door de ander gestimuleerd worden.

Shiva, ga zitten met gekruiste benen, in een houding die overeenkomt met een ontspannen yogahouding. Ik noem deze houding de 'openbloeiende lotus' (zie *Tantra, een weg naar intimiteit en extase*, pagina 138).

Shakti, ga op Shiva's schoot zitten en leg je benen om zijn middel, zodat je voeten elkaar achter zijn rug raken. Vervolgens leun je achterover, zodat je rug op de grond rust en je bekken omhoog komt en rust op Shiva's dijen.

Deze houding kan een moment van heerlijke overgave betekenen, want je toont Shiva je geslachtsdelen (zie afbeelding verderop).

Allen komen ten slotte tot mij;
Er is geen liefde zoals de mijne.
Want alle liefde voor de ander
verkiest de een boven de ander
En liefde voor de ander betekent pijn.
Maar dit is eeuwige vreugde.

Edward Carpenter
Over the Great City

Shiva, streel zacht Shakti's lichaam. Strijk met je handen van haar dijen naar haar buik, borsten en keel, en vervolgens langs haar armen.

Laat je streling gaandeweg erotischer worden. Gebruik voldoende massageolie en smeer Shakti's borsten in, rol haar tepels tussen je duim en vingers, kus of lik eraan, laat je handen over haar buik en dijen glijden, trek zachtjes aan haar schaamhaar. Wind haar op.

Shakti, terwijl Shiva je masseert, stel je je voor dat het symbool in je lichaam zweeft. Breng het in verband met de plezierige sensaties die je ervaart.

Shiva, je kunt vervolgens Shakti's Yoni benaderen. Gebruik ruim voldoende olie en ga licht over haar grote schaamlippen. Concentreer je steeds meer op haar clitoris om haar seksuele energie op te wekken. Als haar niveau van opwinding begint te stijgen, vraag haar dan of het goed is als je een vinger in haar vagina brengt, haar heilige tuin van genot.

Stimuleer haar tegelijk inwendig en uitwendig, luister naar haar leiding voor wat betreft de streken die je gebruiken moet en breng haar naar een seksueel hoogtepunt. Stop vlak voor de orgastische ontlading. Help de orgastische sensaties over haar lichaam te verspreiden door haar bekken en borsten te masseren.

Ga hier een kwartier mee door.

Shakti, als je seksueel opgewonden bent, ga dan weer op Shiva's schoot zitten.

Nu is het Shiva's beurt om achterover te gaan liggen, zijn geslachtsdelen aan Shakti te tonen en genot te ontvangen.

Shakti, streel Shiva's lichaam met lange, vegende bewegingen. Beweeg je handen van zijn benen en heupen omhoog over zijn buik, borst en keel, en dan over zijn armen omlaag naar zijn handen.

Shiva, breng deze plezierige gevoelens in verband met je magisch symbool. Stel je voor dat het symbool in je lichaam zweeft.

Shakti, begin nu Shiva's Vajra te stimuleren. Gebruik de streken die je geleerd hebt in hoofdstuk 8. Stimuleer hem, wind hem op. Druk tegen zijn perineum, breng dit gebied in trilling om zijn prostaat gevoeliger te maken. Breng hem naar een hoogtepunt van erotisch genot en stop vlak voor het punt vanwaar geen terugkeer mogelijk is.

Nu is jullie beider seksualiteit wakker geworden en zijn jullie klaar voor de magische gemeenschap.

Stap 6: Magische Gemeenschap - Penetratie

Shiva, ga nogmaals met gekruiste benen zitten. Shakti, ga wijdbeens over Shiva heen staan en laat jezelf langzaam in zijn schoot zakken, totdat de top van zijn Vajra de ingang van je Yoni raakt.

Stop even en stel je allebei voor dat het magisch symbool tussen jullie geslachtsdelen zweeft. Wees enige ogenblikken meditatief. Dit is een belangrijk moment, waarop je al je aandacht moet richten op het punt waar de magische alchemie gaat plaatsvinden.

Shakti, laat je heel langzaam en voorzichtig in Shiva's schoot zakken en laat zijn Vajra jouw Yoni binnendringen. Stel je daarbij voor dat het magisch symbool je lichaam binnengaat.

Shiva, als jouw Vajra bij Shakti naar binnen glijdt, stel je je voor dat het magisch symbool haar Yoni binnengaat.

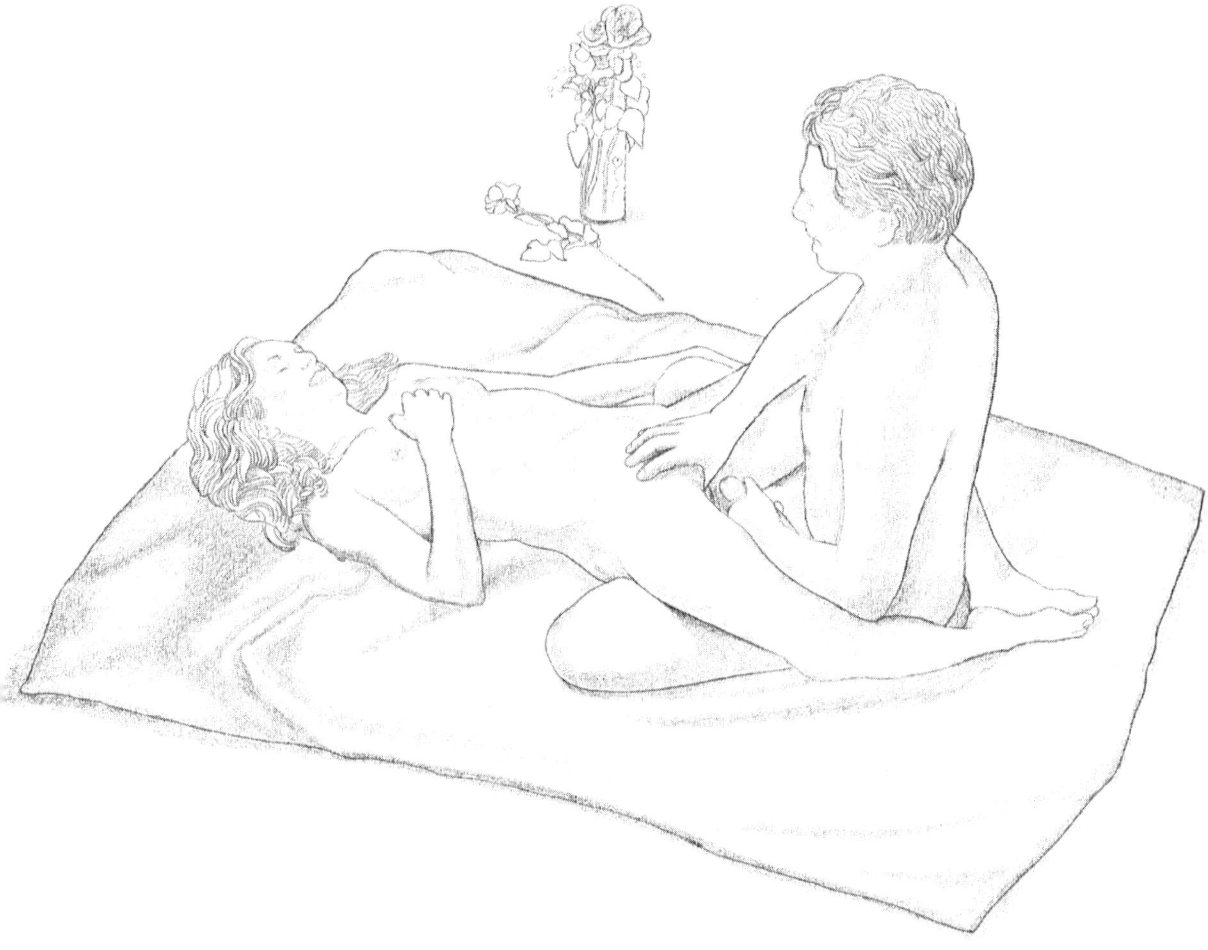

De 'schommel'; elkaar stimuleren om seksuele energie op te wekken.

Shakti, laat Shiva's Vajra helemaal in je Yoni verdwijnen, totdat je op zijn schoot zit met zijn Vajra diep in je.
Stel je nu allebei voor dat het magisch symbool in Shakti's Yoni zweeft. Als hulpmiddel kunnen jullie je voorstellen dat zich een donkerrode kleur door jullie geslachtsdelen en door jullie hele bekkengebied verspreidt.

Shakti, onderzoek eens hoe het voelt om je bekken om Shiva's penis te wentelen en te draaien. Gebruik de PC-pomp, 'melk' zijn penis door je PC-spier en de spieren rond je vagina aan te spannen.

Shiva, ook jij kunt de PC-pomp doen. Leg je armen om Shakti heen en

Magische gemeenschap. Je voorstellen dat het symbool op het moment van penetratie in de vagina van de vrouw wordt geduwd.

houd haar onderrug vast, zodat zij met haar lichaam flinke cirkels kan beschrijven en door deze beweging jouw Vajra stimuleert.

Laat tijdens deze oefening jullie bewustzijn van het magisch symbool een soort onderstroom in je gedachten zijn, zoiets als achtergrondmuziek.
Shakti, leun achterover en steun daarbij op je armen. Experimenteer met deze speelse wrijving tussen jullie geslachtsdelen. Masseer Shiva's Vajra door je bekken omhoog en omlaag te bewegen. Vergeet niet dat je, als je het gevoel hebt dat je opwinding afneemt, in deze ontspannen houding ook jezelf kunt stimuleren.

STAP 7: MAGISCHE GEMEENSCHAP IN HET EERSTE CHAKRA

Nu kunnen jullie overgaan tot de yoga-oefening en samen het magisch symbool omhoog gaan voeren door de zeven chakra's om het op te laden met orgastische kracht.

Ga dicht bij elkaar zitten; jullie borsten raken elkaar bijna. Leg je handen op het gebied van het heiligbeen, onder aan de ruggegraat van je partner. Houd hierbij de volledige penetratie in stand.

Richt allebei je aandacht op het magisch symbool, dat in Shakti's Yoni zweeft. Jullie gaan nu op een speciale manier ademhalen om het magisch symbool door de chakra's omhoog te leiden. Ik noem dit de 'tegenovergestelde ademhaling': als Shiva inademt, ademt Shakti uit en als Shakti uitademt, ademt Shiva in.

Met behulp van de ademhaling het magisch symbool laten circuleren

Shiva, adem in en stel je voor dat je het magisch symbool uit Shakti's sekscentrum en via je Vajra je eigen sekscentrum inzuigt. Voel hoe het symbool je geslachtsdelen binnenkomt.

Shakti, adem uit als Shiva inademt en geef het symbool aan Shiva door het via je Yoni naar zijn eerste chakra te sturen.

Shiva, nu adem jij uit en je stuurt het symbool met al je seksuele energie weer terug in Shakti's Yoni.

Shakti, adem in, span de spieren van je vagina aan, melk Shiva's Vajra, zuig het symbool je vagina in en vermeng het in je eerste chakra met je eigen seksuele energie.

Stel je voor hoe de donkerrode energie van jullie beider seksuele sappen zich samen met het symbool heen en weer beweegt en het doortrekt van de rode kleur.

Ga hier een paar minuten mee door. Vertel elkaar wat er gebeurt. Vorm een duidelijk beeld of gevoel van het magisch symbool, dat heen en weer beweegt tussen jullie sekscentra.

Stap 8: Magische Gemeenschap in het Tweede Chakra

Als jullie allebei zover zijn, kunnen jullie overgaan tot de tweede stap van magische gemeenschap: het magisch symbool omhoog leiden door de chakra's.

Shiva, jij gaat de reis van het symbool begeleiden. Leg je rechterhand op Shakti's onderrug, ter hoogte van haar tweede chakra; je andere hand blijft op haar heiligbeen. Shakti, jij zou je handen op dezelfde manier op Shiva's rug kunnen leggen.

Shiva, zeg tegen Shakti: "We laten de energie nu rondgaan van het eerste naar het tweede chakra."

Shiva, adem uit en stuur het magisch symbool samen met je seksuele sappen door je Vajra naar Shakti's sekscentrum. Stel je voor hoe het symbool en de sappen Shakti binnendringen en door haar inner flute omhoog stijgen naar het niveau van haar tweede chakra, waar jouw rechterhand ligt.

Shakti, adem uit als Shiva inademt en ontvang het symbool in je Yoni. Trek het door je inner flute omhoog naar je tweede chakra.

Het magisch symbool gaat nu een cirkel doorlopen.

Shiva, adem in, trek het symbool in je buik en laat het vervolgens door je inner flute naar beneden vallen in je sekscentrum.

Shakti, adem uit als Shiva inademt en geeft het symbool via je onderbuik aan Shiva en stel je daarbij voor dat het terugkeert naar zijn sekscentrum.

Laat het magisch symbool op deze manier rondgaan tussen jullie eerste en tweede chakra: omhoog door Shakti's Yoni en haar inner flute naar haar buik, en dan door Shiva's buik en langs zijn ruggegraat naar beneden zijn sekscentrum in.

Houd contact met je seksuele gevoelens. Duw jullie geslachtsdelen tegen elkaar en blijf tegen elkaar aan glijden en wrijven om de seksuele sensaties door jullie bekken en onderbuik te verspreiden.

Nu kunnen jullie de eigenschappen van het tweede chakra gaan oproepen. Zie hoe de kleur oranje zich door jullie buiken verspreidt en die verwarmt. Voel hoe de sensualiteit en energie van je onderbuik door deze magische, circulerende energie wordt gewekt. Laat jullie buiken elkaar begroeten, wrijf ze tegen elkaar, zodat er belletjes van erotisch genot vrijkomen en het magisch symbool gedrenkt wordt in de energieën van jullie tweede chakra.

Stap 9: Magische Gemeenschap in het Derde Chakra

Als jullie allebei gewend zijn aan de tegenovergestelde ademhaling en het laten rondgaan van de energie, kunnen jullie verder omhoog gaan door de inner flute, van chakra naar chakra door je lichaam opstijgen en met het magisch symbool steeds grotere cirkels beschrijven.

Shiva, houd je linkerhand op het heiligbeen van je partner en beweeg je rechterhand langs haar rug omhoog naar het gebied tegenover haar zonnevlecht. Zeg: "Nu maken we de cirkel tussen het eerste en het derde chakra."

Shiva, adem uit en stuur je seksuele energie met het symbool naar Shakti's Yoni en door haar inner flute omhoog naar haar zonnevlecht, haar derde chakra.

> *Zoals het menselijk lichaam is, zo is de kosmos.*
> *Zoals de menselijke geest is, zo is de kosmische geest.*
> *Zoals de microkosmos is, zo is de macrokosmos.*
> *Zoals het atoom is, zo is het universum.*
>
> *Upanishads*

Shakti, adem in, verwelkom het magisch symbool en zuig het via je inner flute in je derde chakra, je zonnevlecht. Adem vervolgens uit en geef het symbool via je derde chakra aan Shiva.

Shiva, adem in, ontvang het magisch symbool in je derde chakra en laat het door je inner flute naar je sekscentrum vallen.

Terwijl jullie het symbool op deze manier rond laten gaan, roep je de eigenschappen van het derde chakra op. Voel hoe het krachtcentrum zich begint te roeren en hoe de energie ervan vrijkomt als het symbool erdoorheen gaat. Laat je seksuele energie, als zij door het derde chakra stroomt, een vurige, gele kleur aannemen. Het symbool wordt hier in vuur en vlam gezet en gezuiverd, en het begint te schitteren met een gezond en helder stralend gouden licht.

Stap 10: Magische Gemeenschap in het Vierde Chakra

Shiva, verplaats je rechterhand langs Shakti's rug naar het gebied tegenover haar hartcentrum, maar houd je linkerhand op haar heiligbeen. Zeg: "Nu maken we de cirkel van het eerste naar het vierde chakra." Handhaaf de tegenovergestelde ademhaling.

Shiva, adem uit en laat het symbool Shakti's Yoni binnengaan en omhoog door haar inner flute naar haar hart oprijzen. Adem dan in, trek het symbool in je eigen hartcentrum en vervolgens naar beneden in je geslachtsdelen.

Shakti, terwijl Shiva inademt, adem jij uit en je zuigt het symbool van Shiva's sekscentrum naar jouw eerste chakra. Vervolgens trek je het omhoog naar je hartcentrum, naar je vierde chakra. Adem vervolgens uit en geef het symbool via je hart aan je geliefde.

Roep de eigenschappen van het hart op, terwijl je het symbool laat circuleren door dit belangrijke chakra. Stel je voor dat de kleur groen zich door je borstkas verspreidt. Voel hoe de liefde van jullie harten de seksuele magie verwarmt. Voel een uitgestrekte, vredige ruimte ontstaan tussen jullie oksels. Laat jullie liefde, jullie acceptatie en jullie mededogen versmelten met het magisch symbool.

STAP 11: MAGISCHE GEMEENSCHAP IN HET VIJFDE CHAKRA

Shiva, leg je rechterhand zachtjes tegen de nek van je partner en raak de achterkant van haar keelchakra aan. Zeg: "Nu maken we de cirkel tussen het eerste en het vijfde chakra."

Shakti, adem in en trek het symbool helemaal omhoog naar je keel. Maak vervolgens op de uitademing zachte, sensuele geluidjes in je keel, terwijl je het symbool doorgeeft aan je partner. Als je keelcentrum vibreert, wil je misschien een gonzend, kreunend of zuchtend geluid maken.

Shiva, adem in, ontvang het magisch symbool van Shakti, zuig het je keel binnen en laat het vervolgens naar beneden vallen naar je sekscentrum. Adem dan uit en zend het symbool door haar inner flute omhoog naar haar vijfde chakra.

Roep de eigenschappen van het vijfde chakra op. Stel je voor dat de kleur blauw je keel overspoelt en dit gebied heelt, zuivert en transformeert. Houd allebei je keel open en ontspannen. Maak geluid, breng je energie tot uitdrukking, je individualiteit en vibreer met je vijfde chakra. Geef aan je geluiden een seksueel tintje, zodat je eerste en vijfde chakra zich met elkaar verbinden.

STAP 12: MAGISCHE GEMEENSCHAP IN HET ZESDE CHAKRA

Druk zacht jullie voorhoofd tegen elkaar, zodat jullie derde ogen elkaar raken. Shiva, raak met de vingers van je rechterhand zacht het achterhoofd van je partner aan; houd je linkerhand op haar heiligbeen. Zeg: "Nu maken we de cirkel van het eerste naar het zesde chakra."

Shakti, adem in en trek het magisch symbool door je inner flute omhoog naar je voorhoofd, naar het punt tussen je wenkbrauwen. Adem dan uit en geef het door aan Shiva's voorhoofd.

Shiva, adem in, ontvang het symbool via je voorhoofd en laat het vervolgens naar je sekscentrum vallen. Adem dan uit en stuur het door Shakti's inner flute omhoog naar haar voorhoofd.

Roep de eigenschappen van het zesde chakra op. Zie hoe de kleur violet in je voorhoofd straalt. Voel de lichtheid, de helderheid en de ruimte die zich ontsluit als het zesde chakra geactiveerd wordt. Laat het magisch symbool door deze innerlijke ruimte vliegen, laat het baden in dit licht en erdoor gezuiverd worden, als voorbereiding op de verbinding met het astraal netwerk.

STAP 13: MAGISCHE GEMEENSCHAP IN HET ZEVENDE CHAKRA

Jullie richten nu allebei je aandacht op je kruin. Shiva, raak met de vingers van je rechterhand heel zacht de kruin van je partner aan. Zeg: "Nu maken we de cirkel van het eerste naar het zevende chakra."

Shakti, adem in, trek je seksenergie met het magisch symbool omhoog door je inner flute helemaal naar je kruin. Adem dan uit en geef het symbool door aan Shiva, die het door zijn inner flute naar beneden laat vallen naar zijn geslachtsdelen.

Shiva, adem in, ontvang het symbool van Shakti in je kruin en breng het naar beneden naar je sekscentrum. Adem vervolgens uit en stuur het door Shakti's inner flute omhoog naar haar kruin.

Roep de eigenschappen van het zevende chakra op. Terwijl je energie en het magisch symbool baden in een wit licht, in een schijnbaar oneindige ruimte, kun je het gevoel krijgen dat je lichamelijke begrenzing vervaagt.

Je kunt in de verleiding komen in deze stilte en gelukzaligheid halt te houden, want je kunt je begrip van tijd en ruimte gaan verliezen. Er is echter nog één stap te gaan om de magische gemeenschap te voltooien.

STAP 14: MAGISCHE GEMEENSCHAP MET HET ASTRAAL NETWERK

Jullie verbinden je nu krachtig met je eerste chakra en stimuleren je seksenergie. Shiva, zeg: "Nu gaan we over tot het volledig orgasme, het allerhoogste genot."

Vrij heel intensief en gepassioneerd. Maak je even geen zorgen om de tegenovergestelde ademhaling of het magisch symbool. Ga op in je genot, in je hartstocht en help elkaar naar een orgastisch hoogtepunt.

Probeer tegelijkertijd je orgasme te bereiken.

Als je het gevoel hebt dat je het punt van de explosieve ontlading nadert, vraag je partner dan: "Kan ik klaarkomen? Ben jij zover?"

Misschien zegt je partner: "Ja, we kunnen!"

Of je partner zegt: "Wacht even, ik ben er bijna."

Het kan ook zijn dat je partner nog niet dicht bij een orgasme is, maar dat hij of zij zo overspoeld wordt door orgastische energie, dat hij of zij het prima vindt als jij doorgaat.

Wees er zeker van dat jullie op dit punt overeenstemming hebben. Ga dan door naar een volledig orgasme. Voel hoe je wordt meegenomen tot voorbij het punt vanwaar geen terugkeer mogelijk is. Laat jezelf gaan in een volledige climax. Geef jezelf over aan dit verrukkelijke moment van vibrerende extase.

Laat het symbool door je heen stromen. Laat het boven je hoofd los, terwijl de energie van een gelukzalige eenwording zich in golven van vreugde door je verspreidt.

Als het orgasme inzet, voer je het magisch symbool samen met je orgastische energie door je lichaam omhoog en door je schedeldak naar buiten. Je kunt daarbij het gevoel krijgen dat jij en je geliefde één lichaam zijn geworden, met één inner flute en één magisch symbool.

Laat het magisch symbool, vermengd met al die heerlijke orgastische energie, uit je hoofd wegschieten en zich verbinden met het astraal netwerk.

Adem allebei langzaam en diep door je mond en stel je voor dat jullie magisch symbool boven jullie hoofden zweeft. Geniet van dit tijdloze moment, van deze bekroning op jullie magisch werk.

Als de orgastische sensaties beginnen af te nemen, stel je je voor dat het symbool verdwijnt. Zie hoe het steeds kleiner wordt, totdat het nog maar een klein stipje is, dat ten slotte helemaal verdwijnt.

Stap 15: Nagenieten

Shakti, blijf een poosje op Shiva's schoot zitten en rust tegen zijn borst, terwijl jullie voorhoofden elkaar licht raken. Blijf op een ontspannen manier seksueel verbonden. Als Shiva's erectie is afgenomen, laat zijn Vajra dan tussen jullie onderbuiken rusten.

Adem samen rustig door. Geniet van dit moment, waarop je niets hoeft te doen, nergens naar hoeft te streven, niets hoeft te bereiken en alleen maar dicht bij elkaar hoeft te zijn, jullie harten te voelen en te genieten van jullie liefde voor elkaar.

Stel je na een poosje voor dat een deel van de orgastische energie die ontladen is in de vorm van wit licht zachtjes neerdaalt in je lichaam. Stel je voor dat dit licht langzaam door je hoofd, je nek, je borstkas en je rug terugkeert naar je sekscentrum en dan in de grond verdwijnt om zich te verbinden met de aarde.

Laat elkaar daarna langzaam los. Ga liggen en ontspan je.

Als je zover bent, ga dan rechtop zitten en omhels elkaar innig.

Feliciteer elkaar!

Sluit de sessie af met een hartegroet.

Opmerkingen

Het Evenwicht Bewaren

Als je voor de eerste keer magische gemeenschap hebt, kan het moeilijk zijn de verschillende aspecten ervan in evenwicht te houden. Je weet bijvoorbeeld niet meer bij welk chakra je bent, je vergeet op je ademhaling te letten of je verliest het contact met je seksuele energie.

Een manier om dergelijke problemen te overwinnen is, net als bij een toneelstuk, eerst de technische zaken 'door te nemen' en pas daarna aan de eigenlijke uitvoering te beginnen. Doorloop op je gemak alle fasen, zonder penetratie, maar met de juiste ademhaling en de alchemie, totdat je er bekend mee bent. Daarna kun je het volledige ritueel uitvoeren.

Magie is het vermogen in navolging van de wil veranderingen teweeg te brengen.
ALEISTER CROWLEY

Een ander mogelijk probleem is dat je het gevoel van liefde voor en verbondenheid met je partner kwijtraakt, omdat je te veel gericht bent op de techniek. Als dit gebeurt, stop dan even, ontspan je, kijk elkaar in de ogen en herinner je de liefde die jullie voor elkaar voelen. Ga dan weer door.

Het is van belang tijdens het ritueel een sterke seksuele verbinding in stand te houden met het eerste chakra. Soms is het nodig om al je aandacht op je seksualiteit te richten en de chakra's en je voorstelling van het symbool even te laten voor wat ze zijn. Shiva, pak Shakti's billen dan vast en trek haar stevig naar je toe, terwijl je je Vajra in haar Yoni drijft. Hierdoor worden beide geslachtsorganen gelijktijdig gestimuleerd. Shakti, draai met je bekken om Shiva's Vajra. Melk zijn Vajra door er met bewegingen van je vaginaspieren aan te zuigen. Wees hierbij speels en geniet ervan.

Als jullie seksuele energieën weer flink stromen, kun je verdergaan met het ritueel. Een van jullie kan zeggen: "Goed, we kunnen verdergaan waar we gebleven waren en het symbool rond laten gaan van één naar vier."

Gemeenschap Zonder Erectie

Je kunt magische gemeenschap ook uitvoeren zonder dat Shiva een erectie heeft. Zijn Vajra rust dan in Shakti's Yoni. In het begin kan het zelfs heel nuttig zijn magische gemeenschap op deze manier te oefenen en, voordat je het seksuele aspect erin betrekt, de verschillende stappen van de ademhaling en het rond laten gaan van het symbool eerst goed te leren kennen.

Als de Vajra tijdens de oefening uit de Yoni glijdt, houd hem dan tussen jullie onderbuiken ingeklemd. Het is belangrijk dat de Vajra niet los onder Shiva's lichaam hangt, want dat betekent een verstoring van de seksuele energiestroom.

Variaties

Wat ik je nu geleerd heb, beschouw ik als de meest effectieve vorm van klassieke magische gemeenschap. Er zijn echter nog allerlei andere vormen mogelijk. Als je het bijvoorbeeld moeilijk vindt om, nadat je een bepaald chakra bereikt hebt, synchroon met elkaar te blijven, kun je ook besluiten de rest van het ritueel onafhankelijk van elkaar te doen. Daar is niets op tegen.

Je kunt er ook de voorkeur aan geven de magische gemeenschap niet af te sluiten met een explosieve, orgastische ontlading en, terwijl je het symbool verbindt met het astraal netwerk, de energie bij je te houden. Ook dat is prima.

Vertrouw hierin op je gevoel. Vertrouw je hart. Maak niet de fout de energiestroom te onderbreken vanwege een vooropgesteld idee over wat magische gemeenschap is en probeer ook te vermijden dat je vast komt te zitten in het idee dat je het precies zo moet doen als ik in dit hoofdstuk beschreven heb.

Misschien wil je kleinere cirkels beschrijven en het symbool laten rondgaan tussen het tweede en het derde chakra, tussen het derde en het vierde, enzovoort, in plaats van altijd uit te gaan van het eerste chakra. Het voordeel van kleine cirkels is dat je je niet zulke grote bewegingen van energie voor hoeft te stellen. Het probleem is echter dat je mogelijk het contact met je sekscentrum kwijtraakt; daarom geef ik er de voorkeur aan de energie altijd rond te laten gaan vanuit het eerste chakra.

Magische Gemeenschap op Spontane Wijze

Misschien vind je dat de klassieke magische gemeenschap nogal formeel en ingewikkeld is, alsof het een moeilijke yoga-houding betreft, waarin je tegelijkertijd lichamelijke bewegingen, ademhalingspatronen en visualisaties moet uitvoeren.

> *In de oosterse religies en in de mystiek is de liefde voor God een intens gevoelde ervaring van eenheid, die niet te scheiden is van het tot uitdrukking brengen van deze liefde in het dagelijks leven.*
>
> Erich Fromm

Het is echter zo dat je door al deze stappen samen met je partner te doen een soort magische snelweg creëert, een kanaal waardoor jullie energie uit eigen beweging kan dansen, stromen en zich transformeren.

Dit is de reden dat ik mensen, voordat ze gaan experimenteren met de spontane stijl, de klassieke magische gemeenschap aanbeveel. Als je die in al haar details beheerst, heb je een stevige basis van waaruit je vrijelijk kunt experimenteren, zonder te verdwalen of in de war te raken.

Bij de spontane magische gemeenschap richt je je aandacht minder op de exacte stappen en meer op de seksuele en liefdevolle verbinding met je partner, en geniet je van de intensiteit en de levendigheid die voortkomen uit de natuurlijke stroming van jullie seksuele energie. Deze kan, telkens als jullie vrijen, anders van karakter zijn.

Als je bijvoorbeeld de gezamenlijke seksuele energie door de chakra's omhoog leidt, kun je gaan merken dat je energie in een bepaald deel van je lichaam uitzonderlijk plezierig voelt - bijvoorbeeld in je buik. De vrijheid van de spontane stijl biedt je de mogelijkheid hiervan te genieten zo lang als je wilt.

Hierdoor ervaar je op intense wijze de alchemie die werkzaam is als het magisch symbool en je seksuele energie elkaar op één plaats ontmoeten en zich vermengen. Je kunt genieten van de warmte, het genot en de sensuele gevoelens in je buik. Je kunt de drie sleutels gebruiken om je gevoelens te versterken en de energie die in dit deel van je lichaam wervelt en borrelt met het magisch symbool te laten versmelten.

Het is echter wel van belang dat je, zelfs bij spontane magische gemeenschap, de reis door de zeven chakra's afmaakt en de verbinding met het astraal netwerk tot stand brengt. Dit verzekert je ervan dat de energie, de liefde en de alchemistische transformatie die je hebt voortgebracht mee zullen resoneren met het netwerk en ertoe bij zullen dragen dat je wensbeeld verwerkelijkt wordt.

Als voorbeeld van de spontane stijl geef ik hieronder een paar gedeelten weer uit een gesprek met twee ervaren seksuele magiërs, Stephen en Jackie, dat plaatsvond na afloop van de magische gemeenschap.

Zij begonnen hun oefening op de formele manier en gingen gaandeweg over tot andere bewegingen en visualisaties.

JACKIE: Ik voelde mij deze keer heel ontspannen met Steve erbij. Ik kon gemakkelijk seksueel contact met hem maken en kon daardoor experimenteren met het op een natuurlijke manier volgen van mijn eigen energiestroom.

Eerst maakten we cirkels van energie van het eerste naar het tweede chakra, en toen van het eerste naar het derde. Toen kreeg ik opeens een intens beeld voor ogen van een deel van ons magisch symbool - een grote golf met dansende dolfijnen. De dolfijnen tuimelden, doken en speelden in mijn buik. Als ik mij op dit beeld concentreerde, leek het alsof ik de dolfijnen werd. Dat was heel plezierig en opwindend. Het gaf aanleiding tot een reeks stromende en gracieuze ogenblikken in ons liefdesspel. Het was een volkomen nieuwe ervaring - heel levendig, heel speels, waterig, glibberig en seksueel. Ik begreep hoe een symbool, wanneer het in een bepaalde plaats in mijn lichaam voelbaar wordt, de kwaliteit van mijn seksualiteit kan transformeren.

STEPHEN: Verschillende aspecten van het symbool werden op verschillende plaatsen in mijn lichaam voelbaar - op en neer langs mijn armen, draaiend door mijn borst - en dat gaf mij een gevoel van kracht en van ruimte. Het leek alsof ik heel uitgestrekt werd - een soort leeg vat, waarin de elementen van ons symbool vrij rond konden dansen. Het voelde heel erg goed.

Ik realiseer mij dat het voor mij niet altijd mogelijk is tijdens het vrijen het symbool te visualiseren, en ik accepteer dat. Als ik het symbool niet kan visualiseren, kan ik de eigenschappen ervan toch voelen. Ik heb daar een gevoel voor, maar ik kan het beeld niet voortdurend in gedachten houden.

JACKIE: Wat ook heel mooi was, was dat ik mij op een gegeven moment voorstelde dat er een soort ei van energie ontstond, dat ons beiden omvatte. Ik ademde Steve's energie in door mijn vagina, vermengde die met mijn eigen energie, bracht de energie door mijn ruggegraat omhoog naar mijn derde oog en op mijn uitademing stuurde ik alle energie naar het hoofd van Steve, langs zijn ruggegraat naar beneden en in zijn sekscentrum. Het was dan ook niet erg moeilijk om ons heen een ei van licht te creëren en ons magisch symbool door dit ei rond te laten gaan.

Dit hield ik het langst vol, omdat het zo plezierig was. Juist op het moment dat ik het contact met Steve een beetje begon te verliezen, bracht hij mij terug bij de oefening en we namen het symbool mee door de chakra's naar het astraal netwerk.

STEPHEN: Op het moment van het orgasme stuurde ik het symbool door mijn hoofd omhoog naar buiten. Direct daarna had ik het gevoel dat ik diep moest inademen en mijn adem een poosje moest vasthouden. Dit hielp mij een levendig beeld te vormen van het symbool zoals het boven mijn hoofd zweefde en meeresoneerde met het astraal netwerk. Toen ik het symbool daarna wilde wegsturen en laten verdwijnen, voelde ik dat ik een paar keer krachtig moest uitademen, alsof ik het bijna weg moest blazen.

Nadat ik het symbool had losgelaten, genoot ik er enorm van dat Jackie dicht bij me was, dat ik haar kon vasthouden en weer langzaam kon ademhalen. Ik had het gevoel dat dit heel noodzakelijk was. Ik herinner mij van eerdere keren dat, als ik die tijd om uit te rusten en te ontspannen niet nam, ik de sessie uitkwam met een leeg en akelig gevoel.

Het was dus heerlijk om tegen elkaar aan te liggen. Ik voelde mij heel en van top tot teen verbonden. Ik kon Jackie op een veel zachtere manier ervaren, veel liefdevoller.

JACKIE: Ik begrijp dat het in seksuele magie belangrijk is hetzelfde symbool te gebruiken voor meer dan één sessie, vooral als het symbool iets van je relatie uitdrukt. Het heeft tussen ons een geheel nieuw niveau van energie teweeggebracht.

Tijdens het vrijen heb ik op een bepaald moment ervaren dat het symbool heel groot werd en wij ons in een soort landschap bevonden dat door het symbool omgeven werd; wij zaten in het symbool, wij vreeën in het symbool. Dat was heel plezierig.

STEPHEN: Ik wil niet beweren dat het symbool iets in mij creëert. Het symbool weerspiegelt iets van mij dat er al is. En dat moet gewoon bevestigd worden.

MEESTERSCHAP IN DE SEKSUELE MAGIE

Door je de kunst van de magische gemeenschap eigen te maken, ben je een volleerde seksuele magiër geworden. Je bezit nu alle vaardigheden om magie in je leven te brengen, om jezelf kracht te geven, om je doelen te verwerkelijken en elk resultaat teweeg te brengen dat nodig is om een bevredigend en vreugdevol bestaan te leiden.

Jullie zijn nu ervaren deelnemers geworden in een wereld van oneindige mogelijkheden. Als je liefde en harmonie in je eigen leven brengt, doe je dat tegelijkertijd voor de hele mensheid. Je geeft de wereld een magisch tintje door anderen te laten zien hoe het leven geleefd kan worden als je de wereld met jouw vreugde heelt. Moge je leven overvloedig en voorspoedig zijn, en je bed overvloeien van de verrukkelijkste orgasmen!

NAWOORD

Het Resultaat van Seksuele Magie

Je bent de kunst van de seksuele magie meester. En wat nu? Hoe weet je nu of het echt werkt? Wanneer gaat je wens van persoonlijke transformatie in vervulling? Hoe groot is je kans op succes?

Het is in de eerste plaats belangrijk te erkennen dat je de kunst van de seksuele magie machtig bent. Dat is een enorm succes, zowel voor jou als voor je partner. Het is iets om terecht trots op te zijn. Je bent op dit gebied volleerd en dat betekent dat je het zwaarste werk achter de rug hebt. De moeilijkheden die je tijdens de training bent tegengekomen, heb je overwonnen en je kunt nu ongehinderd genieten van deze schitterende, extatische kunst en er de vruchten van gaan plukken.

In de wereld der magie bestaat er niets dat krachtiger en aantrekkelijker is dan twee geliefden die met elkaar in harmonie zijn en samen, met behulp van seksuele alchemie, hun succes bewerkstelligen. Zij hebben samen, wat de bekende psycholoog Roberto Assagioli noemt, een 'vaardige wil' ontwikkeld: het vermogen gewenste resultaten te bereiken met een minimaal gebruik van energie - en met een maximum aan plezier. Naast hun wilskracht hebben zij hun liefdesspel en hun verbeeldingskracht benut om hun leven op magische wijze te transformeren.

Het is niettemin van belang in gedachten te houden dat seksuele magie iets is dat geen einde kent. Het is niet iets dat je een keertje doet en dan gaat zitten wachten tot de hemel zijn zegeningen over je uitstort. Het is de regelmatige beoefening van magische gemeenschap die je geest, je lichaam, je emoties en je ziel doortrekt met het beeld van je verlangen, zoals je dat uitdrukt in je magisch symbool. Dit symbool is een vruchtbare alchemistische kracht, die op een creatieve, positieve en doelgerichte manier zijn werk doet zolang je seksuele magie blijft beoefenen.

Op het moment dat je symbool gaat meeresoneren met het astraal netwerk is de magische transformatie in gang gezet, al zal de manifestatie ervan nog niet direct zichtbaar zijn. Soms zijn de resultaten van magie direct en duidelijk waarneembaar, soms duurt het enige tijd. Niemand kan voorspellen wanneer het alchemistische proces, waarin jouw psyche, jouw symbool en de respons van het astraal netwerk betrokken zijn, zal culmineren in de verwerkelijking van je verlangen.

Als je in je leven synchroniciteit gaat ervaren, is dat een aanwijzing dat het netwerk meeresoneert met de frequentie van je magisch symbool. Er vinden onverwachte dingen plaats die corresponderen met je wensbeeld. Je realiseert je bijvoorbeeld plotseling dat jij en je geliefde niet meer bekvechten over een telkens optredende, stekelige kwestie, want jullie hebben samen een wensbeeld gecreëerd van meer harmonie in jullie liefdesleven. Of je loopt op kantoor plotseling tegen een nieuwkomer aan, want je wensbeeld betrof het ontmoeten van nieuwe, interessante mensen.

Een andere aanwijzing dat de magie werkt, is een groeiend gevoel van meer beheersing over je leven; je hebt meer invloed op andere mensen en op je omgeving. Mensen kunnen dingen tegen je gaan zeggen die een verandering betekenen voor de manier waarop jij jezelf ziet, zodat je zelfbeeld in gunstige zin verandert. Er kunnen zich plotseling gebeurtenissen voordoen die nieuwe en opwindende mogelijkheden met zich meebrengen. Het resultaat komt misschien niet precies zoals jij het verwacht, dus wees alert en sta open voor het nieuwe en het onbekende.

Sommige beoefenaars van seksuele magie werken graag actief mee aan het proces van het vervullen van hun wensen. Zij hebben bijvoorbeeld het gevoel dat positief praten met hun partner over hun wens een bijdrage levert aan de vervulling ervan. Zij praten alsof de transformatie op het punt staat of bezig is zich te voltrekken, of zij doen alsof hun wens al vervuld is. Zij vinden het prettig hun wensbeeld voortdurend te bekrachtigen, elke dag affirmaties te zeggen ter bevestiging van de verwerkelijking van hun verlangen. Zij letten erg op de manier waarop zij praten, om niet te vervallen in een oude, negatieve instelling, zoals 'het heeft geen zin, het werkt toch niet'.

Om de verwerkelijking van hun wensen te vergemakkelijken maken deze magiërs soms gebruik van een actieplan en ondernemen zij elke dag iets dat het magisch proces ondersteunt. Zij houden zich specifiek bezig met verbetering van hun levensstijl, van hun dagelijkse routine en van hun manier van omgang met anderen om de gewenste verandering gemakkelijker plaats te laten vinden. Op deze manier ontwikkelen zij een groeiend bewustzijn van de factoren die de gewenste verandering positief beïnvloeden en van de factoren die deze verandering in de weg staan.

Je gebruikt bijvoorbeeld magie om van het roken af te komen. Je zou dan, naast het beoefenen van seksuele magie, een affirmatie kunnen gebruiken: 'ik geniet van mijn schone longen' of 'ik vind het heerlijk om gezond te zijn en niet langer te lijden onder de gevolgen van het roken'. Je zou ook je levensstijl kunnen veranderen op een manier die het gewenste doel dichterbij brengt: niet meer naar plaatsen gaan waar gerookt wordt, geen sigaretten meer in huis hebben, geen asbakken in de kamer hebben staan...

Met andere woorden, je zou op een praktische en concrete manier naar alle aspecten van je leven kunnen kijken om de kans op succes te vergroten. Een dergelijke actieve benadering kan je helpen bij het verankeren van de magie in je dagelijks leven en kan je helpen op te merken of er veranderingen optreden.

Anderzijds kun je ook kiezen voor een meer passieve, ontvankelijke benadering en de magie op haar eigen manier laten werken, zonder enige extra inspanning van jouw kant. Ook dit is een volwaardige manier van magie beoefenen, want de essentie van magie ligt in haar mysterie, in het feit dat zij je boven de gewone wereld van oorzaak en gevolg uittilt. Daarom is het zo'n onvoorspelbaar en wonderbaarlijk fenomeen.

Een andere manier om deze kwestie te benaderen is een magische cirkel te creëren, rustig in het midden te gaan zitten en je voor te stellen dat je weer naar je heiligdom gaat om je innerlijke magiër te ontmoeten. Als je met dit magische wezen contact gemaakt hebt, kun je vragen om inzicht en leiding omtrent de verwerkelijking van je magisch wensbeeld in je dagelijks leven. Je innerlijke magiër zou als antwoord kunnen geven: "Wacht gewoon af, heb geduld en wees ontvankelijk. Alles zal uit zichzelf plaatsvinden." Maar misschien krijg je een paar praktische aanwijzingen - dingen die je kunt doen of plannen die je kunt gaan uitvoeren.

Er is een oefening die ik persoonlijk heel prettig vind en die lijkt te helpen bij de verwerkelijking van mijn magische wensbeelden. Het is een oefening in het leegmaken van mijzelf, in het scheppen van ruimte voor het nieuwe, het onverwachte.

Deze innerlijke leegte bereik ik het eenvoudigst door te mediteren. Als ik rustig ga zitten, mijn ogen sluit, ontspannen en langzaam ademhaal, zonder mij te laten storen door dingen van buitenaf, wordt mijn geest rustig. Door alleen maar te zitten, stil en alert te zijn, mijn gedachten voorbij te laten trekken, zonder er iets aan te willen veranderen, begint de drukte in mijn geest tot rust te komen, te vervagen en ten slotte te verdwijnen; er blijft dan slechts een stille, lege ruimte over.

Als ik deze leegte, dit niets, een paar minuten laat voortduren, begint zich langzaam in mij een diep gevoel van welzijn te openbaren. Ik begin mij goed te voelen over mijzelf, zonder dat daar een reden voor is. Het belangrijkste van deze innerlijke ruimte is echter dat er een nieuw gevoel van aanwezigheid ontstaat, van flexibiliteit, van openheid van geest, een aangenaam voorgevoel dat er iets in mijn leven gaat gebeuren, zonder dat ik weet wat dat precies is.

Deze meditatieve ruimte is vooral erg nuttig als mijn partner in de seksuele magie weg is en ik geen zin heb orgastische energie op te wekken door mijzelf te stimuleren.

Ik ga dan naar een rustig deel van mijn huis of naar een rustig plekje in de tuin en begin te mediteren. Als de lege ruimte zich openbaart, geniet ik daar een paar minuten van, alsof ik zweef in een uitgestrekte, creatieve baarmoeder, waarin alles mogelijk is. Dan concentreer ik mij op het wensbeeld dat ik gevormd heb en dat ik in mijn leven werkelijkheid wil laten worden. Ik stel mij het magisch symbool voor, ik zie hoe het zachtjes in mijn lichaam opstijgt door de zeven energiecentra - alles binnen de context van een uitgestrekte, stille ruimte die mij omgeeft.

Met andere woorden, ik ben nog steeds een magiër en doe een beroep op de kracht van de magie, maar ik doe dat op een stille, meditatieve manier. Dit is voor mij de volmaakte tegenhanger van de intensiteit en de orgastische extase van de seksuele magie. Dit is voor mij een waardevol hulpmiddel, dat het mij mogelijk maakt onafhankelijk van mijn partner contact te houden met het magisch proces.

Ik heb van 'vrijgezelle' magiërs die wensbeelden voor een nieuwe relatie en nieuwe romantiek de kosmos insturen, vernomen dat zij naast hun oefeningen in seksuele magie hun aandacht en energie richten op het liefhebben en voeden van zichzelf: je lichaam verzorgen, gezond eten, naar de kapper gaan, een massage krijgen, ervoor zorgen dat je er stralend en vrolijk uitziet als je naar een feestje gaat - allerlei manieren om een gevoel van welzijn en van eigenwaarde te scheppen. Op deze manier bereiden zij zich voor op het verrukkelijke moment waarop ze hun nieuwe liefde zullen ontmoeten.

Een vriendin van mij, die ik in contact heb gebracht met seksuele magie, had heel veel succes met het richten van al haar aandacht op de onbekende, innig verlangde geliefde. Als magisch symbool had zij een abstract schilderij gemaakt dat haar gevoelens omtrent deze persoon uitbeeldde en dat zij in haar woonkamer had opgehangen. Elke avond kwam zij de kamer binnen en zong liefdesliedjes voor hem, staarde naar het schilderij of droeg een dans aan hem op, wervelend door de kamer, alsof ze in zijn armen danste. Dit, zo vertelde zij, deed wonderen - ze heeft inmiddels een gelukkige relatie gevonden.

Je kunt dus zien dat er vele manieren zijn om de resultaten van seksuele magie tegemoet te zien. Misschien bespoedig je de verwerkelijking van je wens wel het meest door er helemaal niet over na te denken. Dit geldt met name voor geliefden die geroutineerd zijn in de seksuele magie en die regelmatig en intensief magische gemeenschap beoefenen.

Als je jezelf kunt overgeven aan magische gemeenschap, als je jezelf zo kunt verliezen in je orgastische genot dat je het resultaat eenvoudig vergeet, dan is dat de zekerste manier om succes te hebben. Dit klinkt paradoxaal, maar het is waar.

Ik zal het uitleggen. Je beoefent seksuele magie omdat je een bepaalde wens vervullen wilt. Wanneer je echter te sterk op het resultaat gericht bent, op het doel, ben je niet in staat al je energie te richten op de beoefening van seksuele magie. Een deel van je energie, van je aandacht, gaat naar de toekomst, naar het doel dat je verwezenlijken wilt. Dit zorgt voor verdeeldheid in de energie en vermindert de effectiviteit van de magie.

Totaliteit is de sleutel tot succes. Als je je helemaal in beslag kunt laten nemen door de kunst van het magisch liefdesspel, zul je merken dat je vanzelf een groot magiër wordt. Dan kun je met een gerust hart alle zorgen over het resultaat loslaten, want je magisch symbool zorgt daar al voor. Je symbool draagt de genezing, de transformatie, de harmonie, het doel waar je naar verlangt, al in zich. Dat is de betekenis, de functie van een magisch symbool. Jij kunt al je aandacht en energie geven aan het magisch ritueel van het liefdesspel met je partner.

Ter afsluiting: mijn idee van goede magie laat zich het best illustreren door een stel bedreven magiërs dat zich alle stappen naar magische gemeenschap zorgvuldig heeft eigen gemaakt. Zij hoeven nu niet meer te denken aan de afzonderlijke oefeningen. Alles komt vanzelf, als een creatieve, artistieke, alchemistische dans, waaraan zij zich met vreugde kunnen overgeven om zich mee te laten voeren naar steeds verrukkelijker ervaringen van orgastisch genot.

Zij gaan zo op in hun kunst, in hun extase, in hun magie, dat zij, wanneer zij ten slotte rondkijken en zien dat hun wens zich gemanifesteerd heeft, bijna verrast zijn.

"Kijk eens!" roepen zij uit. "Het is gebeurd en wij hebben zo genoten, dat wij er niet eens aan gedacht hebben!"

Dat is seksuele magie *par excellence*.

INDEX

Bij Altamira-Becht verschenen van Margot Anand:

De extase van het nu, ISBN 90 6963 419 8
Dit boek biedt een dertigtal tantrische rituelen die de weg naar 'extase van het nu' mogelijk maken. Een boek om dagelijks toe te passen en te integreren in het bestaan.

Tantra, een weg naar intimiteit en extase, ISBN 90 6963 359 0
Hierin beschrijft Margot Anand hoe seksuele energie kan worden geïntensiveerd met behulp van tantrische en magische technieken en hoe deze kracht kan worden gebruikt als brandstof voor het realiseren van persoonlijke doeleinden.

Intimiteit en extase, ISBN 90 6963 546 1
Een praktische gids met oefeningen voor iedereen die zijn of haar liefdesleven wil intensiveren. Met heldere geïllustreerde oefeningen en beschrijvingen.

Meer informatie over Margot Anand en haar werk vindt u op:

www.margotanand.com
www.skydancingtantra.com
www.exstaticliving.com

Meer informatie over Altamira-Bechtboeken vindt u op:

www.altamira-becht.nl